KB121525

지역균형발전론의 재구성

지역균형발전론의 재구성

성찰과 대안 모색

강현수 김석현 김현호 변창흠 여형범 이정협 정준호 조기현

사회평론

지역균형발전론의 재구성

성찰과 대안 모색

2013년 5월 16일 초판 1쇄 찍음
2013년 5월 27일 초판 1쇄 펴냄

지은이 강현수 김석현 김현호 변창흠 여형범 이정협 정준호 조기현 편
펴낸곳 ㈜사회평론
펴낸이 윤철호
편집   김태균
마케팅 박현이
디자인 김진운
본문 조판 디자인시

등록번호 10-876호(1993년 10월 6일)
전화 02-326-1182(영업) 02-326-1543(편집)
팩스 02-326-1626
주소 서울시 마포구 성산동 114-10
이메일 editor@sapyoung.com
홈페이지 www.sapyoung.com
ISBN 978-89-6435-670-8 93330

책머리에

우리나라 헌법 제11조는 모든 국민이 법 앞에 평등하며 누구든지 성별, 종교 또는 사회적 신분에 의하여 정치·경제·사회·문화적 생활에서 차별을 받지 않는다고 규정하고 있다. 국민 개개인마다 성, 연령, 종교 등의 차이가 있는 것은 당연하지만 이런 개인적 차이가 차별이 되어서는 안 된다는 것이다. 국민 개개인과 마찬가지로 우리나라 각 지역 간에도 지리적·역사적·문화적·정서적 차이가 있다. 하지만 이러한 지역 간 차이로 인하여 그 지역에 살고 있는 사람들의 정치·경제·사회·문화적 생활에 차별을 받게 된다면 이는 헌법 정신에 위배되는 것이다. 그래서 우리나라 헌법 120조, 122조, 123조에서는 국가가 국토의 균형 있는 개발과 이용, 지역 간의 균형 있는 발전을 위한 의무가 있음을 규정하고 있다.

하지만 실제 현실에서는 우리나라 각 지역에 살고 있는 주민들의 생활에 차별을 줄 정도로 심각한 정치·경제·사회·문화적 격차가 존재한다. 지역 간 인구규모의 차이에 따라 지역 간 정치적 역량의 격차가, 지역 간 산업구조의 차이에 따라 지역 간 소득 및 고용 기회의 격차가 존재하며, 정치·경제적 격차와 연결된 사회·문화적 격차로 인하여 어떤 지역 주민들은 다른 지역 주민에 비해 일상생활 상의 여러 가지 차별을 느끼게 되는 것이다.

한 예로 1960년대 이후 우리나라 정치 권력의 정점인 대통령의 경우 김대중 대통령을 제외하고 모두 영남 출신이다. 상대적으로 인구가 많은 영남 출신이 대통령에 당선되기 훨씬 유리한 것이다. 따라서 대통령을 꿈꾸는 타 지역 정치인이나 이들을 지지하는 타 지역 주민들은 상당한 정치적 차별을 체감한다. 한편 좋은 일자리가 없는 지역 주민들은 좋은 일자리가 많은 지역 주민들에 비해 취업 기회의 차별을 느낀다. 현재 우리나라 최고 수준의 직장, 학교, 병원, 신문, 방송, 전시, 공연 거의 모두가 서울에 몰려 있다. 우리나라의 정치·경제·사회·문화를 주도하는 핵심 파워 엘리트들 거의 대부분이 서울과 그 인근에 몰려 산다. 명문대 합격률도 부동산 가격의 상승률도 서울이 가장 높다. 따라서 서울에 살지 않은 다른 지방 사람들은 심각한 경제 사회 문화적 차별을 느낄 것이다. 자신의 거주 지역 때문에 생활상의 차별을 느끼는 개인들이 이를 개인 차원에서 해결하기 위한 유일한 방법은 다른 지역으로 이주하는 것이다.

1960년대 산업화 과정 이후 우리나라에서는 농촌과 도시 간, 중소도시와 대도시 간, 경부축 지역과 나머지 지역 간, 서울과 나머지 지방간, 수도권과 비수도권 간에 경제·사회·문화적 격차가 발생하였고, 이러한 격차로 인해 차별을 느끼는 많은 사람들이 농촌에서 도시로, 중소도시에서 대도시로, 지방에서 서울로, 그리고 서울이 포화가 되자 그 주변 수도권으로 이주하였다. 그 결과 현재 우리나라 전체 인구의 90% 가량이 도시에, 그리고 전체 인구의 절반 정도가 인구 100만 명 이상의 대도시에 거주하고 있다. 또한 전체 인구의 약 20%가 수도 서울 한 도시에, 전체 인구의 절반 이상이 서울을 둘러싼 수도권 지역에 거주하고 있다. 도시 인구가 증가하는 도시화 현상은 산업화가 성숙된 다른 선진 국가에서도 보편적으로 나타나는 자연스러운 현상이지만, 한 나라 인구의 절반 이상이 한 지역에만 집중하는 일극 집중 현상은, 도시 국가도 아닌 우리나라 정도의 국토 면적을 가진 나라에서는 세계적으로 유례를 찾기 힘든 매우 특수한 현상이다.

　너무 지나친 수도권 집중을 막기 위하여, 그리고 헌법에 규정되어 있는 국가의 의무인 국토 균형개발과 지역 간 균형발전을 위하여 역대 정부는 그동안 나름대로 노력해 왔다. 수도권에 인구와 산업의 집중을 억제하기 위해 수도권 규제 정책을 펼쳐왔으며, 낙후지역의 발전을 도모하기 위한 재정 투자를 해 왔다. 그럼에도 불구하고 여전히 수도권 집중은 계속되고 있고 앞으로도 계속될 것으로 예측되고 있다. 농촌을 포함한 낙후지역은 정부의 지원에도 불구하고 젊은 층이 거의 대부분 떠나고 노령층만 남아서 미래의 희망이 없는 곳이 되어 가고 있다. 오랜 역사를 자랑하는 중소도시 역시 수도권 도시들을 제외하고는 도시 경제가 침체되고 있다. 혹자는 이제 세계화 시대를 맞이하여 그동안 별 실효성이 없었던 균형발전 정책을 포기하고, 세계 경쟁력을 갖춘 수도권을 집중 육성하는 것이 우리나라 경제 성장과 국가 발전에 더 기여하는 방법이라는 주장을 하기도 한다.

　그렇다면 이제부터는 무엇을 어떻게 해야 하는가? 우리나라의 미래를 준비하기 위해서는 먼저 다음과 같은 질문에 답할 수 있어야 한다. 왜 우리나라는 다른 나라에 비해 수도권 집중 현상이 특히 두드러진가? 앞으로도 국가가 나서서 지역균형발전을 위한 노력을 계속해야 하는가? 지금까지 역대 정부의 지역균형발전을 위한 노력은 어떻게 평가해야 할 것인가? 만약 잘못된 것이 있었다면 무엇이 잘못되었고, 이제부터 어떻게 고쳐나가야 하는가?

이 책은 이러한 질문에 대답하기 위하여 기획되었다. 이 책을 위해 함께 모인 집필자들은 오랫동안 우리나라 지역균형발전 정책에 직·간접적으로 관여해 왔던 전문가들로서 서로 전문 분야는 조금씩 다르지만 다음 세 가지 점에 입장을 같이하였다.

첫째, 헌법적 가치이! 지역균형발전은 사회적 형평성과 국민 통합을 위해서, 그리고 국가 경제의 효율적이고 지속가능한 성장을 위해서 필요하며 따라서 국가는 지역균형발전을 이루도록 최선의 노력을 기울여야 한다. 지역 간 격차가 심화되면 낙후지역 주민들의 삶의 기회 박탈과 소외를 불러일으킬 뿐 아니라 지역 간 갈등을 유발시켜 국민 통합을 저해하게 된다. 또한 일부 발전 지역의 성장만으로, 우리나라의 경우 수도권 일극의 성장 만으로 국가 전체의 성장을 이끄는 것은 명백한 한계가 있다. 국토 전체의 성장 잠재력을 충분히 활용하고 성장 동력을 다극화하는 것이 국가의 지속가능한 경제 성장에 더 유리하다.

둘째, 지금까지 우리나라에서 지역 간 격차가 심화된 이유 중 하나는 국가 전체의 총량적 목표 달성을 위하여 각 지역은 단지 수단으로 취급되었던 국가 중심적 사고에서 기인한다. 그동안 우리 사회를 암묵적으로 지배해 왔던 사고 방식은 국가가 발전하면 지역은 저절로 따라서 발전한다는 이른바 위로부터의 "낙수 효과(trickle down effect)"에 대한 확신이었다. 그러나 국가는 발전했어도 그 발전의 혜택이 지역적으로 고르게 분배되지 못했다. 국가 발전을 선도하면서 발전한 지역도 있었지만 발전의 혜택을 누리지 못한 지역도 많았다. 또한 지역 간 불균형 발전으로 인하여 국가 전체의 미래 발전 잠재력이 약화되었다. 따라서 이제는 사고방식을 근본적으로 전환해야 한다. 즉, 국가 발전이 지역 발전을 가져오는 것이 아니라, 각 지역의 발전이 국가 발전을 가져 오는 것으로 보아야 한다. 각 지역이 모두 고루 발전하면 국가는 저절로 발전하는 아래로부터의 "샘물 효과(trickle up effect)"를 기대해야 한다.

셋째, 그동안 역대 정부가 수행했던 지역균형발전 정책은 나름의 성과도 있었지만 오류와 시행착오도 많았다. 따라서 역대 정부의 정책에 대한 냉정하고 객관적인 평가를 통하여 미래의 새로운 지역균형발전 정책 방향을 모색해야 한다. 지금까지 지역균형발전 정책이 제대로 성과를 내지 못했던 가장 큰 이유는 모든 것을 중앙정부가 주도하려는 중앙집권적 방식 때문이다. 지역 발전을 위한 권한과 재원을 중앙정부가 거의 다 독점하고 있는 상황에서 각 지역은 스스로 발전하기 위해 노력하기보다는 중앙정부의 사업 및 예산 지원에 더 많이 의존하게 되었다. 이 결과 중앙정부의 지역 발전 사업 선정을 둘러싼 지역 간 갈등과 지역주의 발생, 여기에 편승한 정치권의 무분별한 대규모 국책사업 남발, 이로 인한 지역 사업의 성과 부진과 예산 낭비, 지방정부의 도덕적 해이로 이어지는 악순환이 계속되고 있다. 이제 더 이상 중앙정부가 내려주는 시혜성 예산지원 액수의 차이에 따라 지역발전의 성과가 좌우되어서는 안 된다. 앞으로 지향해야 할 새로운 지역균형발전 정책은 권한과 재원을 이양 받은 각 지역이 스스로의 책임하에 지역 발전을 주도하는 지방분권적 방식이어야 한다.

이 책은 이러한 공감대를 바탕으로 각 집필자들이 자기 전문 분야별로 기존의 균형발전 정책에 대한 성찰과 아울러, 앞으로의 대안에 대해 제안하는 내용으로 구성되었다.

이 책의 집필 내용은 크게 두 부분으로 나눌 수 있다. 제1부에서는 우리나라 지역 불균형의 역사와 실태, 그리고 이러한 지역 불균형을 해소하기 위해 역대 정부가 수행해 왔던 균형발전 정책들을 총괄적으로 평가하는 내용으로 구성되어 있다. 제2부는 앞으로 균형발전 정책이 나아갈 방향과 대안을 각 분야별로 구체적으로 제안하는 내용으로 구성되어 있다.

각 장별 주요 내용을 간단히 소개하면 다음과 같다. 제1부의 제1장 「우리나라 지역 불균형의 전개 과정과 실태」에서 강현수 교수는 우리나라 산업화 도시화 과정에서 나타난 지역 불균형의 실태를 수도권과 비수도권 간의 불균형에 초점을 맞추어 살펴보고 있다. 이 글에서는 공식 통계 지표에 나타나는 불균형보다 공식 통계에서 잘 포착되지 않는 질적인 불균형, 즉 권력, 기회, 자산의 불균형이 더 심각하다고 진단한다. 제2장 「지역 간 경제적 격차의 실상과 원인」에서 정준호 교수는 제1장의 논의에 이어 소득과 고용을 중심으로 지역 간 경제적 측면의 격차를 자세히 분석하고 있다. 이 글에서 정 교수는 경제적 측면의 지역 간 격차가 2000년대 이후 심화되고 있으며, 이는 대기업 주도의 수출주도형 산업화의 경로와 밀접히 연관되어 있다고 본다. 따라서 우리나라 경제민주화 과제가 수도권과 나머지 지역 간의 공간적 양극화를 해소하는 것까지 고려해야 한다고 주장하고 있다.

제3장에서는 변창흠 교수와 정준호 교수가 함께 「지역균형발전의 필요성과 쟁점들」을 짚어보고 있다. 여기서 변 교수와 정 교수는 지금까지 우리나라에서 전개되어 온 균형발전의 당위성과 실효성을 둘러싼 논쟁을 정리한 후, 지역균형발전은 우리나라 헌법에 명시되어 있는 가치일 뿐만 아니라 경제적 효율성이나 사회적 통합성 측면에서 필요한 과제라고 단언한다. 아울러 지방분권과 균형발전의 선후 관계, 균형발전을 위한 공간적 단위, 다핵형 국토 공간구조 전략의 실효성, 행정구역 개편, 수도권의 역할 및 수도권 집적경제 허용 범위, 내생적 발전전략의 유효성 등 우리나라 균형발전 정책의 핵심 쟁점들에 대한 본인들의 입장을 피력하고 있다.

제4장과 제5장에서는 강현수 교수가 역대 정부에서 수행한 지역균형발전 정책을 개괄적으로 평가한다. 제4장에서는 역대 정부의 지역균형발전 정책을 개관하고, 노무현 대통령이 이끄는 참여정부가 수행했던 균형발전 정책의 기조와 방향, 그리고 신행정수도 및 혁신도시 건설 정책을 위시해 참여정부가 추진했던 몇 가지 핵심 정책들의 성과를 평가한다. 제5장에서는 이명박 정부가 추진했던 지역 정책을 광역경제권 정책 및 4대강 사업 등을 중심으로 평가한다. 강 교수는 참여정부 균형발전 정책을 원래 목적했던 바를 달성하지 못한 미완의 도전으로, 이명박 정부의 정책을 균형발전 정책의 퇴보로 평가한다. 이러한 역대 정부의 정책 평가를 바탕으로 제6장에서 「새로운 지역 균형 발전 정책의 방향과 과제」를 제안한다. 여기서 강 교수는 우리나라 역대 균형발전 정책에서 관행처럼 내려왔던 몇 가지 점들을 지적하고 이러한 관행을 극복하고 앞으로 균형발전 정책이 나아가야 할 방향과 과제를 제안하고 있다. 여기서 제안하고 있는 것은 중앙정부 주도에서 지방정부 주도로, 지역 간 경쟁과 갈등에서 지역 간 상생과 협력으로, 부문별 분산적 접근에서 장소에 기반한 통합적 접근으로 균형발전 정책의 기조 전환이다. 여기에 덧붙여 균형발전 사업의 실질적 성과를 높이고, 대기업의 참여와 협력을 유도해야 함을 강조하고 있다.

제7장부터 제14장까지는 각 분야별로 기존 균형발전 정책에 대한 비판 제기 및 앞으로 나아가야 할 방향과 과제를 제안하고 있다. 제7장에서는 김석현 박사가 「지역 산업 정책 방향과 과제」를 제안한다. 여기서 김 박사는 그동안 지역 산업 정책이 너무 기술 공급에만 초점을 맞추었다는 점과 각 지역이 수동적 역할에 머물렀음을 비판한다. 그리고 앞으로의 대안으로 광역경제권이 지역에 적합한 산업 전략을 수립하는 거버넌스 단위가 되어야 하며, 광역경제권 내 고등교육기관, 정부 출연연

구소가 지역 산업에 필요한 지식의 창출과 공급 역할을 해야 한다고 제안하고 있다. 또한 투자위험이 상대적으로 작고 지역의 장점을 극대화할 수 있는 지역자원에 기반한 산업에 지역 산업 정책의 우선순위를 두어야 한다고 제안한다. 제8장에서는 이정협 박사가 「지역 과학기술 정책 방향과 과제」를 제안한다. 여기서 이 박사는 앞으로 지역 과학기술 정책이 나아가야 할 방향을 기존에 구축된 지역의 기술혁신 인프라와 역량을 토대로 지역 기업들에게 핵심 기술력을 제공하여 세계 시장에서 성공할 수 있는 토대를 제공해야 한다고 주장한다. 이를 위해 지방정부의 역할과 역량이 동시에 강화될 필요가 있으며, 중앙정부가 추진하는 성장 동력 중심의 연구개발 사업과 지방정부의 과학기술혁신 정책 간에 차별화 및 연계가 필요하다는 점을 강조하고 있다.

제9장에서는 변창흠 교수가 「지역개발 및 지역재생 정책 방향과 과제」를 제안한다. 여기서 변 교수는 지역 발전을 명분으로 수행되고 있는 대규모 개발 사업의 한계를 비판하고, 저성장 시대라는 새로운 시대 환경에 맞는 대안적 개발사업 방식들을 제안하고 있다. 이를 위해 기존의 재정비 사업의 목적과 우선 순위, 추진 방식이 지역에 살고 있는 주민 중심으로 재편되어야 하며, 개발 사업에서 국가와 공공의 역할이 지금보다 더 확대되어야 한다고 주장하고 있다. 제10장에서는 여형범 박사가 「내발적 지역 발전 정책 방향과 과제」를 제안한다. 여기서 여 박사는 지금까지의 주된 지역 발전 전략이었던 외부 자원에 의존하는 외생적 발전 전략을 비판하고, 그 대안으로 지역 내 자산들을 이용한 지속가능한 내발적 발전 전략을 제안한다. 이때 내발적 지역발전의 구체적인 사례들로 에너지 전환 운동, 생물권 보전 지역 지정 운동, 로컬푸드 운동, 슬로시티 운동, 에코뮤지엄 운동, 지역 먼저 운동 등을 제시하고 있다. 이어서

제11장에서는 김현호 박사가 「낙후지역 발전 정책 방향과 과제」를 제안한다. 김 박사는 역대 정부가 시행해 왔던 낙후지역 정책의 문제점을 비판하고 앞으로 나아가야 할 낙후지역 정책의 방향이 종래와 같은 인프라 위주의 정책 대신 지역 주민의 행복과 직결되는 소득과 일자리 창출 및 생활안전망을 강화하는 쪽으로 나아가야 한다고 제안한다. 이를 위한 주요 추진과제로 낙후지역 선정의 합리화와 지역주도의 통합적 추진체계 구축 등을 제안하고 있다.

제12장에서는 변창흠 교수가 수도권과 비수도권 간의 이분법적인 구분을 넘어서 「수도권과 비수도권 상생 정책 방향과 과제」를 제안한다. 변 교수는 우리나라의 심각한 수도권 집중 상황 속에서 수도권 문제를 수도권 내부의 문제로 보기보다 지역균형발전과 연계하여 보아야 함을 강조하고, 수도권과 비수도권 간의 합의에 바탕을 둔 상생 정책들을 제시한다. 이를 위해 수도권과 비수도권이 상생할 수 있는 분업 체계, 교류 방안, 기능과 재정 이전 방안 등을 제시한다. 제13장에서는 조기현 박사가 역대 정부에서 균형발전을 위해 추진해 왔던 재정지원제도의 성과와 한계를 진단하고 새로운 「지역균형발전을 위한 재정지원제도 방향과 과제」를 제안한다. 여기서 조 박사는 낙후지역에 대한 체계적인 재정 지원 전략 마련과 함께, 중앙·지방 간 재정관계의 재정립, 지방세입의 확충을 통한 재정 분권의 확대, 광역·지역발전특별회계의 구조개편 등을 제안한다. 마지막 제14장에서는 김현호 박사가 역대 정부의 지역발전정책 추진체계를 진단하고, 향후 「지역균형발전 추진체계 및 거버넌스 방향과 과제」를 제안한다. 여기서 김 박사는 중앙정부 차원에서 지역발전정책 컨트롤 타워의 강화와 현재의 시·도를 공간계획의 핵심적인 단위로 전환시키는 조치의 필요성을 강조한다. 동시에 주민 개개인의 행복과 지역의

성장을 동시에 고려하는 추진체계가 필요하며, 이를 위해 지금과 같은 중앙집권적인 추진체계가 아니라 지방분권적 지역발전정책을 수행할 수 있는 추진체계가 구축되어야 한다는 점을 강조한다.

2013년 3월 새 대통령이 이끄는 새 정부가 출범했다. 이 새 정부가 여기서 우리가 제안한 내용들을 잘 검토하여 시행해 주기를 희망해본다. 바쁜 시간을 쪼개 귀중한 원고를 제출해 주신 집필자 분들에게 감사드린다. 이 책을 기획하고 저자들을 독려해준 미래발전연구원 김수현 전 원장님과 송재호 현 원장님, 김찬규 박사님 그리고 편집과 출판을 맡아준 사회평론 출판사에 감사드린다.

2013년 봄
저자들을 대표하여
강현수 씀

차례

제2부 각론: 균형발전을 위한 분야별 지역 정책 방향

제1부 총론: 우리나라 지역 불균형 실태와 역대 정부의 대응

1

우리나라 지역 불균형의 전개 과정과 실태

강현수(중부대학교)

1. 산업화와 도시화, 국토 구조의 변화

1960년대 이후 본격적인 산업화 시대에 접어든 우리나라는 서구 선진국들이 오랜 기간 동안 경험한 산업화 과정을 짧은 기간 동안 압축적으로 경험하였다. 산업화와 동시에 수반되는 도시화 과정 역시 마찬가지로 압축적으로 경험했다. 압축적 산업화, 도시화 과정에서 우리나라 국토 공간 구조도 매우 빠르게 변모하였다. 짧은 기간 동안 농촌에서 도시로 많은 인구가 이동하면서, 국민 대다수의 삶터가 농촌에서 도시로 바뀌었다. 특히 대도시의 성장이 두드러졌다. 무엇보다도 수도 서울을 향해 사람과 기업들이 모여들었고, 그 결과 서울을 중심으로 한 수도권에 전국 인구와 산업의 절반 정도가 집중되는 초(超)집중 현상을 초래했다. 우리나라의 산업화, 도시화 과정은 국토의 불균형 발전 과정이기도 했다.

1) 압축적 도시화 과정

우리나라의 산업화와 도시화가 본격적으로 진행된 1960년대부터 30
여 년 동안 농촌을 떠나 도시로 향하는 거대한 이촌 향도의 물결이 있었
다. 1960년대 초 우리나라 전체 인구 중 약 40%가 도시에 거주하였으
나, 1970년대 초에 도시 거주 인구가 농촌 거주 인구를 능가하게 되었고,
1990년대에 들어와 전체 인구의 약 80%가 도시에 거주하게 되었다. 30
여 년 동안 도시 거주 인구 비율이 두 배나 증가한 것이다. 90년대 이후
도시화 속도가 점차 둔화되긴 하였지만, 도시 거주 인구는 꾸준히 증가
하여 2000년대 이후 전국 인구의 90% 이상이 도시에 거주하는 초도시
화 사회로 접어들었다. 이제 농촌 지역은 인구의 절대수가 빠져나간 데

그림 1. 우리나라 도시화 추세(단위: 천명, %)

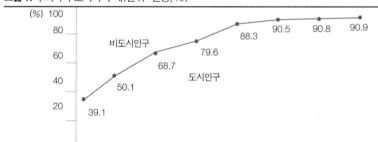

연도별 구 분	1960	1970	1980	1990	2000	2008	2009	2010
전국인구	24,989	31,435	37.449	43,520	47,964	49,540	49,773	50,516
도시인구	9,784	15,750	25,738	34,634	42,375	44,835	45,182	45,933
비도시인구	15,205	15,685	11,711	8,886	5,579	4,705	4,591	4,583
도시화율	39.1	50.1	68.7	79.6	88.3	90.5	90.8	90.9

주) 도시인구는 2000년까지는 도시계획구역내에 거주하는 인구이며, 그 이후는 도시지역내 거주하는 인
구임
출처: 국토해양부, 2011, 「2011년도 국토의 계획 및 이용에 관한 연차보고서」

다 남아 있는 인구의 고령화가 진행되면서, 더 이상 도시로 떠날 인구가
남아 있지 않게 되었다.

2) 지역 간 불균형의 발생

농촌에서 도시로 대규모 인구가 이동하면서, 국토 각 권역별로 인구 구
성이 바뀌게 된다. 1960년대 이후 진행된 국가 주도 산업화 과정에서 수
도권과 영남권에 국가가 의도적으로 투자한 산업 시설이 집중되면서, 수
도권과 영남권 도시들의 성장이 두드러졌다. 서울, 부산, 대구, 인천 등
기존 도시들은 물론 울산, 포항, 창원, 안산 등 신흥 공업 도시들에 공장
이 집중되었고, 일자리를 찾아 농촌을 떠난 인구가 모여들었다. 대신 산
업화 과정에서 소외된 충청, 호남, 강원 지역의 인구 비중은 크게 감소하
였다.

표 1. 시도별 인구 변화 추이(1975~2010년)(단위: 천명, %)

구 분	1975	1980	1985	1990	1995	2000	2005	2010
전 국	34,705 (100.0)	37,436 (100.0)	40,448 (100.0)	43,411 (100.0)	44,609 (100.0)	46,136 (100.0)	47,279 (100.0)	48,580 (100.0)
서 울	6,890 (19.9)	8,364 (22.3)	9,639 (23.8)	10,613 (24.4)	10,231 (22.9)	9,895 (21.4)	9,820 (20.8)	9,794 (20.2)
부 산	2,581 (7.4)	3,248 (8.7)	3,595 (8.9)	3,855 (8.9)	3,814 (8.6)	3,663 (7.9)	3,524 (7.5)	3,415 (7.0)
대 구	1,518 (4.4)	1,852 (4.9)	2,110 (5.2)	2,323 (5.4)	2,449 (5.5)	2,481 (5.4)	2,465 (5.2)	2,446 (5.0)
인 천	965 (2.8)	1,230 (3.3)	1,527 (3.8)	1,923 (4.4)	2,308 (5.2)	2,475 (5.4)	2,531 (5.4)	2,663 (5.5)
광 주	737 (2.1)	857 (2.3)	1,043 (2.6)	1,139 (2.6)	1,258 (2.8)	1,353 (2.9)	1,418 (3.0)	1,476 (3.0)
대 전	640 (1.8)	804 (2.1)	943 (2.3)	1,050 (2.4)	1,272 (2.9)	1,368 (3.0)	1,443 (3.1)	1,502 (3.1)

울 산	378 (1.1)	544 (1.5)	665 (1.6)	805 (1.9)	967 (2.2)	1,014 (2.2)	1,049 (2.2)	1,083 (2.2)
경 기	3,074 (8.9)	3,704 (9.9)	4,654 (11.5)	6,051 (13.9)	7,650 (17.1)	8,984 (19.5)	10,415 (22.0)	11,379 (23.4)
강 원	1,862 (5.4)	1,791 (4.8)	1,725 (4.3)	1,580 (3.6)	1,466 (3.3)	1,487 (3.2)	1,465 (3.1)	1,472 (3.0)
충 북	1,522 (4.4)	1,424 (3.8)	1,391 (3.4)	1,390 (3.2)	1,397 (3.1)	1,467 (3.2)	1,460 (3.1)	1,512 (3.1)
충 남	2,309 (6.7)	2,152 (5.7)	2,058 (5.1)	2,014 (4.6)	1,767 (4.0)	1,845 (4.0)	1,889 (4.0)	2,028 (4.2)
전 북	2,456 (7.1)	2,288 (6.1)	2,202 (5.4)	2,070 (4.8)	1,902 (4.3)	1,891 (4.1)	1,784 (3.8)	1,777 (3.7)
전 남	3,247 (9.4)	2,923 (7.8)	2,706 (6.7)	2,507 (5.8)	2,067 (4.6)	1,996 (4.3)	1,820 (3.8)	1,741 (3.6)
경 북	3,341 (9.6)	3,102 (8.3)	2,931 (7.2)	2,767 (6.4)	2,676 (6.0)	2,725 (5.9)	2,608 (5.5)	2,600 (5.4)
경 남	2,775 (8.0)	2,689 (7.2)	2,772 (6.9)	2,810 (6.5)	2,878 (6.5)	2,979 (6.5)	3,056 (6.5)	3,160 (6.5)
제 주	412 (1.2)	463 (1.2)	489 (1.2)	515 (1.2)	505 (1.1)	513 (1.1)	532 (1.1)	532 (1.1)

* 행정구역 변경을 고려한 시계열 연계 자료임(2010년 행정구역 기준)
출처: 통계청

그림 2. 광역권별 인구 변화와 수도권 집중

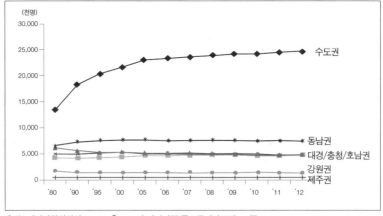

출처: 지역발전위원회, 2012, 「2012년 지역발전 주요통계자료집」, 5쪽

1990년대 이전까지는 수도권과 영남권 양극을 중심으로 산업 시설과 인구가 집중하였지만, 1990년대 이후 영남권의 인구와 산업이 정체하기 시작하면서 수도권 일극 집중 현상이 두드러지고 있다.

이처럼 지역별 인구 구성의 변화가 나타나게 된 일차적 원인은 산업 배치의 불균형에 따라 초래된 지역 간 경제적 기회, 즉 소득과 고용 기회의 격차 때문이다. 국가 주도의 초기 산업화 과정에서 우리나라의 주요 기간산업이 수도권과 동남권 지역에 편중적으로 배치되었던 것이다. 70년대 초반까지 국가가 조성한 산업단지의 대부분은 수도권과 동남권에 배치되었고, 당시 제조업 종업원 수와 부가가치 생산에서 수도권과 동남권이 전국의 80% 가량을 점유하였다. 이로 인해 농촌을 떠난 인구의 대다수가 수도권과 동남권의 공업 도시로 집중하게 된 것이다(김용웅 외, 2009, 제12장 및 이 책의 제4장 2절 참조).

1980년대 이후부터는 산업구조가 고도화, 개방화되면서 산업의 지역 배치에 있어서 중앙 정부의 역할은 크게 줄어들었다. 그렇지만 이미 집적된 산업과 노동력으로 인한 집적경제 효과와 거대한 시장 규모, 거기에 권력과 고급 인력, 각종 교육 문화 시설까지 집중된 수도권은 다른 지역과 비교할 수 없는 입지적 매력을 갖추게 되었다. 더구나 산업 구조 고도화 단계의 성장 동력인 첨단산업과 지식서비스산업, 문화 산업, 벤처 기업 등도 수도권에 집중하면서, 수도권 일극 집중 현상이 더욱 가속화되었다. 1960-70년대 산업화 초기 단계에서는 정부가 지역 불균형을 유발했다면, 1980년대 이후부터는 시장의 힘이 이미 형성되어 있던 지역 불균형을 더욱 심화시켰던 것이다.

수도권 집중 현상이 심화되자 1980년대부터 정부가 본격적으로 나서서 인구와 산업의 수도권 집중 억제 정책을 시행해 왔다. 특히 제조업의 입지가 수도권 집중을 유발한다고 보고 수도권에서 제조업 입지를 규제하고, 대신 비수도권과 낙후 지역에 제조업 입지에 유리한 환경을 조성하기 위해 도로나 산업단지 같은 SOC 투자를 지원하였다. 하지만 정부의 규제 정책에도 불구하고 규제 대상이 아닌 서비스 산업 및 첨단 제조업체, 소규모 제조업체들의 수도권 집중은 계속 심화되었다. 한편 수도권 규제의 대상이 되는 대규모 제조업체들은 규제를 피해 수도권에 인접한 충청남북도 북부 지역 및 강원도 서부 지역에 입지하는 경향이 두드러지게 나타났다. 최근 들어서도 인구와 산업의 수도권 집중 현상이 지속되고 있는데, 그 요인은 수도권 규제를 받지 않는 제조업종의 경기

그림 3. 광역권별 GRDP 변화와 수도권 집중

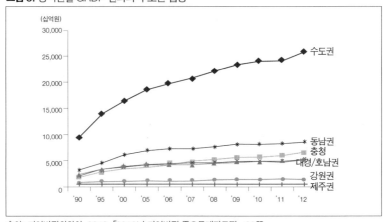

출처: 지역발전위원회, 2012, 「2012년 지역발전 주요통계자료집」, 39쪽

표 2. 지역별 총 산출액 구성비율(2005년 기준, 단위: %, 전국 100%)

지역	수도권(43.8)			충청권(11.2)			호남권(11.3)			대경권 (11.3)		동남권(19.5)			강원	제주
	서울	인천	경기	대전	충북	충남	광주	전북	전남	대구	경북	부산	울산	경남		
산출액 구성비	18.2	5.5	20.1	1.9	2.9	6.3	2.2	2.7	6.5	2.9	8.4	5.1	7.1	7.3	2.2	0.7

출처: 한국은행 지역산업연관표(2005년 기준)

도 집중과, 고급 서비스 산업의 서울 집중에 기인하는 것으로 분석되고 있다. 한편 비수도권 지역들 사이에서 나타나는 경제력 격차는 주로 제조업 입지의 격차에 의해 설명된다.

2. 우리나라 지역 불균형과 수도권 집중 실태

우리나라에서 나타나는 지역 불균형의 양상은 도시와 농촌 사이, 대도시와 중소도시 사이, 경부축과 비경부축 사이, 수도권과 나머지 지역 사이 등 여러 차원에서 중첩적으로 나타나고 있다. 1980년대까지는 서울의 지나친 비대화 문제와, 경인 지역과 영남 해안 지역에 편중된 산업 발전이 가장 심각한 지역 불균형 문제로 간주되었다. 이로 인해 영·호남 지역감정이나 충청도 강원도 무대접·푸대접론이 대두되었다. 하지만 최근에는 서울의 영향권이 인천과 경기를 포함하는 수도권 전체는 물론 충남북과 강원 일부 지역까지 확산됨과 동시에, 그동안 발전의 수혜지역으로 여겨지던 영남권 산업 경제도 정체되기 시작하면서, 거대한 수도권과 비수도권 간의 불균형이 가장 민감한 국토 불균형 문제로 간주되고 있다

현재 수도권은 다른 지역에 비해 기업의 입지 환경뿐 아니라 문화나 교육 같은 사람들의 정주 환경도 우월하기 때문에 인구와 산업의 집중이 계속되고 있다. 특히 젊은 연령층과 고학력·고소득층의 수도권 집중 정도는 전체 인구 집중 정도보다 더 심하며, 공공과 민간 부문의 중추관리 및 의사결정 기능, 고부가가치 및 첨단산업 부문의 집중도도 일반 산업보다 훨씬 더 높다. 대통령과 중앙정부 부처, 대기업 본사, 방송사 및 신문사, 출판사들이 집중되어 있는 서울은 정치, 경제, 사회, 문화 권력이 집중되어 있으며, 이러한 권력의 집중이 또 다시 인구와 산업의 집중을

유발하고 있다.

　이와는 대조적으로 비수도권 지역의 경제는 국가 경제의 성장에도 불구하고 상대적으로 위축되고 있다. 각 지역마다 다소 차이는 있겠지만, 수도권과 연접되어 기능적으로는 이미 수도권에 속하는 충청과 강원 일부 지역을 제외한 나머지 비수도권 지역은 기존의 주력 산업이 쇠퇴 징후를 보이고 있는 반면, 이를 대체할 새로운 성장 산업 전망이 어둡다는 공통점이 있다. 또한 지역경제 회생의 주체가 될 수 있는 유능한 인재와 자본이 소득과 수익의 기회를 찾아 수도권으로 유출되고 있어서 문제를 악화시키고 있다. 이처럼 수도권과 비수도권 사이에서 점점 심화되는 불균형 문제를 해소하기 위해 역대 정부는 수도권 규제 및 지역균형발전 정책을 추진해 왔다. 하지만 이러한 정책에도 불구하고 수도권 집중은 여전히 진행되고 있고, 비수도권과의 격차 역시 해소되지 않고 있다.

1) 각종 지표상의 지역 불균형과 수도권 집중

우리나라 지역 불균형과 수도권 집중 현상을 가장 손쉽게 파악할 수 있는 방법은 정부가 발간한 인구 및 산업 관련 공식 통계를 활용하는 방법이다. 현재 통계청에서는 각 지역 단위로 산업별 기업체 수 및 취업자 수, 생산액이나 부가가치액, 수출입 액수, 지역내 총생산(GRDP) 및 지역소득, 경제활동참가율과 실업률 등을 조사해서 발표하고 있다. 이러한 통계를 활용하면 각 지역 단위의 산업 구조, 고용 구조, 소득 구조 등을 총량적으로 파악할 수 있다. 이러한 통계에 따르면, 현재 수도권은 인구, 생산, 고용, 부가가치 측면에서 우리나라 전체의 약 50% 정도를 차지하고 있다. 특히 고부가가치 산업, 고급 직종 일자리의 집중도는 50%를 훨씬 초과한다. 지역의 미래 산업 구조에 영향을 미칠 연구개발 역량이나 혁신 역량 역시 수도권 집중도가 매우 높다. 국책 연구기관이 집중되어 있는 대덕연구단지가 소재한 대전을 제외하면 우리나라 연구개발 및 혁신 역량은 대부분 수도권에 집중되어 있기 때문이다.

수도권을 제외한 나머지 지역을 살펴보면, 산업화 초기 과정부터 자동차, 기계, 철강, 전기전자 등 우리나라 주력 제조업이 집중한 영남권 지역의 경제력이 다른 지역에 비해 상당히 높으며, 최근에는 수도권과 인접한 충청권의 제조업 성장이 두드러지고 있다.

산업이 집중된 지역은 그만큼 인구도 많이 집중되기 때문에, 1인당 소득이나 1인당 지역내 총생산 등 1인당 지표로 보면 우리나라에서 지역 간 격차가 그렇게 크게 나타나지는 않는다. 그렇지만 대규모 제조업이 집중된 울산, 충남, 전남 등의 1인당 GRDP가 상대적으로 높고, 제조업이 주변 지역으로 교외화, 분산화된 광역시의 1인당 GRDP가 상대적으로 낮은 편이다. 그러나 1인당 개인소득이나 1인당 민간소비지출은 서울이 단연 높으며, 광역시가 주변 도보다 높다(보다 자세한 사항은 이 책의 제2장 참조).

표 3. 지역별 일인당 지역내 총생산, 개인소득, 민간소비(2010년 기준)

	1인당 지역내총생산	상대수준	1인당 개인소득	상대수준	1인당 민간소비	상대수준
전국	2,405	100.0	1,351	100.0	1,258	100.0
서울	2,737	113.8	1,594	117.9	1,599	127.1
부산	1,766	73.4	1,334	98.7	1,226	97.5
대구	1,494	62.1	1,297	96.0	1,160	92.2
인천	2,124	88.3	1,242	91.9	1,180	93.8
광주	1,684	70.1	1,319	97.6	1,162	92.4
대전	1,759	73.1	1,356	100.4	1,226	97.4
울산	5,400	224.6	1,627	120.4	1,277	101.5
경기	1,984	82.5	1,285	95.1	1,266	100.6

강원	2,020	84.0	1,198	88.7	1,081	85.9
충북	2,433	101.2	1,260	93.2	1,030	81.9
충남	3,801	158.1	1,324	98.0	1,073	85.3
전북	2,029	84.4	1,259	93.2	1,049	83.4
전남	3,248	135.1	1,157	85.6	991	78.8
경북	3,065	127.5	1,230	91.0	1,028	81.7
경남	2,718	113.0	1,292	95.6	1,148	91.2
제주	1,887	78.5	1,296	95.9	1,122	89.2

* ( ) 안은 전국 대비 상대수준임 (단위: 만원, 전국=100)
* 1인당 지표 상대수준= (시·도별 1인당 지표 ÷ 전국 1인당 지표)×100/추계인구로 산출한 자료
출처: 통계청 2010년 지역소득 잠정추계 자료 보도자료(2011년 12월 발표)

그림 4. 1인당 지역총소득 및 개인소득 상대수준중

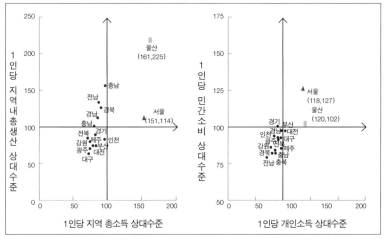

* 1인당 지표 상대수준(=시·도별 1인당 지표÷전국 1인당 지표×100)을 좌표평면에 표시한 것으로 해당지역 경제의 상대적 위치를 나타내며, 실선은 전국 평균(=100)을 의미함
출처: 통계청 2010년 지역소득 잠정추계 자료 보도자료(2011년 12월 발표)

지방 광역시의 경우 인접한 도에 비해 제조업 생산을 주로 반영하는 지표인 1인당 GRDP는 낮지만 그 지역의 중심 도시이기 때문에 1인당 소비와 소득 수준은 높다. 하지만 지역경제의 취약성을 드러내는 지표인 어

음부도율을 보면, 지방 광역시들의 부도율이 가장 높은 것으로 나타났다. 이는 영세 상공인들이 모여 있는 대도시 특성 때문인 것으로 보인다. 하지만 서울만은 대도시인데도 불구하고 어음 부도율이 전국에서 가장 낮다.

표 4. 지역별 연중 어음부도율

연도 시도별	2003	2005	2007	2009	2011
서울	0.13	0.10	0.07	0.10	0.08
부산	0.63	0.42	0.55	0.50	0.23
대구	0.71	0.43	0.44	0.44	0.35
인천	0.44	0.41	0.41	0.36	0.19
광주	0.50	0.53	0.57	0.81	1.06
대전	0.37	0.23	0.32	0.24	2.42
울산	0.23	0.35	0.13	0.39	0.10
경기	0.44	0.34	0.39	0.90	0.19
강원	0.30	0.32	0.16	0.17	0.20
충북	0.31	0.27	0.53	0.45	0.32
충남	0.31	0.27	0.29	0.32	0.31
전북	0.48	0.44	0.95	0.46	0.23
전남	0.54	0.35	0.27	0.24	0.14
경북	0.39	0.21	0.29	0.43	0.18
경남	0.50	0.38	0.57	0.64	0.32
제주	0.40	0.43	0.48	0.34	0.17
전국 평균	0.17	0.14	0.11	0.14	0.11

출처: 한국은행 경제통계시스템(http://ecos.bok.or.kr) 어음부도율 자료에서 추출

　　은행의 여수신 측면에 살펴본 수도권 집중 정도는 인구나 산업 집중보다 더 심하다. 2011년 기준으로 수도권의 예금액은 673.5조 원으로 비수도권 274.3조 원의 약 2.5배에 달하며 수도권과 비수도권 간의 예금액 격차는 갈수록 벌어지고 있다. 대출액 역시 기업이나 가계 모두 마찬가지로 예금액과 비슷하게 수도권 집중 경향을 보이고 있다.

그림 5. 수도권과 비수도권의 예금 변화

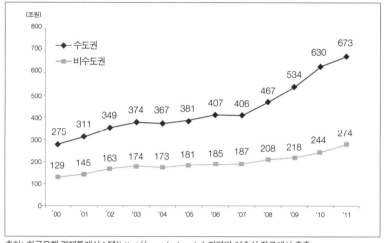

출처: 한국은행 경제통계시스템(http://ecos.bok.or.kr) 지역별 여수신 자료에서 추출

한편 한국은행에서 작성하는 지역산업연관표를 보면 우리나라 지역 간 산업 구조의 상호 관계를 파악할 수 있다. 이에 따르면 수도권은 자체 산업 연관 관계가 강한 이른바 자급자족형 지역 산업 구조를 갖추고 있다. 나머지 지역은 수도권과의 산업 연관에 의존하고 있는 수도권 의존형 산업 구조를 가지고 있다. 비수도권 중에서는 부산 경남권이 그나마 수도권 의존도가 낮으며, 수도권과 인접한 충청권과 강원권은 수도권 의존도가 높다. 현재 우리나라의 산업 구조는 낙후 지역일수록 역내에서 발생한 수요가 타 지역, 특히 수도권으로 누출되는 경향이 많다(지해명 2007).

이처럼 정부의 공식 통계를 활용하면 우리나라 지역 불균형의 구조, 특히 수도권 일극 집중 구조를 대체적으로 파악할 수 있다. 그러나 우리나라 지역 불균형과 수도권 집중의 심각성은 정부의 통계로 살펴볼 수 있는 양적 측면보다 통계에 잘 포착되지 않는 질적인 측면에서 훨씬 더

그림 6. 지역 간 이출액 구성비 현황

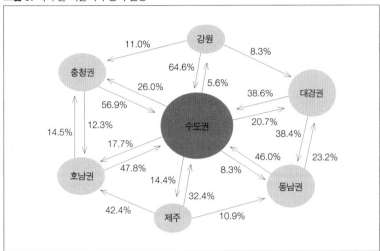

출처: 한국은행, 2009, 「2005년 지역산업연관표」

심각하다.

　각 지역의 삶의 질이나 정주 환경의 경우 양적 지표로는 잘 포착되기 어려운 질적 격차가 두드러진 경우이다. 교육, 의료, 문화, 여가 부문에서 사람들이 피부로 느끼는 지역 간 격차가 엄연히 존재함에도 불구하고, 이런 부문의 공식 통계 지표인 학생 1인당 학교 시설 및 교사 확보율, 주민 1인당 병원 침상 수, 주민 1인당 공연장 수, 주민 1인당 공원 면적 같은 양적 지표에서는 지역 간 질적인 격차를 포착하기 어렵다. 오히려 낙후 지역일수록 인구가 적기 때문에 양적 지표로는 더 좋은 수치를 보여줄 수 있다. 하지만 질적인 측면, 즉 학교 교육이나 병원 의료의 질적 수준, 문화 여가 시설 및 운영 프로그램의 질적 수준을 고려한다면 각 지역별로 큰 격차가 상존한다. 따라서 정부의 공식 통계에 잘 잡히지 않는 질적 차원의 지역 간 격차를 파악하고, 가능하면 이러한 격차를 객관화하기 위해 계량적으로 보여주는 노력이 필요하다.

2) 국가 권력 및 민간 권력의 서울 집중

사실 우리나라 지역 불균형의 핵심에는 권력의 서울 집중이 있다. 조선
시대 이래 우리나라의 수도였던 서울은 권력이 집중되어 있던 곳이다.
권력이 만들어 주는 기회를 찾기 위해 민중들은 '말은 제주도로, 사람은
서울로 보내라'는 속담을 만들었고, 조선 말의 위대한 경세가 정약용 선
생조차도 자식들에게 '서울을 벗어나는 순간 기회는 사라지고 재기하
기 어렵기 때문에 무슨 일이 있어도 사대문 밖으로 이사가지 말라'고 당
부했다고 한다.[1] 해방 직후 주한 미국대사관 직원으로 근무하면서 이방
인의 눈으로 한국을 관찰했던 그레고리 핸더슨은 '서울은 단순히 한국
의 가장 큰 도시가 아니라 한국 그 자체'이며, 한국의 정치는 서울에 있
는 중앙 권력에 모든 것이 휘말려 들어가는 '소용돌이의 정치'라고 묘사
했다. 산업화 초기인 60-70년대 아무런 일자리가 보장되지 않는데도 불
구하고, 서울을 향한 '무작정 상경' 현상이 나타났던 것도 서울이 기회를
줄 수 있을 것이라는 암묵적 기대가 있었기 때문이다.

　지금도 여전히 서울에는 청와대와 국회를 위시한 국가 권력과, 대기
업 및 금융기관 본사로 상징되는 시장 권력이 집중되어 있다. 수도에 국
가 권력이 집중되어 있는 것은 어느 나라나 마찬가지지만, 우리나라의
경우 중앙집권형 국가인데다가, 시장 권력까지 집중되어 있기 때문에 서
울의 권력 집중 현상은 다른 나라보다 훨씬 심각하다.

　우리나라 경제의 중핵을 구성하고 있는 재벌 및 대기업들의 경우 대
체로 서울에 본사, 수도권에 연구기능 및 핵심 제조기능을 입지하고 있
고, 지방과 해외에 여러 공장들을 입지하는 구조를 가지고 있다. 대한

1　강준만, 2006, 17쪽 재인용.

상공회의소 자료에 따르면 우리나라 매출액 기준 1,000대 기업 본사의 70% 이상, 100대 기업의 80% 이상이 수도권에 본사를 입지하고 있다.[2] 2011년 기준으로 우리나라 매출액 기준 1,000대 기업 중 530개사가 서울에 본사가 있는데, 서울에 본사를 둔 기업의 매출액이 크기 때문에 서울 본사 기업의 매출액은 1,000대 기업 전체 매출액의 64.4%를 차지하고 있다. 인천에 있는 30개 업체, 경기도에 있는 147개 업체를 합하면, 수도권에 있는 1,000대 기업 수는 707개이며, 이들 수도권 본사 기업의 매출액은 전국 1,000대 기업 전체 매출의 80%를 상회한다. 한편 우리나라 제2의 도시인 부산에는 1,000대 기업 중 겨우 42개사의 본사가 있는데, 서울 본사 기업에 비해 기업 규모가 영세하기 때문에 부산 본사 기업이 전국에서 차지하는 매출액 비중은 1.5%에 불과하다. 강원도의 경우 전국 1,000대 기업 중 단 4개사의 본사가 입지한다. 기업 규모가 훨씬 큰 100대 기업의 경우 수도권에 본사가 소재하는 기업이 84개로 수도권 집중도가 더욱 높아진다. 그러나 이같은 엄청난 집중 수치조차도 실제 현실보다는 매우 과소평가된 수치이다. 지방에 본사가 있는 기업의 거의 대부분이 사실상의 본사 기능을 서울 소재 사무소에서 실질적으로 수행하고 있기 때문이다. 포스코의 본사는 서류상으로는 포항에 있지만 실제 의사결정 기능은 서울 소재 사무소에서 수행하고 있고, 삼성전자 본사가 수원에 있지만, 실제 삼성전자의 의사결정 기능 역시 서울 소재 사무소에서 수행하고 있다. 이처럼 지방에 소재하고 있는 본사의 대부분이 서류 상으로만 본사일 뿐, 실제 본사 기능은 서울 사무소에서 수행하고 있다는 점을 고려한다면 서울의 본사 집중 상황은 아래 수치보다 훨씬 더 심하다고 판단할 수 있다.

2   대한상공회의소가 운영하는 기업정보서비스 코참비즈(http://www.korcham.net/)에서는 우리나라 1,000대 기업의 주소지와 매출액 정보를 제공하고 있다.

표 5. 지역별 1,000대 기업 현황(단위: 백만원, 명)

	본사 소재지	1,000대 기업수	매출 (전체대비 비율)	상시 종업원수 (전체대비 비율)	대표 기업
특별시 및 광역시	서울	530	1,360,946,976 (64.4%)	1,016,462 (59.7%)	에스케이에너지(종로구), 지에스칼텍스 (강남구), 한국전력공사(강남구)
	부산	42	31,535,391 (1.5%)	35,410 (2.1%)	르노삼성자동차(강서구), 부산은행(동구), 한진중공업(영도구)
	대구	18	11,297,975 (0.5%)	13,554 (0.8%)	대구은행(수성구), 한국델파이 (달성군), 티케이케미칼(북구)
	광주	8	7,789,940 (0.4%)	13,366 (0.8%)	금호타이어(광산구), 엠코테크놀로지코 리아(북구), 광주은행(동구)
	인천	30	51,133,535 (2.4%)	45,090 (2.6%)	현대제철(동구), 한국지엠(부평구), 두산인프라코어(동구)
	대전	15	12,833,596 (0.6%)	26,997 (1.6%)	케이티엔지(대덕구), 한라공조(대덕구), 홈플러스테스코(서구)
	울산	28	64,978,263 (3.1%)	40,339 (2.4%)	현대중공업(동구), 엘에스니꼬동제린 (울주군), 현대하이스코(북구)
	세종	2	801,455 (0.0%)	1,081 (0.1%)	보쉬전장(부강면), 코리아오토클라스(전의면)
도	경기도	147	329,111,685 (15.6%)	321,916 (18.9%)	삼성전자(수원), 한국가스공사(성남), 에스케이네트웍스(수원)
	경상남도	55	64,532,924 (3.1%)	61,706 (3.6%)	두산중공업(창원), 현대위아(창원), 에스티엑스조선해양(창원)
	경상북도	44	87,317,785 (4.1%)	65,125 (3.8%)	(주)포스코(포항), 한국수력원자력(경주), 제일모직(구미)
	전라남도	14	4,695,626 (0.7%)	9,873 (0.6%)	현대삼호중공업(영암군), 한국바스프(여수), 금호산업(나주)
	전라북도	11	7,045,778 (0.3%)	9,761 (0.6%)	동우화인켐(익산), 전주페이퍼(전주), 타타대우상용차(군산)
	충청남도	34	56,753,530 (2.7%)	24,297 (1.4%)	현대오일뱅크(서산), 삼성토탈(대산), 현대파워텍(서산)
	충청북도	16	8,902,137 (0.4%)	10,818 (0.6%)	오비맥주(청원군), 삼동(음성군), 유라코퍼레이션(청원군)
	강원도	4	2,587,934 (0.1%)	6,358 (0.4%)	강원랜드(정선군), 동양시멘트(삼척), 대명레저산업(홍천군)
	제주도	2	821,077 (0.0%)	1,326 (0.1%)	다음커뮤니케이션(제주시), 엔엑스피(제주시)
	합	1000	2,113,085,607 (100.0%)	1,703,479 (100.0%)	

출처: 주간한국 2012년 10월 4일

우리나라 기업 본사들이 서울에 입지하게 된 이유는 국가 주도 산업화 과정에서 국가 권력과의 근접성이 필요했기 때문이다(김형국 1983). 대통령, 정부 관료, 국가가 통제하는 은행들이 기업 흥망을 좌우하는 상황에서 국가 권력 주위에 기업이 몰려드는 것은 당연한 결과였다. 지방에 본사를 둔 기업들은 크게 성공하기 어려웠고, 더 크게 성공하려면 서울로 올라와야만 했다. 지금은 과거처럼 국가가 기업에 큰 영향력을 미치지 못한다. 그러나 국가 권력 외에도 서울이 주는 각종 편의성, 즉 국내외 접근성, 기업이 필요로 하는 고급 인력과 서비스 이용성, 인터넷 시대에도 여전히 물리적 근접성이 중요한 고급 정보의 유통 측면 등에서 서울은 타 지역의 추종을 불허하는 입지적 매력을 가지고 있다.

현재 우리나라 기업 본사들이 대부분 모여 있는 서울에는 기업 본사에서 필요로 하는 금융, 보험업 등 생산자 서비스 산업이 함께 입지한다. 권력의 입지가 기업 본사 입지를 유도하고, 기업 본사 입지가 생산자 서비스 산업의 입지를 유도하며, 여기에 종사하는 관리직과 사무직 고용을 이끌게 된다. 그리고 다시 서울에 집적되어 있는 생산자 서비스 산업이 이를 이용하려는 기업의 본사를 유인하며, 서울에 집적되어 있는 풍부한 고급 인력 노동시장이 기업들을 끌어당기는 상호 상승작용이 일어나고 있다. 상식적인 이야기지만 우리나라의 파워엘리트들도 서울에 집중되어 있다. 김창석(2006, 2011)의 조사에 따르면 우리나라 전체 인구의 1/5 가량이 모여 있는 서울에 우리나라 파워엘리트들의 절반 이상이 집중되어 있고, 서울 내에서는 서초, 강남, 송파 등 이른바 강남 3구에 모여 있는 것으로 나타났다.[3]

한편 우리나라 대기업의 공장들은 전국 각지에 분포하고 있으며, 여

---

3   이 연구들에서 파워엘리트는 중앙일보사가 제공하는 인물정보자료를 활용하였다.

기에 부품과 자재를 납품하는 하청기업들은 대기업 공장 주위에 가까이 모여 포진하고 있다. 서울 본사, 지방 공장 입지라는 개별 기업들의 서로 유사한 입지 행태들로 인하여, 주로 본사에서 근무하는 관리직이나 사무직, 화이트컬러 계층이 서울 및 서울 근교에 거주하고, 공장에서 근무하는 생산직이나 블루컬러 계층은 지방에 거주하게 되는 구조가 발생한다. 이로 인해 서울과 지방 사이에 노동의 지역 간 분업 구조가 고착되며, 관리와 통제 기능을 수행하는 기업 본사가 모여 있는 서울이, 생산 기능에 특화된 타 지방을 관리 통제하는 수직적 계층 구조가 형성된다(강현수 1991). 〈그림 7〉에서 보듯이 수도권은 상대적으로 고임금 고급인력을 의미하는 대졸자가 경제활동인구에서 차지하는 비중이 비수도권보다 훨씬 높다.

그림 7. 경제활동인구 중 대졸자 비중

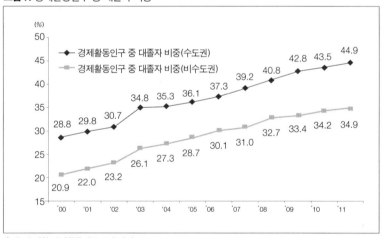

출처: 통계청 경제활동인구조사(각년도)

이러한 노동의 직종별, 학력별 지역 간 분업 구조와, 서울 소재 국가 권력 및 민간 권력이 지방을 수직적으로 지배하는 관리 통제 구조가 결합되어, 지방에서 생산된 소득이 서울로 지속적으로 유출되고 있다

(박경 2011; 한국은행 대전충남본부 2011). 박경(2011)의 조사분석에 따르면, 우리나라에서는 도 지역에서 생산된 소득이 지방 대도시와 수도권으로 유출되고 있는데, 광역권 내에서는 도에서 광역시로, 광역권 단위로 본다면 다른 모든 광역권에서 수도권으로 소득이 유출되고 있다. 수도권은 타 지역의 소득을 빨아들이는 블랙홀인 것이다.

표 6. 권역별 소득의 역외 유출입 규모(단위: 10억원)

광역권	수도권	충청권	호남권	대구경북권	부산 울산경남권	강원 제주권
소득 유출입 규모	+61,633.3	-20,613.0	-12,383.6	-5,898.7	-19,034.4	-2,602.9

자료: 통계청, 박경(2011: 103) 재인용

그림 8. 권역별 소득의 역외 유출 현황

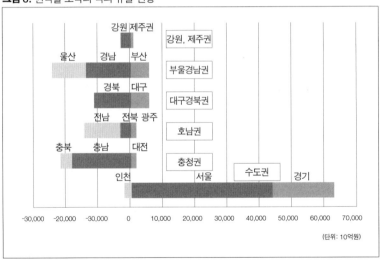

자료: 통계청, 박경(2011: 103) 재인용

이처럼 국가 권력 및 민간 권력의 집중 정도, 파워엘리트의 분포, 지역 경제의 외부 통제 여부, 고용 형태의 차별성, 지역 간 노동의 분업 형

태, 지역 소득의 누출 구조 등과 같은 질적인 측면의 불균형과 격차를 계
량화·수치화해 보면, 우리나라 지역 간 격차의 실제 현실을 좀더 객관적
으로 파악할 수 있다. 이렇게 질적인 측면에서 파악한 우리나라 수도권
집중의 정도는 공식 정부 통계에서 나타나는 수준보다 훨씬 더 심각하다.

3) 교육 및 취업 기회의 지역 간 격차

우리나라에서 소득 기회나 신분 상승의 중요한 수단이 되는 교육의 지역
간 격차도 심각하다. 권영길 전 국회의원실에서 우리나라의 3대 명문대
학이라 통칭되는 서울대, 연세대, 고려대 합격자 수를 지역별로 분석한
결과에 따르면, 2009년의 경우 전국 고3 학생 전체의 3대 명문대학 합격
률이 1.87%인 데 비해 서울의 합격률은 3.82%로 전국에서 가장 높으며,
대도시(울산은 제외)일수록 합격률이 높고 농촌 지역일수록 합격률이 낮
은 것으로 나타났다. 3대 명문대 합격률이 가장 높은 서울지역은 학생
100명당 3.82명이 합격한 데 비해, 대도시이지만 공업 도시인 울산은 가
장 낮아 100명당 0.99명이 합격하는 데 그쳐 합격률에서 거의 4배 가까
이 차이가 나고 있다. 서울의 고등학생 수는 전국 고등학생의 약 20% 가
량을 차지하지만, 3개 명문대 합격생의 40%를 차지하고 있고, 경기도까
지 포함하면 60% 이상을 차지하고 있다. 3개 명문대 중 서울대보다는
연세대와 고려대의 서울과 경기 집중도가 더욱 심하다.

　서울대만 따로 떼어 최근 합격생들의 지역별 분포를 살펴보면, 매년
서울대 합격생의 1/3 이상이 서울 출신자이며 서울 안에서도 이른바 강
남 8학군 지역 출신자들의 비중이 높다. 서울대의 경우 2005년부터 지
역균형선발전형을 실시해 합격자들의 지역 편중 현상을 해소하려고 노
력하고 있음에도 불구하고 서울 및 강남 편중 현상이 지속되고 있는 것

이다. 서울대 법학전문대학원 입학생의 경우에도 지난 4년간 총 입학생의 72.1%가 서울 출신이었고, 경기도 출신이 15.5%로 두 지역 출신이 거의 90% 가까이를 차지했다(법률저널 2012년 4월 13일 기사).

이러한 지역 간 명문대 합격률은 지역 간 평균 주택 가격과도 유사한 관계를 보인다. 즉 집값이 높은 지역일수록 명문대 합격률이 높은 것이다. 서울 지역 내에서도 강남구나 서초구 같이 고소득자들이 모여 사는 곳의 명문대 합격률이 아주 높은 데 비해, 구로구나 금천구 같이 상대적으로 낙후된 지역의 경우 비수도권 지역보다도 오히려 더 낮은 수준을 보인다(권영길 전 국회의원실 2009).

표 7. 지역별 주요 명문대 합격률 (단위: %, 천원)

지역	2009년 SKY 합격율	합격율 순위	2009년 SKY합격자 수 및 전국비율	07-09년 3년간 SKY합격자 수 및 전국 비율	집값 평당 평균 가격	집값 순위
서울	3.82%	1	4,242(38.6%)	13,254(40%)	7,400	1
경기	1.95%	2	2,452(22.3%)	6,657(20.1%)	4,446	2
대전	1.89%	3	361(3.3%)	1,086(3.3%)	2,643	4
광주	1.59%	4	307(2.8%)	918(2.8%)	1,880	9
전북	1.46%	5	326(3.0%)	966(2.9%)	1,356	15
부산	1.36%	6	583(5.3%)	1,846(5.6%)	2,377	6
제주	1.29%	7	85(0.8%)	288(0.9%)	1,831	11
충남	1.2%	8	279(2.5%)	862(2.6%)	1,852	10
대구	1.22%	9	405(3.7%)	1,418(4.3%)	2,536	5
경북	1.20%	10	365(3.3%)	1,092(3.3%)	1,504	14
인천	1.19%	11	400(3.6%)	1,199(3.6%)	3,284	3
충북	1.16%	12	202(1.8%)	587(1.8%)	1,699	12
경남	1.09%	13	411(3.7%)	1,216(3.7%)	1,901	8
강원	1.08%	14	185(1.7%)	606(1.8%)	1,571	13
전남	1.07%	15	229(2.1%)	679(2.0%)	1,122	16
울산	0.99%	16	150(1.4%)	477(1.4%)	2,356	7
합계	**1.87%**		10,982(100%)	33,151(100%)	3,602	

* SKY란 서울대학교, 고려대학교, 연세대학교를 뜻함
출처: 권영길 전 국회의원실(2009) 명문대 진학률의 지역 간 격차 분석 보고서

표 8. 서울대학교 최근 전체 합격생의 지역별 분포

	서울	광역시	시	군
2012학년도	37.4%	23.9%	33.1%	5.6%
2011학년도	34.0%	24.7%	36.1%	5.1%
2010학년도	34.7%	25.8%	34.8%	4.8%
2009학년도	36.7%	24.9%	34.3%	4.1%

출처: 서울대학교 보도자료(2012년 2월 2일)

고등학교 단계에서도 이같이 지역 간의 교육 격차가 상당히 나타나고 있지만, 대학의 경우 지역 간 격차는 훨씬 더 심각하다. 그동안 대학의 수도권 입지 규제 때문에 수도권에 대학 설립 및 정원 증원이 엄격히 제한된 관계로 양적인 측면에서는 비수도권의 대학들이 비약적으로 발전한 것처럼 보인다. 하지만 입학생 학력 수준과 졸업생 취업 수준, 교수들의 연구 실적 등을 포함한 교육의 질적인 측면에서 볼 때 우리나라 대학 서열의 상위권을 차지하는 명문 대학들은 거의 대부분 서울에 집중되어 있으며, 과거 손꼽히는 명문대학에 속했던 지방 국립대학의 위상은 갈수록 낮아지고 있다.

이러한 대학의 지역 간 질적 격차는 졸업생들의 취업 격차로 이어진다. 지방대 졸업생의 월평균 임금은 수도권 대학 졸업생보다 낮으며, 수도권 대학 졸업자의 임금은 서울 소재 대학교 졸업자에 비해 낮다. 이러한 임금 격차의 상당 부분은 지방대 출신의 낮은 수능점수와 연관 관계가 있다고 한다(오호영·김희삼 2008). 또한 서울 이외 지역 소재 대학을 졸업하고 비수도권 지역에 취업한 청년층의 경우 대졸자가 취업하기에 부적절한 직장으로 하향취업하는 정도가 높게 나타난 반면, 서울 소재 지역 대학을 졸업하고 서울에 취업한 청년층은 하향취업 정도가 낮은 것으로 나타났다(이상호 2012). 서울 – 수도권 – 비수도권으로 내려가는 대학의 공간적 서열화와, 서울 – 수도권 – 비수도권으로 내려가는 일자리의

공간적 서열화가 서로 상승 강화 작용을 일으키면서 구조화, 고착화되고
있는 것이다.

교육과 취업은 사람들에게 미래의 보다 나은 삶의 기회를 제공해 주
는 가장 중요한 요소이기 때문에, 교육과 취업의 지역 간 격차는 삶의 기
회의 격차를 의미한다. 또한 교육과 취업에서 서울과 수도권이 다른 지
역보다 우월한 지위를 가지고 있다는 것은 앞으로도 서울과 수도권에 대
한 집중이 지속될 것임을 예측케 해준다.

4) 부동산 자산의 지역 간 격차

지금까지 살펴본 여러 가지 측면의 지역 간 격차들이 종합되어 기업 및
사람들의 입지 선호도의 격차가 되며, 입지 선호도의 격차가 그 지역의
부동산 가격에 반영된다. 그래서 우리나라 부동산 가격은 지역 간 불균
형 상태를 가장 민감하게 반영하는 지표가 된다.

우리나라 국민들에게는 이미 상식이지만 서울 및 수도권의 주택 및
토지 가격은 다른 지역보다 월등히 높으며 상승률도 더 높다. 2010년 기
준으로 서울의 평균 주택가격은 6개 광역시의 주택가격의 3배가 넘으며,
광역시를 제외한 나머지 지역 주택가격의 4배 이상이다(국민은행, 전국
주택가격동향조사, http://nland.kbstar.com). 최근 들어 저성장 기조가
나타나면서 한풀 꺾이기는 하였지만, 그동안 우리나라 토지 및 주택 가
격은 전국 평균보다 수도권이, 수도권 내에서는 서울이, 서울 내에서는
강남 지역이 더 높은 가격 상승률을 보여주었다.

그림 9. 지역별 평균 주택가격 및 격차(2010년 기준)

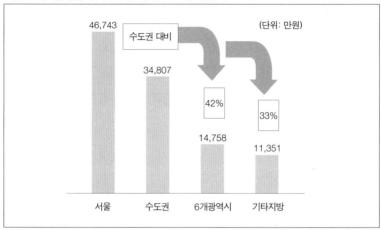

출처: 국민은행 주택시장리뷰 2011년 봄호 10쪽

표 9. 전국 지역별 주택 가격 동향 (매매가격 기준)(괄호 안은 아파트, 단위: %)

구분	'99	'00	'01	'02	'03	'04	'05	'06	'07	'08	'09	'10
전국	3.4	0.4	9.9	16.4	5.7	-2.1	4.0	11.6	3.1	3.1	1.5	1.9
	(8.5)	(1.4)	(14.5)	(22.8)	(9.6)	(-0.6)	(5.9)	(13.8)	(2.1)	(2.3)	(1.6)	(2.5)
수도권	-	2.3	13.9	21.8	7.4	-2.9	5.1	20.3	5.6	5.0	1.2	-1.7
	-	(3.1)	(19.2)	(29.3)	(10.1)	(-2.5)	(7.2)	(24.6)	(4.0)	(2.9)	(0.7)	(-2.9)
서울	5.6	3.1	12.9	22.5	6.9	-1.4	6.3	18.9	5.4	5.0	2.7	-1.2
	(12.5)	(4.2)	(19.3)	(30.8)	(10.2)	(-1.0)	(9.1)	(24.1)	(3.6)	(3.2)	(2.6)	(-2.2)
강북	2.0	1.4	7.7	16.3	2.9	-1.2	3.3	14.8	8.7	8.8	1.9	-1.4
	(8.1)	(2.7)	(14.4)	(22.6)	(3.5)	(-0.6)	(3.2)	(19.0)	(8.3)	(9.4)	(0.9)	(-2.7)
강남	9.1	4.4	17.5	27.4	10.5	-1.6	9.4	22.7	2.6	1.3	3.4	-1.0
	(15.3)	(5.0)	(22.0)	(35.2)	(14.3)	(-1.3)	(13.5)	(27.6)	(0.5)	(-1.9)	(3.9)	(-1.8)
지방 광역시	-	-	-	-	-	-1.5	2.8	2.2	-0.3	0.6	2.0	6.4
	-	-	-	-	-	(0.6)	(4.0)	(2.1)	(-0.6)	(1.0)	(2.8)	(8.7)
지방 8도	-	-	-	-	-	-0.8	2.9	1.9	0.3	1.5	1.4	5.5
	-	-	-	-	-	(2.5)	(5.1)	(3.0)	(0.3)	(2.3)	(2.2)	(7.9)

출처: 국토해양부, 2011, 『주택업무편람』

2010년 통계청이 수행한 가계금융조사에 따르면 우리나라 가구 평균의 자산 중 75.8%가 부동산이고(이중 거주 주택이 42.4%), 21.4%가 금융자산인 것으로 나타났다. 우리나라 가구의 자산이 대부분 부동산 자산이고, 수도권 지역의 부동산 가격이 비수도권보다 훨씬 높기 때문에, 수도권 거주 가구의 자산 역시 비수도권 거주 가구보다 훨씬 많다. 2010년 현재 수도권 가구의 자산은 가구당 평균 3억 6천 312만 원, 비수도권 가구의 평균은 1억 9천 439만 원(가구를 보유액의 크기순으로 배열했을 때 가운데 위치한 중위가구의 경우 수도권은 1억 9천 290만 원, 비수도권은 1억 1천 185만 원)으로 수도권 가구가 평균적으로 비수도권 가구보다 월등히 많은 자산을 보유하고 있는 것으로 조사되었다. 수도권 가구는 비수도권 가구보다 부채 규모도 컸지만, 부채를 제외한 순자산을 보아도 수도권이 평균 3억 305만 원, 비수도권은 평균 1억 6천 614만 원(수도권 중위가구 1억 5천 740만 원, 비수도권 중위가구 9천 350만 원) 으로 수도권 가구의 순자산이 월등히 높다.

지역 간 부동산 가격 및 상승률 차이로 인해 발생한 지역 간 자산 소득의 격차는, 지역 간 산업 구조와 고용 구조의 격차에서 발생하는 근로소득의 격차를 능가한다. 부동산 가격이 오르는 지역에서 부동산 자산 소득이 증가하게 되면, 그 지역의 부동산 소유자와 비소유자 간의 소득 격차가 발생할 뿐 아니라, 부동산 가격이 오르지 않는 지역 주민들과의 소득 격차도 발생하게 된다. 또한 지나치게 비싼 부동산 가격을 감당하지 못하는 기업이나 주민은 그 지역에 진입할 수 없는 장벽이 생기게 된다.

2001년에서 2010년 사이 서울시의 평방미터당 공시지가는 80만 원에서 190만 원으로 약 2.4배 증가하였고, 공시지가 총액은 2001년 381조 원에서 2010년 1,096조 원으로 약 3배 가량 증가했다. 하지만 그 기간 동안 개발부담금 징수액은 1,658억 원에 불과해 땅 값 상승분의

0.02%에 불과했다고 한다(김상일·안내영 2011). 자신의 노력과는 무관하게 발생하는 부동산 자산 증가의 혜택이 크면 클수록, 그 혜택을 누리지 못한 사람들에게 심한 소외감과 불만을 초래하게 되고, 부동산 가격이 오르지 않는 지역에서 개발에 대한 과도한 욕구를 자극하게 된다.

3. 맺음말: 지역균형발전의 필요성

모든 지역이 똑같이 동일한 형태와 구조를 가질 수는 없다. 따라서 어느 정도의 지역 불균형은 불가피한 현상이다. 그러나 불균형이 지나치게 되면 삶의 기회에서 차별을 받게 되는 낙후 지역 주민들의 소외와 불만을 낳게 되고, 지역 간 갈등이 유발되어 국가 전체의 통합성을 저해한다. 지나친 지역 간 격차는 사회 정의와 평등에도 부합하지 않는다. 또한 낙후 지역의 성장 잠재력 상실과, 발전 지역의 지나친 과밀에 따른 불경제 발생으로 국가 경제의 능률성과 효율성도 저해된다. 따라서 선진국을 위시한 전 세계 대부분의 나라들이 지역 간 격차를 줄이기 위한 균형발전 정책을 실시하고 있다. 경제 통합을 진행하고 있는 유럽연합(EU)에서도 사회 통합을 위하여 역내 지역 간 격차 해소에 많은 자금을 투입하고 있다. 우리나라도 그동안 역대 정부가 나서서 지역균형발전 정책을 추진해왔지만, 그럼에도 불구하고 국토의 불균형은 좀처럼 해소되지 않고 있고 수도권 집중은 더욱 심화되고 있다. 그렇다면 무엇을 어떻게 다시 시작해야 하는가?

이제부터 우리나라 지역 불균형 해소를 위해 역대 정부들이 펼친 노력과, 그것의 성과와 한계, 그리고 앞으로 새롭게 펴나가야 할 지역균형발전의 방향과 처방에 대해 하나하나 짚어보고자 한다.

참고문헌

강준만, 2006, 『강남, 낯선 대한민국의 자화상 – 말죽거리에서 타워팰리스까지』, 인물과 사상사.

강현수, 1991, 「공간적 분업과 지역불균등 발전」, 『공간과 사회』 통권 제1호.

강현수·박경, 2002, 「수도권 경제력 집중의 실태와 개선방안」, 경상대학교 사회과학연구원 엮음, 『수도권과 비수도권간의 지역격차』, 한울.

권영길 국회의원실, 2009, 『명문대 진학률의 지역 간 격차 분석 보고서』.

그레고리 헨더슨 지음, 박행웅·이종삼 옮김, 2000, 『소용돌이의 한국정치』, 한울.

김상일·안내영, 2011, 『도시개발에 따른 개발이익 환수실태 및 제도개선 방향연구』, 서울시정개발연구원.

김용웅·차미숙·강현수, 2009, 『신지역발전론』, 한울.

김형국, 1983, 『국토개발의 이론연구』, 박영사.

김창석·강세진, 2011, 「서울시 상류계층 주거지역의 변화패턴 및 분포특성에 관한 연구」, 『국토계획』 제46권 제3호.

김창석, 2006, 「인구와 파워엘리트 분포로 본 우리나라의 국토불균형」, 『국토계획』 제41권 제7호.

김희삼, 2008, 「지방대학 문제의 분석과 정책방향」, 고영선 편, 『지역개발정책의 방향과 전략』, 한국개발연구원.

박경, 2011, 「우리나라 지역 간 소득의 역외 유출 현상 – 충남을 중심으로」, 『공간과 사회』 통권 제38호.

오호영, 2007, 「대학서열과 노동시장 성과 – 지방대생 임금차별을 중심으로」, 『노동경제논집』 제30권 제2호.

이상호, 2012, 「공간적 요인이 청년대졸자의 하향취업에 미치는 효과」, 『공간과 사회』 통권 40호.

지역발전위원회, 2012, 『2012년 지역발전 주요통계자료집』.

지해명, 2001, 『지역 간 경제력 격차와 지역개발 방향』, 산업연구원.

_____, 2007, 「역내 수요의 누출구조와 균형효과: MRIO-Gini 요인 분해」, 『지역연구』 제23권 1호.

통계청, 2010, 『2010년 가계금융조사 결과 보도자료』.

한국은행, 2009, 『2005년 지역산업연관표』.

한국은행 대전충남본부, 2011, 『충남지역 경제의 특징 및 발전방향』.

국민은행 전국주택가격동향조사(http://nland.kbstar.com).

대한상공회의소 코참비즈(http://www.korcham.net).

통계청(http://www.kostat.go.kr).

한국은행 경제통계시스템 (http://ecos.bok.or.kr).

법률저널 2012년 4월 13일자 기사, "서울대 로스쿨, 어떤 이들이 들어갔나."

서울대학교 2012년 2월 2일 보도자료.

주간한국 2012년 10월 4일자 기사, "서울에만 530개… 강원도는 단 4곳 지역 편중 여전히 심각."

2

지역 간 경제적 격차의 실상과 원인

정준호(강원대학교)

1. 머리말

우리나라에서 지역 간 격차는 영호남 간 지역갈등이 정치적 동원기제로 활용되면서 사회적 의제로 자리 잡았다. 그 이후 故노무현 대통령은 지역주의 타파를 내세우고 균형발전을 국정과제로 올려놓았다. 김대중과 노무현 정부를 거치면서 지역문제가 주요한 사회적 의제로 부각되었지만, 최근에는 지역문제는 여전히 다른 경제·사회문제에 비해 부차적인 것에 불과하다는 주장이 세를 얻고 있다(문형표 2003; 김광호 2008; 김종일 2008). 저성장과 저고용으로 인하여 지역문제보다는 현안의 사회·경제적 문제에 더욱 집중해야 할 필요성이 제기되고 있는 것이다. 이러한 입장은 지역문제가 다른 사회·경제적 문제와 어떻게 연관되어 있는지를 간과하고 그 자체 또는 정치동원의 수단으로만 사고하기 때문에 나타난다.

영호남 간 지역갈등을 치유하기 위한 인프라를 확충하는 식의 지역개발에 대한 갈증은 민주정부 10년을 거치면서 일정 정도 해소된 듯하다. 하드웨어 투자와 개발이 지역발전의 교두보이자 전가보도로 이해되는 방식은 이제 낡았으며 더 이상 유효한 전략이 아니라고 일각에서는 강하게 주장하였지만, 이명박 정부에서는 여전히 이러한 방식의 개발에 집착하는 행태가 반복되었다. 가령, 4대강 사업의 추진, 프로그램 방식보다는 프로젝트 방식의 정책 선호, 대기업 주도 지역혁신 전략의 추진 등으로 지역정책의 정체성이 퇴색하고 있다. 현재 지역문제의 이슈가 분명하게 드러나지 않은 상황에서 과거의 방식대로 지역정책이 추진되면서 사회적 의제로서 그 역할은 점차로 약화되고 있다.

민주정부 10년 동안 비수도권에 대한 투자와, 외환위기 이후 수출주도형 경제성장을 주도하고 있는 가공조립과 기초소재산업의 주요 집적지가 비수도권에 입지하고 있음에도, 비수도권의 소득과 생활수준이 수도권의 그것을 넘어섰다고 생각하는 이는 드물다. 서울을 위시한 수도권으로 취업기회를 찾기 위해 상경하는 이가 여전히 많은 것이 현실이다. 그리고 수도권 소재 대학에 들어가기 위한 입시경쟁도 치열하다. 그렇다면 이러한 하드웨어에 대한 투자와 적극적인 지역정책에도 불구하고 지역 간의 경제적 격차는 완화되지 않았다고 판단할 수 있다. 하지만 이러한 투자와 정책으로 인해 통계지표상 지역 간의 경제적 격차가 완화된 것 또한 사실이다. 이처럼 지역 간 경제적 격차에 대한 혼란이 상존한다.

이 글은 경제적 측면에서 지역 간 격차의 양태와 그 이면의 논리를 기존의 연구들과 통계자료들을 활용하여 보여주고 분석하는 데 있다. 이를 통해 지역 간 경제적 격차에 대한 통계지표상의 혼돈된 모습을 일관성 있게 재구성한 다음, 소득과 고용을 중심으로 경제적 측면의 지역 간 격차가 2000년대 이후 더욱 심화되고 있으며, 이는 대기업 주도의 수출주도형 산업화의 경로와 밀접히 연관되어 있다는 점을 보여주고자 한다. 이러한 논리에 따라 경제민주화가 궁극적으로 경제양극화를 지양하여 경제적 시민권과 삶의 질을 향상하는 것이라면, 마찬가지로 이는 서울(또는 수도권)과 나머지 지역 간의 공간적 양극화를 해소하는 데까지 나아가야 한다고 주장할 것이다.

2. 지역 간 경제적 격차의 실상과 원인

지역을 어떻게 바라보는가에 따라 사회·경제적 활동의 지역 간 격차는 달라질 수 있다. 지역의 규모가 클수록 지역 간 격차는 작아지고, 반대일 경우 그 격차가 커지는 것이 일반적이다. 예를 들면, 권역별, 광역시도별, 기초시군구 단위로 사회경제적 활동의 격차를 측정할 경우 권역별 단위의 격차가 가장 적다. 물론 권역 내의 격차가 증가할 수 있다. 이처럼 공간단위에 따라 지역 간 격차가 달리 표현될 수 있기 때문에 이를 둘러싼 논쟁은 다분히 객관적이기보다는 주관적인 측면을 담고 있다.

이러한 한계에도 불구하고, 이 절에서는 우리나라의 지역 간 격차의 유형에 대해 언급하고 주로 경제적 측면에서 지난 10년 동안의 소득과 일자리를 중심으로 지역 간 경제적 격차의 지리적 분포패턴을 분석하고 그것이 가지는 의미를 성찰하고자 한다.

1) 지역 간 격차의 형태

지역을 어떻게 구분하는가에 따라 지역 간 격차의 형태는 달라질 수 있다. 그러나 통상적으로 우리나라에서 지역 간 격차는 네 가지로 유형화할 수 있다(정준호 2012a). 도농 간, 영·호남(경부축과 비경부축) 간, 대도시와 중소도시 간, 그리고 수도권과 비수도권 간 격차가 바로 그것이다. 시대적 상황에 따라 그 당시를 대표하는 경제·사회적 문제로서 지역 간 격차는 달리 인식되었지만, 이들 격차들은 고립적인 것이 아니라 상호 연결되어 있다. 예를 들면, 1960년대는 도농 간 격차, 1970-80년대는 영호남 간 격차, 1990년대, 특히 1997년 외환위기 이후 수도권과 비수도권 간 격차가 중요하게 다루어지고 있다. 상대적으로 대도시와 중소도시 간 격차는 중요한 지역 간 격차의 유형으로서 명시적으로 다루어지거나 부각되지는 않았다.

　　도농 간의 격차는 1960년대 산업화 초기에 농업과 제조업 간 임금구조의 차이로 농촌인구가 도시로 유입되고 농촌이 해체되는 과정을 반영하고 있다. 이러한 격차는 세계 어디서나 산업화 과정 일반에서 관찰되어 공간문제보다는 농업과 제조업의 부문 간 격차의 문제로 이해되는 경향이 강하다. 하지만 최근에는 생산력 제고와 소득증가와 같은 산업부문의 문제로서 농업문제보다는 정주여건 개선과 지역공동체 형성과 같은 공간문제로서 농촌문제가 더욱 부각되면서 양자에 대한 통합적 이해가 요구되고 있다.

　　영호남 간의 격차는 우리나라 지역 간 격차의 원형질을 이루는 것으로 세간에서 인식되고 있다. 소위 영호남 간의 지역감정은 정치동원의 기제로 작용하여 가장 호소력이 있는 정치·경제적 의제 중의 하나이다. 이는 망국적인 사회문제 중의 하나로 인식되지만, 다른 한편으로 이러한 과대평가의 정치적 효과에 대한 비판적 문제제기가 존재한다(박상훈 2009). 산업화가 경부축을 따라 진행되어 왔다는 점에서 경부축과 비경부축 간의 사회·경제적 격차가 상존하고 있는 것이 사실이고, 이와 더불어 '박정희 대 김대중'의 독재와 민주라는 정치적 대결과 동원, 그리고 '5·18 광주 민주화 항쟁'을 통한 민주주의적 숭고함이 결합되어 최고의 정치·사회적 의제로 승화된 것 또한 사실이다.

대도시와 중소도시 간의 격차 문제는 상대적으로 덜 주목받고 있다. 지역정책이 주로 광역 시도단위를 중심으로 수행되어 왔으며 명시적으로 도시(권) 단위로 구획된 적은 아직까지 없다. 최근 성장동력으로서 지식기반산업 육성의 전초기지로 대도시를 설정하는 세계적인 추세에 따라 도시권 단위 정책의 중요성이 배가되고 있다. 대도시와 중소도시 간의 구별은 장소와 시간에 따라 상이하지만, 대략적으로 후자는 인구 30만 이하의 도시들로 구성된다. 우리나라의 경우 수도권을 제외하면 인구 30만 내외의 도시들이 많지 않으며 인근 광역대도시에 포섭되어 그 위상이 점점 약화되고 있다. 대도시 및 행정 효율성 중심의 행정구역 개편, 풀뿌리 지방자치의 구현, 지역혁신체제의 구축 등과 관련하여 이러한 지역 간 격차가 새로운 쟁점으로 부상되고 있지만 상대적으로 널리 알려져 있지 않다. 이는 소위 지역문제의 스케일(scale)과 연관되는 것으로 향후 중요하게 들여다볼 필요가 있는 지역 간 격차이다(정준호 2012a).

마지막으로, 수도권과 비수도권 간의 격차이다. 미국 정치학자 그레고리 핸더슨(2000)은 한국정치를 중앙권력으로 집중되는 '소용돌이의 정치'로 기술하고 있다. 여기서 공간적으로 중앙은 바로 서울, 넓게는 수도권으로서 이에 대한 과도한 공간적 쏠림 현상이 정치, 경제, 사회, 문화 등 모든 영역에서 전방위적으로 일어나고 있다는 것이다(정준호 2012a). 소위 수도권 문제는 어제 오늘의 일이 아니다. 1960년대부터 안보문제, 인구 과밀문제, 주택문제 등으로 인하여 언제나 초미의 관심사였다. 전술한 영호남 지역 간 격차가 지금도 정치동원에서 그 영향력을 여전히 행사하고 있지만, 수도권과 비수도권 간의 격차 문제는 이와는 다른 차원의 문제를 제기한다. 이는 중심지와 주변부라는 구조적인 경제력의 문제, 즉 지배와 종속이라는 문제를 제기하고 있다는 점에서 1997년 외환위기 이후 가속화되고 있는 사회경제적 양극화와 연관이 깊으며,

공간적 차원의 경제민주화와 관련되어 있다고 볼 수 있다. 환언하면, 수도권과 비수도권에서 각각 거주하고 일을 한다는 것이 사회경제적 활동의 기회의 차이뿐만 아니라 사회경제적 정체성의 차이를 유발하여 '일국 내 두 국민'의 가능성을 내비치고 있는 것이다(정준호 2012a).

수도권과 비수도권은 연대와 협력을 수반하는 수평적인 차원의 공간단위임에도 지배와 포섭이라는 수직적인 차원의 공간단위로 변모하고 있다. 특히 지역발전에서 경쟁력 담론이 과도하게 유포되어 세계 대도시권 간 입지경쟁에 따라 수도권의 위상 강화가 필요하다는 주장, 그리고 첨단기술과 고급인력에 기반한 바이오, 지식기반산업 등 신성장동력은 시장기제에 따라 대도시권 집적경제를 충분히 활용해야 한다는 주장이 기세를 올리고 있다. 이를 관철하기 위해 기존 수도권과 비수도권 간 공간 규제를 비대칭적에서 대칭적으로 변화시키려는, 즉 수도권 규제를 대폭 완화하려는 시도가 나타나고 있다.

2) 지역 간 경제적 격차: 소득과 일자리를 중심으로

경제적 차원에서 지역 간 격차를 소득과 일자리를 통해 살펴보도록 하자. 경제적 격차는 지역 간 격차의 기저를 형성하고 다른 활동들을 일정 정도 규정한다는 점에서 매우 중요하게 다루어진다. 하지만 지역경제는 국민경제 내에서 개방체제이다. 지리적 이동성을 통해 지역 간 교역과 거래가 활발히 발생한다. 따라서 지역에서 발생한 생산소득의 일정 부분이 역외로 유출될 수 있다. 이러한 역외소득의 유출은 지역경제에서는 자연스러운 현상이지만 이것이 과도할 경우 지역경제의 선순환에 부정적인 영향을 미칠 수 있다.

폐쇄적인 체제로서 국민경제에 생산, 지출, 분배소득의 삼면등가의 법칙이 적용되기 때문에 1인당 GDP가, 그리고 국가 간 교역을 통해 소득의 일부가 유출되거나 유입되기 때문에 이를 반영한 1인당 GNI(또는 GDI)가 경제적 소득을 측정하는 데에 흔히 사용된다. 마찬가지로 이에 대응한 1인당 GRDP와 1인당 GRNI가 지역 간 소득격차를 측정하는 데 이용될 수 있다. 전자는 생산소득을 의미하고, 후자는 역외 소득의 유출입을 반영한 분배소득에 해당된다(통계청 2011).

　이하에서는 지리적 이동성에 따른 지역 간 교역과 거래가 발생하는 지역경제의 특성을 염두에 두고 지역 간 소득과 일자리의 공간적 분포를 분석하고 이들 지역 간 격차의 특성을 살펴보자.

(1) 소득

지역 간 소득격차를 측정하기 위해 인구비중을 가중치로 사용한 1인당 GRDP(지역 내 총생산), GRNI(총본원소득), 가계최종소비지출, 순처분가능소득의 변동계수의 추이를 〈그림 1〉은 보여주고 있다. 1인당 GRDP로 본 생산소득의 지역 간 격차는 1990년대 중반 이후 매우 심화되고 있으며, GDP대비 수출비중의 증가와 매우 밀접한 관계를 가지고 있다. 이들 간의 상관관계는 0.92로서 매우 높다. 따라서 1990년대 중반 이후 생산소득의 지역 간 격차는 악화되고 있으며, 이는 외환위기 이후 가속화되고 있는 대기업 주도의 수출산업화와 매우 밀접한 연관이 있다는 것을 시사하고 있다. 특히 지역 간 생산소득의 격차가 내수경기가 활성화되었던 1980년대 중반에서 1990년대 초반까지 완화되었던 것을 보면 함의하는 바가 크다.

　지출소득을 대표하는 1인당 가계최종소비지출의 변동계수는 생산소득의 그것에 비해 상대적으로 낮으며, 2000년대 초반에는 상승하는 추세였지만, 그 후반부터는 하강하는 추세이다. 지출소득의 관점에서 보면 지역 간 소득격차는 그리 심하지 않다고 판단할 수 있다(문형표 2003).

그림 1. 지역 간 소득격차의 추이

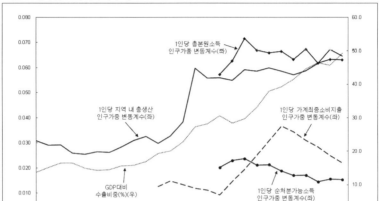

주: 변동계수는 자연로그값의 분산이고, 2005년 불변가격 기준임
자료: 통계청(http://www.kosis.kr), 한국은행(http://bok.or.kr)에서 필자 계산

분배소득을 나타내는 1인당 총본원소득과 순처분가능소득[1]의 변동계수를 보면 지역 간 소득격차는 변동이 있기는 하지만 점차적으로 완화되고 있다는 것을 보여주고 있다. 전자의 변동계수가 생산소득의 그것보다 훨씬 크다는 점에서 분배소득의 지역 간 격차가 작다고 단정 지을 수는 없다. 그러나 총본원소득을 경제주체 간의 소득이전을 통해 재분배과정을 거친 순처분가능소득의 변동계수는 상대적으로 매우 낮다. 이는 경

---

1   여기서 생산활동의 참여 또는 생산에 필요한 자산의 소유로 분배된 소득을 '총본원소득'이라 하고, 이러한 총본원소득은 생산활동과는 무관한 경제주체 간의 소득이전으로 재분배과정을 거쳐 재분배된 소득을 '총처분가능소득'이라 한다. 여기서 고정자본소모분을 차감하면 '순처분가능소득'이 된다(통계청 2011).

그림 2. 1인당 GRDP 및 1인당 GRNI 지수의 지역별 추이(2000-2010년)

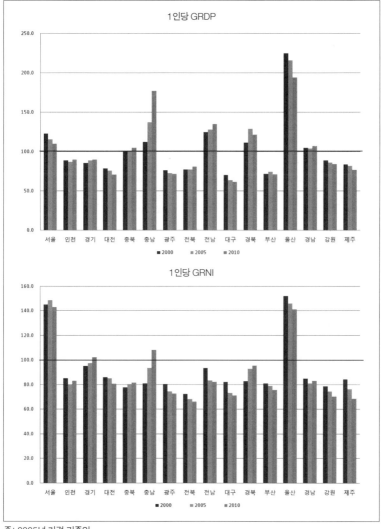

주: 2005년 가격 기준임
자료: 정준호(2012b)에서 일부 수정)(http://bok.or.kr)에서 필자 계산

제주체 간의 소득 재분배가 지역 간의 소득격차를 완화하는 데 기여하고
있음을 시사하고 있다.

　　그렇다면 우리나라 전체적으로 보면 생산소득을 제외하고는 지역 간의 소득격차가 심하지 않다고 결론을 내릴 수가 있는 것인가? 전술한 바와 같이, 지역경제는 개방체제이기 때문에 역외로 소득의 유출입이 발생한다. 이러한 역외소득의 유출입이 생산소득의 지역 간 격차를 완화시키고 있다는 것인가? 따라서 우리나라 전체로 보면 지역 간 소득격차는 큰 문제가 아니라고 판단할 수 있다는 것인가(문형표 2003; 김종일 2008).

　　하지만 역외소득 유출입의 공간적 분포를 들여다보면 이러한 주장에 대한 강한 반론이 제기될 수 있다. 〈그림 2〉는 전국평균을 100이라 할 경우 시도별 1인당 GRDP와 GRNI의 지수를 보여주고 있다. 2000년대 전국평균을 상회하는 생산소득을 창출하는 지역들은 서울, 울산, 충북·남, 전남, 경북·남 등이며, 여기에는 주요 국가산업단지와 생산시설이 집적되어 있다. 이러한 생산소득의 지리적 분포는 불균형 산업화의 입지 패턴을 온전히 반영하고 있다.

그림 3. 시도별 역외 순소득 유출 · 입(순수취본원소득)의 추이(2000-2010년)

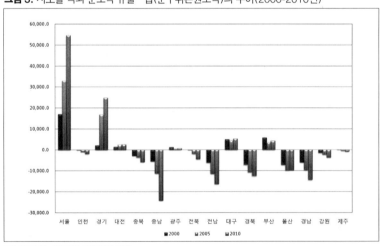

주: 10억 원, 2005년 불변가격 기준
자료: 정준호(2012b)에서 일부 수정

그런데 분배소득을 들여다보면, 생산소득의 지리적 분포와는 전혀 다른 양상이 나타난다. 2000년대 전국평균을 상회하는 분배소득을 가진 지역은 서울, 울산 그리고 최근의 충남에 불과하다. 서울과 울산을 제외하면 나머지 지역의 분배소득은 전국평균에 못 미친다. 울산의 경우 생산소득은 전국대비 상당히 높지만, 상대적으로 분배소득은 이에 못 미친다. 이는 생산소득의 일정 부분이 역외로 유출되었다는 것을 시사한다. 반면에 서울은 이와는 반대로 역외소득이 유입되었다는 것을 보여준다.

이처럼 비수도권 산업지역에서 상당한 소득이 창출되고 있지만 그 소득은 해당지역에 머물러 순환되는 것이 아니라 역외로 유출되고 있다. 정준호(2012b)는 생산소득과 분배소득을 연계하여 역외소득의 유출입 규모를 추정하였는데, 〈그림 3〉이 보여주는 바와 같이, 2000년대 역외소득이 생산의 중심지인 충북·남, 경북·남, 전북·남 등에서 전국적으로는 서울과 경기 등의 수도권, 그리고 지방에서는 해당권역의 중심지인 대전, 대구, 부산 등의 광역대도시로 유출되고 있음을 알 수 있다. 특히 2000년대 이후 자동차, 석유화학, LCD 등 가공조립 및 기초소재산업의 새로운 생산 중심지로 기능하고 있는 충남의 역외소득의 유출 규모가 최근에 전국에서 최고를 기록하고 있다. 광역대도시인 울산도 예외적으로 역외로 소득이 유출되고 있다. 이처럼 서울에는 다수의 본사가 입지하고 있어 소득 원천지와 과세 징수지 간의 지리적 불일치로 발생하는 조세수출과 같은 동일한 논리가 시도별 역외소득 유출입의 지리적 분포에서도 관철되고 있다.

역외소득의 유출입을 고려하면 지역 간 소득격차는 수도권과 비수도권, 그리고 광역대도시와 인근 지역들 간에 나타나고 있다. 특히 서울은 전국 차원에서 소득을 유입하는 블랙홀로 작용하고 있다. 〈그림 4〉에서 드러나는 바와 같이, 서울은 전국대비 인구와 GDP의 비중에 비해 법인소득과 재산소득(이자, 배당, 임료 등)의 비중이 과도하게 높다. 이는 서울이 경제권력의 관제고지로서 역할하고 있음을 시사한다. 대기업 본사, 금융기관, 그리고 부호들의 상당수가 서울에 거주하고 있다는 사실은 단순한 공간적 분포만을 지시하지는 않는다. 경제력의 과도한 집중은 공간적 분포 이상을 넘어서서 다른 지역에 대한 지배와 통제력을 시사할 수 있다(정준호 2012a).

〈그림 4〉에서 보듯이, 서울을 제외한다면, 나머지 지역들은 인구와 생산소득비중에 부합되는 피용자보수, 법인소득, 재산소득 비중을 가지고 있다. 그러한 의미에서 지역 간 경제적 격차의 대립항은 서울과 그 나머지 지역이다. 이를 공간적으로 확장하면, 수도권과 비수도권 사이이다. 물론 지방에서는 광역대도시와 인근 생산중심지 간에 소득격차가 발생하고 있다(김광호 2008). 이는 근무지와 거주지 간 지리적 불일치로 말미암아 소득이 역외로 유출되기 때문에 발생하는 현상이지만, 서울의 경

그림 4. 경제적 활동의 전국대비 지역별 비중 비교

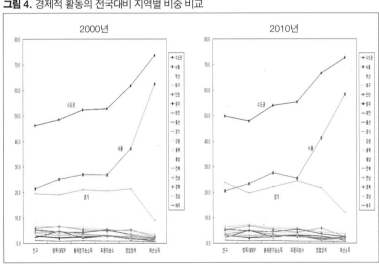

자료: 정준호(2012a)

우 그 정도가 과도하다. 이처럼 서울, 그리고 서울의 공간적 확장으로서의 수도권은 지방으로부터 생산소득을 과도하게 흡입하고 있다. 이러한 현상은 지역 간의 관계를 협력과 연대의 의미보다는 포섭과 위계의 논리로 바꾸어 놓고 있다.

　개방체제로서 지역경제가 지역 간 소득의 이전과 거래 등을 수반하는 것은 자연스러운 현상이지만, 이것이 과도하여 해당 지역경제의 선순환을 저지하고 공간적 집중 이면에 타 지역에 대한 경제력의 지배와 통제라는 의미를 갖는다면 이러한 지역경제의 구조는 시정될 필요가 있다.

(2) 고용

우리나라의 산업화는 가공조립형 산업에서 대기업 주도의 막대한 설비투자를 중심으로 이루어졌으며 이 과정에서 숙련인력의 활용을 통한 경쟁력의 제고는 제한적이었다. 엔지니어 중심의 기술 중심적 사고와 작업장 중심의 숙련형성과의 일정한 괴리, 즉 기술과 숙련의 분리가 우리나라 산업화의 특성 중의 하나이다. 이에 따라 중간 숙련이 협소하고 자동화 등의 설비투자에 의존적이어서 숙련노동을 절약하는 고용없는 성장이 다른 국가의 경우보다 더 심하다(정준호 2012c). 물론 산업화시기에 전투적인 노동조합 운동은 현장노동을 배제하는 것을 부추겼으며 독재정권은 이를 물신양면으로 지원했다.

　이것이 어떻게 공간상에 투영되고 있는가를 이해하기 위해서는 숙련수준별 공간적 분포를 들여다 볼 필요가 있다. 매시(Massey 1979)는 기업이나 산업별 숙련의 요구조건에 따라 숙련, 반숙련, 미숙련 등 직무가 공간별로 차별화되는 공간 분업(spatial divisions of labor)이 나타나면서 지역 간 불균형 발전이 나타난다고 주장하였다. 이는 기업본사가 구상(conception)기능을, 반면에 공장은 실행기능(execution)을 담당하는 '구상과 실행의 분리'라는 기업조직의 논리가 지역 차별적으로 관철된다는 것을 의미한다. 따라서 산업의 입지는 생산의 입지적 요구조건과 연관되어 구조적 차원, 즉 경제활동의 지역 매력도와 적합성의 문제라고 생각할 수 있는 것이다(Massey 1979).

전술한 바와 같이, 우리나라의 지역 간 생산소득의 격차는 일차적으로 국가와 기업의 산업입지 전략으로 인해 야기된 바가 크다. 산업의 유형과 그 산업의 부가가치의 창출능력에 따라 지역 간 생산소득의 격차가 발생했던 것이다. 또한 구상과 실행의 분리라는 기업조직의 논리가 공간상에 투명되면서 지역 간 숙련의 차별화가 진행되고 조세수출과 직주분리가 심화되어 분배소득의 지역 간 격차, 생산소득의 지역 간 재분배 또는 재조정이 발생하고 있다. 직업(직무)별 고용의 공간적 분포를 나타내는 〈그림 5〉는 지역 간 소득격차와 숙련의 공간적 차별화가 서로 연계되고 있다는 고리를 보여주고 있다. 여기서 한국표준직업분류의 개정으로 2000년과 2010년 간 직접적인 비교는 불가능하지만 숙련의 지역 간 차별화 추세를 파악하는 데는 큰 지장은 없다. 지난 10년간에 걸쳐 서울과 경기의 경우 인구집중도에 비해 구상기능을 담당하는 관리전문직의 집중도가 매우 높다. 또한 인구비중을 통제한 경우 2000년 관리전문직의 집중도가 1을 넘어선 지역은 서울, 경기, 광주였으나, 2010년에는 서울, 경기, 대전, 광주였다. 이는 전국적 차원에서는 수도권, 반면에 지방에서는 광역대도시가 구상기능을 담당하고 있다는 것을 보여준다.

반면에, 2000년에 기능직의 집중도가 1이상을 넘어선 지역은 인천, 경기, 대구, 부산, 울산이고, 그중에 울산은 1.349로 가장 높았다. 2010년에는 대전, 충북·남, 광주, 대구, 경북·남, 부산, 울산의 기능직 집중도가 1을 넘어서고 있으며, 울산이 1.567로 가장 높다. 특히 서해안 일대를 중심으로 대기업 주도의 가공조립형 산업화가 급속히 진행되고 있음

을 반영하여 충청권에서 기능직의 집중도가 크게 상승하고 있다. 지방에
서의 산업화는 관리전문직의 집중도 증가에 비해 상대적으로 기능직 집
중도의 더 높은 증가를 수반하는 구상과 실행의 분리가 공간상에 적용
되는 방식으로 이루어지고 있다. 이러한 방식의 산업화를 달리 표현하면
해당지역 내에서 산업 간 연계가 미약하고 소득의 선순환이 발생하지 않
아 소득이 유출되는 '분공장 경제'라고 한다(정준호 2012a). 따라서 이러
한 상황에서 생산소득의 역외유출은 구조적으로 나타날 수밖에 없으며,
지역 간 소득격차, 정확하게는 수도권과 비수도권 간의 격차가 심화될
수밖에 없다.

그림 5. 직업별 고용의 공간 분포

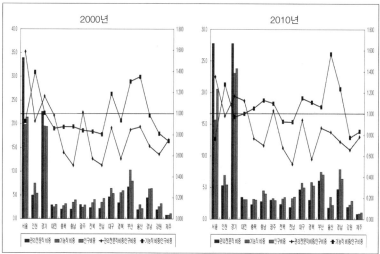

주: 1) 2000년의 경우, 관리전문직=(의회의원 고위임직원 및 관리자+전문가+기술공 및 준전문가), 기
능직=(기능원 및 관련 기능 종사자+장치기계조작 및 조립 종사자), 한국표준직업분류 5차 개정(2000년)
기준. 2) 2010년의 경우, 관리전문직=(관리자+전문 및 관련 종사자), 기능직=(기능원 및 관련 기능종사
자+장치기계조작 및 조립종사자), 한국표준직업분류 6차 개정(2007년) 기준
자료: 정준호(2012b).

〈그림 6〉에서 보는 바와 같이, 고용창출과 기회 측면에서 전국평균 100을 상회하는 지역은 수도권과 지방의 광역대도시에 불과하다. 수도권과 지방 광역 대도시에서는 대학교 졸업 후 정규직 취업률이 전국평균을 상회하고 있지만 여타 지역의 경우 전국평균을 밑돌고 있다. 이는 울산을 제외하고 수도권과 지방 광역 대도시에서 일자리의 기회가 제조업보다는 서비스업에서 더 많이 창출되고 있다는 것과 관련이 있다. 2000년대 이후 지방에서 진행되고 있는 가공조립형 산업화는 곧바로 과거와 같은 더 많은 고용창출과 연결되지 않는 것으로 보인다. 이는 자동화를 수반하는 대규모의 설비투자와 연계되어 있어 기대한 만큼의 고용효과가 나타나지 않는다. 그 대신에 대도시를 중심으로 서비스업이 고용의 저수지 역할을 하고 있다. 하지만 서비스 고용의 질이 천차만별이라 이를 모두 괜찮은 일자리로 간주하기는 무리다.

이를 반영하듯이 지난 11년 동안 인구의 사회적 이동은 여전히 비수

그림 6. 대학교 졸업 후 정규직 취업률 지수 추이

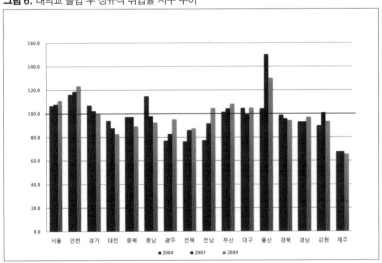

자료: 통계청(http://www.kosis.kr)

도권에서 수도권으로 발생하고 있다(〈그림 7〉 참조). 인구의 사회적 이동이 상급학교 진학, 결혼, 이사, 취업 등 다양한 요인들과 연관되어 있지만 일자리와 밀접한 관계를 가지고 있다는 것을 부정할 수는 없다. 동기간에 서울에서 인천과 경기도로 이동한 순인구가 각각 약 9,5000여 명과 약 1백 43만여 명에 달해 인구의 사회적 이동은 수도권 내부에서 가장 빈번하게 일어나고 있다. 그리고 비수도권에서 수도권으로의 순인구 이동의 규모는 약 66만여 명에 이르고 있다. 수도권 내의 순이동은 무엇보다 주택시장과 연관이 깊을 것으로 보이지만, 지방에서 수도권으로의 순이동은 취업과 높은 상관관계가 있을 것으로 보인다. 특히 2000년대 이후 가공조립형 산업화가 급속히 진행되고 있는 충남의 경우 순인구의 유입이 두드러지고 있다. 이처럼 수도권과 이와 연접한 충남, 즉 공간적으로 확대된 광의의 수도권으로의 고용과 인구집중은 여전히 진행형이다.

그림 7. 인구의 지역 간 순이동

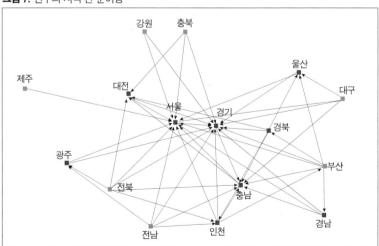

주: 2000-2011년간 인구 순이동의 규모가 평균치 7,231명 이상을 대상으로 나타낸 것임
자료: 통계청(http://www.kosis.kr)

　　일자리의 창출이 중요한 사회적 안건으로 제기된 상황에서 고용없
는 성장을 낳는 대기업 주도의 가공조립형 산업화는 그 전략을 수정해야
한다. 이는 대기업과 중소기업 간의 협력과 연계를 통해 중간숙련을 넓
히고, 중소기업 역량 제고를 통해 신규고용을 창출할 수 있어야 한다. 이
러한 기제를 창출하기 위한 노력으로서 클러스터의 형성을 통한 내생적
성장전략이 제시되고 있지만 이를 작동하기 위한 이해관계자들 간의 조
정이 없이 일방적인 정부정책으로 이어지면 그 효과를 기대하는 것은 무
리이다. 따라서 민간기업의 적극적 참여가 필요하다. 이를 위해서는 서
로가 관심을 가질 수 있는 적절한 인센티브의 고안 또는 합리적인 규제
를 통한 시장규칙의 변화가 필요하다.

3) 지역 간 경제적 격차의 원인

생산소득의 지역 간 격차가 심화되고 있지만, 분배소득의 지역 간 격차
는 상대적으로 완화되고 있다고 앞에서 언급한 바 있다. 이는 조세수출
과 직주분리 등으로 생산소득의 지역 간 재분배와 재조정이 일어나기 때
문이다. 이 과정이 단순히 통계지표상의 지역 간 소득배분의 기술적인
문제라면 큰 이슈가 되지 않는다. 그러나 그 이면에는 구상과 실행의 분
리에 수반하는 경제력의 지배의 문제가 깔려 있다.

　　1인당 생산소득과 분배소득의 지역 간 격차를 요인 분해하여 어
떤 요인이 이에 기여하고 있는가를 분석하면 지역 간 격차의 원인을 대
략적으로 파악할 수 있다. 예를 들면, 1인당 GRDP는 (GRDP/인구)＝
(GRDP/취업자)×(취업자/인구)로 요인 분해할 수 있으며, 전자는 노동
생산성을, 후자는 취업률을 의미한다. 그리고 1인당 지역민순소득은 (지
역민순소득/인구)＝(지역민순소득/지역내순생산)×(지역내순생산/취업자)

×(취업자/인구)으로 요인 분해할 수 있는데, 첫 번째 항은 노동생산성, 두 번째 항은 지역 내 소득분배율(역외 순소득 유출입), 세 번째 항은 취업률을 나타낸다.[2]

〈그림 8〉은 1인당 GRDP와 1인당 지역민순소득을 이와 같은 방식으로 요인 분해한 결과를 보여주고 있다. 이러한 결과에 따르면 1인당 GRDP나 1인당 지역민순소득에 관계없이 노동생산성의 차이가 지역 간 소득격차를 야기하는 가장 중요한 요인으로 파악된다. 그리고 분배소득의 경우 역외 소득유출입 또한 지역 간 소득 격차를 유발하는 요인이다. 이는 지속적으로 상승하고 있다. 하지만 취업률은 2000년대 내내 큰 변동이 없으며 상대적으로 지역 간 경제적 격차를 유발하는 주요 요인으로 부각되지는 않는다.

특히 노동생산성의 차이가 산업의 부가가치 창출능력과 노동력의 효율적인 이용에 의해 좌우된다는 점에서 가공조립형 산업의 대기업 분공장이 입지하고 있는 지역일수록 노동생산성이 현재로서는 높을 수밖에 없다. 이러한 점에서 지자체 단체장의 사활을 건 대기업의 분공장 유치 전략은 여전히 지역민의 소득과 고용증대를 위한 전가보도로 작용한다. 한편, 울산, 충남, 경북 등은 자동차, 조선, 석유화학 등의 가공조립과 기초소재산업의 대기업 분공장이 입지한 지역들이다. 전술한 바와 같이 기대한 만큼의 고용창출 대신에 설비투자 중심의 기업 전략으로 인하여 이들 지역에서 노동생산성은 높을 수밖에 없다. 하지만 설비투자의 막대한 비용을 회수하기 위해 이들 대기업은 더 많은 정규직 인력을 더 고용하기보다는 기존 인력에 대해 장시간 근로를 요구하거나 비정규직을 고용함으로써 요소비용 경쟁력을 확보하여 노동생산성을 높이고 있다.

---

2   여기에다 자연로그를 취하고 분산을 구하면 이들 요인 분해한 항들 사이의 상호작용을 의미하는 공분산항이 부가된다.

지역 간 소득격차는 일차적으로는 산업의 입지패턴에서 유발되고, 이는 생산소득의 지역 간 격차를 초래하고 있다. 이를 소위 시장기제의 작동에 따른 기업의 입지 전략의 자연스러운 결과로 수용해야 한다는 주장이 있다(김광호 2008; 김종호 2008). 전술한 바와 같이 이러한 지역 간 격차는 조세수출과 직주분리를 통해 지역의 생산소득이 타 지역으로 유출되어 소득의 지역 간 재조정과 재배분을 거쳐 지역 간 경제적 격차가 완화되는 것으로 통계지표상으로는 나타난다. 하지만 그 이면에는 숙련 수준별 지리적 분포패턴에서 나타난 바와 같이 구상과 실행의 분리가 공간상에 투영되어 있다. 이는 소득의 유입지는 구상기능을 수행하고, 반면에 소득의 유출지는 실행기능을 담당하는 공간 분업을 가정한다. 따라서 부지불식간에 지역 간의 관계가 협력과 연대의 기반에서 지배와 포섭의 관계로 전도되는 현상이 나타날 수 있다.

그림 8. 1인당 생산소득과 분배소득의 요인분해

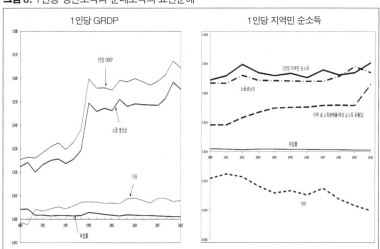

주: 1) 여기서의 변동계수는 인구가중치를 반영한 자연로그값의 분산이고, 기타는 공분산항임. 2) 지역민 순소득은 지역민 총본원소득(GRNI)에서 고정자본소모액을 차감한 것임
자료: 정준호(2012a, 2012b)

이것이 바로 우리나라에 발생하고 있는 지역 간 경제적 격차의 요체이다. 표면상으로는 분배소득의 지역 간 격차가 줄어들지만, 여전히 생산소득의 지역 간 격차는 더욱더 확대되고 있다. 그리고 이러한 생산소득과 분배소득의 차이가 지역 간에 재배분되는데, 이는 단순히 통계지표상의 기술적 조정의 문제가 아니라 그 이상의 문제를 함의하고 있다. 바로 경제력의 공간적 불균형을 낳는다. 예를 들면, 기업본사가 집중되어 있어 구상기능을 담당하는 수도권은 경제권력의 관제고지로서 기능한다. 반면에, 생산 중심지인 비수도권은 실행기능을 담당하고 수도권과 위계와 포섭의 관계로 대치된다. 소위 '일국 내 두 국민'의 가능성을 배제할 수 없는 것이다. 영국의 남북분단(North-South Divide)이 우리나라에서 '수도권-비수도권 분단'으로 재현되지 않는다고 누가 감히 장담할 수 있겠는가!

산업의 입지적 매력도와 산업(기업)조직의 문제는 구조적인 문제이다. 따라서 지역문제는 단순히 지역차원의 문제가 아니라 산업조직과 고용을 아우르는 우리나라 산업화의 전략과 깊이 연관되어 있다. 지자체는 참여정부 이후 지역의 입지적 매력도를 증대하기 위해 내생적 발전전략에 기반한 클러스터와 지역혁신체제를 구축하려고 많은 노력을 경주해오고 있다. 하지만 이러한 노력의 결실은 많은 시간을 요구한다. 현행 대기업 주도의 지나친 수출산업화 전략은 내수경제의 기저를 침해하고 대기업과 중소기업 간 관계를 단기적인 비용대체의 수단으로 간주하는 경향이 강하다. 고숙련의 형성을 가능케 하는 다양한 경제주체 간의 조정과 타협이 힘든 것도 분공장 체제가 일조하고 있다. 왜냐하면, 분공장의 경우 지역차원의 주요한 의사결정에 참여하고 행사할 권한이 제약되어 있기 때문이다.

지금까지의 논의를 요약하면, 전국적인 차원에서 생산소득의 지역

간 격차는 확대되고 있지만, 분배소득의 지역 간 격차는 이와는 반대이
다. 특히 생산소득의 지역 간 격차의 기저에는 지역 간 노동생산성의 차
이가 자리 잡고 있다. 이는 산업입지의 지리적 패턴을 반영하고 있으며
가공조립 산업에서 숙련인력의 활용 대신에 설비투자의 확대를 통해 경
쟁력을 제고하는 대기업의 경영전략과 과거 국가 개입의 역사적 산물이
다. 특히 최근에 산업입지에 대한 국가 개입이 사라지면서 서해안 일대
로의 산업집중을 시장기제의 결과로 해석하여 지역 차별적인 입지속성
을 기업들이 최대한 활용하고 있다고 생각할 수 있다.

하지만 생산소득과 분배소득을 연계하여 보면 단순하게 산업의 지
리적인 배치와 노동생산성의 지리적 차이를 넘어서서 역외소득의 유출
입이 조세수출, 직주분리, 그리고 업무의 공간분업과 연관되어 있으며,
이는 지역 간의 경제력 격차, 즉 지역 간의 지배와 통제라는 문제를 제기
하고 있다. 이러한 점에서 지역문제는 다른 경제·사회적 문제들과 불가
분의 관계를 맺고 있으며, 단순한 경제적 활동의 지리적 배치 그 이상의
문제이다.

3. 맺음말

우리나라의 지역 간 경제적 격차는 소득의 측면에서 통계지표상으로는
혼돈된 모습을 보여주고 있다. 생산소득의 지역 간 격차는 심화되고 있
지만 분배소득의 지역 간 격차는 완화되는 추세이다. 하지만 지역경제가
개방체제이기 때문에 역외소득의 유출입을 고려하여 생산소득과 분배소
득을 조정·연계할 경우 그 혼돈된 모습의 빗장이 풀린다. 산업입지는 지
역별로 매우 불균형적인 생산소득을 창출하고 있다. 이러한 소득은 다시

조세수출과 직주분리를 통해 지역별로 재조정되거나 재배분된다. 그 결과 소득의 창출지와 유입지 간에 지리적 불일치가 발생한다. 이는 기업 조직의 구상과 실행의 분리가 공간상에 적용이 되어 수도권은 구상기능을 담당하는 직무가 상대적으로 더 집중되고, 반면에 비수도권에는 실행 기능을 수행하는 직무가 더욱더 확대되고 있다.

그 결과 상대적으로 생산소득이 낮은 수도권과 광역대도시로 소득이 유입되는 바람에 지역 간 분배소득의 지리적 격차는 줄어든다. 하지만 이 과정은 통계지표의 기술적 배분의 문제가 아니다. 그 이면에는 공간적 차원에서의 경제력의 문제가 도사리고 있다. 구상기능을 담당하는 수도권은 경제권력의 관제고지로서 기능하고 비수도권은 생산 중심지로 역할을 수행하면서 지역 간의 수평적인 관계는 포섭과 위계의 수직적인 관계로 전화된다. 환언하면, 그 이면에는 구상기능과 경제권력의 관제고지 역할을 담당하는 수도권과 실행기능 중심으로 특화되어 진행되는 가공조립형 산업화가 구조적으로 자리하고 있으며 이에 따라 노동생산성의 격차가 지역 간 소득격차를 유발하는 중요한 요인으로 부각되고 있는 것이다(정준호 2012b).

이처럼, 우리나라의 지역 간 격차 문제는 고숙련의 활용보다는 설비투자 중심의 가공조립형 산업화와 긴밀히 연관되어 있기 때문에 지역 문제 그 자체로는 지역 간 격차를 쉽게 해소할 수 없다. 따라서 지역정책은 내생적인 발전전략과 고숙련형성을 가능케 하는 혁신 및 고용정책들과 긴밀히 연계될 필요가 있다. 특히 지역 간 경제적 격차의 심화는 수도권과 비수도권 간의 숙련 수준의 공간적 차별화와 연관되어 있어 사회적 결속과 통합의 문제를 제기하고 있기 때문에 지역문제는 경제적 문제이자 사회·정치적 문제이다. 가령, 영국의 남북분단(North-South Divide)과 같이 '수도권과 비수도권 간 두 국민'의 출현에 대해 경계를 해야 하며, 이는 심한 사회적 갈등을 야기하고 수도권으로의 일국집중을 더욱 가속화시킬 수 있다(정준호 2012b).

역외소득의 수도권으로의 과도한 유입은 중심과 주변부 간의 경제적 권력 행사의 문제를 제기하고 있다. 지역 간의 경제적 격차가 심화되어 종국에 공간적 양극화로 이어진다면 이는 경제민주화에 반하는 것이기도 하다. 궁극적으로 경제민주화가 사회적 양극화를 지양하는 데 있다고 한다면, 이는 공간적 양극화의 지양도 수반해야 한다.

참고문헌

그레고리 핸더슨, 박행웅·이종삼 역, 2000, 『소용돌이의 한국정치』, 한울.

김광호, 2008, 「지역개발 정책의 목표와 전략 재정립」, 고영선 편, 『지역개발정책의 방향과
　　전략』, 한국개발연구원, pp. 21-76.

김종일, 2008, 「지역경제력 격차에 관한 연구」, 고영선 편, 『지역개발정책의 방향과 전략』,
　　한국개발연구원, pp. 77-135.

문형표, 2003, 「지역 간 형평성과 재정분권화」, 문형표 편, 『2003년도 국가예산과 정책목표』,
　　한국개발연구원, pp. 49-83.

박상훈, 2009, 『만들어진 현실: 한국의 지역주의, 무엇이 문제이고, 무엇이 문제가 아닌가』,
　　후마니타스.

정준호, 2012a, 「선(先)지역균형발전, 후(後)수도권 규제완화」, 김상곤 엮음, 『더불어 행복한
　　민주공화국: 자유와 진보의 연대를 위한 정책 보고서』, 폴리테이아, pp. 297-330.

_____, 2012b, 「역외 소득의 유출입을 고려한 지역 간 소득격차와 그 요인」, 강원대학교
　　부동산학과, 미발간 논문.

_____, 2012c, 「분배 친화적 성장을 위한 생산 - 복지체제와 신산업정책의 모색」, 유종일 편,
　　『경제민주화 - 분배 친화적 성장은 가능한가』, 모티브북, pp. 203-238.

통계청, 2011, 『2009년 지역소득통계』, 통계청.

Massey, D., 1979, "In what sense a regional problem," *Regional Studies* 13, pp. 233-243.

3

지역균형발전의 필요성과 쟁점들

변창흠(세종대학교) · 정준호(강원대학교)

1. 머리말: 새삼스러운 '균형발전' 논쟁

일반적으로 '균형'은 "어느 한쪽으로 기울거나 치우치지 아니하고 고른 상태"를 의미하고, '균형되어 있다', '균형잡혀 있다'라고 하면 매우 긍정적인 의미로 받아들여진다. 이를 지역문제[1]와 연계시켜 보면 지역을 '균형'있게 발전시키는 것은 중요한 지역정책의 목표가 될 수 있다. 그런데 이명박 정부가 출범한 이후 지역정책에서 '균형발전'이란 용어는 회피의 대상이 되었다는 것은 주지의 사실이다.

이명박 정부는 출범 직후 지역균형발전의 원칙과 방안, 주체, 재원에 대해 규정하고 있는 국가균형발전특별법의 전면개정안을 마련하면서

---

[1] 여기서의 지역문제는 중앙정부 수준에서 다루어지는 지역 간 문제이다. 따라서 복수의 지역을 대상으로 한다. 가령, 서울시의 강남과 강북 지역 간 문제는 서울시의 지역문제이지, 16개 광역시·도가 중앙정부 지역정책의 기본단위로 인식되어 온 현 상황에서 이는 중앙정부에서 다루어야 할 핵심적인 지역문제가 아니다.

법률의 명칭을 지역발전특별법으로 변경하고 법률의 목적과 내용 등을 완전히 재편하고자 했다. 다행히 법률의 명칭은 그대로 살아남았지만 법률의 핵심적인 내용이 변경되었을 뿐만 아니라 핵심용어마저도 대부분 사라지게 되었다. 대표적인 예로는 국가균형발전위원회는 지역발전위원회로, 국가균형발전계획은 지역발전계획으로, 국가균형발전특별회계는 광역·지역발전특별회계로 '균형'이라는 용어가 빠지게 된 것을 들 수 있다. 종전 법률에서 60여 차례 등장하였던 '균형'이라는 단어가 개정 법률에서는 법률 명칭과 법률의 목적을 규정하고 있는 두 군데를 제외하고는 모두 사라지게 되었다.

균형발전을 둘러싼 새삼스러운 논쟁은 2008년 초 이명박 정부의 지역정책 발표, 2008년 10월 30일 수도권 관리정책의 전환, 2009년 초 세종시 수정안 발표 과정에서도 제기되었다. 이명박 정부는 새로운 지역정책 기조를 발표하면서 참여정부의 지역균형발전정책은 나눠먹기식 배분정책에 치중한 것으로 폄하하면서 차별화를 시도하였다. 이명박 정부는 '균형·혁신·분산'을 강조한 참여정부의 지역정책을 '상생·경쟁·분권' 정책으로 전환했다고 주장하였다(최상철 2009). 수도권 정책에서도 과밀억제와 균형발전을 위한 수도권 규제보다는 수도권의 경쟁력 강화를 위한 규제완화 기조가 채택되었고, 세종시 수정안도 수도권의 중앙부처나 공공기관의 지방분산보다는 민간기업과 연구소의 유치를 통한 일자리 창출을 강조하였다.

과연 참여정부는 불가능한 지역균형발전을 추구한 것인가? 지역이 균형있게 발전하였다는 것을 어떤 기준으로 어떤 지역단위로 측정할 수 있나? 지역균형발전은 지방분권과 어떤 관계를 지니고 있나? 수도권 정책은 지역균형발전과 어떤 관계를 가지고 있나? 지역균형발전을 위해서는 어떤 정책수단을 써야 하나? 지역균형발전을 둘러싼 논쟁들은 이러한 질문들을 둘러싸고 전개되어 왔으며 현재도 진행 중에 있다.

2. 균형발전의 의미와 실효성을 둘러싼 논쟁

1) 균형발전의 의미에 대한 논쟁

균형발전정책과 관련하여 가장 먼저 부딪치는 쟁점이 균형발전의 개념이다. 물리적, 기능적 균형(balance)과 경제학적인 균형(equilibrium)이 한글로는 똑같이 '균형'으로 표현되기 때문에 서로 같은 발음으로 다른 뜻을 얘기하면서 논쟁이 유발되고 있다. 균형발전 자체를 부정하는 일부 경제학자들은 경제학적인 균형의 개념을 들어 균형발전은 불가능한 목표이자 정치적 구호에 불과하다고 주장한다. 이들이 말하는 균형은 "선택된 변수들이 상호관련을 갖도록 구성된 모형의 내부에서 이 변수들이 변화하려는 내재적 경향을 갖지 않도록 상호간에 조정되어 있는 상태"(Machlup 1958)로 시장 메커니즘 속에서 하나의 점을 가정하고 있다. 이 균형은 일시적으로 변수들 간의 관계 속에서 존재할 뿐 지속되지는 않는다. 그러니 이 기준으로 보면, 균형발전을 이루겠다는 정책이 황당하게 보일 수도 있다.

　그러나 균형발전정책에서 추구하는 '균형'은 모형 속에서 가상적으로 기대하는 상태를 의미하는 경제학적인 균형과 다르다. 균형발전은 비판론자들이 주장하는 것처럼 나눠먹기로 표현되는 균등배분이나 결과적 균형을 의미하지도 않는다. 또한 균형발전은 정치·사회적으로 민주주의의 확대를 함축하고 있다고 보아야 한다. 중앙과 지방 간 역할과 기능분담을 통한 견제와 균형, 경제활동 분포의 재배치를 통한 견제와 균형 등을 광범위하게 포괄하고 있기 때문이다(정준호 2012). 서로 다른 기능을 가진 행정부와 입법부, 사법부가 견제와 균형(check and balance)을 통해 권력의 분립을 이루듯이, 지역균형발전(balanced regional development)은 각 지역이 역사, 문화, 산업적 역량을 발휘할 수 있도록 발전하는 것을 의미하는 것으로 받아들여야 한다.

　균형발전과 관련된 혼란은 지역발전에 관한 실증이론과 규범이론 간의 혼란에서 비롯되기도 한다. 실증이론은 지역발전에 대한 그간의 경험과 사례를 통해 지역발전의 양태를 설명하는 이론으로, 크게 균형발전이론과 불균형발전이론으로 구분된다(김용웅 외 2011). 균형(발전)이론은 시장의 힘에 의하여 지역 간 균형이 자연적으로 이루어진다는 고전경제이론에 바탕을 둔 이론이고, 불균형이론은 경제성장의 역사와 구조적 요인차원에서 지역 간 불균형성장이 지속된다고 보는 지역발전이론이다.

　반면, 규범이론은 지역발전을 위한 처방과 정책제안을 위한 이론으로 균형발전 전략이론과 불균형발전 전략이론으로 구분된다. 실증이론과 규범이론은 구분이 어렵고 혼용되기도 하지만, 경제발전 과정에 대한 관찰을 통해 불균형발전이론을 제시했다고 해서 반드시 불균형발전 전략이론을 제시하는 것도 아니며 그 반대도 마찬가지이다. 그러나 분명한 것은 균형발전 전략이론이나 불균형발전 전략이론이 모두 지역의 균형성장을 목표로 설정하고 있다는 점이다. 따라서 균형발전 자체를 부정하거나 부정적인 의미로 받아들여서는 안 된다.

2) 지역균형발전의 당위성을 둘러싼 논쟁

지역균형발전과 관련하여 또 다른 쟁점은 과연 균형발전이 필요한가 여부와 필요하다면 과연 달성가능한가 여부이다. 이 논쟁에 관한 입장은 크게 지역균형발전 당위론과 지역균형발전 불가론, 지역균형발전 무용론 등으로 구분할 수 있다.

우선, 균형발전 당위론은 법률적으로나 기능적인 측면에서, 또한 사회정의 측면에서 균형발전은 정당성을 갖는다는 입장이다. 이 정당성을 가장 잘 보여주는 것이 우리나라 헌법의 조항이다. 지역균형발전은 세계 어느 국가나 당연히 추구하는 가치이지만, 특히 우리나라 헌법에서는 전문과 제120조, 122조, 123조 등에서 지역균형발전을 위한 국가의 이념과 의무에 대해 명확히 규정하고 있다. 따라서 지역균형발전은 정부의 정책이나 정당의 강령으로 부정하거나 훼손할 수 있는 가치가 아니라 국가가 반드시 추진해야 하는 의무이다. 우리 헌법에서는 '균형' 혹은 '지역균형발전'에 대해 규정하고 있는 조항을 정리하면 다음과 표와 같다.

헌법상 기회의 균형과 균형발전 관련 조항

- "…… 정치·경제·사회·문화의 모든 영역에 있어서 각인의 기회를 균등히 하고, 능력을 최고도로 발휘하게 하며, 자유와 권리에 따르는 책임과 의무를 완수하게 하여, 안으로는 국민생활의 균등한 향상을 기하고"(헌법 전문)
- "국토와 자원은 국가의 보호를 받으며, 국가는 그 균형 있는 개발과 이용을 위하여 필요한 계획을 수립한다"(헌법 제120조 2항)
- "국가는 국민 모두의 생산 및 생활의 기반이 되는 국토의 효율적이고 균형 있는 이용 개발과 보전을 위하여 법률이 정하는 바에 의하여 그에 관한 필요한 제한과 의무를 과할 수 있다"(헌법 제122조)
- "국가는 지역 간의 균형 있는 발전을 위하여 지역경제를 육성할 의무를 진다"(헌법 제123조 2항)

지역균형발전은 헌법상의 규정에 의해 의무화되지 않았더라도 수도권의 경쟁력 제고나 지방의 자립적 발전, 사회정의 확보 등을 위해서도 필요한 가치이다. 따라서 오히려 쟁점이 되어야 하는 것은 지역균형발전 자체의 이념이 아니라 어떠한 방식으로 지역균형발전을 달성할 것인가에 대한 정책수단과 개별적인 사안에 대한 적용방법이 되어야 할 것이다.

반면, 지역균형발전 불가론은 원래부터 지역균형발전은 불가능하기 때문에 지역균형발전은 환상에 불과하다는 입장이다. '균형'이란 항구적인 것이 아니라 일시적인 현상이듯이 지역균형발전은 결코 달성할 수 없는 환상이거나 정치적 슬로건에 불과하다는 것이다. 균형발전은 곧 하향평준화를 의미하기 때문에 균형을 추구하다가는 모든 지역이 경쟁력을 잃게 되므로 성장을 통해 파이를 키움으로써 성장의 혜택을 나누어 갖는 것이 올바른 선택이라는 주장이다. 이른바 만이론 또는 낙수효과(trickle down effects)론이다. 우리 국토에서 만이에 해당하는 수도권이 이른바 '국가대표'가 되어서 세계의 대도시권에 비해 경쟁력의 우위를 차지하게 되면 그 성과를 지방으로 나누는 것이 크지 않는 자원을 골고루 나누어 갖는 것보다 훨씬 효율적이라는 주장이다. '지역균형발전론은 과대포장되었고 한국의 현실이나 글로벌 시대에 역행한다'(김영봉 2009)는 주장이 여기에 해당한다(변창흠 2010).

지역균형발전 무용론은 지역균형발전은 달성이 가능하다고 할지라도 가치가 없다는 입장이다. 실제 지역균형발전정책은 세계적인 대도시들과 경쟁을 해야 하는 성장지역의 자원과 인력을 낙후지역을 지원하기 위해 배분하는 것을 기본적인 내용으로 설정하고 있기 때문에 결과적으로 성장지역의 발전 잠재력을 훼손하게 된다는 것이다. 이에 따라 지역균형발전을 추구하게 되면 경쟁체제에서 도태되고 공멸을 초래할 뿐이기 때문에, 균형발전이 아니라 지방분권을 추구해야 한다고 주장한다.

3) 지역균형발전의 실효성을 둘러싼 논쟁

주류 경제학적인 관점에서 보면 지역문제는 지역 간 자원배분과 특정 지역의 과밀문제로 요약된다(정준호 2010). 이 관점에 따르면, 국민경제의 효율성이라는 관점에서 지역 간 자원배분의 문제는 생산요소(예: 자본과 노동)의 이동성을 제고함으로써 해결될 수 있다. 이 경우 정부개입은 각종 정치, 사회, 문화장벽 등이 지역 간 생산요소의 이동성을 저해할 경우 이를 시정하기 위한 목적일 때만 용인된다.

반면, 특정지역의 과밀문제는 외부효과의 내부화(예: 조세부과)를 통해 해결될 수 있다. 그런데 특정지역이 과밀이거나 혼잡비용이 지나치게 높다는 사실에 대해 엄정한 판단을 내리기가 어렵기 때문에, 이 경우에는 정부개입의 여지가 거의 없다.

일반적으로 지역(균형)정책은 지역을 차별화할 수밖에 없지만, 주류의 경제학적인 관점에서는 이러한 시각을 수용하지 않는다. 오히려 정부가 지역문제에 직접 개입하기보다는 비공간적인 부문정책을 통해 공간적 이동성을 극대화함으로써 지역문제를 해결하고자 한다(World Bank 2009). 이 관점에서는 특정 지역이 낙후되었다고 해서 사람이나 기업이 아니라 지역을 기준으로 투자 여부를 결정하는 경우 지역정책은 정당성과 실효성을 갖지 못한다고 본다. 낙후된 지역에 사는 사람의 빈곤을 지역의 빈곤으로 보고 지역을 처방의 대상으로 설정하는 것을 공간 물신론이라 하며, 과학적이지 못한 시각으로 본다. 낙후된 지역에도 부유층이 살고 있고 부유한 지역에도 빈곤층이 살고 있기 때문에 지역이 지원의 기준이 되어서는 안 된다는 것이다.

그렇다면 지역균형정책은 어떻게 정당성과 실효성을 지닐 수 있을까? 우선, 지역균형발전은 앞서 살펴본 것처럼 그 자체가 권력의 독점

을 방지하고 민주주의를 실현하는 가치일 뿐만 아니라 사회정의에도 부
합한다. 지역균형발전이란 지역 간 수평적 형평성(equal treatment of
equals)을 추구하는 것이며, 중앙정부의 지역에 대한 지원의 최상위 법
적 기반인 헌법에 명시되어 있다.

둘째, 지역에는 다양한 문제들이 복합적으로 얽혀 있기 때문에 패키
지 형태로 정책을 전달해야만 소기의 성과를 거둘 수 있을 뿐만 아니라
부처별 부문정책의 시금석으로도 기여할 수 있다(Smith 1999). 또한, 입
지 특수적인 자산을 가지거나 공간적으로 집적되어 있는 개인이나 기업
을 대상으로 정책 개입하는 경우, 지역차원에서 정책들을 통합적으로 수
행하면 이들에 대한 정책대상의 설정이 용이하고 맞춤형 정책 서비스를
제공하고 정책의 효과를 증대할 수도 있다(정준호 2010).

셋째, 지역정책은 국민경제의 기능적·공간적 포트폴리오를 재구성
하는 전략으로 활용될 수 있다. 반도체, 조선 등 특정 분야에 집중하여
산업 경쟁력을 갖춘 수출주도형 경제는 대외 경기변동에 취약하고 지속
적인 혁신 창출에 장애가 될 수 있다. 서브프라임 모기지 사태가 초래한
2008년 글로벌 금융위기에서 보듯이 국민경제가 특정 산업(예: 금융)에
특화되고 수출에 과도하게 의존할 경우 국민경제의 건전성이 상당히 훼
손될 수 있다. 이러한 리스크를 방지하기 위해서는 지역정책을 통해 성
장동력 기반의 다각화와 이를 실현하는 입지(지역) 경쟁력을 강화하는
것이 필요하고 실효성을 지니게 된다(정준호 2012).

결국 지역균형발전정책은 대외 경기변동성에 유연하게 대응할 수
있도록 대내적인 성장기반을 확보해야 하는 국민경제적인 과제를 달성
하기 위해서라도 중요한 국가전략수단이 될 수 있다. 지속적인 경쟁력
확보를 위해 성장동력을 확보하고 이를 공간상에서 입지경쟁력을 갖도
록 유도하는 지역산업정책은 국민경제와 국토공간에 유연성을 부여하

고, 고용창출 기반의 확대와 동시에 이종 간 산업의 융합과 혁신을 가속
화할 수 있는 기반을 창출할 수 있을 것이다.

3. 지역균형발전의 방향과 전략을 둘러싼 쟁점[2]

1) 지방분권과 지역균형발전의 선후 문제

권력과 기능이 중앙정부와 수도권에 과도하게 집중되어 있는 것이 우리
나라 지역의 현실이라면, 지방분권과 지역균형발전은 지역정책에서 모
두 추구해야 할 중요한 가치이다. 지방분권을 통해 지역의 자율성을 확
대하고 참여민주주의를 실현해야 하고, 지역균형발전을 통해 지역의 자
립적 지방화를 실현해야 한다. 문제는 우선순위이다. 참여정부는 분권,
분산, 분업을 동시에 추구하는 3분 정책을 지역정책의 슬로건으로 내걸
고 관련 특별법과 대통령자문위원회를 구성하였다. 국가균형발전특별법
과 국가균형발전위원회, 지방분권특별법과 정부혁신·지방분권위원회가
대표적이다. 그러나 참여정부 기간 동안 국가사무의 지방이양이나 제주
특별자치도 설치 등과 같은 지방분권의 성과에도 불구하고, 참여정부의
대표적인 지역정책은 세종시와 혁신도시, 기업도시와 같은 지방분산정
책이라 할 수 있다.

반면, 이명박 정부는 참여정부의 분산정책이 행정구역별 나눠먹기
로 공간적인 효율성을 훼손한 포퓰리즘 정책이라고 평가절하하고 분권
정책과 지역의 발전역량 제고정책을 강조하였다. 그러나 이명박 정부는

---

2   이 절의 일부분은 변창흠(2008)과 정준호(2012: 312-325)의 일부 내용을 발췌·수정·보완
     한 것임을 밝혀둔다.

특별행정기관의 일부 지방이전과 형식적인 국가사무의 지방이양을 제외하고는 분권분야에서도 큰 성과를 찾기 어렵다. 특히 법인세나 소득세 감세 조치로 지방교부세가 축소되면서 중앙재정 의존도가 심한 지방자치단체들은 재정압박을 받아야 했다.

현재의 과도한 수도권 집중 현실에서 지역균형발전정책을 대체하여 지방분권정책만을 추진하는 경우 부유한 지역과 낙후된 지역 간의 격차가 더욱 확대될 수밖에 없다. 감세정책으로 지방재정이 위축되면서 불가피하게 부가가치세의 5%를 지방소비세로 전환하여 지방재정을 확충하였지만, 그 결과 수도권과 지방 간의 재정격차가 더욱 확대된 것이 좋은 사례이다.

따라서 지방분권정책과 병행하여 수도권 기능의 지방분산이나 수도권 관리와 같은 지역균형발전정책을 지속적으로 추진하는 것이 불가피하다 할 것이다. 특히 수도권과 비수도권 간에는 이미 분권만으로는 극복할 수 없는 격차가 상존하고 있고, 지난 수년간의 분권을 위한 노력에도 불구하고 그 성과는 거의 드러나지 않았음을 그간의 경험을 통해 확인할 수 있었다. 따라서 우리의 현실을 고려할 때 분산이 아니라 분권정책만을 통해 균형발전을 도모하는 것은 불가능하며, 분산정책이 반드시 선행되거나 동시에 추진될 필요가 있다.

지역균형발전을 위해 공공부문을 활용한 지방분산 정책은 불균형발전이 심각한 국가들에서는 대부분 채택하고 있는 정책이며 수도권 집중이나 지역발전에 기여한 효과가 큰 것으로 평가되고 있다. 다만, 어떤 기능을 이전대상으로 설정하고 어디에서 어디로 이전할 것인가, 이전을 촉진하기 위해 어떤 수단을 사용할 것인가의 문제는 국토균형발전의 장기적인 비전과 전략에 따라 결정될 수밖에 없다.

2) 지역균형발전을 위한 공간적 단위

어떤 지역의 균형여부를 판단하거나 균형발전정책의 적정한 대상을 선정하기 위해서는 우선적으로 고려해야 할 공간적 단위를 결정해야 한다. 모든 지역은 균질적이지 않기 때문에 모든 지역을 동시에 균형 있게 만들 수는 없으며, 지역단위를 잘게 분할하면 할수록 지역 간 격차는 더욱 커지게 된다.

참여정부에서는 수도권과 비수도권 간의 격차를 가장 중요한 지역문제로 인식했다. 따라서 최우선적인 지역균형발전정책은 수도권과 비수도권 간의 격차를 해소하는 정책이 될 수밖에 없었다. 수도권은 서울특별시-인천광역시-경기도로 구성된 대도시권인 반면, 비수도권은 여러 개의 광역자치단체의 연합이기 때문에 비교의 대상이나 정책의 대상이 되기가 어려웠다. 때문에 참여정부 기간 동안에 지역균형발전정책이나 국토계획의 대상이 되었던 공간적 단위는 초광역자치단체에서부터 광역권, 광역자치단체, 기초자치단체에 이르기까지 다양하게 나타났다. 이를 통해서 보면 참여정부에서는 어떤 단위에서 지역균형발전을 달성하고자 했는지가 불분명하였다.

우선, 국가균형발전위원회와 건설교통부가 2003년 신행정수도 건설을 추진하면서 발표한 신국토공간구조의 모습은 π형 국토연안축과 6각형 국토네트워크를 결합한 다핵분산형 국토구조였다. 이 공간구조에서는 초광역권이 기본적인 공간단위로 제안되어 충청권(대전+충남+충북), 수도권, 영남권(부산+대구+울산+경북+경남), 호남권(광주+전남+전북), 강원권, 제주권이 등장하고 있다. 그런데 신행정수도를 이들 초광역권의 중심으로 설정한 것은 특이하다.

둘째, 제 4차 국토종합계획 수정계획(2005-2020)에서는 신행정수

도가 헌법재판소의 위헌 판결로 행정중심복합도시로 변경된 이후 다핵
연계형 국토구조로 표현되기 시작하였다. 이 공간구상에서는 수도권, 강
원권, 충청권, 전북권, 광주권, 대구권, 부산권 등 7대 경제권역과 국제자
유도시 제주권으로 설정하여 경쟁력 있는 특화산업을 기반으로 자립형
지방화와 지역의 국제경쟁을 위한 기본단위로 설정하였다(건설교통부·
국토계획연구단 2005).

셋째, 지역산업클러스터 활성화를 위한 공간단위로 수도권, 강원 동
해권, 중부내륙권, 대전·청주권, 아산만권, 전주·군장권, 광주·목포권,
광양만·진주권, 부산·울산·경남권, 대구·포항권, 제주도 등의 11개 광
역권으로 구성되어 있다.

넷째, 국가균형발전특별법에 따라 수립된 지역혁신발전5개년계획
이나 지역혁신협의회의 구성, 지역혁신체제 구축을 위한 공간적 단위는
광역자치단체였다. 수도권 소재 공공기관의 지방이전도 광역자치단체를
기준으로 배분하였으며, 이를 수용하기 위한 혁신도시의 입지선정도 전
남-광주를 제외하고는 광역자치단체 단위로 배분되었다.

다섯째, 지역혁신협의회의 하위 단위와 신활력 지역의 선정 등에서
는 기초자치단체가 공간적 단위로 활용되었다.

이상에서 살펴본 것처럼 참여정부의 국가균형발전 정책에서는 여
러 가지 수준의 공간단위에서 정책수단을 채택하였을 뿐만 아니라 공간
단위 간의 우선순위가 부여되어 있지 않았기 때문에 궁극적으로 달성하
고자 하는 균형의 모습이 불투명하였다. 특히 문제가 되는 것은 각 단위
의 공간단위마다 지역혁신체계나 지역혁신클러스터의 육성을 기본적인
사업내용으로 설정하고 있다는 점이다. 이에 따라 혁신클러스터는 기초
자치단체-광역자치단체-광역권-초광역권 모두에서 효과적인 지역단위
가 되어 혁신을 창출할 수 있어야 하므로 사실상 실효성을 지니지 못하

게 되었다. 결국 참여정부의 국가균형발전정책은 공간단위를 명확히 설정하지 않음에 따라 정책 간의 중복과 혼선, 정책 효과의 부족 등의 문제점을 낳았던 것이다.

이명박 정부는 광역경제권을 지역정책의 핵심적인 공간단위로 선정하였다. 이 구상은 인수위원회 단계에서부터 발표되었던 이른바 "5+2 광역경제권"에서 비롯된 것으로 행정구역을 초월하여 대도시권을 중심으로 공간구조를 개편하겠다는 의지를 보여준 것이다. 5+2 광역경제권은 참여정부가 집권 후기에 발표하였던 5+2 초광역경제권 구상에서 출발한 것이지만, 광역경제권에 기반한 지역정책은 참여정부의 지역정책이 행정구역 단위에 고착된 채 지역별로 자원이나 혁신도시와 같은 개발사업을 나눠먹기 했다고 비판하면서 이 문제를 극복하기 위해 수용하게 된 것이었다.

이명박 정부의 지역정책은 전 국토의 성장 잠재력을 극대화할 수 있도록 3차원적 국토개발을 추진하겠다고 표방하였다. 3차원적 국토개발이란, 전국을 기초생활권, 광역경제권, 초광역개발권이라는 3차원으로 구분하는 것을 의미한다. 기초생활권은 163개 시·군 단위의 지역 개발로 삶의 질을 개선하는 데 초점을 맞추고, 광역경제권은 16개 시·도를 5+2 광역경제권으로 개편하여 지역경쟁력 강화에 초점을 맞추며, 초광역개발권은 열린 국토공간 구현을 위해 초광역권으로 개발축을 형성한다는 것이다. 이 중에서 가장 중요시한 공간적 단위는 광역경제권으로 광역경제발전위원회를 구성하여 광역권 단위의 협력사업을 추진하고 있다.

참여정부에서 수도권의 집중에 대응하여 균형발전정책을 실효성 있게 추진하기 위해서는 비수도권에 대해서도 수도권과 마찬가지로 대도시권을 중심으로 광역경제권을 형성하고 이 광역경제권을 단위로 자립형 지방화를 추구할 필요가 있었다. 이렇게 되면 국가균형발전이란 수도권과 비수도권 간의 균형이 아니라 수도권과 이에 대비되는 비수도권 광역경제권 간의 균형을 추구하게 되는 것이다. 이명박 정부에서 5+2광역경제권 구상으로 구체화되긴 하였지만, 광역경제권 단위에서 지역발전을 위한 구체적인 계획이나 사업에서 실효성을 지니지 못하고 있다. 이명박 정부의 광역경제권 사업은 공간단위에서의 문제라기보다는 운영에서 분권개념이 명확하지 않은 채 추진되어 중앙집권적인 운영방식, 광역경제권 단위에서 적절한 거버넌스 체계의 부족, 광역경제권 사업의 부처 간 유기적 결합 부족 문제 등을 나타내고 있다(박경·강현수 2011).

지역균형발전을 위한 적절한 공간단위에 대한 논의는 세계화 시대에 주도적인 역할을 담당하기 위해서 지역이 갖추어야 할 조건이 무엇인가에 대한 논란과 밀접하게 연계되어 있다. 이와 관련하여 자립적 지방화 혹은 자립적 지역의 개념은 중요한 의미를 지닌다. 이동우 외(2003)는 자립적 지역을 "스스로의 힘으로 국제경쟁력을 갖추고 이를 바탕으로 장기적으로 안정된 인구 수준을 유지할 수 있는 지역"으로 정의하고 자립적 지역이 갖추어야 할 조건으로 주체성과 국제경쟁력, 그리고 지속가능성을 세 가지 요소로 설정하고 있다. 우선 지역자립의 첫 번째 요소인 주체성은 '지역이 행정, 재정, 정치적인 측면에서 자립할 수 있어야 한다'는 것을 의미하고, 두 번째 요소인 국제경쟁력은 '세계의 지역과 경쟁하여 우위에 설 수 있는 산업경쟁력을 갖추어야 한다'는 것을 의미하며, 마지막으로 지속가능성은 '지역의 인구규모가 장기적으로 안정적인 상태를 유지할 수 있어야 한다'고 정의하고 있다.

오마에(Ohmae 1995)는 『국가의 종말』에서 자립적인 지역으로 광역경제권인 지역국가(region states)를 제시하고 있다. 지역국가는 국경 없는 글로벌 경제시대에서 경쟁할 수 있는 가장 적합한 공간단위라고 주장하며 지역국가들이 세계경제의 주체로서 매우 효율적인 기능을 수행하고 있다고 주장하고 있다. 또한 오마에(Ohmae 2001)는 성공적인 경제권역은 '산업 및 생산, 유통, 소비가 완결적인 구조를 갖춘 자립적 지역단위이자 지역발전의 동력을 내부적으로 생산할 수 있는 혁신단위가 되어야 한다고 보고, 이른바 4C, 즉 정보(communication), 자본(capital), 기업(corporation), 소비자(consumerts)의 요건을 충족, 강화시켜가야 한다고 주장하였다.

세계화 시대에 국가의 역할을 대체하여 주도적인 역할을 수행하는 지역은 개별적인 지역이나 도시단위가 아니라 세계화에 대응능력을 지닌 대도시권이 되고 있다. 이러한 지역을 글로벌 도시지역(Global City-Region)(Scott and Storper 2003), 핵심 도시지역(City-Region), 슈퍼지역(Super-Region), 메가 도시지역(Mega City Region-MCR, 광역경제권) 등이라 한다.

그동안 자립적인 지역의 적정한 규모에 대해서는 많은 논의가 진행되어 왔으나 대략 최소인구 규모를 기준으로 300~500만 이상의 인구규모를 요구하고 있다. 오마에(Ohmae 1995)는 일찍이 500~2,000만 인구규모의 경제권을 형성하는 것이 필요하다고 제안하였지만, 나중에 발표한 '부의 위기'(2006)에서는 지역국가의 인구규모를 300~2,000만 명으로 수정하였다. 김원배(2003)도 자생력과 경쟁력을 갖춘 지역으로 인구 500만 명 이상의 거대도시지역을 상정하고 있다.

미국은 21세기 경쟁력 확보의 핵심으로 2006년 'America 2050'이라는 광역권 중심의 개발전략을 발표하였으며, 오바마 정부도 대도시권 국가론(Metro Nation)을 새로운 국토비전으로 제시하였다. 중국도 주강 삼각주(광저우), 장강삼각주(상하이), 발해경제권(베이징)의 3대 개발거점 외에 푸첸성을 중심으로 제4의 경제중심지인 해서(海西)경제구 육성 등으로 광역대도시권 육성에 나서고 있다(동아일보사 2009).

3) 국토의 다핵형 공간구조 전략의 실효성 문제

참여정부는 수도권과 비수도권 간 지역문제를 해결하기 위하여 비즈니스 허브화 전략, 전국 각지의 기업도시와 혁신도시 건설, 행복도시 건설 등을 통하여 다핵형 경제공간을 형성하려고 시도하였다. 이명박 정부는 5＋2 광역권 형성을 통해 지역별 특화발전을 추구하고 있다. 이는 세계적인 경쟁환경 속에서 독자적인 경제단위로 성장하기 위해서는 광역권 구축이 필요하다는 인식을 수용하고 있다. 이러한 광역권 규모에서 성장극을 다극화하여 지역문제를 해결하려는 시도는 이명박 정부의 발상이 아니라 참여정부 후반기에 이미 제기되었던 것이기도 하다. 이에 대해 몇 가지 검토가 필요하다.

첫째, 우리나라 경제가 IT, BT, 문화콘텐츠, 금융, 물류 등 지식기반산업에 기초한 발전경로를 따라갈 경우 이러한 성장기반을 조만간에 뒷받침할 수 있는 제도적 조건과 역량을 갖춘 지역은 수도권뿐이며, 세계적으로도 이러한 산업들을 담당하는 지역은 극소수에 불과하다. 이러한 산업들을 재벌 대기업이 선도하고 있는 현실에서 수도권은 소위 재벌의 경제활동공간으로 탈바꿈하기 위해 각종 규제완화를 요구하고 있다고 볼 수 있다. 이를 위한 논리로 성장의 낙수효과를 제시하고 있지만 네트워크 경제 내에서 이에 직접적으로 연결되지 않는 배후지에 대한 경제적 효과는 미미하다.

둘째, 다핵 성장 축의 형성이라는 측면에서 거의 모든 지역이 수도권과 같은 성장지역이 되려는 계획을 담고 있다. 전국의 모든 지역의 발전계획은 첨단산업으로 도배되어 있으며 지연산업의 고도화에 대한 관심은 지극히 미약하다. 이러한 점에서 첨단산업 위주의 다핵 성장 축의 형성은 장밋빛 환상에 불과할 수 있다.

셋째, 성장극의 다양화는 집중적인 자원배분과 관련되어 있어 사회 갈등의 기폭제가 될 수 있으나 적정 공간단위의 규모설정에 따라 강도가 완화될 여지도 있다. 성장극의 형성을 위해서는 기본적으로 규모와 범위의 경제를 고려할 수밖에 없으므로 광역단위를 대상으로 하여야 하는데, 적정한 광역단위의 규모에 대해서는 여러 가지 이견이 있지만, 경험적으로 인구 500만 내외에서 형성될 수 있다. 현행 16개 광역지자체들이 5-7개 내외의 광역권으로 줄어들면 지역 간 갈등이 다소 완화되어 우리나라 사회의 다양한 계층 간 경제·사회문제를 희석시킬 수 있는 공간 물신론을 경계할 수 있다.

마지막으로, 광역권은 다양한 지역들 간의 네트워크로 구성이 되어야지 하나의 단일 중심지와 배후지로 구성되어서는 안 된다. 광역권 내의 중소도시들의 역할과 기능이 부여되고 이들 간의 협력적 네트워크를 통해 이루어져야 하는데, 예를 들면, 이명박 정부와 경기도가 추진하는 수도권광역급행철도(GTX) 계획은 이러한 발상과는 거리가 멀다. 다른 한편으로, 풀뿌리 지역발전을 강조하는 이들은 이러한 광역권 논리를 비판하지만, 이들은 기초와 광역단위 공간규모에 따른 기능과 역할, 권력의 행사가 상이하다는 점을 인식하지 못하고 있다. 기초단위의 성공이 광역단위로 곧바로 이어진다는 보장은 없다. 동일한 메커니즘이 공간규모와 상관없이 작동할 것이라는 사고는 수용하기 힘들다. 왜냐하면 상이한 공간수준은 상이한 사회관계와 권력관계를 수반하고 이에 따라 구성되기 때문이다.

4) 행정구역 개편과 지역균형발전 및 지방분권 간의 관계

참여정부가 자원과 역량의 분산에 집중하였다면 이명박 정부는 분권에 관심을 기울이고 있다. 이는 현재 행정구역 개편의 추진으로 드러나고 있다. 2009년 8월 행안부의 자치단체 자율통합계획에 따라 18개 지역의 46개 시·군이 통합건의를 냈으나 결국 마산, 창원, 진해 1개 지역만 통합이 성사되었다. 이 과정에서 대부분 지역에선 주민들 간 통합찬성과 반대주장으로 갈등이 증폭되었으며, 인근 통합대상 지역을 존중하지 않는 부작용이 발생하였다.

이에 따라 이명박 정부는 여야 합의로 지방행정체제개편추진위원회를 구성하고 '시·군·구 통합기준'(2011. 9.)을 제시하였다. 이에 따르면 시·군 통합 등 지방행정체제 개편이 주민의 자율적 의사를 존중해 인구 또는 면적의 과소지역을 중심으로 추진된다는 것이 골자이다. 추진위원회는 2012년 6월말까지 시·군·구 통합방안을 마련해 대통령과 국회에 제출하고 해당지역 의견수렴과정을 거쳐 2014년 7월 통합지자체가 출범하는 것을 목표로 하고 있으며, 통합에 따라 인구가 50만 명 또는 100만 명 이상이 되는 대도시에 대해서는 행정기능을 강화하고 자율성을 확보할 수 있도록 사무, 행정, 재정특례 등을 지원하기로 하였다.

통합기준에 따르면 행정구역 개편대상이 광범위하여 기존의 지방행정체계를 개편하려고 하고 있으나, 실제로는 중앙정부와 지자체 간, 그리고 광역과 기초지자체 간의 기능과 역할 분담에 대한 논의는 미약하다. 또한 통합기준이 인구와 면적 등 일률적 기준으로 환원하여 시·군의 역사성과 정체성을 반영하고 있지도 않다. 행정구역 개편이 단순히 행정효율성의 증진만을 대상으로 할 수 없으며, 역사성, 정체성 형성, 주민자치의 강화 등을 고려해야 한다. 사실상 추진위원회가 추진하는 지방행정체제 개편은 현행 도 기능의 중앙정부로의 통합과 지방분권을 거부하여 중앙집권을 가속화하는 방향으로 추진되고 있다고 볼 수도 있다.

분권화 여부를 결정하는 경제적 논리로는 선호, 규모의 경제, 외부

효과, 의사결정비용, 혼잡효과의 편익과 비용의 계산을 들 수 있다. 다른 한편으로, 분권화는 중앙의 잘못된 의사결정에 대한 길항력(counter-vailing force), 즉 견제와 균형의 기반으로 작용하고, 공간적 인접성의 논리를 바탕으로 민주주의의 참여와 확대를 심화하는 기제이기도 하다. 또한, 역사와 사회적 통합, 정체성, 그리고 국토공간의 효율적 이용과 연계라는 측면에서 분권화가 결정된다. 이러한 분권화를 정치적·공간적·기능적 측면에서 제도화한 것이 행정구역이라고 할 수 있을 것이다.

분권의 공간구조를 2계층, 즉 기초와 광역으로 나누어 생각해 보면, 기초는 공간적 근접성 원리에 기반한 자치역량의 확대와 대민 서비스를 제공한다. 반면에 광역은 중앙정부 권력에 대한 견제와 균형의 역할과 동시에 기초지자체들 간의 의견 조정, 전략적인 경제발전과 계획수립이라는 역할을 수행한다고 볼 수 있다. 물론 전술한 바와 같이 광역단위의 공간규모는 유동적이다. 그리고 우리나라의 경우 다른 OECD 국가들과 달리 기초단위의 공간규모가 상당히 크다. 최근 논의되는 행정효율의 극대화를 위한 행정구역의 확대개편(안), 소위 단층제(안)는 대면접촉을 통한 주민자치와 민주주의의 심화와 중앙에 대한 지방의 길항력 확보라는 견제와 균형의 민주주의 원리와 배치되는 것으로 보인다.

5) 지역균형발전과 수도권의 역할에 대한 논쟁

수도권 정책이 지역균형발전정책과 어떠한 관계를 가지고 있는가에 대해서는 크게 무관계론과 상호연계론으로 의견이 나눠지고 있으나, 어느 누구도 전국 사회경제의 절반 이상을 차지하고 있는 수도권 정책이 지역균형발전과 무관하다고 주장하기는 힘들 것이다. 다만, 수도권 정책과 지역균형발전정책이 관계가 없다고 주장하는 경우 실제 내용은 수도권 규제가 지역의 발전에 실익이나 효과가 없다는 것으로 정리할 수 있다. 수도권에 대해 산업입지 규제를 강하게 하면 규제의 대상이 되는 기업이나 기관이 지방으로 이전하는 것이 아니라 해외로 이전하기 때문에 수도권에 대한 규제의 효과는 지방의 발전에는 도움이 되지 않으며 국내 기업의 해외이전과 유출만 촉진할 뿐이라는 주장이다.

반면, 대부분의 학자들은 수도권 규제 정도가 지역균형발전에 영향을 미친다고 보고 있으나, 지역균형발전과 수도권 경쟁력 강화 중 어느 것을 먼저 추진할 것인가, 어디에 초점을 맞출 것인가, 어느 정도까지 한쪽 부분을 희생할 것인가에 대해서는 의견이 나누어지고 있다. 지역균형발전 우선론에서는 현재의 극심한 수도권 집중과 지역 간 격차수준을 고려할 때 다소간의 성장의 지체나 수도권의 경쟁력 훼손을 감내하더라도 지역균형발전을 최우선적으로 추구해야 한다고 주장한다. 이 주장은 단기적으로는 성장의 정체가 있을 수 있지만 장기적으로는 성장의 확대, 수도권 경쟁력 제고에 도움이 될 것이라고 판단하는 것이다. 반면, 사후균형발전론에서는 지역균형발전은 균형발전 자체를 목표로 설정하여 추진할 것이 아니라 지역별 특화정책이나 지방분권을 추구하게 되면 결과적으로 균형발전이 이루어진다고 주장하고 있다. 반면, 지역균형발전과 수도권 경쟁력 강화의 동시추진론에서는 지역균형발전과 수도권의 경쟁력 강화라는 가치는 어느 것 하나 훼손될 수 없는 가치이므로 두 가치를 병행해서 추진이 가능할 뿐만 아니라 반드시 병행해서 추진해야 한다고 주장한다.

수도권 관리와 지역균형발전 간의 관계에 대한 견해의 차이는 정책 우선순위를 결정하는 데 핵심적으로 작용한다. 이러한 견해의 차이가 수도권 규제완화와 지역균형발전 정책에 대한 상이한 평가와 정책선택을 낳게 된다. 지역균형발전정책에서 수도권은 결정적인 역할을 수행하고 있다. 수도권이 지닌 다양한 역할 중 어디에 초점을 맞출 것인가에 따라 수도권정책의 방향이 바뀌고, 이는 곧 지역균형발전정책에 핵심적인 영향을 미치게 된다.

6) 지역혁신체제와 클러스터와 같은 내생적 발전전략의 유효성

우리나라 지역발전모형은 내생적 발전모형을 선호하는 것 같지만 실상은 외생적인 성장모형을 따르고 있으며, 이로 인한 일자리 창출과 부가적으로 부동산가격 상승의 혜택을 누리고자 한다. 우리나라에서 외생적 성장모형이란 대기업의 분공장 경제를 지칭하는데, 지역경제 내 전후방 연관이 약하고 소득의 일정 부분이 역외로 유출되어 지역 내로 환류되지 않고 지역 내 사업체의 의사결정 권한도 약하다. 반면에 내생적 발전전략은 지역 내 자원과 역량을 주체적으로 동원·축적하고 이에 따른 경제적·사회적 과실을 지역 내에서 향유하는 것을 목표로 한다.

참여정부는 지역의 내생적 발전전략을 도모하기 위하여 지역혁신체계의 구축과 지역혁신역량 강화를 새로운 지역정책 패러다임으로 제시하였으나 기업도시, 혁신도시, 행복도시, 각종 혁신센터 건립 등 하드웨어 중심의 개발이 압도함에 따라 '신개발주의'라는 비판에 직면하였다. 이명박 정부는 이러한 비판에도 아예 아랑곳하지 않고 4대강 사업과 각종 지역개발사업들을 더욱더 밀어붙였다. 기업친화적인 활동 촉진과 기업유치 활성화란 명목으로 산업단지개발 규제완화, 토지규제 완화 등을 대폭적으로 단행하였다. 또한 지역산업육성도 대기업 성과중심의 사업 패턴으로 변경되었다. 이들은 구래의 하드웨어 중심의 공급주의 개발방식을 답습하고 있다. 결과적으로 각종 계획의 지역유치를 위한, 사활을 건 경쟁이 벌어짐에 따라 지역 내 토후세력의 견제를 위한 다양한 지역

시민네트워크의 형성과 강화라는 지방자치 본연의 민주주의 가치가 희석되는 경우가 비일비재하다. 또한 부동산 가치상승에 의한 자산소득의 증가를 겨냥한 나머지 개발 이외의 다른 가치(예: 지속가능발전)가 끼어들 여지가 축소되고 있다.

이처럼 외생적인 성장전략은 개발주의적이고 토건주의적 사고를 잉태하고 지역 간 경쟁을 강화시켜 다른 사회적 갈등들을 은폐하고 있다. 내생적 발전전략은 이에 대한 대안적 시각을 담고 있다. 참여정부가 본격적으로 클러스터와 지역혁신체제 구축을 통해 성장동력을 발굴하고 고용과 혁신환경을 창출함으로써 지역발전을 도모하려고 했음에도 불구하고, 물론 지역사업의 기획과 실행에 대한 중앙과 지역 간의 협력모형 구축 경험의 소중함을 일깨웠지만, 그러한 성과는 일천한 것으로 나타나 있다.

자치단체장의 선심성 공약이나 주민들의 단기적 부동산가격 상승에 대한 기대, 지역 내 주체들의 역량의 부족 등에 대한 논의를 제쳐두고, 내생적 발전전략의 정책수단으로서 각광을 받은 클러스터와 지역혁신체제 구축의 가능성에 대해 우리나라의 맥락에서 성찰할 필요가 있다. 주지하는 바와 같이, 클러스터나 지역혁신체제는 네트워크와 지리적 근접성(또는 착근성)이라는 양자의 결합에 따른 시너지를 활용하는 것이다. 이는 또한 개별적 효율성이 아니라 집합적 효율성을 가정한다. 네트워크 형성의 측면에서 실리콘밸리, 제3이탈리아, 바덴뷔르템베르크 등의 성공사례들을 유심히 들여다보면 중소기업들 간 또는 대기업과 중소기업 간 협력적 네트워크에 기초한 것이다. 하지만 재벌 대기업이 지배적인 우리나라 현실에서 수평적인 의미의 개방적 네트워크가 구축되지 않아 '네트워크 실패'(Schrank and Whitford 2011)가 발생하고 있다. 대기업과의 연관 이외에 다른 생존의 길을 모색하기 쉽지 않은 지방 중소기업의 현실을 고려하지 않는 산학연관 네트워크는 어떠한 정책적 수단을 동원하더라도 사실상 원하는 방향으로 구축되지 않는다. 또한 지리적 이동성이 매우 강한 우리나라 상황에서 지리적 근접성의 이득은 무엇인가에 대한 성찰이 정책형성의 과정에서 누락되어 있다.

이처럼 지역과 산업 현실을 고려하지 않고 표준화된 중앙정부 주도적인 지역혁신정책은 겉으로는 혁신체제의 구성요소들을 패키지 형태로 지역에 구축하고 있지만 이들 간의 실질적 작동은 일어나지 않고 있다. 지역혁신정책은 혁신의 제도적 환경의 조성이고 이는 지역단위의 공공재 생산을 일컫는 것이지, 특정 기업군에 대한 비용절감이 되어서는 안 된다. 그렇다면 굳이 공공부문이 이러한 정책적 개입을 할 필요가 있는지 의구심이 든다. 우리나라 현실에서 지역혁신정책은 부문정책인 경쟁정책, 즉 대중소기업 간 상생협력을 이루기 위한 정책적 개입과 우선적으로 보조를 맞추어야 할 필요가 있다. 이를 통해 네트워크의 위계적이고 폐쇄적인 성격을 탈바꿈시키는 작업과 병행하여야 이러한 혁신정책 그 본래의 의미가 되살아날 수 있다.

이러한 네트워크에서 벗어나 있는 노동집약적인 지역·향토산업들을 클러스터로 구축하고 이를 전국적인 수요확대 정책과 맞물린다면 고용기회를 확대하여 사회통합적 경제(inclusive economy)의 구축에 기여할 수 있을 것으로 보이나, 첨단산업이 고부가가치라는 기술주의적 인식이 저변에 깊이 깔려 있어 이에 대해서는 상대적으로 경시되고 있다. 또한, 지역경제에서 사회적 경제의 중요성에 대한 자각은 매우 중요하다. 하지만 최근 영국의 보수당 연정정부가 과도한 재정적자를 줄이기 위해 '큰 사회'(Big Society)라는 미명아래 공공부문의 역할을 사회적 경제로 떠넘기고 있다. 이처럼 사회적 경제가 국가와 시장 사이의 이분법을 넘어 '(지역)사회'를 구성할 수도 있지만 정치·사회적 역학관계에 따라 기존의 프레임에 함몰될 수도 있음에 유의해야 한다.

7) 수도권의 집적경제의 허용 범위와 지역균형발전 문제

우리나라의 핵심 지역문제는 주지한 바와 같이 수도권과 비수도권 간의 격차이다. 정부는 이러한 문제를 해결하기 위해 1982년 수도권정비계획법을 제정하여 수도권의 집중억제와 지역균형발전을 종합적으로 대처하여 왔다. 수도권 규제정책은 대학입학정원총량제, 공장건축총량제, 공업지역 면적총량제 등과 같은 성장관리정책과 대학과 공장 등 인구집중유발시설의 입지규제와 같은 성장규제정책을 포함하고 있다. 하지만 1990년대 이후 수도권정책을 국내 관점이 아니라 세계대도시권 시각에서 바라보아야 한다는 주장이 제기되기 시작하였다. 동아시아권의 주요 대도시와 경쟁하기 위해서는 수도권에 대한 규제를 대폭 완화하고 투자를 확대해야 한다는 것이다. 1990년대 후반의 인천경제자유구역의 지정은 이러한 추세를 반영하고 있다.

이처럼 1990년대 이후 수도권 규제시책이 합리화 또는 완화되는 추세이며 이는 2000년대에도 이어지고 있다. 국가균형발전을 국정과제로 격상한 참여정부도 예외는 아니어서 수도권 규제는 다양한 방식으로 축소 또는 완화되어 왔던 것이다. 하지만 이러한 규제의 합리화나 완화는 '先지역발전, 後수도권규제완화'의 기조를 유지하였으나, 이명박 정부의 수도권 규제완화는 이러한 기조를 완전히 뒤엎고 있다. '분산·균형·혁신'을 내건 참여정부의 지역균형정책과 달리 이명박 정부는 '경쟁·특화' 중심의 지역발전정책으로 선회하였다. 이러한 이면에는 성장지역(예: 수도권)의 낙수효과에 대한 막연한 기대, 균형정책에 대한 부정적 시각과 수도권의 팽창노선이 깔려 있다. 결과적으로 지역육성과 수도권 규제완화를 연계하려는 정책적 노력을 보여주기는커녕 수도권의 규제완화에만 골몰하였다. 수도권 정책에 대한 기본방향은 2008년 10월 국가경쟁력강화위원회 이름으로 발표된 '수도권 규제 합리화 방안'에 잘 나타나 있다. 이는 전면적인 토지이용규제 완화방안을 제시하는 틀 속에서 대폭적인 수도권 규제 완화를 단행하였다. 예를 들면, 공장총량제 적용대상 축소, 대기업 공장입지 규제완화, 자연보전권역 입지규제완화 등이 이루어졌다. 최근에는 그나마 남아 있던 수도권 규제를 아예 무력화하려는 움직임이 포착되고 있다. 문화일보 보도(2011. 1. 24)에 따르면, 국토해양부에서 국토도시계획학회에 의뢰한 '대도시권 인구집중에 대한 인식평가를 통한 향후 수도권정책 방향 연구'(2010. 5~10)에는 세종시, 혁신도시 및 기업도시 효과가 가시화되는 2013년부터 '수도권정비계획법'을 폐지하고 '수도권계획관리특별법'을 제정하여 수도권 규제를 대폭 완화·폐지한다는 내용을 담고 있다는 것이다. 공식적으로 정부는 이를 부인하고 있지만 이명박 정부의 수도권 규제와 균형정책의 무력화 시도는 줄기차게 진행되고 있다.

수도권 문제는 비수도권과의 관계에서 제기되는 문제와 자체 지역 내에서 제기되는 문제가 섞여 있다. 전술한 바와 같이 지역문제로서 논의되는 것은 주로 비수도권 간의 관계이다. 최근의 수도권정비계획법의 무력화 시도는 바로 공간규모의 수준을 달리함으로써 앞서 논의한 바와 같이 지역정책의 근거가 불분명하게 되는 효과를 낳을 수 있다. 이는 부분적으로는 우리나라의 지역 간 격차가 인구를 통제할 경우 수도권을 제외하면 그렇게 크지 않다는 데 기인한다. 다른 한편으로, 이러한 무력화 시도는 수도권의 공간집중이 야기하는 권력의 행사에 대한 민주적 견제와 균형으로부터 벗어나겠다는 것을 의미한다. 또한 수도권과 비수도권 간의 상생발전에 대한 사회적 토론의 장에서 이탈하겠다는 표시이기도 하다. 성장의 낙수효과가 제한적일 수밖에 없는 현재의 상황에서 경쟁력 향상이란 미명하에 민주주의적 가치를 훼손시킬 수 있다는 점에서 이를 경계할 필요가 있다.

수도권의 전면적인 규제완화는 경쟁력 강화와 집적불이익의 문제에 대한 새로운 쟁점을 제기하고 있다. 수도권이 고임금, 고지가 등 고비용 경제에 따른 요소비용의 강제인하에 대한 위협 증대(예: 인플레이션의 지역 간 전가 가능성, 산업공동화 위협 등), 경기변동과 외부충격에 대한 민감도의 증대, 비생산적인 지대추구자의 증가 등을 야기함으로써 경제의 불안정성을 증폭시켜 국민경제의 건전성을 침해할 수 있다. 그렇다면 국민경제의 건전성 유지와 사회통합의 측면에서 다핵형 성장 축의 형성이 수도권 문제만큼이나 시급한 과제인 것이다.

4. 맺음말: 바람직한 지역균형발전의 방향

지역균형발전은 1960년대 이후 우리나라 지역정책의 중요한 목표 중의 하나였으며, 노태우 정부에서는 청와대에 지역균형발전기획단을 설치한 바 있고 김대중 대통령 시기에도 대통령 비서실 산하에 지역균형발전단을 운영하였다. 참여정부는 지역균형발전정책을 핵심적인 국정과제로 설정하여 추진하였다.

그러나 어떤 형태의 국토공간이 균형발전의 상태인지, 어떤 정책 수단을 사용해야 하는지에 대해서는 명확하게 합의한 사항이 없었다. 때문에 지역균형발전정책을 나눠먹기식 배분정책으로 폄하되기도 하고, 아예 달성될 수 없는 목표로 치부되기도 하였다. 특히 이명박 정부는 지역균형발전보다는 지역의 경쟁력과 지방분권을 강조함으로써 기존의 지역균형발전정책들이 변경되거나 위축되는 모습을 보여왔다.

지역균형발전은 우리나라 헌법에 명시되어 있는 가치일 뿐만 아니

라 경제적 효율성이나 사회적 통합, 정치적인 지지 확보 측면에서도 반
드시 추진해야 할 과제이다. 문제는 어떤 정책수단을 사용하는 것이 적
합한지, 어떤 정책수단을 우선적으로 적용하는 것이 타당한지를 선택해
야 한다. 특히 지방분권과 지역균형발전은 지역이 궁극적으로 달성하여
야 할 정책목표이지만 동시에 추진하기가 어려운 과제이다. 특히 현재
와 같이 극단적인 수도권 집중과 지역불균형, 재정불균형 상황에서는 수
도권 문제, 국가균형발전, 분권 문제를 종합적으로 고려하여 균형발전과
분권 실현을 위한 전략의 수립이 필요하다.

　지역균형발전을 위한 공간단위 문제에서도 최우선적으로 달성해야
하는 지역균형발전의 지역규모를 먼저 설정해야 한다. 그렇지 않는 경우
하위 지역단위로 끊임없이 지역불균형 논란이 제기되어 끝내는 지역균
형발전은 달성 불가능한 목표로 치부되어 버리기 때문이다. 수도권 내부
지역 간의 격차, 그중에서도 접경지역이나 도서 지역의 낙후문제나 서울
의 강남과 강북지역 간 격차문제를 보면 수도권과 비수도권 간의 격차보
다도 더 큰 지역 내 격차를 확인할 수 있다. 수도권과 비수도권 간의 지
역격차가 정의롭지 못하다면 수도권 지역 내 격차 역시도 반드시 해결해
야 할 부정의 현상이다.

　수도권과 이와 비교가 가능한 공간단위인 비수도권 광역경제권 간
의 격차와 불균형 문제를 우선적으로 고려하여 지역균형발전을 위한 국
토공간을 상정하고 이를 해소할 수 있는 지역균형발전정책을 추진해야
한다. 중앙정부에 집중되어 있는 권한을 광역경제권 단위의 행정주체에
게 과감하게 이양하여 강력한 지방분권의 주체로 육성해야 한다. 경제권
내의 성장관리와 지역 내 불균형 문제는 이 주체가 직접 해결할 수 있도
록 자율권을 부여해야 한다.

참고문헌

건설교통부·국토계획연구단, 2005, 『제4차 국토종합계획 수정계획(안) 2005- 2020)』,
　　건설교통부.
김영봉, 2009, '토론문', 한국선진화포럼 주최 토론회〔행정복합도시(세종시), 어떻게 할 것인가?〕
　　자료집.
김용웅·차미숙·강현수, 2009, 『신 지역발전론』, 한울아카데미.
김원배, 2003, 「균형발전과 국가경쟁력: 접점을 찾기 위한 초보적 모색」, 국토연구원, 『국토』
　　제264권, pp. 77-88.
동아일보사, 2009, 『미래의 경쟁력 메가시티』.
박경·강현수, 2011, 『충청 자립 광역경제권 구축 방안 자문 보고서』, 충청남도.
변창흠, 2008, 「지역경제활성화를 위한 광역경제권 구축의 필요성과 과제」, 한국행정학회
　　기획세미나 발표.
_____, 2010, 「국토균형발전의 관점에서 본 세종시의 의의와 발전과제」, 한국경제학회,
　　『한국경제포럼』 제24호, pp. 73-94.
서태성 외, 2005, 『약동하는 통합국토를 위한 국토계획 기본골격 연구: 제4차 국토종합계획
　　수정계획 수립을 위한 기초 연구』, 국토연구원.
오마에, 2005, 『부의 위기: 중산층이 끝장난다』, 국일증권경제연구소.
이동우 외, 2003, 『자립적 지역발전을 위한 지역단위 설정 연구』, 국토연구원.
정준호, 2010, 「지역문제의 담론지형에 대한 비판적 검토」, 『동향과 전망』, 제78호, pp. 9-49.
_____, 2012, 「선(先)지역균형발전, 후(後)수도권 규제완화」, 김상곤 엮음, 『더불어 행복한
　　민주공화국: 자유와 진보의 연대를 위한 정책 보고서』, 폴리테이아, pp. 297-330.
최상철, 2008, 「새정부의 지역균형발전정책과 전략」, 안양대학교 토론회 발제원고.

Machlup, F., 1958, "Equilibrium and Disequilibrium: Misplaced Concreteness and
　　Disguised Politics," *The Economic Journal*, p. 8, 정기준·이성준 공역, 1999,
　　『경제수학입문』, 도서출판진영사.
Ohmae, K, 1995, *The End of the Nation-State: The Rise of Regional Economies*, New York:
　　The Free Press, 박길부 역, 1996, 『국가의 종말』, 한인.
Smith, G., 1999, "Area-based Initiatives: The rationale and options for area targeting,"
　　London School of Economics.
Schrank, A. and Whitford, J., 2011, "The Anatomy of Network Failure," *Sociological
　　Theory*, 29(3), pp. 151-177.
World Bank, 2009, *World Development Report 2009: Reshaping Economic Geography*,
　　Washington D. C.: World Bank.

4

참여정부의 국가균형발전 정책: 미완의 도전

강현수(중부대학교)

1. 머리말

1960년대부터 시작한 우리나라의 산업화 과정에서 국가 정책의 제일 목
표는 경제 성장이었다. 당시 우리나라 국토 및 지역 정책의 우선 순위 역
시 국가 경제 성장에 필요한 산업 입지 조성 및 도로 항만 용수 등 사회
간접자본을 효과적으로 건설하는 데 초점이 맞추어졌다. 지역 발전이 목
표가 아니라, 국가 경제 성장이 목표였고, 각 지역은 국가 경제 성장을
달성하는 데 필요한 수단으로 동원되었다. 공단 지역은 수출용 상품 생
산을 위한 곳으로, 농촌 지역은 저임금을 유지하기 위해 필요한 값싼 농
산물 공급처 혹은 필요시 노동력 공급처로 기능하였다.
　1970년대에 들어서면서 국토 정책에서 지역균형발전의 필요성이
대두되기 시작하였다. 수도 서울에 대한 인구와 산업 집중이 심각한 문
제라는 인식과 더불어, 경제 성장에도 불구하고 지역 간 격차의 심화 현
상이 두드러졌기 때문이다. 그래서 1980년대부터 수도권 집중억제 및

낙후지역의 발전을 촉진하기 위하여 다양한 제도적 조치와 수단이 마련되었다. 그러나 수도권 집중은 계속되었고, 비수도권 지역의 소외감도 증폭되었다.

2003년부터 집권한 참여정부는 국가균형발전을 지역 정책이 아니라 국가 정책의 최우선으로 내걸고, 신행정수도 건설, 공공기관 지방 이전 등 역대 정부가 시도하지 못했던 과감하고 획기적인 수도권 분산 정책을 추진했다. 또한 지역 발전을 위한 다양한 제도들을 강력하게 추진했다. 그러나 신행정수도 건설은 상당한 반대와 저항에 부딪혔고, 결국 헌법재판소의 위헌 판결로 인하여 행정중심복합도시를 대신 추진하게 된다. 참여정부를 뒤이은 이명박 정부는 균형발전 대신 경쟁력 있는 지역 창조를 강조하였고, 지역 발전을 명분으로 4대강 사업을 추진하였으며 수도권에 대한 규제를 대폭 완화하였다. 그럼에도 불구하고 지역균형발전의 큰 기조나 수단이 참여정부와 크게 달라진 것은 없다.

이처럼 역대 정부가 계속해서 지역균형발전 정책을 추진했지만, 그럼에도 불구하고 여전히 우리나라에서 지역 불균형은 해소되지 않고 있다. 이때 지역 간 불균형의 핵심은 수도권과 비수도권 간의 격차이다. 1960년대 산업화 과정 이후 수도권은 기업의 입지 환경뿐 아니라 문화나 교육 같은 정주 환경이 다른 지역보다 월등히 우월하였기 때문에 인구와 산업의 집중이 계속되어 왔다. 특히 수도 서울에 공공 및 민간의 중추관리기능이 위치하면서, 정치 및 경제 권력이 집중된 서울에 대한 인구와 산업의 흡입도가 계속되고 있다. 그동안 우리나라 지역균형발전 정책 역시 이러한 수도권 집중을 어떻게 억제 혹은 완화할 것인가에 초점을 맞추어 왔다.

이제부터 그동안 우리나라 역대 정부가 추진해왔던 국토 및 지역정책의 흐름을 시기별로 간단히 살펴본 후, 참여정부가 수행했던 국가균형발전 정책의 주요 내용과 함께 그 성과와 한계를 평가해 보고자 한다.

2. 역대 정부 국토 및 지역 정책의 흐름[1]

1) 1960~70년대: 경제 성장을 위한 국토 정책

1960~70년대 우리나라의 국가 정책 최우선 목표는 경제성장이었고, 수출산업 육성이 주요한 전략적 수단이었다. 그 당시 가장 중요한 국가 계획이 5년 단위의 경제개발계획이었다. 1962년 수립된 제1차 경제개발계획과 67년 수립된 제2차 경제개발계획의 목표는 경제 성장과 자립 경제였고, 이를 달성하기 위해 공업화에 매진하였다. 1972년 시작된 제3차 경제개발계획부터 처음으로 안정과 균형 개념이 도입되었으나 여전히 최우선 목표는 경제성장이었다.

이처럼 국가가 앞장서서 경제 성장을 최우선으로 추진하는 분위기 속에서 우리나라 지역발전정책의 우선순위는 국가 경제발전계획의 효율적 추진이라는 차원에서 산업입지 및 생산 활동에 필요한 도로, 항만, 용수 등 사회간접자본 시설을 효과적으로 공급하는 데 치중해 왔다. 당시 정부는 산업육성을 위한 사회간접자본시설 투자의 효율성을 높이기 위해 특정 지역에 대한 집중 투자전략을 채택하였다. 이때 집중 투자된 지역이 서울과 인천을 잇는 경인 공업지역과 동남권 임해 공업지역이다.[2]

---

1 역대 정부의 정책 흐름에 대한 이 절의 내용은 김용웅·차미숙·강현수, 2009, 『신지역발전론』의 제12장과 제3장을 주로 참조하여 재정리하였다.

2 당시 경인 공업지역은 노동력 확보, 제품판매, 원부자재 확보의 용이성 등 접근성과 물적 기반시설 측면에서 상대적인 우위성이 있었다고 판단된다. 그런데 동남권 지역이 다른 지역보다 국가적 투자가 우선시된 이유에 대해서는 설명이 분분하다. 당시 절대권력자인 박

서울–인천과 울산지역이 특정지역으로 선정되었고, 구로, 부평, 울산공단이 조성되었다. 또 원활한 생산 활동을 위한 용수, 도로, 항만 등 하부구조를 국가가 앞장서서 건설하였다.

중앙 정부 차원의 수도권정책은 1964년에 발표된 대도시인구집중방지책에서 시작하였다. 당시 본격화된 이촌향도로 서울 및 대도시에 인구가 몰려들기 시작하였고, 이로 인해 서울의 과밀 심화와 함께 지역 불균형의 우려가 커지기 시작했다. 따라서 1971년 '지방공업개발법', 1973년 '산업기지개발촉진법'을 제정하여 지방에서 공업을 육성하고 인구의 서울 진입을 막고자 하는 조치들이 취해졌다. 그러나 이러한 시책들이 추진되었음에도 불구하고 서울의 인구는 1960년 245만 명에서 1970년 553만 명, 1980년 835만 명으로 급격히 증가하게 된다. 수도권 인구 역시 1960년 520만 명에서 1970년 888만 명, 1980년 1,328만 명으로 크게 증가한다.

이렇게 수도권 인구 집중 현상이 심각해지자, 70년대 말부터는 보다 강력한 수도권 집중 방지 조치들이 취해지기 시작한다. 당시 수도권 집중 문제는 서울의 과밀 문제와 국토 불균형 문제를 야기할 뿐만 아니라 국가 안보 저해 요인으로 간주되었다. 북한과 대치하고 있는 상황에서 휴전선에 가까운 서울에 과도한 인구와 산업이 집중되는 것이 국가 안보를 위협하는 것으로 여겨진 것이다. 그래서 당시 박정희 정부는 1977년 '공업배치법'을 제정하여 전국을 이전촉진지역, 제한정비지역, 유치지역 등으로 구분하고, 이전촉진지역에 있는 기업들을 유치지역으로 재배치

정희 대통령의 출신 지역이라는 정치적 설명도 있고, 지리적으로 일본이 가까워서 일본 자본의 투자에 유리했다는 지정학적 설명도 있다. 중요한 것은 60-70년대 국가적 투자가 동남권 지역에 집중되었던 것이 오늘날 동남권 경제가 수도권을 제외한 다른 지역보다 훨씬 우위를 보이고 있는 가장 큰 이유라는 점이다.

를 유도했다. 1978년에는 '수도권인구재배치계획'을 만들어 수도권 인구
의 목표 상한을 설정하기도 했다. 또한 1977년부터 비밀리에 충청권에
행정수도를 건설하는 계획을 추진하기도 하였다. 2년간의 밀실작업 끝
에 이른바 '행정수도 건설을 위한 백지계획'이라는 매우 구체적이고 상
세한 계획안이 1979년 완성되었으나 그해 일어난 10.26사건으로 계획
의 추진자인 박정희 대통령이 사망하면서 폐기되고 만다.

2) 1980년대: 국토 균형발전에 대한 관심 시작

1980년대 들어서 우리나라 국가 정책의 방향이 전환되기 시작하였다.
60-70년대 고도경제성장으로 절대 빈곤문제가 어느 정도 해소되면서,
국가의 정책 목표도 경제 성장 일변도 위주에서 점차 사회 발전에 대한
관심이 나타나기 시작하였다. 국토 차원에서는 그동안의 산업화 과정에
서 초래된 환경 훼손 및 지역 격차 문제에 대한 사회적인 인식과 관심이
높아지기 시작하였다. 따라서 1980년대부터 수도권의 집중 억제 및 낙
후 지역의 발전을 촉진하기 위하여 다양한 정책들이 본격적으로 시행되
게 된다. 가장 대표적인 것이 1982년 제정된 '수도권정비계획법'이다. 수
도권정비계획법에서는 수도권의 인구와 산업활동의 집중을 억제하기 위
해 대학과 일정규모 이상의 공장, 업무·판매시설, 연수시설 등을 인구집
중유발시설로 정의하여 수도권 내에서의 입지를 규제하는 한편, 대규모
택지개발사업, 공업용지 조성사업, 관광지 조성사업 등의 개발사업 시행
을 억제할 수 있게 하였다. 또한 수도권을 이전촉진권역, 제한정비권역,
개발유도권역, 자연보전권역, 개발유보권역 등 5개 권역으로 구분하고,
이전촉진권역에 대하여 보다 엄격한 규제를 적용하는 등 수도권 집중억
제시책의 효율적 추진을 위한 공간적 질서를 확립하였다. 그리고 이를

뒷받침하기 위하여 1984년에는 '수도권정비기본계획'이 수립되어 수도
권의 인구집중억제와 성장을 체계적으로 관리토록 하였다.

　　그러나 지속적인 수도권 인구집중억제 시책에도 불구하고 수도권
인구집중억제의 가시적인 효과는 나타나지 않았다. 수도권 인구집중
은 계속되어 1980년 1,328만 명이던 수도권 인구는 1990년에 1,857만
명으로 증가하였으며, 전국 인구에 대한 수도권 인구 비중은 같은 기간
36%에서 43%로 상승하였다.

3) 1990년대: 세계화와 지방화 시대의 도래

1990년대에는 세계화, 지방화, 민주화의 큰 흐름 속에서 우리 사회에 전
반적으로 규제 개혁이 활발하게 추진되던 시기이다. 민주화 운동의 결실
로 군사 독재 시절 중단되었던 지방자치 제도가 1991년부터 다시 부활하
였고 1995년 지방자치단체장이 직선으로 선출되었다. 지역 정책에 있어
서 지방자치단체 및 지역 주민들의 목소리가 체계적으로 반영될 수 있는
제도적 틀이 갖추어진 것이다. 또한 세계화와 개방화가 진행되는 세계적
흐름 속에서 국가 경쟁력 강화가 중요한 국가적 과제로 등장하게 되었다.

　　이러한 시대적 흐름 속에서 1990년대의 지역 정책 기조는 산업화
과정에서 초래된 불균형을 치유하기 위한 균형발전이라는 과제와 함께,
세계화와 개방화 흐름에 대응하기 위해 개방적인 국토공간구조의 형성
과 국토의 경쟁력을 강화해야 하는 과제를 해결하기 위한 것이었다. 또
한 중앙정부가 주도하던 지역 정책의 추진 방식 대신 새로 출범한 민선
지방자치단체의 역할을 강화하고 민간 자본의 참여를 촉진하기 위한 제
도적 장치들을 마련하기 시작했다.

　　당시 집권한 김영삼 정부와 김대중 정부는 규제 개혁의 분위기 속에

서 1980년대 수도권정책 체계를 유지하면서 점진적인 수도권 규제 완화를 추진하였다. 하지만 수도권 인구 집중이 계속되고 있는 현실적 한계 때문에 규제를 대폭 완화하기보다는 기존의 수도권정책 체계를 유지하면서 그때그때 현안에 대한 임기응변적 처방에 치중하였다. 1994년에는 수도권정비계획법을 개정하여 수도권 권역을 기존의 5개 권역에서 과밀억제, 성장관리, 자연보전권역의 3개 권역으로 단순화하면서 종래의 이전촉진권역 및 개발유보권역에 대한 규제를 완화하였다. 또한 중소기업 공장에 대해서는 규제를 대폭 완화함과 동시에, 그에 대한 보완 장치로 매년 수도권 내에서 허가되는 공장건축허가면적의 총량을 규제하는 공장건축총량제가 새롭게 도입되었다. 1998년 외환위기를 거치면서는 외국인 투자기업에 대한 규제 특례 등 공장입지 규제의 선별적 완화가 추진되었다. 그러나 집중 억제를 위한 뚜렷한 대안 없이 수도권 규제가 조금씩 완화되면서 수도권 인구집중도는 1990년 43%에서 2000년 47%로 계속 상승하게 된다.

표 1. 시대상황과 국토계획의 변화

시대구분	시대상황	국토계획의 추진상황	계획의 지향점
1950년대	·해방과 한국동란으로 국토의 피폐 ·지역 불균형시작	·50년대 말에 국토개발정책이 논의된 정도	
1960년대	·50년대부터 누적된 국가 전반적인 분야의 불안정성 계속	·국토건설종합계획법 제정 ·제1, 2차 경제개발5개년계획구상 시도	·산업구조의 근대화
1970년대	·60년대 추진한 산업 구조의 변화로 효율성은 증대되었으나 사회적 불균형 노정	·제1차 국토종합개발계획의 추진 ·제3, 4차 경제개발5개년계획실시	·국토의 효율적 이용 ·환경보전 ·대도시인구집중 억제
1980년대	·고도성장 달성 ·대도시인구집중 ·난개발, 부동산 투기 심화	·제2차 국토종합개발계획실시 ·제5, 6차 경제개발5개년계획실시	·개발가능성 전체 확대 ·인구의 지방 분산 ·자연환경 보존

1990년대	·국토의 불균형 심화 ·지가상승 ·환경오염 확산 ·기반시설의 미약	·제3차 국토종합개발계획 　의 추진 ·제7차 경제개발5개년계획 　실시	·수도권과밀억제 ·지역격차해소 ·환경보존 ·국가경쟁력 고도화 ·국토기반시설의 확충
2000년대	·다양성의 시대 ·고도의 첨단과학 및 지식 　정보화 시대 도래 ·세계적 경쟁력의 시대 ·지방화 본격적 시작 ·지구환경문제와 에너 　지·자원위기 도래	·제4차 국토종합계획 추진 　(수정계획 포함) ·제1차 국가균형발전5개년 　계획 추진 ·지역발전 5개년계획 추진 ·광역경제권·초광역권 개 　발 추진 ·저탄소 녹색성장 추진	·세계화 및 동북아 성장 　에 적극대응 ·지방화 및 지식정보화 ·남북한 경제협력과 국 　토통합 촉진 ·국토의 지속가능성

출처: 국토해양부, 2011, 『2011년도 국토의 계획 및 이용에 관한 연차보고서』, 51쪽 일부 내용 취사 발췌

3. 노무현 대통령과 참여정부의 균형발전 의지

2003년 취임한 노무현 대통령이 이끈 참여정부는 우리나라 역대 정부 중 지역균형발전을 가장 강력하게 추진했던 정부이다. 참여정부는 지역 균형발전 정책을 국가의 핵심 의제, 이른바 대통령 국정과제로 격상시켰고, 이를 위한 추진기구로 대통령 직속의 '국가균형발전위원회'를 구성하였으며, '국가균형발전특별법'을 제정하였다. 그리고 행정중심복합도시 건설, 공공기관 이전 및 혁신도시 건설과 같은 대규모 수도권 분산 정책을 과감하게 추진했고, 지역혁신체계 구축 같은 새로운 지역산업정책을 실험했으며, 다양한 낙후지역 개발 사업들을 시행했다. 참여정부는 보편적으로 사용되는 '지역' 균형발전 대신 '국가' 균형발전이라는 용어를 사용했는데, 그 이유는 과거 주변적 위치에 머물렀던 균형발전이라는 의제가 전국가적 의제로 격상되었음을 강조하기 위함이었다(국가균형발전위원회 2003).

참여정부가 이렇게 지역균형발전을 전국가적 과제로 채택하게 된 배경에는 그동안 산업화 과정에서 지역 불균등이 더 이상 방치하기에는 너무 심각하다는 노무현 대통령 자신의 인식이 있었다. 부산에서 오랫동안 활동했던 노무현 대통령은 그 자신이 다른 누구보다도 지방의 어려운 사정과 고충을 잘 이해하고 있으며, 오래 전부터 지방이 처한 문제점과 이를 극복할 수 있는 방안을 연구한 지역 전문가라고 자처했다. 그리고 대통령 선거 과정에서 수도권 과밀 해소와 지역균형발전을 위하여 제시했던 선거 공약이었던 충청권 신행정수도 건설 공약은 2002년 대선의 가장 뜨거운 쟁점이었다. 신행정수도가 필요한 이유가 바로 지역균형발전이었던 만큼, 노무현 대통령 취임 이후 지역균형발전은 참여정부의 가장 중요한 정책이 될 수밖에 없었다.

참여정부는 그동안의 역대 정부가 균형발전을 추진하겠다고는 했으나 제대로 실천하지 못한 원인을 지방분권의 미비, 미진한 공공개입, 실효성 없는 추진체계 때문이라고 평가했다. 그래서 출범 초기에 참여정부가 앞으로 추진할 국가균형발전의 새로운 패러다임을 다음 표와 같이 제시한 바 있다(국가균형발전위원회 2003).

표 2. 참여정부의 국가균형발전의 새로운 패러다임

	기존 패러다임	참여정부의 패러다임
발전목표	· 총량적 성장	· 균형적 성장
추진주체	· 중앙정부 주도	· 지방정부 주도
추진전략	· 수도권 규제 강화 (zero-sum strategy)	· 수도권 · 지방의 상생발전 (win-win strategy)
주요정책	· SOC 등 물리적 인프라 확충	· 지역혁신체계 구축을 통한 지방의 자생력 강화
추진방식	· 단편적 · 분산적 추진 (법 · 제도적 기반 미비)	· 종합적 · 일관된 추진 (특별법 · 특별회계 신설)

출처: 국가균형발전위원회, 2003

참여정부는 '전국을 개성 있게 골고루 잘사는 사회'로 만드는 것을 목적으로 지역의 잠재적 내부역량을 키우는 '자립형 지방화' 전략을 채택했다. 자립형 지방화의 실현을 위해 첫째, 지방분권, 지역균형발전, 신행정수도 건설 등 종합적인 정책을 추진하고, 둘째, 지역내부 역량 강화를 위해서는 산-학 협력 등 지역혁신체계를 구축하며, 셋째, 지방 우선 육성정책과 수도권의 계획적 관리를 병행 추진하여 지방과 수도권의 상생발전을 추진하는 국가균형발전 3대 원칙으로 제시하였다.

참여정부는 지역이 내부적 발전 역량을 갖추도록 하기 위해 첫째, 지방대학-기업-지방자치단체가 중심이 되는 지역혁신체제의 구축, 둘째, 지역의 특성과 강점을 살리는 특성화된 발전전략의 추진과, 이를 뒷받침할 수 있는 전략산업의 육성, 셋째, 지방의 창의와 자율에 의해 효율적으로 지역발전을 추진토록 하는 제도개선 등 3대 과제를 제시했다.

그림 1. 참여정부의 국가균형발전 비전과 전략

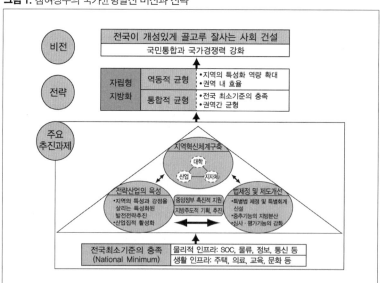

자료: 국가균형발전위원회, 2003

4. 참여정부의 주요 추진 정책[3]

1) 균형발전 추진 제도와 기구 설립

참여정부는 국가균형발전을 뒷받침하기 위한 제도 정비에 우선적으로
나서 먼저 국가균형발전특별법을 새로 제정하였다. 이 법에 의해 범정부
차원에서 균형발전에 관한 주요 사항을 조정 심의하는 대통령 자문기구
인 '국가균형발전위원회'가 만들어졌고, 균형발전 관련 재원의 연계성과
통합성을 높이기 위한 '국가균형발전 특별회계'가 신설되었다. 또 균형
발전을 위한 종합 계획인 '국가균형발전 5개년 계획'을 수립하도록 하였
다. 이러한 제도 마련을 통해 역대 정부의 균형발전 정책에서 가장 큰 문
제점으로 지적된 개별 중앙부처의 할거주의식 정책 추진의 문제점을 극
복하고자 하였다. 한편 각 지역에는 지역의 혁신주체 간 협력 체제를 구
축하기 위한 '지역혁신협의회'를 구성하였다. 이 같은 참여정부의 균형
발전 추진 체계 구축은 역대 정부가 하지 못했던 과감하고 혁신적인 제
도 마련으로서 대체로 긍정적 평가를 받았다. 하지만 대통령 자문기구라
는 제도적 한계 속에서 인사권, 예산권, 집행권, 법률제안권 등의 권한을
가지지 못한 국가균형발전위원회가 과연 각 중앙부처의 추진 사업들을
원활히 연계·조정할 수 있을지에 대한 회의가 제기되었다. 또 각 지역에
마련된 지역혁신협의회는 그다지 역할을 못한 채 유명무실한 기구로 전
락하고 말았다는 비판을 받았다.

---

3   참여정부의 주요 추진 정책에 대한 내용들은 참고문헌에 정리된 국가균형발전위원회의 발
    간 자료들을 주로 참조하였다.

2) 신행정수도 건설 및 공공기관 이전 정책

대선 과정에서 수도권 집중 억제 및 지역균형발전을 위한 신행정수도 건설을 핵심 공약으로 내걸었던 노무현 대통령은 취임 이후 곧바로 신행정수도를 건설하기 위한 준비에 착수했다. 2003년 신행정수도건설 추진위원회·추진단 등 추진기구 설치 근거, 재원조달방안, 부동산투기 및 난개발 방지대책, 사업추진절차 등을 규정한 〈신행정수도의건설을 위한특별조치법〉이 제정되었고, 2004년 인구 50만 명의 수용이 가능한 2,000~2,500만 평 내외의 후보지 4개 중 신행정수도의 최종입지로 연기·공주지역이 선정되었으며, 주요 국가기관 이전계획과 신행정수도 건설기본계획이 확정되었다.

　그러나 신행정수도 건설 공약은 대선 과정에서도 논쟁이 많았지만, 대선 이후에도 끊임없는 반대에 부딪혔다. 신행정수도 반대 단체들은 신행정수도 건설이 우리나라 헌법에 위배된다고 위헌 소송을 제기하였는데, 2004년 가을 헌법재판소가 우리나라 '관습' 헌법상 우리나라 수도는 서울이기 때문에 신행정수도 건설특별법이 위헌이라고 결정함에 따라 신행정수도 건설 사업은 갑자기 중단되게 되었다. 이후 신행정수도 위헌 결정에 따른 후속대책이 마련되었는데, 후속대책의 핵심은 이미 확정된 신행정수도 부지에, 신행정수도 대신 국무총리와 정부 부처 및 다른 복합기능이 이전하는 이른바 행정중심복합도시 건설을 추진하는 것이었다. 즉, 서울을 대체하는 신행정수도를 건설하겠다는 큰 구상이, 헌재 판결을 위반하지 않을 정도로 대폭 축소된 것이었다. 이후 행정중심복합도시 건설을 위한 행정중심복합도시 건설청 및 추진위원회가 구성되고, 도시 개념에 대한 국제 설계 공모를 거쳐 환상(Ring)형 도시 구조의 틀이 확정되었다. 이후 기본 계획, 개발 계획, 실시 계획 등을 거쳐 2007년 본격적으로 사업에 착수하였고, 도시 이름도 세종시로 확정하였다.

　이처럼 노무현 대통령이 추진한 신행정수도 건설은 대선 과정에서
뿐만 아니라 대선 이후에도 끊임없는 정쟁의 대상이 되었고, 결국 헌법
재판소의 위헌 판결로 인해 더 이상 추진할 수 없게 되면서, 그 대신 행
정중심복합도시 건설로 축소 진행되었다. 신행정수도 건설이 좌절되게
된 일차적 원인은 헌법재판소의 위헌 판결이지만, 큰 역사적 흐름에서
본다면 국민 다수의 동의와 합의를 얻지 못했기 때문에 좌절했다고 볼
수 있을 것이다.

　한편 참여정부는 신행정수도 건설과 병행하여 수도권에 소재하는
공공기관을 여러 지방으로 이전하는 공공기관 지방이전을 추진하였다.
우리나라 수도권에 소재하는 전체 공공기관 중 수도권 잔류의 불가피성
이 인정되는 기관을 제외한 180개 기관을 전국 각 지역에 분산 배치하
고, 이들 기관이 이전할 곳에 이른바 혁신도시를 건설하고자 하였다. 참
여정부는 몇 가지 기준을 가지고 2005년에 공공기관의 지방이전 계획
및 총 10군데 혁신도시 입지를 결정하였다.

표 2. 참여정부 혁신도시 지정 현황

지역 (사업시행자)	위치	면적 (천m²)	인구 (만명)	도시컨셉
부산 (부산도시공사)	영도구 해운대구 남 구	935	0.7	· 21세기 동북아시대 해양수도
대구 (LH공사)	동 구	4,216	2.7	· BrainCity(지식창조)
광주 · 전남 (LH공사,광주도시공사, 전남개발공사)	나주시	7,315	5.0	· Green-Energypia
울산 (LH공사)	중 구	2,984	2.0	· 경관중심 에너지 폴리스
강원 (LH공사)	원주시	3,603	3.1	· Vitamin City

충북 (LH공사)	진천군 음성군	6,891	4.2	· 교육 · 문화 이노벨리
전북 (LH공사, 전북개발공사)	전주시 완주군	10,145	2.9	· Agricon City
경북 (LH공사, 경북개발공사)	김천시	3,829	2.5	· 경북 Dream-Valley
경남 (LH공사, 경남개발공사, 진주시)	진주시	4,028	3.8	· 산업지원과 첨단주거를 선도 하는 Inno-Hub City
제주 (LH공사)	서귀포	1,151	0.5	· 국제교류 · 연수 폴리스

자료: 국토해양부 공공기관 지방이전 추진단

　　신행정수도와 혁신도시 외에도 참여정부는 민간기업 주도로 개발되는 도시로서, 6개의 기업도시를 시범사업으로 추진하였다. 그러나 이렇게 참여정부가 지역균형발전을 명분으로 신행정수도, 혁신도시, 기업도시를 전국적으로 동시다발적으로 추진하면서, 부동산 투기 및 과잉 신규 토지 개발에 따른 비판이 제기되었다. 특히 기업도시는 이후 부동산 경

그림 3. 참여정부가 추진한 6군데 기업도시 시범사업 지역

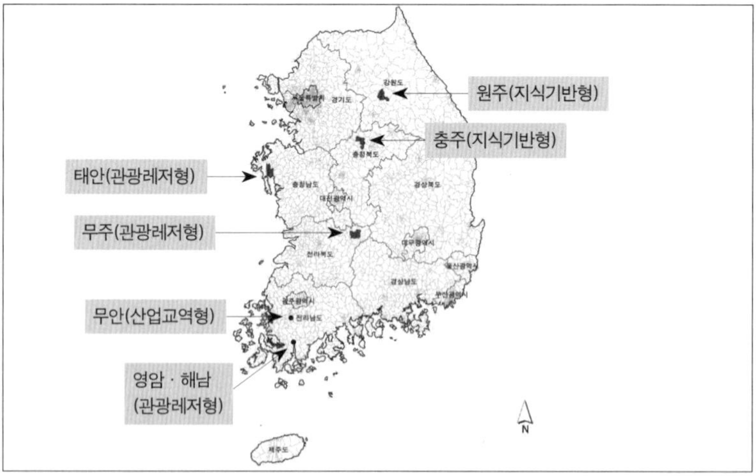

출처: 국토해양부, 2011, 『2011년도 국토의 계획 및 이용에 관한 연차보고서』, 107쪽

기 침체 등으로 지지부진한 사업 진척을 보이고 있고, 무주 기업도시의
경우는 시행자의 사업 포기로 기업도시 지정이 해제되는 등 전반적으로
사업 추진의 어려움을 보이고 있다.

3) 다양한 국가균형발전 정책 추진

신행정수도 이전 및 공공기관 이전 정책 외에도, 참여정부는 매우 적극
적이고 다양한 균형발전 정책을 펼쳤다. 대통령 자신이 큰 관심을 가졌
기 때문에, 대통령 직속 국가균형발전위원회는 물론 각 부처들도 앞다투
어 관련 정책과 사업들을 발굴하여 추진하였으며 그로 인해 매우 다양
한 사업들이 균형발전의 명분으로 진행되었다. 과거 정부 때는 균형발전
정책이 주로 수도권 규제에만 치중되어 있었으나, 참여정부 들어와 비수
도권의 발전을 촉진하기 위한 다양한 정책이 개발되고 추진되었다. 당시
참여정부가 수행하였던 여러 균형발전 정책은 크게 다음 표와 같은 여섯
가지 영역으로 구분할 수 있다.

　　한편 참여정부의 수도권정책은 2004년 1월 공표된 '상생과 도약을
위한 신국토구상'에서 잘 드러난다. 이 신국토구상의 핵심 내용은 신행
정수도 건설, 공공기관 이전 등으로 수도권 인구의 안정화를 위한 조치
를 먼저 적극 추진하며, 이와 함께 수도권의 삶의 질 제고와 경쟁력 강화
를 위해 필요한 수도권 규제 개혁의 시기는 인구집중과 지방경제에 미치
는 영향 등을 고려하여 지방발전 단계와 연동하여 시차를 두고 추진하겠
다는 '시차별 연동화' 전략, 즉 '선 균형발전, 후 수도권 규제 완화' 전략
이었다.

표 2. 참여정부 국가균형발전 정책 분야별 과제

분 야	과 제 명
제도구축	균형발전 5개년계획 수립 균형발전 특별회계 운영 및 제도개선 균형발전사업 평가체제 확립
혁신정책	지역혁신체계 구축 및 운영지원 지방대학육성 및 지역인적자원 개발 산학협력 활성화
균형정책	낙후지역 활성화 지역특화발전특구 추진 문화관광자원을 활용한 자립형 지역개발
산업정책	지역전략산업 진흥 산업단지 혁신클러스터화 대덕연구개발특구 육성
공간정책	신국토구상 수립·추진 공공기관 지방이전 및 혁신도시 건설 수도권 기업의 지방이전
질적발전정책	수도권의 계획적 관리방안 수립 (신규) 살기좋은 지역만들기

출처: 국가균형발전위원회, 2006, 『2006 국가균형발전정책의 성과와 과제』

4) 2단계 균형발전 정책 추진

참여정부의 임기 만료 직전인 2007년 참여정부는 공공 부문이 주도하는 지역균형발전 정책에서 민간 기업이 주도하는 지역균형발전 정책으로 전환하는 내용을 골자로 하는 '2단계 국가균형발전 종합계획'을 발표한다. 이 2단계 계획의 핵심은 기업이 지방에 투자할 수 있도록 법인세 감면 등 각종 인센티브를 제공하는 것과, 객관적인 지표에 의거하여 각 지역의 지역발전 정도를 구분하고, 낙후 지역에 인센티브를 차등 지원하는 내용을 담고 있다. 이 2단계 균형발전계획은 상당히 혁신적인 내용을 담고 있었으나, 아쉽게도 정권 말기여서 입법을 통한 제도화에는 실패하였다.

5. 참여정부의 균형발전 정책의 성과와 한계[4]

참여정부는 역대 정부 중 가장 강력하고 과감한 균형발전 정책을 추진했던 관계로 그 성과도 많았지만, 그에 대한 비판도 많이 제기되었다.

참여정부가 추진한 균형발전 정책의 첫 번째 성과로 들 수 있는 것은 균형발전 정책의 획기적인 지위 격상이다. 참여정부는 역대 정부의 국가정책에서 주변적 위치에 머물렀던 균형발전이라는 의제를 정권 차원의 국가적 의제, 즉 대통령 국정과제로 격상시켰다. 대통령 자신의 직접적인 관심과 의지 덕분에 행정중심복합도시 건설이나 공공기관 지방 이전 같은 역대 정부가 감히 시도하지 못했던 과감한 수도권 분산 정책들이 추진될 수 있었다. 주로 예산이 소요되지 않는 수도권 규제정책에만 치중되었던 과거의 균형발전 정책을 탈피하여, 예산이 수반되는 여러 다양한 비수도권 발전 정책을 시도하였다. 이처럼 범정부적 차원에서 균형발전 정책이 추진된 결과 수도권에 대비한 비수도권의 각종 성과 지표들이 개선되었다. 지방정부가 자율적으로 쓸 수 있는 예산의 총량과 비율도 과거 정부에 비해 상당히 개선되었다(국가균형발전위원회 2007).

또 하나 중요한 성과는 균형발전 관련 정책의 추진을 뒷받침하는 제도의 개선이다. 비록 대통령 자문위원회라는 제도적 한계가 있긴 하였지만, 중앙정부 차원에서 균형발전 정책을 총괄 조정하는 기구인 국가균형발전위원회가 발족되었다. 또한 국가균형발전특별법이 만들어졌고, 이 법에 근거하여 국가균형발전특별회계도 새로 만들어졌다. 국가균형발전 5개년 계획이 수립되었고, 각 지역별로도 지역혁신 5개년 계획이 수립되었다. 여전히 부족하지만 균형발전 관련 통계들도 정비되었다.

---

4   이 장에 대한 내용은 주로 강현수(2007, 2011)의 내용을 재정리한 것임.

세 번째, 참여정부가 제창한 새로운 균형발전 정책 방향, 즉 의존형 지방화에서 자립형 지방화로의 전환, 내생적 발전 전략 추구, 지역혁신 체계 강조, 지방분권과 상향식 접근 강조 등은 중앙만을 바라보던 지역사회의 기존 관행에 일부 자극을 주었다. 지역에서 지방대학의 역할이 커지고 지방정부도 지역발전에 대해 적극적으로 관심과 노력을 기울이기 시작했다. 하지만 여전히 중앙정부에 의존하는 경향이 지속되고 있는 것은 참여정부가 지방분권을 제대로 추진하지 못했기 때문이다.

참여정부의 균형발전 정책은 이처럼 많은 성과를 냈지만, 처음에 기대했던 만큼의 결과를 내지는 못했다. 참여정부 균형발전 정책의 한계로는 다음과 같은 점들을 지적할 수 있다.

우선 첫째, 참여정부는 대통령이 중심이 되어 역대 정부에서 가장 강력한 균형발전 정책을 추진했으며, 국가 권력과 공공 부문의 수도권 집중을 막기 위해 행정중심복합도시와 혁신도시 건설 등을 과감히 추진했다. 하지만 우리나라 지역 불균형을 초래한 또 하나의 핵심 요소인 민간 대기업에 대해서는 별다른 조치를 취하지 못했다. 물론 민간 대기업의 지방 이전을 촉진하기 위해 기업도시를 추진했으나, 기대했던 것만큼의 성과가 없었다. 설령 계획한 대로 기업도시의 성과가 있었다고 해도 대기업의 성장 과정에서 초래된 지역 간 불균형 문제, 즉 서울 본사-지방 분공장의 계층 구조와, 대기업의 지방 분공장을 중심으로 구성된 우리나라 특유의 지역 산업 생태계 구조를 개선할 수는 없었을 것이다. 울산 지역 경제와 현대자동차, 충남 지역 경제와 삼성전자를 따로 분리하여 생각할 수가 없을 정도로, 우리나라 각 지역 경제에 있어서 재벌계열 대기업 공장의 영향력은 절대적이다. 현실이 그럼에도 불구하고 참여정부가 국가균형발전을 위해 특히 강조한 지역 산업 육성을 위한 문제 진단과 처방, 정책 등에서 재벌계열 대기업의 존재나 역할에 대한 문제의식과 정책 방안이 부족했다. 이로 인해 참여정부 지역산업 정책은 주로 산학연 연계 등 공공 영역의 지원을 통한 지역 중소기업 육성에 초점을 맞추었는데, 우리나라 지역 중소기업의 상당수가 대기업에 부품이나 재료를 납품하는 하청 관계에 주로 의존하고 있는 현실에서, 정부 정책의 효과는 한계를 가질 수밖에 없었다.

두 번째, 참여정부 국가 균형정책의 또 다른 한계는 지방분권의 실종이다. 참여정부는 처음에 과감한 지방분권 추진 의지를 내보였으나, 공표했던 비전과 목표에 걸맞는 성과를 보여주지 못했다. 그로 인해 참여정부는 지역주도의 내생적 균형발전 정책을 새롭게 주창하였지만 실제 정책의 추진 방식은 여전히 중앙정부가 주도하는 중앙집권적, 외생적 방식에서 크게 벗어나지 못했다.

세 번째, 국가 전체적으로 특히 낙후지역에서 개발지상주의가 만연되면서 많은 부작용을 낳았다. 참여정부가 균형발전 정책을 추진해 나가면서, 특히 수도권 기능의 분산과 비수도권 지역의 성장을 촉진코자 하면서, 비수도권 지역들에서 많은 대규모 개발 사업들이 추진되었고, 개발을 촉진하기 위한 여러 가지 규제완화 특별법이 제정되었다. 균형발전을 명분으로 한 대규모 개발사업들과 규제완화 특별법은 수도권에 비해 낙후된 비수도권 지역의 발전을 촉진한다는 당위성과 주민들의 그동안의 소외 심리를 배경으로 정당성을 부여받았다. 하지만 비수도권 지역에서 진행된 많은 개발 사업들이 균형발전이라는 훌륭한 명분에도 불구하고, 기존의 계획 및 개발 제도들의 일관성을 훼손하는 문제뿐만 아니라, 개발이익 환수 장치가 부재한 우리나라 현실에서 과도한 개발 이익의 발생과 부동산 가격 상승의 부작용을 초래하였다. 또 다른 문제점은 이런 개발사업들이 내용면에서 기존의 물리적인 부지 조성사업이나 신도시 건설 방식과 별다른 차별성을 지니지 못했기 때문에, 참여정부 균형발전 정책이 표방하였던 목표인 지역의 내생적 혁신역량을 강화하는 데 거의 기여하지 못했다는 것이다. 결국 참여정부의 균형발전 정책이 지나친 개발 위주로 진행되면서, 그 여파는 뒤를 이은 이명박 정부가 한반도 대운하 같은 대규모 환경파괴 사업을 지역발전의 명분으로 당당히 추진하는 상황으로 이어졌다. 지방정부에게 예산 편성의 자율권만 넘겨주어도 낭비적인 대규모 국책 개발사업이 대폭 축소될 수 있다는 점에서(Flyvbjerg 2008) 개발지상주의의 확산은 분권의 실종과 깊은 관계가 있다.

마지막으로 지적할 수 있는 것이, 그 결실을 맺기에는 오랜 시간이 필요한 균형발전 정책이 참여정부 임기 이후 차기 정부에서도 지속될 수 있을 만큼의 정치적, 사회적 동의를 받지 못했다는 점이다. 국가적 자원의 지역적 배분 문제를 직접 다루는 균형발전 정책은 필연적으로 정치적일 수밖에 없으며, 정치적이어야 하는 것이 당연하다. 그렇지만 합리적 토론과 설득을 통해 정책의 문제점이 보완되고, 각 지역 간의 이해가 조정되어 최종적으로 합의가 도출되는, 우리가 이상적으로 기대하는 정치적 과정이 진행되지 못했다. 오히려 수도권과 비수도권 간, 또 각 지역 간의 갈등은 증폭되었고 균형발전 정책 자체가 특정 지역의 표심을 겨냥한 정략적 발상으로 간주되기도 했다. 그 과정에서 신행정수도 사업은 결국 좌절되었고, 행정중심복합도시로 축소되었다. 물론 이러한 문제는 당시의 야당에도 상당한 책임이 있기 때문에, 모든 책임을 참여정부 탓이라고 돌릴 수는 없다. 그럼에도 불구하고 어쨌든 정권의 임기 이후에도 지속적으로 진행될 수 있는 튼튼한 사회적 합의와 추진체계를 만들지 못한 것은 참여정부 균형발전 정책의 한계라고 지적할 수 있다.

참고문헌

강현수, 2006, 「참여정부 지역개발정책의 추진현황과 향후 과제」, 『농정연구』, 2006년 여름호, 통권 18호, 농정연구센터.

_____, 2007, 「참여정부 균형발전 정책의 성과와 과제」, 『시민과 세계』 제11호.

_____, 2011, 「참여정부 지역균형발전 정책의 성과와 한계」, 서울대학교 사회과학연구원 기획, 『노무현 정부의 실험-미완의 개혁』, 한울.

정부혁신지방분권위원회, 2008, 『참여정부의 혁신과 분권(정부혁신지방분권 종합백서)』

국가균형발전위원회, 2003, 『국가균형발전의 비전과 과제』.

_____, 2005, 『참여정부의 국가균형발전정책-비전과 성과보고』 2005. 11.

_____, 2006, 『국가균형발전정책의 성과와 과제』 2006.11.7.

_____, 2007, 『2단계 균형발전정책 대국민 보고회자료』 2007.2.7.

_____, 2007, 『국가균형발전정책의 이론과 실천』, 국가균형발전위원회.

_____, 2007, 「참여정부의 지방분권과 국가균형발전정책: 성과와 향후 과제」 2007. 9.17, 지역혁신박람회 보고자료.

국가균형발전위원회 외, 2007, 『2단계 균형발전정책 종합계획』 2007.7.25.

국가균형발전위원회 · 산업자원부, 2004, 『제1차 국가균형발전5개년계획』 2004.8.

국토해양부(전 건설교통부), 각년도, 『국토의 계획 및 이용에 관한 연차보고서』.

김용웅 · 차미숙 · 강현수, 2009, 『신지역발전론』, 한울.

변창흠, 2007, 「참여정부 지역균형발전정책의 평가와 향후 과제」, 『한국정책분석평가학회 2007년 학술대회 발표논문집』.

_____, 2009, 「수도권 규제완화 정책의 평가와 질적 발전의 과제」, 한국미래발전연구원 주최, 지방분권과 국가균형발전 종합토론회 자료집, 『무너지는 균형발전, 대안은 무엇인가?』.

정준호, 2010, 「지역문제의 담론지형에 대한 비판적 검토」, 『동향과 전망』 통권 78호.

지역발전위원회, 2008, 『2008 이명박 정부 지역발전정책 연차보고서』 2008.12.

Flyvbjerg, B., 2008, "Public planning of mega-projects: Overestimation of demand and underestimation of cost" in Priemus, H. *et al* (eds) *Decision-making on mega-projects: cost-benefit analysis, planning and innovation*, Edward Elgar Publishing.

http://www.pcbnd.go.kr 참여정부 국가균형발전위원회 홈페이지(현재 폐쇄되었음)

http://www.region.go.kr 이명박 정부 지역발전위원회 홈페이지

5

이명박 정부의 지역 정책: 균형발전 정책의 퇴보

강현수(중부대학교)

1. 이명박 정부 지역 정책 기조와 방향

참여정부를 뒤이어 들어선 이명박 정부는 참여정부가 강력하게 추진했던 국가균형발전 정책을 비판하고, 이와 차별화되는 지역 정책 방향을 제시하였다. 이명박 정부의 지역 발전 정책 기조는 형평성보다는 경제적 효율성을 중시하고, 지역발전에 있어서 정부의 역할보다는 시장과 기업의 역할을 강조하는 것이 특징이다.

이명박 정부는 참여정부의 국가균형발전 정책이 지역 간 불균형 해소와 자립형 지방화 촉진의 명분으로 행정중심복합도시, 혁신도시, 기업도시, 전략 산업 육성, 낙후지역개발, 지역혁신체제 구축 등 수많은 시책과 사업을 동시다발적으로 추진하였으나 과도한 토지개발로 인한 전국적 지가 상승과 막대한 토지 보상비가 지출되는 등 부작용을 발생시켰고, 산술적·결과적 균형에 집착하여 실질적인 지역발전과 국가경쟁력 강화에 기여하지 못한 것으로 평가하였다. 특히 참여정부의 국가균형발전 정책은 세계적 수준의 경쟁력 강화보다는 수도권과 지방 간 대립구조 격화, 행정구역 간 형평성 확보에 치중하고, 중앙정부 주도의 나눠주기식 분산투자로 지역특화발전을 저해했다고 보았다(국가균형발전위원회 2008).

이명박 정부가 참여정부 국가균형발전 정책의 문제점으로 지적한 사항은 구체적으로 다음과 같다. 첫째, 행정구역에 집착한 지역 간 사업 중복, 나눠먹기식 개발로 지역개발 역량의 저하, 둘째, 규모의 경제와 집적의 효과를 무시한 국정관리체제의 비효율성 초래, 셋째, 수도권과 비수도권의 갈등관계를 증폭시켜 동반 하향 평준화, 넷째, 분권 없는 균형 정책으로 신중앙집권주의 풍조 초래, 다섯째, 단기적, 가시적 효과에 집착한 나머지 실익 없는 지방의 기대감만 부풀린 점 등이다. 그래서 이명박 정부는 참여정부가 강조한 '균형·혁신·분산' 대신 '상생·경쟁·분권'을 중시하겠다고 선언한다. 그리고 지역의 다양성과 차별성을 인정하는 상대적·역동적인 균형, 분권과 자율에 기초한 분권적 균형발전, 규모의 경제와 광역화·네트워크화를 통한 협력과 경쟁시스템, 수도권과 비수도권의 상생적·생산적·창조적 지역주의, 열린 국토를 지향하는 이른바 신지역발전 정책을 새롭게 제안하였다.

이명박 정부의 지역 정책 기조 전환을 가장 상징적으로 보여주는 것이 참여정부 때부터 사용하던 '국가균형발전'이라는 용어를 없앤 것이다. 참여정부 때 만들어진 국가균형발전위원회는 지역발전위원회로, 국가균형발전 5개년계획은 지역발전 5개년계획으로, 국가균형발전특별회계는 광역·지역발전특별회계로 명칭을 바꾸었다. 국가균형발전특별법도 명칭을 바꾸려고 했으나 국회 통과가 되지 않았다. 대신 국가균형발전특별법의 내용을 이명박 정부의 지역 정책 기조에 맞게 바꾸었다.[1]

표 1. 참여정부와 차별화된 이명박 정부 지역발전 5개년 계획의 기조

	국가균형발전5개년계획('04~'08)	지역발전5개년계획('09~'13)
배경	·수도권과 비수도권 간 발전격차 심화	·지역의 글로벌 경쟁력 확보
기조·특성	·지역균형발전의 추구 ·기계적·산술적 균형정책 강조 ·시도 행정단위를 계획단위로 설정	·지역경쟁력 강화를 통한 국가발전 ·연계·협력에 기반한 광역화 추구 ·기초, 광역, 초광역을 계획단위로 설정

출처: 지역발전 5개년계획(2009)

 이명박 정부는 "일자리와 삶의 질이 보장되는 경쟁력 있는 지역 창
조"를 지역 발전 정책의 비전으로 설정하였다. 이러한 비전 아래 네 가지
지역발전정책 기본방향을 제시하고 있는데, 첫째, 세계화에 대응하는 광
역경제권의 구축, 둘째, 지역개성을 살린 특성화된 지역발전, 셋째, 지방
분권·자율을 통한 지역주도 발전, 넷째, 지역 간 협력·상생을 통한 동반
발전이 바로 그것이다(국가균형발전위원회 2008).

표 2. 이명박 정부의 지역발전정책 기본방향과 전략

비전	일자리와 삶의 질이 보장되는 경쟁력 있는 지역창조
기본방향	·세계화에 대응하는 광역경제권 구축 ·지역개성을 살린 특성화된 지역발전 ·지방분권·자율을 통한 지역주도 발전 ·지역 간 협력·상생을 통한 동반발전

1   대표적으로 국가균형발전특별법 제2조 1항의 용어정의를 보면, 참여정부 당시에는 "'국가
    균형발전'이라 함은 지역 간 발전의 기회균등을 촉진하고 지역의 발전역량을 증진함으로
    써 삶의 질을 향상하고 지속가능한 개발을 도모하여 국가경쟁력을 강화하는 것을 말한다'
    로 되어 있던 것을 이명박 정부 들어와 국가균형발전을 지역발전이라는 용어로 대체하여
    "'지역발전'이란 자율과 창의를 기반으로 지역별 특성화 발전과 지역 간의 상호협력 증진
    을 통하여 지역경제를 활성화하고, 국민의 삶의 질을 향상함으로써 지역경쟁력을 강화하는
    것을 말한다'로 개정하였다.

추진전략및과제	전국토의 성장잠재력 극대화	○ 기초생활권, 광역경제권, 초광역개발권 단위 차별화된 발전
	신성장동력발굴 및 지역특화발전	○ 지역별 비교우위를 토대로 지역의 특성과 개성을 살린 신성장동력 구축
	수도권·지방 상생발전	○ 특별지방행정기관 지방이관, 지방재정 자율성 제고, 지방 계획·개발권 강화 등
	기존 시책 발전·보완	○ 혁신·행정중심도시·기업도시 발전적 보완

자료: 국가균형발전위원회(2008) 상생도약을 위한 지역발전정책 기본구상과 전략

　　이어서 이명박 정부는 전 국토의 성장 잠재력을 극대화할 수 있도록 '3차원적 열린 국토 공간'을 창출하겠다고 표방하였다. 여기서 '3차원적'이란, 전국을 기초생활권, 광역경제권, 초광역개발권이라는 3차원으로 구분하는 것을 의미한다. 초광역개발권과 광역경제권은 국가 및 지역 경쟁력 강화에 중점을 두는 데 비해 기초생활권은 지역 주민의 삶의 질이 보장되는 지역 창조에 중점을 두는 것이다. 이 중 가장 중점이 되었던 것은 광역경제권이었다.

표 3. 이명박 정부의 3차원적 지역발전전략

차원	주요목적	계획대상	계획체계
초광역개발권	대외개방형 국가경쟁력 강화	4 +α 벨트	초광역개발권 기본구상
광역경제권	개발단위 광역화로 지역경쟁력 강화	5 +2 광역경제권	광역경제권 발전계획
기초생활권	전국 어디에 살든지 기본적 삶의 질 보장	163개 시군	기초생활권 발전계획

그림 1. 이명박 정부의 3차원 국토개발(초광역·광역·기초생활권 개발)

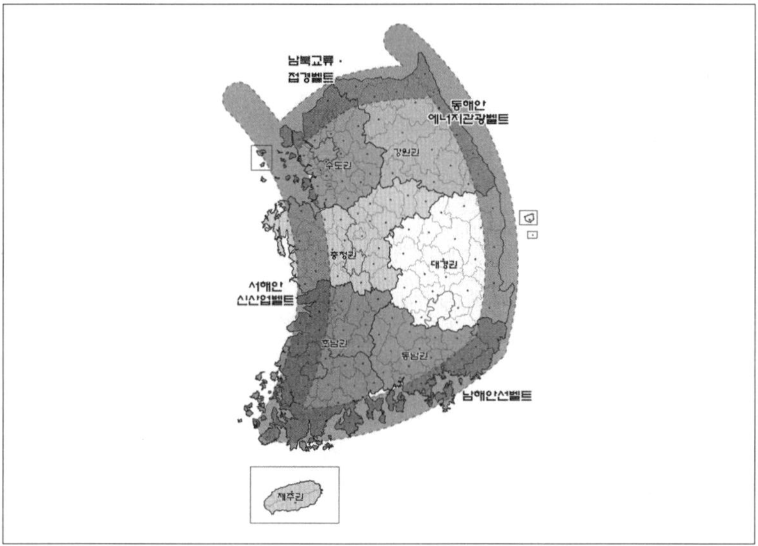

출처: 지역발전위원회(2008)

2. 이명박 정부의 주요 지역 정책: 성과와 문제점

이처럼 이명박 정부의 지역 정책은 참여정부에 대한 비판적 입장에서 시
작하였기 때문에 정책 기조와 핵심 목표가 참여정부와 상당히 비교된다.
참여정부의 대표 정책이라고 할 수 있는 몇 가지 지역 정책에 대해서는
방기하거나 축소하는 경향이 두드러졌다. 그렇지만 이명박 정부 임기 동
안 수행한 지역 정책의 내용을 들여다보면 참여정부 때부터 추진해오던
정책들을 거의 그대로 뒤따른 것도 많았다. 전체적으로 볼 때 참여정부
때보다 균형발전 및 지역 정책에 대한 관심이 크게 줄어들고, 새로운 사
업 추진도 별로 없었다. 그럼에도 불구하고 이명박 정부 들어와서 특별
히 강조했거나, 새로 시도한 지역 정책들이 몇 가지가 있다. 광역경제권

정책, 4대강 사업, 세종시의 기능 전환 시도, 지방재정에서 지방 소비세 신설, 지방행정구역 개편 시도 등이 바로 그것이다.

1) 광역경제권 육성 정책

이명박 정부가 가장 대표적인 지역 정책으로 내세운 것이 바로 광역경제권 육성 정책이었다. 이명박 정부는 지역발전의 기본적인 공간단위를 기존의 시·도 행정구역에서 벗어나, 경제적 차원에서 기능적 연계와 보완성이 높고 규모의 경제를 달성할 수 있는 광역경제권 단위로 하겠다고 공언하였다. 광역경제권이란 현재의 16개 시·도를 7개(5+2)로 합쳐 규모를 광역적으로 키운 단위를 의미하는데, 이 정도 규모의 단위가 경제적 효율성과 경쟁력을 갖춘 공간단위라는 것이다. 광역경제권을 주창하게 된 배경은 그동안 시·도 행정구역 단위로 지역 정책이 이루어지다보니, 시·도 간 나눠먹기식 분산투자와 지역 간 무리한 개발경합과 지역이기주의가 발생했고, 이로 인해 지역발전 투자의 경제적 효율성과 경쟁력을 약화시켰다는 인식에서 비롯된다. 이러한 문제를 극복하고 지역 간 협력과 상생발전을 도모하기 위해서는 기능적 연계와 보완이 가능한 복수의 행정구역을 하나의 공간단위로 합쳐서 육성해야 한다는 것이다.

　광역경제권 개념이 사실 새로운 것은 아니다. 1972년에 수립된 우리나라 최초의 종합적 국토 계획인 제1차 국토종합개발계획(1972-1981)에서는 우리나라 국토를 4대 하천유역 중심의 4대권, 도의 행정구역 중심의 8중권[2], 경제생활권인 17소권의 개발권역으로 구분한 적이 있다.

2　이때의 하천 유역 4대권은 한강 유역권, 금강 유역권, 낙동강 유역권, 영산강 유역권이었고, 당시 8중권은 수도권, 태백권, 충청권, 전주권, 광주권, 대구권, 부산권, 제주권의 8개 권역이었다.

그러나 이러한 개발권역 개념은 구체적인 실행 정책으로 집행되지 못하였고, 이어진 제2차 국토종합개발계획(1982-1991)에서는 지역생활권 개념을 도입하여 전국에 28개의 지역생활권을 설정하였다. 그러다 제3차 국토종합개발계획(1992-1999)에서는 전국을 9개 권역으로, 제4차 국토종합계획(2000-2020)에서는 전국을 10개의 광역권으로 구분하였다. 이처럼 우리나라 국토 계획에 있어서 개념상으로는 시도 단위를 뛰어넘는 광역권 육성에 대한 꾸준한 모색이 있었지만, 이것이 계획상의 구상 차원에만 머물렀지 실효성 있는 사업의 추진 단위가 되지는 못했다. 국토 계획 상에 제시된 광역권 개념에 맞추어 이를 일선 현장에서 실현할 수 있는 정책이나 사업이 함께 수반되지 못했기 때문이다. 그렇게 된 가장 큰 이유는 기존의 시도 단위 행정구역을 초월한 정책을 추진하고 집행하는 것이 현실에서 그리 쉽지 않았기 때문이었다. 특히 지방자치제가 부활한 이후 시도 간의 협력을 이끌어내는 것이 점점 어려워졌다.

그러나 최근 세계화 흐름 속에서 영국, 독일, 프랑스, 일본 등 우리나라와 유사한 면적과 인구를 가진 세계 주요국에서 규모의 경쟁력과 자체 혁신 역량을 갖출 수 있는 규모로 자국의 지역 단위를 광역화하는 경향이 나타나고 있다(강현수 2007). 더구나 우리나라 광역시의 경우 원래 뿌리가 같았던 주변의 도에서 행정구역이 분리된 것으로서, 동일 생활권에 속하는 광역시와 도가 행정적으로 분리됨에 따른 여러 가지 부작용이 나타나고 있었다. 그래서 참여정부 때 수립된 제4차 국토계획 수정계획(2006-2020년)에서도 제주도를 제외한 전국을 7대 경제권역으로 구분하면서 광역 단위 지역 정책의 필요성을 제안한 바 있다.[3] 이러한 역사적

3   이때 7＋1의 경제권역은 수도권, 강원권, 충청권, 전북권, 광주권, 대구권, 부산권, 제주도를 의미한다. 이명박 정부의 5＋2 광역경제권과 다른 점이 있다면 전북권과 광주권이 분리된 점이다.

배경 아래 광역경제권 정책이 이명박 정부 들어와 가장 핵심적인 지역 정책으로 추진된 것이다.

광역경제권 정책을 추진하기 위해 이명박 정부는 국가균형발전특별 법을 개정하여, '국가균형발전특별회계'를 '광역·지역발전특별회계'로 변경하였으며, 5+2 광역경제권별로 '광역경제권 발전위원회' 및 상설 사무국을 설치하였다.

이명박 정부가 추진했던 대표적인 광역경제권 사업이 산업과 인력 및 SOC 분야의 선도사업 추진이다. 즉, 광역권별로 2개의 선도산업을 선정하여 육성하고, 선도산업별로 1~2개 대학을 선정하여 우수인재를 양성하며, 30개의 광역 SOC 프로젝트를 추진한 것이다.

표 4. 기존의 지역산업진흥사업과 광역권 선도산업 육성사업 비교

구 분	지역산업 진흥(기존)	⇨	광역권 산업 육성(신규)
·대상지역	시·도단위, 분산투자		5+2 광역경제권, 선택·집중
·지원산업	시·도별 4개, 유사·중복		권역별 1~2개, 특화분야
·사업내용	센터 등 H/W + S/W		R&D, 기업지원 등 S/W

출처: 2008년 이명박 정부 지역발전정책 연차보고서

이처럼 광역경제권 단위로 지역 정책의 공간적 단위를 확장한 이명 박 정부의 문제 진단과 정책 방향은 세계적 흐름에 부합하는 것으로서 상당히 바람직한 것으로 평가될 수 있지만, 실제 현장에서 정책이 집행 되는 과정은 매우 실망스러운 것이었다. 새로 구성된 광역경제권 단위의 정책은 중앙정부와 해당 시도 간의 책임성이 모호해지면서 정책 거버넌 스가 더욱 혼란스러워졌고, 오히려 중앙정부의 권한이 더 강해지고, 여 전히 해당 시도 간에는 나눠먹기 방식으로 진행되면서 지역 정책의 혼선 과 비효율성이 커졌다는 지적을 받고 있다.

　　이명박 정부 광역경제권 정책의 가장 본질적인 문제점은 지방분권 개념이 누락된 채 위로부터 하향적으로 추진되었다는 점이다. 영국, 독일, 프랑스, 일본 등 다른 선진국가의 경우 광역 단위 경제권 설정 노력이 중앙 정부 권한의 지방 이양이라는 분권화 과정 속에서 진행되었다. 지방분권을 하려면 각 지역이 중앙정부가 수행하던 정책을 스스로 수행할 역량이 전제되어야 하는데, 지역 내에 동원할 수 있는 내생적 자원이나 추진 주체의 역량이 부족하다면, 중앙정부로부터 이양 받은 권한을 제대로 행사할 수가 없다. 따라서 지역 스스로 정책을 수행할 수 있을 정도의 규모로 광역화를 하면서 분권화를 추진했던 것이다. 그런데 우리나라는 분권을 통해 중앙정부의 권한을 광역 단위에 넘겨주면서 광역화를 추진한 것이 아니라, 분권을 누락한 채 광역화만 추진하는 바람에 오히려 중앙정부의 권한이 더 비대해지는 경향이 나타났다. 한 예로 지역의 산업 육성을 위해 만들어진 광역 선도사업단의 경우 단장을 중앙정부인 지식경제부가 임명하고 예산과 집행 과정을 모두 중앙정부가 통제함으로서 지방정부가 참여할 통로가 봉쇄되었다.

　　두 번째 문제점은 광역경제권 사업을 제대로 운영할 수 있는 거버넌스 체제가 제대로 작동하지 않았다는 것이다. 이는 첫 번째 문제점인 분권의 누락과 밀접히 관련되어 있다. 광역경제권 정책의 핵심 요체는 실질적으로는 동일 경제권 및 생활권인 광역경제권 내에서 자치단체 간의 다툼으로 여러 사업이 부적절한 곳에서 추진되거나 중복 추진되어 발생하는 낭비를 방지하자는 것이었다. 그런데 광역경제권은 기존 지방행정 구역을 뛰어 넘은 것이기 때문에, 주민에 의해 선출된 책임 있는 기구가 없다. 즉 광역경제권 관할 구역의 주민들에 대해 정치적으로 책임질 주체가 부재하다. 따라서 광역경제권에 속한 몇 개의 자치단체와 함께 협력하면서 계획을 수립하고 사업을 추진할 수밖에 없다. 하지만 이러한 자치단체 간 협력적 계획 및 사업 추진 방식에 익숙하지 않은 우리나라 현실 때문에 이명박 정부 이전에도 국토계획 상에는 존재했던 광역권 개념이 현장에서는 작동하지 못하고 유명무실했던 것이다. 이명박 정부는 광역경제권 정책을 작동시키기 위해서 광역경제권 발전위원회와 사무국을 만들었고, 광역·지역발전특별회계도 개편했다. 그렇지만 새로 만들어진 광역경제권 발전위원회와 사무국은 중앙정부와 해당 시도의 중간에 끼어서 제 역할을 하지 못했다. 광역발전위원회와 사무국이 제대로 활동하기 위해 필요한 기획조정권과 재정권이 제대로 갖추어지지 못한 것이다(장재홍 2010). 그러다보니 실질적 의사결정은 중앙정부가, 중앙정부가 하지 않는 나머지 의사결정은 시도 간 나눠먹기 방식으로 결정되었다. 권한이 부여되지 않은 채 급조된 광역경제권 기구들이 선거에 의해 선출되어 주민을 대표하는 시도 지사의 강력한 목소리를 통제할 방법이 없었던 것이다. 결국 시도 단위 행정구역을 뛰어넘어 연계 협력 사업을 잘할 수 있게 하기 위해 추진했던 이명박 정부의 광역경제권 정책은 이러한 연계 협력이 작동할 수 있는 거버넌스 체제 운영에 대한 구상과 준비가 부족했기 때문에 제대로 작동할 수가 없었던 것이다.

세 번째로, 광역경제권 단위에서 산업 경쟁력 강화 사업에만 치중하다보니, 실제 주민생활에 영향을 미치는 기초생활권과 관련된 정책이나 사업에는 소홀했다는 비판이 제기되었다. 실제로 이명박 정부가 제안한 3차원적 지역개발전략에서 광역경제권과는 달리 초광역개발권과 기초생활권에 대해서는 별다른 정책적 관심이 이루어지지 못했다. 또 광역경제권의 규모가 너무 크고 그 내부에 대도시와 농촌이 혼재되어 있는 등 내부의 이질성도 커서 구체적인 사업을 추진하기에 적합한 정책 단위가 되지 못한다는 비판도 제기되었다. 따라서 광역경제권의 대안으로 대도시권 혹은 지역생활권 같이 산업 활동 및 주민 생활과 좀더 밀접한 공간

단위를 지역 정책 단위로 육성해야 한다는 주장이 대두되고 있다(김동주 외 2010; 정희윤 외 2011).

하지만 광역경제권이 제대로 운영이 안 된다고 해서, 또다시 다른 규모의 지역 정책 단위를 모색하는 것은 별로 바람직한 대안이 아니다. 우리나라 국토 계획의 역사를 보면 개념적으로 광역경제권 개념과 지역생활권 개념이 계속 번갈아 가면서 나타나고 있지만, 어느 것도 제대로 실현된 적이 없었기 때문이다. 문제는 지역 정책의 단위를 지도상에서 개념적으로 구상하는 것이 아니라, 실제 그런 단위가 작동할 수 있는 체계를 갖추는 것이다. 행정구역을 초월한 지역 단위의 정책이나 사업이 제대로 작동하기 위해서는 우선 지방분권이 선행되어 각 지방자치단체가 자율성을 가져야 하고, 이러한 자율성의 바탕 위에 자발적으로 협력의 필요성을 찾도록 해야 한다. 중앙정부는 지자체 간의 협력을 강요하기보다는, 인센티브 제공을 통해 자발적 협력을 유도하는 것이 바람직할 것이다. 한편 장기적 관점에서는 광역경제권 혹은 주민생활권에 부합하는 행정구역을 만들기 위한 행정구역 개편 노력이 필요할 것이다. 아무리 각 지자체들 사이에 잘 협의해서 훌륭한 거버넌스를 만들어 나간다고 하더라도, 지역 주민들에 의해 직접 선출되지 않는 기구들은 어느 정도 한계를 가질 수밖에 없기 때문이다. 외국의 예를 볼 때 광역경제권과 같이 행정구역을 초월한 공간 단위가 중요해지면 질수록, 결국에는 행정구역 통합논의가 진행되곤 했다.

2) 4대강 살리기 사업

이명박 정부가 지역 발전의 명목으로 추진한 초대형 국책사업이 바로 4대강 살리기 사업이다. 이명박 대통령은 대통령 선거 과정에서 한강과 낙동강 등 우리나라 주요 수계를 하나로 연결하는 한반도 대운하 공약을 내건 바 있다. 한반도 대운하 공약은 선거 과정에서 많은 비판을 받았음에도 불구하고, 대통령에 당선된 이명박 대통령은 취임 이후 한반도 대운하 사업을 적극 추진하였다. 하지만 임기 초반 광우병 우려가 있는 미국산 쇠고기 수입 문제로 대규모 촛불시위가 일어나고, 대운하 사업에 대해서도 국민들의 비판과 반대가 거세지자, 이명박 정부는 대운하 사업을 포기하고 대신 4대강 살리기 사업을 추진하게 된다. 4대강 살리기 사업의 추진 명분은 홍수 및 가뭄 피해 같은 재난을 사전에 예방하고, 수상 레져 수요 및 수변공간을 활용하여 국민들의 새로운 여가활동 기회를 제공해 준다는 것이었다. 이러한 명분을 바탕으로 한강, 낙동강, 금강, 영산강 등 우리나라 주요 4대강에 총 사업비 22조 원이 넘는 엄청난 규모의 초대형 토목공사가 추진되었다.

이명박 정부는 2008년 12월 지역발전위원회에서 대운하 사업 대신 4대강 살리기 사업을 추진하기로 결정하고, 2009년 초 국토해양부에 정부합동 4대강 살리기 추진본부를 설치하면서 4대강 살리기 사업이 정권 차원에서 본격적으로 추진되었다. 4대강 살리기 사업은 "생명이 깨어나는 강, 새로운 대한민국"이라는 비전 아래 물 부족 대비 풍부한 수자원 확보, 수해 예방을 위한 유기적 홍수방어 대책 마련, 수질개선 및 생태복원, 지역주민과 함께하는 복합공간 창조, 강 중심의 지역발전이라는 목표 아래, 주요 사업으로 4대강에 16개의 보를 설치하고 강을 준설하며, 제방을 보강하고 강을 따라 자전거길을 만드는 사업을 추진하였다. 또 이와 함께 농업용 저수지 둑 높이기 사업도 병행하였다.

표 5. 이명박 정부 4대강 사업의 주요 내용

구분	사업	물량				
		계	한강	낙동강	금강	영산강 (섬진강)
국토부	준설	4.6억m³	0.5	3.4	0.4	0.3
	보	16개	3	8	3	2
	생태하천	835km	134	380	182	139
	제방보강	800km	175	403	144	78
	댐, 조절지	5개	–	3	–	2
	자전거길	1,361km	234	477	266	384
농식품부	농업용저수지	96개	13	31	29	23
환경부	수질개선(총인처리)	1,281개	482	389	304	106

출처: 국토해양부, 2011, 『2011 국토의 계획 및 이용에 관한 연차보고서』, 410쪽

4대강 사업은 이명박 정부의 강력한 추진 의지에 힘입어 임기 중에 완성된다. 그러나 이 사업은 사업 구상 단계부터 사업 추진 기간 내내 야당과 시민단체의 집중적인 비판을 받았으며 사업 완료 이후에도 여전히 많은 비판을 받고 있다. 4대강 사업의 출발 당시부터 이 사업의 감추어진 본질이 대운하 사업이라는 지적이 제기되었고, 실제로 추진되었던 사업 내용은 강에 배를 운행하기 위한 대운하 사업과 매우 유사한 것이었다. 4대강 사업의 명분으로 내건 사업 목표 자체에 대해서도 많은 의문이 제기되었다. 홍수와 가뭄 조절 기능이 4대강 사업의 핵심 목표이지만, 오히려 4대강 사업으로 인해 홍수가 유발될 수 있고 가뭄 해소 기능은 없다는 반대 주장이 제기되었다. 대형 보를 설치하여 수량을 제어할 수 있게 하는 4대강 사업이 수질 개선과 생태복원을 가져올 것이라는 정부의 주장과는 달리 환경단체들은 오히려 물을 가두어 놓기 때문에 심각한 수질 악화가 초래될 것이라고 비판하였다. 그리고 4대강에 대형 보가 설치된 이후 공사 전에는 나타나지 않았던 녹조가 발생하고 물고기가 떼죽음 하는 현상 등이 잇따라 나타나자, 결국 이명박 정부가 한 일이 4대

강 살리기가 아니라 4대강 죽이기였다는 환경단체의 주장이 설득력을 얻고 있다. 4대강 사업을 통해 얻을 수 있다는 지역 개발 효과와 고용 효과도 실제로는 매우 미미했던 것으로 판명되었다. 이외에도 4대강 사업에 대해서 수많은 비판들이 이어졌다. 초대형 사업임에도 불구하고 예비 타당성조사가 면제되었고 환경영향평가가 졸속으로 이루어지는 등 사업 추진 과정과 절차의 비민주성, 사업규모에 비해 너무 짧은 계획 기간과 시공 기간, 무리한 공정으로 인한 부실시공과 산업 재해 빈발, 공사 입찰 담합 논란, 4대강 본류의 준설로 인한 지류의 역행 침식 발생, 사업시행자인 수자원 공사의 막대한 부채 증가와 이를 해소하기 위한 친수구역 개발 시도, 새로 건설된 보의 붕괴 위험, 향후 엄청난 유지 관리 비용 등이 4대강 사업과 관련하여 지적된 수많은 문제점들이다.

이명박 정권이 거의 끝나갈 때에는 국가 기관인 감사원이 나서서 4대강 사업이 전반적으로 부실하다는 감사 결과를 발표하였고, 국가권익위원회는 대형 건설사들의 입찰 담합비리를 검찰에 수사 의뢰하였다. 하지만 시민단체들이 오래 전부터 주장하던 내용을 너무나 뒤늦게 인정한 국가기관의 지적은 이미 4대강 사업이 다 완공된 이후에 나온 것으로서 그야말로 '뒷북'이었다. 일부 전문가들과 시민단체들은 막대한 예산을 들여 건설된 4대강의 보들을 다시 철거해야 한다고 주장하고 있어서 4대강 사업은 앞으로도 계속 문제가 될 소지가 많다.

3) 세종시 수정안 제안과 수도권 규제 완화

참여정부가 의욕적으로 추진하여 임기 내 공사 착공까지 했던 행정중심복합도시(세종시) 건설 계획은 이명박 정부 들어와서도 처음에는 계획대로 잘 추진되는 듯했다. 그러나 2009년 말 임명된 정운찬 당시 총리와 여당 국회의원 일부가 중앙부처 분산이전에 따른 국정 비효율 문제, 인구 50만 도시에 걸맞는 자족기능의 부족 등을 명분으로, 이미 확정된 정부 중앙부처의 세종시 이전 계획을 백지화하고 대안을 마련해야 한다고 주장하면서 세종시 수정 논란이 불붙게 되었다. 이명박 정부는 단 몇 개월의 연구 끝에 세종시의 기능을 기존의 중앙행정기능 이전을 통한 행정중심복합도시 대신, 기업과 대학 중심의 교육과학중심 경제도시로 건설하자는 수정안을 국회에 제출하였다. 하지만 충청권 주민 다수와 야당이 수정안에 강력히 반대하고 원안 고수를 주장하면서 참여정부 때 신행정수도 건설 찬반 논란과 유사한 세종시 수정 찬반 논란이 벌어졌다. 이 논란은 박근혜 의원을 중심으로 한 여당 일부 세력이 원안 고수에 동조하면서 수정안이 폐기되어 결국 한동안의 해프닝으로 막을 내렸다. 하지만 이 과정에서 세종시 건설 일정이 늦어지게 되고, 참여정부가 추진했던 수도권 기능 분산화 정책에 대한 평가 논란이 다시 재연되었다.

한편 이명박 정부 들어와 수도권 규제는 지속적으로 완화되었다. 이명박 정부는 참여정부가 수도권 규제정책으로 인하여 기업투자와 지역주민의 생활편의를 제약하는 등 부작용을 초래했고 균형발전정책을 둘러싸고 수도권과 지방 간에 갈등과 반목을 증폭시켰다고 비판하고, 수도권과 비수도권, 각 지역 사이의 발전적 분업구조 형성과 상호 협력을 통해 지역 간 동반·상생 발전을 도모하겠다고 선언하였다(지역발전위원회 2008). 이명박 정부는 국가 경쟁력 강화를 명분으로 2008년 10월 '수도권 규제 합리화방안'을 발표하고 수도권의 토지이용과 공장 신·증설, 산업단지 등에 대한 규제를 대폭 완화하였다. 이와 함께 수도권 경제 활성화와 서민들을 위한 보금자리 주택 건설 등을 명분으로 기존 수도권의 광역도시계획을 변경하여 수도권 개발제한구역(그린벨트)을 대거 해제하였다.

이처럼 이명박 정부는 세종시 수정안을 제출하고, 수도권 규제를 계속 완화하면서 지역 균형발전보다 수도권 개발을 더 중시한다는 것이 분명해졌다. 참여정부는 수도권 정책과 국가균형발전 정책을 연계하여, 선 균형발전, 후 수도권 규제 완화라는 "시차별 연동화" 입장을 분명히 했던 것에 비하여, 이명박 정부는 수도권 정책과 균형발전 정책을 서로 연계하지 않았다. 단적인 예로 이명박 정부의 지역발전위원회가 발표하는 지역발전 정책에서는 수도권 정책에 대한 고려가 거의 없었고, 국가경쟁력강화위원회가 발표한 수도권 규제완화 정책에서는 지역 균형발전에 대해 거의 고려하지 않았다(변창흠 2011).

4) 지역발전위원회의 위상 약화

이명박 정부는 참여정부 때 각 중앙부처의 다양한 지역 정책들을 총괄적으로 기획 조정하는 역할을 수행하기 위해 설립했던 국가균형발전위원회를 지역발전위원회로 개편하였다. 그런데 참여정부 때에도 이 위원회는 대통령 소속 자문위원회로서의 한계, 즉 예산권이나 집행권이 없어서 대통령의 의지가 있어야만 제대로 작동하고, 대통령의 의지가 없다면 유명무실한 기구로 전락할 수밖에 없는 제도적 한계가 있다는 지적을 받았다. 전임 대통령이었던 노무현 대통령의 균형발전 의지가 매우 강했던 데 비하여, 상대적으로 이명박 대통령은 균형발전에 큰 관심을 보이지 않았다. 따라서 이명박 정부의 지역발전위원회는 참여정부의 국가균형발전위원회가 수행했던 역할보다 훨씬 축소된 역할을 수행하였다. 4대강 사업은 국토해양부가 중심이 되어 추진하였으며, 세종시 수정안은 국무총리실에서, 수도권 규제 완화는 국가경쟁력강화위원회에서, 지방행정체제 개편은 지방행정체제개편 추진위원회에서 각각 별도로 추진했다. 개별적인 지역발전 정책들을 총괄 조정해야 할 지역발전위원회의 역할과 위상이 약화되면서, 이명박 정부 임기 동안 첨단의료복합단지, 동남권 신공항, 국제과학비즈니스벨트, LH공사 본사 등의 입지를 둘러싼 지역 간 갈등 문제가 심각하게 나타났고, 이러한 갈등이 발생할 때마다, 각 사업별로 서로 다른 부서가 개별 사안 중심으로 대처하면서 갈등을 더욱 증폭시키는 결과를 낳기도 했다(변창흠 2012).[4]

5) 지방분권의 성과와 한계

이명박 정부는 참여정부가 분권 없는 국가균형발전정책을 추진하면서 이른바 신중앙집권주의를 초래했다고 비판하고 행·재정 권한의 지방이양 확대 등 지방분권을 강화하겠다고 공언하였다. 이를 위해 집행적 성격이 강한 특별지방행정기관의 지방 이관, 지방재정의 자율성 제고, 지역개발 관련 국고보조금의 포괄보조금화 등을 추진하겠다고 선언하였다(지역발전위원회 2008).

이명박 정부가 공언한 지방분권 정책 중 가장 큰 성과로 내세울 만한 것은 지방의 자주재원 확충을 위하여 부가가치세의 5%를 지방으로 이양하여 지방소비세를 신설하고, 소득할 주민세와 종업원할 사업소세를 통합하여 지방소득세로 전환한 것이다. 이는 국세를 지방세로 전환한 획기적인 사례로 평가될 수 있다. 오랫동안 지방재정 전문가들과 각 지방자치단체에서 요구해 왔던 지방소비세·지방소득세가 도입됨으로서 지방 재정의 자율성이 높아지고, 재산과세 중심의 편향된 지방세제 구조가 소득·소비과세로 전환될 수 있는 계기가 마련되었다. 지방소비세의

4   이명박 정부 시절 지역발전위원장이 장기간 공석 상태에 있기도 했다는 데서 지역발전위원회의 역할과 위상 약화의 단적인 예를 볼 수 있다.

경우 수도권과 비수도권 간에 세수 격차를 초래할 수 있으므로, 수도권 3개 시도가 지방소비세 수입 중 35%를 출연하는 지역상생발전기금을 도입하였다. 또한 지방재정 분야에서 지방세법을 지방세기본법, 지방세법, 지방세특별법으로 세분화하고 16개에 달하던 지방세목을 11개로 축소 개편하였다.

하지만 지방소득세는 종전의 소득할 주민세와 종업원할 사업소세의 명칭만 변경한 것에 불과하고, 신설된 지방소비세는 정부의 감세정책으로 인한 지방세수 부족분을 보완하기 위해 어쩔 수 없이 마련한 것에 불과하다는 비판도 있다. 이명박 정부가 경제 활성화를 명분으로 법인세와 종합부동세 등을 대폭 감면하는 이른바 부자감세 정책을 추진하면서 지방재정의 세수가 크게 악화되었다. 2008년 시행된 감세 정책으로 인하여 국가 전체적인 세수가 감소하면서, 소득세와 법인세의 10%를 부가하는 주민세가 감소하고, 내국세의 일정 비율(19.24%)을 점하는 지방교부세도 감소하게 되었다. 또 종합부동산세의 감세로 이를 100% 재원으로 하는 부동산 교부세도 감소하였다. 그 대신 새로 도입된 지방소비세 덕분에 지방세 자체 재원 증가 요인이 생겼지만, 감세로 인해 주민세와 지방교부세, 부동산 교부세가 축소된 것에 비하면 매우 미흡하기 때문에 지방재정상 큰 폭의 세입 감소가 나타나게 된 것이다. 2009년 국회예산정책처가 추정한 바에 다르면 이명박 정부의 임기인 2008-2012년 사이 5년 동안 감세로 인한 지방재정 세입 감소가 약 30조 1천 7백억 원이고 지방소비세 도입으로 인한 세입 증가가 약 4조 4천 4백억 원으로 적어도 약 25조 7천억 원 가량의 지방재정 세입 감소를 전망한 바 있다(국회 예산정책처 2009).

표 6. 감세정책과 지방소비세 도입에 따른 지방재정 변동 추정(단위: 억원)

		2008	2009	2010	2011	2012	합계
감세 정책	주민세	-2,744	-8,055	-17,141	-17,541	-17,304	-62,784
	지방교부세	-5,920	-18,529	-36,418	-37,692	-37,473	-136,032
	부동산교부세	-4,935	-20,680	-25,770	-25,770	-25,770	-102,925
	소계(A)	-13,599	-47,264	-79,329	-81,003	-80,547	-301,741
지방 소비세	지방소비세			24,334	24,334	24,334	73,002
	지방교부세			-9,549	-9,549	-9,549	-28,647
	합계(B)	-	-	14,785	14,785	14,785	44,355
순변동(A+B)		-13,599	-47,264	-64,544	-66,218	-65,762	-257,387

출처: 자료: 국회예산정책처(2009), 15쪽

　　이후 국회예산정책처가 2012년에 다시 분석한 자료에 의하면 이명박 정부 임기 동안인 2008-2012년 5년 동안 감세정책으로 총 82조 2천억 원이 감세되었고, 이로 인해 약 29조 1천억 원의 지방세입이 감소하였으며 그 영향으로 재정자립도가 높은 특별시·광역시보다 중앙정부 의존 재원 비중이 높은 도 지역의 피해가 컸다고 분석했다. 그 대신 지방교부세 감소 보전 대책으로 2009년 목적예비비 9,300억 원을 중앙정부가 지자체에 배정했고, 2010년부터 지방소비세가 신설되어 약 7.6조 원의 지방세입 증가가 발생하였으나, 전체적으로는 21조 5천억 원의 지방세입이 감소하였다고 분석하였다(노회찬 국회의원실 2012).

표 7. 감세정책과 보전책에 따른 지방세입 추이: 2008-2012(단위: 억원)

		2008	2009	2010	2011	2012	합계
감세정책	(A)	-13,822	-48,545	-76,938	-74,018	-77,989	-291,311
부동산교부세 보전	(B)		9,300				9,300
지방소비세	(C)			20,879	22,063	23,840	66,782
총 지방세입 감소분	**(A+B+C)**	**-13,822**	**-39,245**	**-56,059**	**-51,955**	**-54,149**	**-215,229**

자료: 국회예산정책처, 노회찬 국회의원 보도자료(2012)

이러한 결과로, 이명박 정부에서 지방재정 자립도가 지속적으로 하락하고 있으며, 중앙정부에 대한 지방재정의 의존성이 강화되고 있다. 전체 지방자치단체 세입 중 국고보조금 비중이 계속 늘어나고 있으며, 지방교부세보다 국고보조금이 더 높은 증가율을 보이고 있다(국회 예산정책처 2011). 국고보조금은 중앙정부의 의도와 지침에 의해 사용될 뿐만 아니라 지방자치단체의 의무매칭이 요구되기 때문에 국고보조금 비중이 늘어난다는 것은 지방정부의 재정 자율성이 그만큼 줄어든다는 것을 의미한다. 앞으로도 저성장 기조가 유지되어 부동산 경기 침체가 계속된다면, 재산세, 취득세 등 부동산 경기와 밀접한 관련이 있는 지방재정은 더욱 취약해질 것으로 예상된다. 이명박 정부가 공언한 지방재정의 자율성 확대 대신 중앙정부 의존성이 더욱 커지고 있는 것이다.

표 8. 지방자치단체 세입 구조 추이(단위: %, 억원)

	2005	2006	2007	2008	2009	2010	2011	2012
지방세	36.5	34.8	34.0	34.8	34.2	34.2	35.3	35.6
세외수입	25.3	25.1	24.9	24.1	24.6	22.6	21.0	21.2
(자체재원)	**61.8**	**59.9**	**58.9**	**58.9**	**58.8**	**56.8**	**56.3**	**56.8**
지방교부세	18.6	19.1	19.1	19.3	19.3	18.3	19.4	19.3
국고보조금	16.5	17.8	18.9	19.0	19.3	21.2	21.7	21.2
지방채	3.0	3.3	3.1	2.8	2.7	3.7	2.6	2.6
합계	100.0	100.0	100.0	100.0	100.0	100.0	100.0	100.0
총액	923,673	1,013,522	1,119,864	1,249,666	1,375,349	1,398,565	1,410,392	1,510,950

주 1) 일반＋특별회계 당초예산 순계기준
자료: 행정안전부 지방자치단체예산개요, 각년도

이명박 정부 임기 동안 지방재정에서 특히 문제가 되었던 것은 사회복지 재정 지출의 부담 증대이다. 최근 사회복지에 대한 국민적 요구가 높아지고, 저출산 고령화에 따른 사회복지 재정 수요가 급증하고 있는 시대적 상황에서, 이 부담을 중앙정부가 지방정부에게 떠넘기면서 지방정부의 재정에 큰 타격을 주게 된 것이다. 단적인 예로 2012년 이명박 정부가 영유아 무상보육 대상을 확대하면서 아무런 대책이나 지방정부와의 협의 없이 소요 재원의 절반(서울은 80%)을 일방적으로 지방정부가 부담하도록 하면서, 각 지방정부의 재정이 고갈되는 현상이 나타나기도 했다. 문제가 커지자 이명박 정부는 다시 무상보육 대상을 축소하겠다고 발표하는 등 혼선을 겪었다. 또한 2012년에는 부동산 경기 부양을 위해 취득세 감면 조치를 발표했는데 취득세가 전체 지방세수에서 높은 비중을 차지하고 있기 때문에 지방재정의 큰 감소가 예상되었다. 이러한 사례들이 이명박 정부가 지방재정에 미치는 영향에 대한 체계적인 고려 없이 중앙정부 편의 위주의 졸속적 정책 추진을 상징하는 것이다.

한편 이명박 정부는 각 중앙부처가 지역개발을 위해 수행하고 있던 각종 유사사업들을 통합하고, 예산 사용에 있어서 지방자치단체의 자율성을 확대하기 위해 이른바 '포괄보조' 제도를 도입하였다. 이를 위해 광역·지역발전특별회계에서 지역개발과 관련된 200여 개 세부사업을 22개 포괄보조사업으로 통폐합하였고, 예산 편성시 지방자치단체의 자율성을 신장시킬 수 있는 조치를 마련하였다. 하지만 실제 현장에서는 통폐합되기 이전의 기존 내역사업들이 여전히 그대로 존속하고, 중앙정부 각 부처의 엄격한 사업지침 역시 여전히 그대로 적용되는 등의 이유로 인하여 이명박 정부가 추진한 포괄보조 제도의 효과가 그다지 높지 못하다는 평가를 받고 있다(국회 예산정책처 2010; 김현호 외 2010; 송미령 외 2011).

지방분권과 관련하여 이명박 정부가 추진한 정책 중 가장 문제가 되는 것은 기초자치단체의 광역화 및 통합화 추진이다. 이명박 정부는 이를 위해 '지방분권촉진위원회'와는 별도로 '지방행정체제개편 추진위원

회'를 2011년 출범시켰고 이 위원회에서는 생활권과 행정구역을 일치시
키고, 행정의 효율화 및 주민편익을 증진시킨다는 명분으로 지방행정체
제 개편을 추진하였다. 2012년 6월 이 위원회에서는 우선 전국의 36개
시군구를 통합 대상으로 선정하고, 서울시와 광역시 자치구의 기초의회
를 폐지하는 것을 핵심내용으로 하는 '지방행정체제개편에 관한 기본계
획'을 발표하였다.

　그런데 이러한 지방행정체제 개편 방안이 지방자치단체나 지역주민
들의 자발적인 의사가 반영된 것이 아니라, 효율성을 명분으로 위로부터
하향식으로 추진되고 있다는 지적과 아울러, 세계적 기준에서 볼 때 가뜩
이나 인구 규모가 큰 우리나라 기초자치단체의 규모를 더욱 키워서 지역
풀뿌리 민주주의를 훼손할 가능성이 높다는 비판을 받았다(안성호 2010).
다른 한편, 아예 시도 광역자치단체를 폐지하고 기초자치단체를 통합하
여 현재의 2층적 지방자치단체 체제를 단층 체제로 개편하자는 주장도 대
두되었다. 하지만 이러한 시도 폐지와 기초자치단체 통합 주장은 오랜 역
사를 가지고 있는 우리나라 도 단위 행정구역의 역사성을 무시하고 있을
뿐만 아니라, 지방분권을 강화하기보다는 오히려 중앙집권을 강화시키는
데 불과하다는 거센 비판을 받았고, 수면 아래 잠복되었다.

　종합적으로 볼 때, 이명박 정부 역시 출범 초기에는 지방분권의 필
요성을 주창하고 지방분권의 의지를 밝혔다. 하지만 이명박 정부의 지방
분권은 지방소비세를 신설하고, 광역·지역발전특별회계에 포괄보조 제
도를 부분적으로 도입한 것을 제외하고는 크게 내세울 만한 성과를 보이
지 못했다. 오히려 감세 정책으로 인하여 지방 재정은 악화되었고 중앙
정부의 의존성이 더욱 높아졌다. 또한 집권 중반부터 지방분권과는 별도
로 추진했던 지방행정체제 개편 노력으로 인하여 지방분권 정책의 혼선
을 초래하였다. 소순창(2011)은 참여정부의 지방분권을 미완의 지방분

권으로, 이명박 정부의 지방분권을 미온의 지방분권으로 평가하였다.

3. 맺음말

이명박 정부의 지역 정책의 출발은 참여정부가 매우 적극적으로 수행하였던 국가균형발전 정책에 대한 비판에서 시작되었다. 그래서 참여정부가 사용한 '국가균형발전'이라는 말을 가능한 사용하지 않으려고 했다. 국가균형발전위원회를 지역발전위원회로, 국가균형발전특별회계를 광역·지역발전특별회계로 명칭을 변경한 것이 상징적 예이다. 정책 기조나 핵심 목표도 참여정부와 상당히 달랐고, 참여정부가 적극적으로 추진하던 정책이나 사업에 대해서는 방기하거나 축소했다. 세종시, 혁신도시, 기업도시 등 참여정부의 대표적 지역 개발 사업들을 폐기하지는 않았으나 적극적 지원도 하지 않았다. 수도권 규제는 대폭 완화했다. 전체적으로 이명박 정부는 지역 균형발전보다 국가 경쟁력을 더 강조하면서 수도권 집중을 큰 문제로 여기지 않았다.

이명박 정부의 지역 정책 중 가장 큰 논란이 되었던 것은 4대강 사업이었다. 22조 원이 넘는 막대한 재정이 지출된 사업임에도 불구하고 사업 계획 단계부터 사업 완료 이후에도 수많은 문제점들이 노출되었고, 이에 대한 끊임없는 비판이 제기되었다. 막대한 예산을 투입하고도 사업의 긍정적 효과보다 부정적 효과가 오히려 크다는 평가가 나오고 있는 4대강 사업은 아마 역대 정부 지역개발 사업 중 최대 실패 사업의 하나로 평가될 것이다. 비록 지역 개발을 명분으로 한 사업이라도, 민주적이고 합리적인 과정과 절차를 거치지 않는 대형 사업은 이제 더 이상 추진되어서는 안 된다는 것이 4대강 사업이 우리에게 주는 최고의 교훈이다.

참고문헌

강현수, 2007, 「세계 각국의 지역발전정책」, 국가균형발전위원회 엮음, 『국가균형발전정책의
　　　이론과 실천』.
_____, 2012, 「지역균형발전을 위한 지역산업정책의 과제」, 한국지방정부학회 추계학술대회
　　　자료집, 2012. 11.
국가균형발전위원회, 2008, 『상생 · 도약을 위한 지역발전정책 기본구상과 전략』, 2008. 7.
국회예산정책처, 2009, 『감세의 지방재정 영향분석 — 지역별 지방재정 감소 및 지방소비세 세입
　　　증가 효과를 중심으로—』, 2009. 10.
_____, 2010, 『광역 · 지역발전특별회계 포괄보조사업 평가』.
_____, 2011, 『지방세의 현황과 과제』, 2011. 12.
김동주 외, 2010, 『글로벌 도시권 육성 방안 연구(1)』, 국토연구원.
김현호 외, 2010, 『미래환경변화에 대응한 지역발전 전략 연구』, 한국지방행정연구원.
노회찬 국회의원실, 2012, 「2008년 이후 감세정책 현황 보도자료」, 2012. 7. 22.
민주통합당 정책위원회, 2012, 『MB정권 4년 평가 자료집』.
변창흠, 2009, 「수도권 규제완화 정책의 평가와 질적 발전의 과제」, 한국미래발전연구원,
　　　『무너지는 균형발전, 대안은 무엇인가?』 지방분권과 국가균형발전 종합토론회 자료집,
　　　2009. 8. 31.
_____, 2011, 「참여정부와 이명박정부의 지역균형발전정책의 평가와 과제」, 노무현 재단,
　　　『국가균형발전선언 7주년 기념식 및 학술회의 자료집』, 2011. 1. 28.
_____, 2012, 「이명박 정부 지역 정책의 평가: 지역주권과 공간정의의 훼손」,
　　　민주정책연구원 · 싱크탱크네트워크, 『이명박 정부 4년 평가와 과제 토론회 자료집』, 2012. 3.
소순창, 2011, 「역대 정부의 지방분권 정책의 평가」, 『한국지방자치학회보』 제23권 제3호
송미령 · 권인혜, 2011, 『포괄보조금 제도의 운영 실태와 개선 방향』, 한국농촌경제연구원.
안성호, 2010, 「한국의 지방자치체제 개편과 방향: 정치권 지방자치체제 개편안의 문제점과
　　　발전과제」, 『지방정부연구』, 제14권 제1호.
_____, 2011, 「참여정부와 실용정부 지방분권정책의 논거와 성과 및 과제」, 노무현 재단 주최,
　　　『국가균형발전선언 7주년 기념식 및 학술회의 자료집』, 2011. 1. 28.
이현우 외, 2012, 『지역상생발전기금의 재원구조 개선방안에 관한 연구』, 경기개발연구원
장재홍, 2010, 「5 +2 광역경제권 발전전략의 의의와 과제」, 『지역경제』 제6권 제1호, 통권
　　　제19호, 산업연구원.
정희윤 외, 2011, 『지역생활권 중심의 새로운 균형발전 정책과 지역 상생 방안』,
　　　서울시정개발연구원.
조성호 외, 2011, 『현 정부 지방분권정책의 평가와 과제』, 경기개발연구원.
지방행정체제 개편추진위원회, 2012, 『지방행정체제개편 기본계획』, 2012. 6.
지방분권촉진위원회 (제1기), 2010, 『지방분권백서』.
지역발전위원회, 2008, 『이명박 정부 지역발전정책 연차보고서』.

_____, 2009, 『지역발전을 향한 행복한 동행: 지역의 민관 자율형 협력체계 구축 모델과 사례』.

행정안전부, 『지방자치단체예산개요』(각년도).

6

새로운 지역균형발전 정책의 방향과 과제

강현수(중부대학교)

1. 머리말

앞의 장들에서 살펴본 것처럼, 우리나라는 1960년대 이후 급속한 산업화·도시화 과정을 겪으면서 지역 간 불균형과 그 부작용들이 심각해졌다. 현재 우리나라 지역 불균형의 가장 핵심에는 수도권과 비수도권 간의 불균형이 자리잡고 있다. 비수도권 지역의 경우 수도권에 비해 첨단산업, 전문서비스 산업 같은 미래형 지식기반 산업이 취약하고 교육 환경, 문화 환경이 뒤떨어질 뿐만 아니라, 취업 기회가 부족하여 인재 유출과 지역 소득의 역외 유출이 나타나고 있다. 이러한 추세가 계속된다면, 우리나라는 충청권 북부, 강원권 서부지역으로 확장되고 있는 거대 수도권을 제외하고는 나머지 지역의 심각한 쇠퇴가 예측된다. 극단적으로 수도권 일극만이 존재하는 국토에서 수도권을 제외한 나머지 지역은 사람이 살 수 없는 사막화가 진행될 수도 있다.[1] 역대 정부는 수도권 집중 억제와 지역균형발전을 위한 여러 가지 정책을 추진해왔지만 그다지 큰 효과를 보지 못했다.

그렇다면 앞으로 이 문제를 어떻게 해결할 것인가? 지금도 한편에서는 이러한 수도권 일극 집중 추세를 굳이 거스를 필요가 없다고 주장하는 목소리가 있다. 정부가 주도하는 균형발전 정책이 자유로운 시장경제의 흐름을 저해하므로, 정부 주도의 균형발전 정책을 하지 말고 시장의 자연스런 흐름에 맡겨 두어야 한다는 것이다. 하지만 우리보다 앞서 이러한 문제를 경험한 선진국가에서도 여전히 지역균형발전을 위한 여러 가지 정책적 노력을 기울이고 있다는 점에서, 정부가 주도하는 균형발전 정책 자체를 폐지하기보다는 현재의 균형발전 정책의 문제점을 개선하고 보다 효과적인 정책을 펼쳐나가는 것이 바람직할 것이다. 즉, 지금까지 해 왔던 정책에 대한 엄밀한 점검과 평가를 통해 기존 정책의 공과 과를 분석하고, 이에 근거하여 새로운 정책 방향과 내용을 모색해야 한다.

이 장에서는 앞에서 살펴본 우리나라 지역 불균형의 실상과 역대 정부의 균형발전 정책에 대한 평가, 그리고 다른 나라의 정책 사례 등을 토대로 하여, 균형발전 정책이 앞으로 새롭게 나아가야 할 방향과 과제를 살펴보고자 한다.

---

1   일찍이 프랑스 지리학자 그라비에(Jean-François Gravier)는 프랑스의 모든 것이 파리에만 집중하는 현상을 보면서 '파리와 나머지 프랑스 사막(Paris et le désert français)'이라는 표현을 사용했다.

2. 우리나라 균형발전 정책 관행의 전환 필요성

1) 역대 정부 균형발전 정책의 문제점

우리나라 역대 정부들이 지역균형발전에 관심이 없었던 것은 아니다. 1970년대 이후부터 중앙정부 차원에서 수도권 집중 억제를 막고 균형발전을 추구하기 위해 많은 제도들을 도입하였고 다양한 정책과 사업들을 시행하였다. 지역균형발전 정책이 시작된 초창기에는 주로 수도권 규제에만 치중했으나, 점차 비수도권 지역의 발전을 위한 다양한 정책과 사업들을 시도하였으며 이를 위해 많은 예산을 사용하였다. 특히 참여정부 시절에는 노무현 대통령이 직접 앞장서서 '국가균형발전'을 핵심 국정과제에 올려 놓고, 신행정수도 건설 등 여러 획기적인 정책들을 추진한 바 있다. 이렇게 역대 정부들이 균형발전 정책을 추진하는 과정에서, 기존 정책들의 문제점들이 조금씩 개선되었으며 시대적 상황에 맞는 새로운 정책들이 개발되었고, 외국에서 시행하고 있는 좋은 제도와 정책들도 도입되었다. 그렇지만 그동안 우리나라 지역균형발전 정책의 고질적 문제점으로 지적되고 있는 다음과 같은 사항들은 별로 개선되지 못하고 여전히 이어져 오고 있다.

첫째, 중앙정부가 모든 것을 주도하려는 중앙정부 중심적 정책 관행이다. 전문가들은 물론, 참여정부와 이명박 정부가 가장 강조했던 지역 정책 개혁 과제가 바로 중앙정부가 주도하는 지역 정책을 지역이 주도하는 지역 정책으로 전환하는 것이었다. 하지만 이러한 개혁 노력에도 불구하고 여전히 중앙정부가 주도하는 정책 관행이 지속되고 있다. 이는 참여정부와 이명박 정부가 공언했던 지방분권의 부재에 기인한 것이기도 하다. 중앙정부가 지역 정책을 주도하다보니 지역마다 처한 상황이

다름에도 불구하고 전국적으로 중앙정부가 제시한 획일적인 지원 방식이 모든 지역에 적용되고 있어서 지역이 처한 상황과 실정에 맞는 지역 맞춤형 정책을 수행하지 못하고 있다.[2] 경제 발전 초기 단계에는 강력한 중앙정부가 주도하는 일사불란한 명령과 통제가 효과를 발휘할 수 있었 겠지만, 산업 구조가 고도화되고 개방화된 지금 과거와 같은 중앙집권적 방식은 더 이상 효과적이지 않다.

둘째, 지역 간 협력의 부재이다. 참여정부는 수도권과 비수도권 간의 상생 발전을 강조했고, 이명박 정부에 들어와서는 시도 간의 갈등을 극복하기 위해 광역경제권 단위로 지역 정책 공간 단위를 확대하면서 지역 간 협력을 새삼 강조한 바 있다. 하지만 여전히 수도권 규제 완화를 둘러싸고 수도권과 비수도권 간의 대립이 지속되고 있고, 행정구역을 초월한 지역 간 협력보다는 행정구역 단위에 매몰된 제로섬 경쟁 관행이 지속되고 있다. 지역 간 협력을 이루기 위해서는 무조건 강요하기보다, 협력이 잘 안 되는 근본 원인을 살펴보고 할 수 있는 조건을 만들어 주어야 한다. 우리나라에서 지역 간 협력이 잘 안 되는 첫 번째 원인은 상존하는 지역 간 불균형이다. 수도권 집중이 계속되는 상황에서 수도권 규제 문제에 대해 비수도권 지방정부들은 비타협적인 태도를 보일 수밖에 없다. 지방정부 간 지방재정 격차가 큰 상황에서 열악한 재정을 가진 지방정부가 상대적으로 부유한 지방정부에게 양보나 타협을 하기가 어렵다. 또 하나의 원인은 지방분권의 부재이다. 중앙정부가 지역발전과 관련된 권한과 재정을 모두 독점하고 있는 상황에서 지방정부는 스스로의 재원과 아이디어로 지역발전을 위해 노력하기보다는, 중앙정부로부

2 중앙정부가 지역 정책 전체를 관장하다 보면, 서로 다른 상황에 놓여 있는 여러 지역에 똑같이 일률적인 접근(One-size-fits-all approach)을 할 가능성이 높다. 이러한 획일적, 일률적 접근의 문제점에 대해서는 Tödtling and Trippl(2005) 참조.

터 가능한 많은 지원을 받기에 몰두할 수밖에 없으며, 한정된 중앙정부의 지원을 얻기 위해 다른 지역과 제로섬(zero-sum) 경쟁에 나서게 되는데, 이런 구조가 지역 간 협력보다 갈등을 부추기게 되는 것이다.

셋째, 각 부문별, 주체별로 상호 조율 없이 개별 분산적으로 추진되는 정책 관행이다. 각 부문을 담당하는 정부 부처별로, 각 정부 부처 산하 기관별로, 각 지자체별로 다양한 지역발전 정책을 수행하고 있지만, 이런 정책들이 서로 간에 조율과 연계가 잘 안 되어 정책의 시너지 효과를 감소시키고 있다. 참여정부는 이를 가장 중요한 개혁 과제로 삼고, 대통령 직속의 국가균형발전위원회, 국가균형발전특별회계를 새로 만드는 등의 노력을 기울였지만, 각 부처의 칸막이식 행정 관행은 여전하다. 지역발전을 위해서는 산업, 교육, 복지 등의 정책이 서로 유기적으로 연계하여 지역 내에서의 선순환 구조가 이루어지도록 해야 하는데, 각 부문별 정책 협력이 제대로 이루어지지 않는다면 지역 내 선순환 구조에 도움이 되는 정책을 만들 수가 없다.

균형발전을 위한 정부 내부의 정책 협력도 만족스럽지 못하지만, 정부와 민간 사이, 민간과 민간 사이의 협력 역시 원활히 이루어지지 않고 있다. 균형발전의 성과를 내기 위해서는 낙후지역에서 민간 기업들이 많이 유입되고 성장해야 한다. 그래서 현재 중앙정부와 지방정부, 이들의 산하 기관. 그리고 지역 대학들이 지역 기업을 지원하기 위해 많은 다양한 사업들을 시행하고 있다. 어떤 기관은 자금을, 어떤 기관은 연구개발과 기술을, 어떤 기관은 인력 양성을 지원한다. 하지만 이러한 다양한 기업 지원 기관들 사이의 협력 체계가 제대로 작동하지 않아서 기업 지원 정책의 효율성을 떨어트리고 있다.

이러한 세 가지 문제점들은 이미 오래 전부터 여러 곳에서 많이 지적되어 왔던 문제점들이다. 그러나 지금까지 상대적으로 덜 지적되었던 문제점이 하나 있다. 바로 균형발전 정책이나 사업들의 투입 예산 대비 산출의 실질적 성과가 미비하다는 것이다. 그동안 상당한 예산을 투입하고도 그다지 효과를 보지 못했던 것이 바로 우리나라 균형발전 정책과 사업들의 큰 문제점이었다. 22조 원 이상을 투입하고도 지역의 안정적 일자리 창출 효과나 지역 관광산업 발전에 거의 기여하지 못한 4대강 사업, 역시 수조 원대의 예산을 투자하고도 별 효과를 보지 못하고 있는 지방공항 건설 사업 등이 비효과적인 지역 사업의 대표적인 예가 될 것이다.

많은 예산을 투입한 균형발전 정책이나 사업이 효과적이지 못하고 별다른 성과를 거두지 못한 이유에는 여러 직·간접적 원인이 있다. 그중 첫 번째로 지적할 수 있는 것은 균형발전 정책의 구체적인 목표가 모호하다는 것이다. 사실 균형발전 정책을 지방정부의 일반 정책과 특별히 구별하기도 쉽지 않고, 균형발전 정책의 목표도 매우 복합적인 것이 사실이다. 그렇지만 어느 정책이건 구체적인 정책 목표가 제시되어야 그 정책이나 사업의 과정과 결과를 평가할 수 있고, 이러한 평가를 토대로 개선책을 찾을 수 있다. 균형발전 정책도 마찬가지이다. 또한 국가 차원에서 균형발전 정책 전체의 상위 목표와, 각 부문별, 개별 정책별, 개별 사업별로 하위 목표가 구체적으로 제시되고, 이들 간에 서로 일관성이 있어야 개별 정책이나 사업뿐만 아니라 균형발전 정책 전체의 성과가 높아질 수 있다. 그런데 우리나라의 균형발전 정책은 대체로 추상적인 수준의 목표가 있을 뿐, 정책의 집행 정도를 중간 점검하고, 사후 평가할 수 있을 정도의 구체적인 목표를 제시하지 못하고 있다. 이는 굳이 목표를 수치적으로 정량화해야 한다는 것은 아니다. 정량화하지 않더라도, 균형발전을 추진하는 다양한 주체들이 서로 함께 공유할 수 있는 공통의 목표를 제시해야 한다는 것이다.

물론 정부가 하는 모든 정책이나 사업은 사전에 그 목표를 공개적으로 제시하고 사업과 투입 예산의 타당성을 점검하는 과정과 중간 점검 및 사후 성과 평가 과정을 거치게 되어 있다. 그럼에도 불구하고 많은 예산을 투입한 균형발전 정책의 성과가 잘 체감되지 않는 두 번째 원인은 정책이나 사업이 수요자 중심이 아니라 공급자 중심으로 기획·집행·평가되기 때문이다. 정책 입안자들은 손쉽게 가시적 성과를 보여줄 수 있는 사업이나 난이도가 낮고 진행이 편한 사업을 선호하며, 이렇게 공급자 편의 위주로 사업이 기획·선정되다 보니 단기적·외형적·가시적·일회적 사업들이 주로 선호되는 경향이 있다. 즉 장기적으로 지역의 자생적인 발전 역량을 강화하는 데 도움이 되는 사업이나 정책의 수요자인 주민이나 기업이 만족하는 사업보다, 정책 공급자인 공무원이나 위탁 기관들이 선호하는 사업이 주로 추진되는 것이다. 예를 든다면 지역 문화 증진을 목표로 하는 사업을 기획하는 데 있어서 지역 주민의 문화 역량을 키워주는 다양한 소규모 프로그램을 운영하기보다는, 문화 시설을 건립하거나 외부인들을 불러서 대규모 일회성 문화 행사를 개최하는 것을 더 선호하는 관행이 있다. 농촌 마을만들기 사업을 하는 데 있어서 농촌 주민들의 역량을 강화하는 사업을 발굴하기보다, 마을회관 신축 사업을 선호하는 것도 비슷한 관행이다. 그리고 후자의 사업들이 정책 목표를 오히려 더 잘 달성한 사업으로 평가된다.

세 번째, 위와 같은 사업의 선정 방식도 문제지만, 선정된 사업의 내용도 투입된 예산에 비해 균형발전 정책의 성과를 높이는 데 별로 기여하지 못하는 경우가 많다. 이 중 가장 많이 지적되는 것이 SOC 건설이나 부동산 개발, 공공 건축물 건립 같은 토건사업이나 물리적 시설 건설을 지나치게 선호하는 관행이다. 이러한 물리적 시설이 지역발전에 불필요하다는 것이 아니다. 교통 SOC 건설을 통한 접근성 개선 없이, 또 공공시설 건설을 통한 편의성 개선 없이 지역발전은 불가능하다. 하지만 물리적 시설이 지역발전의 필요조건이긴 하지만 충분조건은 아니다. 그동안 우리나라의 균형발전 정책이 지나치게 SOC 건설에 편중되어 있다는 전문가들의 비판이 계속되어 왔고, 특히 참여정부는 SOC 건설 중심의 균형발전 정책 대신, 지역 산업 발전과 고용 창출을 중시하는 이른바 지역혁신체제 구축 방향으로 정책을 전환하겠다고 선언했음에도 불구하고, 여전히 이러한 물리적 시설 사업 위주의 관행은 계속되고 있다. 참여정부 때에도 혁신도시, 기업도시 같은 신도시 건설이나 부동산개발 사업, 혹은 개발을 더 쉽게 하기 위해 토지이용규제를 완화하는 각종 특별법 제정 등이 균형발전과 낙후지역 개발을 명분으로 이루어졌다. 이명박 정부는 아예 대규모 토목사업인 4대강 사업을 지역발전 사업으로 포장하여 추진했다. 한편 지역 산업 육성, 지역 중소기업 지원, 지역 문화 육성, 지역주민 복지증진 같이 소프트웨어적 정책 프로그램이 중시되어야 할 영역에서도 물리적 사업을 선호하는 경향이 두드러진다. 이런 영역에서는 교통 SOC나 신도시 건설 같은 대규모 토건사업은 아니지만, 기업지원 시설, 산학 연계 시설, 문화 시설, 복지 시설, 체육 시설 같은 규모가 작은 건축물 위주의 시설 사업들이 주로 이루어지고 있다. SOC가 건설되고 부동산이 개발되고 물리적 시설이 확충되면 그 지역의 물리적 환경은 개선될 수 있다. 그러나 이러한 '장소의 번영'이 그 지역에 거주하는 '사람의 번영'과 반드시 저절로 연결되는 것은 아니다(강현수 2010).

김대중 정부 때부터 참여정부로 이어지면서 균형발전을 위한 핵심 정책 수단이 지역 SOC 투자에서 지역 산업 육성 쪽으로 상당히 전환된 것은 사실이다. 정부는 지방으로 이전하는 수도권 기업에게 인센티브를 제공하거나, 지역 산업 육성을 위해 지역 기업이나 지방대학을 지원하는 정책을 펴고 있다. 하지만 이러한 지역 산업 육성 정책이 투자한 비용에 비해 지역발전에 얼마나 큰 효과를 내고 있는지에 대해서는 제대로 검증이 이루어지지 않고 있다. 상당한 예산이 투입된 지역 산업 육성 정책의 경우에도 우리나라 경제의 가장 큰 문제점인 '고용 없는 성장' 문제를 해결하기 위해 필요한 일자리 창출 성과가 취약하다는 지적을 받고 있다 (정만태 2011; 정종석·변창욱 2012).

마지막으로, 지방분권의 부재도 투입 예산 대비 산출 성과를 떨어뜨리는 매우 중요한 원인이다. 지역발전을 위해 필요한 예산을 중앙정부가 통제하고 있기 때문에 지방정부는 예산을 가능한 더 많이 받아오기 위해 사업의 효과를 실제보다 과장하고 소요액을 과잉 산정하며, 시급하지 않은 사업을 시급한 것처럼 무리하게 추진하려는 유혹에 빠지게 된다. 지역발전을 위해 꼭 써야 할 곳에 알뜰살뜰 아껴 쓰는 단체장보다, 뻥을 치거나 떼를 쓰더라도 예산을 가능한 더 많이 받아오는 단체장이 더 유능한 단체장으로 인정받게 된다(강현수 2012a). 이런 구조 속에서는 예산의 투입만 중요할 뿐, 예산 투입으로 얼마나 효과적인 성과를 냈는지는 굳이 따지지 않게 된다.

지금까지 살펴본 우리나라 균형발전 정책 관행의 네 가지 문제점에 대한 공통적인 원인이 바로 지방분권의 부재이다. 지방분권이 취약하기 때문에 지역 정책이 중앙정부 주도로 이루어지며, 중앙정부의 지원을 더 많이 받기 위해 지역 간 경쟁과 갈등이 나타나며, 해당 지역 사업의 필요성과 미래 효과를 과장하려는 경향이 나타난다. 중앙정부 각 부처별로 서로 조율이 잘 안 된 상태에서 지방정부로 전달되는 부문별 정책은 정책의 효과를 떨어뜨린다.

사실 이러한 문제점들에 대한 진단은 결코 새로운 것이 아니다. 많은 전문가들이 오래전부터 지적해 왔던 것들이다. 참여정부와 이명박 정부 역시 이러한 우리나라 지역 정책 관행의 문제점을 잘 인식하고 있었던 것으로 보인다. 그래서 참여정부와 이명박 정부는 이러한 정책 관행을 탈피하고, 이를 개혁하는 내용을 담은 정책 기조와 방향을 제시했다. 하지만 참여정부와 이명박 정부는 자신들이 내세운 정책 기조와 방향을 개별적인 정책이나 사업 단위에서 제대로 관철하는 데 실패했다. 구체적인 정책 추진 과정에서 만연된 오래된 관행들을 깨기에는 개혁을 추진하는 주체들의 개혁 의지도 부족했고, 구체적인 사안을 어떻게 개혁할지에 대한 세부적인 지식과 정보, 아이디어가 부족했으며, 개혁을 가로막는 여러 가지 구조적 한계에 대한 이해도 부족했다. 총론에서는 올바른 방향을 제시했으나, 총론을 뒷받침하는 세부 각론과 디테일이 부족했던 것이다. '신과 악마는 디테일에 있다'는 말처럼, 기존 관행이 이어지는 정책 실행 현장에 대한 이해와 지식이 부족하였기 때문에 기존 관행을 바꾸지 못했던 것이다.

하지만 지금까지 지적한 기존 균형발전 정책들의 관행들이 개혁된다고 하더라도 과연 우리나라에서 균형발전 성과가 높아질 것인가에 대해 여전히 회의가 있다. 우리나라 특유의 재벌 중심 경제 구조 속에서 균형발전의 성과는 사실 재벌계 대기업의 입지 행태에 크게 좌우되기 때문이다. 우리나라 산업화 초기 단계 때는 정부의 의도적 산업 배치가 지역 불균형을 만드는 중요한 요인이었지만, 산업화가 성숙 단계로 접어든 이후에는 정부의 역할이 줄어들고 대신 민간 영역, 특히 대기업이 지역 불균형을 심화시키거나 완화시키는 데 큰 역할을 하고 있다. 현대자동차가 없는 울산 지역 경제를, 삼성전자가 없는 천안 아산 지역 경제를 상상할 수 없을 정도로 우리나라 각 지역 경제는 대기업이 사실상 주도적 역할을 한다. 지역 중소기업들 입장에서 보아도 정부의 균형발전 정책의 영향력보다, 공급 거래 관계 (supply chain)에 있는 대기업의 영향력이 훨씬 클 것이다. 지역경제의 총량적 성과 역시, 정부의 지원이나 지방정부의 노력보다 대기업의 지역 투자액이나, 매출액, 수출액 변동에 더 민감하게 반응한다. 이런 상황에서 대기업, 특히 다국적 기업 수준으로 성장한 재벌계 대기업의 협력 없이는 우리나라 지역균형발전의 큰 성과를 기대할 수 없을 것이다. 상황이 이러한데도 민주화 개방화 시대 이후 우리나라 균형발전 정책은 대기업을 정책의 관리 대상으로 담지 못했다(강현수 2012b). 재벌계 대기업의 입지 행태에 어떻게든 영향력을 행사하여 지역균형발전을 꾀할 수 있도록 하지 못했다는 것이 지금까지 우리나라 균형발전 정책의 또 하나의 한계였다. 이 문제만은 지역 스스로 극복할 수 있는 일이 아니다. 이 문제를 극복하기 위해서는 중앙정부가 나서야 한다.

2) 선진국의 지역 정책 동향

그렇다면 다른 나라들이 하고 있는 지역 정책의 최근 동향은 어떠한가? 영국, 프랑스, 이탈리아, 일본 같이 우리나라와 비슷한 인구와 면적을 가지고 있으면서 우리나라처럼 지역 간 불균형이 심하고 수도권 집중 경향이 강한 나라들에서는 오래 전부터 발전지역에 대한 성장 억제 및 입지 규제 정책과 더불어 낙후지역의 발전을 촉진하기 위한 공공 하부구조 투자와 기업 입지 유인 제도를 시행해 왔다. 그러나 1980년대 이후 세계화 시대가 개막되어 국경이 개방되고 국가의 각 지역 단위가 세계에 직접 노출되면서 기존 지역 정책 수단의 한계를 인식하고 지역 정책의 새로운 방향 전환을 모색해 왔다.

　물론 각 나라마다 처한 상황이 다르고 세계화에 대처하는 방식에도 차이가 있기 때문에 나라마다 정책 방향과 내용에는 차이가 있다. 선진국들이 주도하는 세계 기구들 사이에서도 지역 정책의 올바른 방향을 둘러싸고 논쟁과 대립이 있었다. 대표적으로 신자유주의적 노선을 옹호하는 세계은행의 경우 지역발전을 위해 자본과 인력의 자유로운 이동, 규제 철폐, 발전지역에 대한 집적 촉진, 장소 무차별적인 공공 정책 등을 선호하고 중시한다. 그러나 이러한 노선에 반대하는 유럽연합, OECD 등에서는 낙후지역에 대한 지속적 투자의 필요성, 장소 차별적 공공 정책 등을 강조한다.[3] 이와 같이 지역 정책의 방향을 둘러싸고 노선과 입장의 차이가 존재함에도 불구하고, 나아가야 할 방향에 대한 몇 가지 공통된 합의가 있다.

　우선 과거 낙후지역에 대한 물리적 하부구조 지원이나 외부 투자유치를 위한 보조금 지급 중심의 정책에서, 낙후지역의 내생적 발전을 지원하고 지역의 인적, 제도적 역량을 강화하여 궁극적으로 지역의 자생적 경쟁력을 증진시키는 방향으로 정책 흐름이 바뀌고 있다. 이를 위해 인적·사회적 자본의 투자, 기업의 창업지원 등 혁신 창출 및 확산을 지원하는 사업들이 적극 추진되고 있다. 또한 지역의 자율성과 책임감, 지역 특성에 맞는 맞춤형 정책, 그리고 다양한 지역경제 주체들의 참여가 강조되면서, 정책 집행 권한이 중앙정부에서 지방 단위로 내려오는 분권화 경향과 아울러 정책의 효율적인 조정과 통합을 위한 정책 추진체계의 변화가 나타나고 있다. 즉 중앙정부 주도의 경직적인 하향식(top down)접근 대신, 재정 등 권한의 분권화와 지역의 거버넌스, 민관파트너십이 강조되고 있는 것이다(OECD 2005, 2006; 김용웅 외 2008; 강현수 2008 참조). 특히 지방분권이 필요하다는 데에는 신자유주의적 입장이나, 신자유주의에 반대하는 입장 모두 적극 지지하고 있다.

　선진국들의 모임인 OECD는 각 회원국들의 지역 상황과 지역 정책을 모니터하고, 새로운 지역 정책 방향을 권고하는 보고서들을 꾸준히

3　지역 정책에 있어서 세계은행의 입장과, 유럽연합 및 OECD 의 입장 차이를 잘 정리한 글로 장재홍(2011)을 참조.

발간하고 있다. 다음의 표들은 그동안 OECD가 권고한 지역 정책의 새로운 패러다임들을 간단히 요약 소개한 것이다. 〈표 1〉은 지역 정책의 새로운 패러다임을, 〈표 2〉은 농촌정책의 새로운 패러다임을, 〈표 3〉은 지역발전을 위한 지역혁신기관의 새로운 패러다임을 소개하고 있다.

표 1. 지역 정책의 새로운 패러다임

구분	과거 패러다임	새로운 패러다임
목적	낙후지역의 입지 불이익을 일시적으로 보상	지역 경쟁력을 강화시키기 위해 저활용되고 있는 잠재력을 발굴
개입단위	행정구역 단위	기능적 경제 지역 단위
전략	부문적 (sectoral) 접근 방식	통합적 발전 프로젝트
도구	보조금과 국가 지원	연성(soft) 자본과 경성(hard) 자본의 혼합(자본스톡, 노동시장, 사업 환경, 사회적자본, 네트워크 등)
주체	중앙정부	다양한 수준의 정부

출처: OECD, 2009, *Regions Matter*, p. 51

표 2. 농촌 정책의 새로운 패러다임

구분	과거의 접근	새로운 접근
목표	평등화 농업 소득 농업 경쟁력	농촌 지역 경쟁력 지역 자산의 활성화 미이용 자산의 활용
핵심 대상 부문	농업	농촌 경제의 다양한 부문(예: 농촌 관광, 제조업, 정보통신 산업 등)
주요 수단	보조금	투자
핵심 주체	중앙정부, 농부	다차원적 정부 조직(초국가, 국가, 광역, 기초 지자체), 다양한 지역 이해집단(공공, 민간, NGO 등)

출처: OECD, 2006, *The New Rural Paradigm: Policies and Governance*, p. 15

표 3. 지역혁신기관의 새로운 패러다임

	과거 패러다임	새로운 패러다임
기관의 위치	시스템 외부에 존재	시스템 내부의 한 주체로 존재
기관의 역할	하향식 방식의 자원 제공자	촉진자, 시스템의 거점, 변화의 선봉 역할
개입의 정당성	시장 실패에 대응	시스템 실패, 학습 실패에 대응
혁신의 정의	협의의 혁신 개념 기술 기회의 활용	광의의 혁신 개념 시장 기회의 활용
정책 지향점	기술 이전 중시	기업 흡수 역량(absorptive capaci-ties), 학습 역량, 사람, 재능, 경쟁력, 창조성 중시
주요 학습경로	연구자. 산업-연구 연계	기업간 상호작용. 기업 네트워크, 민관 파트너쉽, 혁신 환경
활동 영역	행정 구역 경계 내부에 국한됨 국지적 네트워크	기능적 지역 중시. 지역 경계 초월 글로벌 네트워크의 거점
주요 임무	자금의 재분배	시스템의 강점을 찾아서 보강, 변화의 선봉
정책 수단	고립된 정책 수단	상호작용하고 협력하는 수단들의 조합(smart policy mixes)
정책 개입방식	분산적 · 파편적 개입	영역별 · 수준별 정책 협력
기관 추구 목표	기존 구조에 기반한 정태적 접근	문제 지향적, 가변적
평가 대상	행정 및 재정에 대한 평가	전략 및 목표 지향에 대한 평가
평가 초점	투입과 산출 증가	행태의 변화와 학습 역량, 학습수단으로서의 평가 지향. 효율성 초점
관리 방식	전통적	학습지향적
자율성	행정 집행 업무에 국한	전략적 결정을 위임받을 정도로 확대

출처: OECD, 2011, *Region and Innovation Policy*, p. 167 내용 일부 발췌

〈표 3〉에서 지역혁신기관(regional innovation agency)이란 지역 내부에서 기업이나 사람들의 혁신 활동을 지원하는 기관을 뜻한다. 지역 혁신기관에 새롭게 요구되는 패러다임은 지역 혁신 시스템의 외부가 아니라 내부에서, 기술 공급자가 주고 싶은 기술적 지원에 국한하지 말고 수요 기업이 실제 필요로 하는 다양한 혁신을 지원하는 것이다. 또한 행정구역에 속박된 지원이 아니라 행정구역을 초월한 지원, 고립되고 분산

된 지원이 아니라 상호 협력적인 지원을 강조하고 있다.

우리나라 역시 참여정부와 이명박 정부를 거치면서 지역 정책의 기조 측면에서는 이러한 세계적 조류를 거의 대부분 수용하고 있는 것으로 보인다. 그렇지만 앞서 지적했다시피 정책 기조는 새로운 패러다임을 따르고 있지만, 실제 현장에서 집행되는 구체적인 정책 관행은 여전히 과거 방식에 머물러 있는 경우가 많다. 따라서 좀더 실질적인 변화를 이끌어 내려면 개별 정책의 관행에서부터 새로운 지역 정책의 패러다임에 걸맞는 변화가 이루어져야 하는 것이다.

이제부터 새로운 균형발전 정책의 방향과 아울러, 이러한 새로운 정책 방향이 현실에서 작동 가능하게 하기 위해, 그리고 기존 정책 관행의 문제점들을 극복하기 위해 필요한 핵심 과제들을 제안해 보고자 한다.

3. 지방정부 주도의 지역 맞춤형 정책 추진

우선 첫 번째 필요한 개혁 과제는 중앙정부 주도의 정책 관행을 개혁하여 지방정부가 지역 정책을 주도하도록 하는 것이다. 지역 정책의 주도권을 지방정부가 행사할 때, 그 지역의 실정과 당면 요구에 맞는 지역 맞춤형 정책이 가능해진다.

이를 위해 가장 선행되어야 할 것은 지방분권이다. 앞에서 살펴본 네 가지 문제점의 공통 원인이 지방분권의 부재에 있기 때문에 지방분권은 우리나라 균형발전 정책의 문제점을 해결하는 데 가장 중요하고도 시급한 과제가 된다. 역사적으로 볼 때도 중앙집권이 바로 우리나라 지역 불균형의 근본 원인이었다. 따라서 균형발전을 위한 가장 중요한 전제 조건은 지방분권이다. 이는 균형발전을 중앙집권적으로 추진하는 것이 아니라 분권을 통해 지역 주도적으로 추진하는 것을 의미한다.

역대 정부들도 이러한 당위성을 정확히 인식하고 중앙정부에 의한 하향식 지역발전 정책 대신 지역 주도의 상향식 지역발전 정책을 펼쳐 나가겠다고 표방했었다. 그렇지만 여전히 지역발전을 위한 사업들의 대부분은 중앙부처의 주도로 시행되고 있다. 중앙부처는 정책기획, 전략수립, 재원조달 등에 이르는 모든 정책 권한을 보유하고 있으며, 산하의 지역 특별행정기관을 통해 사업을 집행하고 있다. 이로 인해 중앙정부가 주도하는 사업은 사업기획 및 선정단계에서 지역의 특성이나 요구를 반영하는 데 매우 제한적이다. 한 예로, 중앙정부가 주도하는 사업은 사업 선정 과정에서도 지역 내의 유관기관(대학, 기업, 연구기관 등)을 대상으로 일방적으로 공모해서 사업계획을 작성한 후에야 지방자치단체로 하여금 분담금의 지원을 요청하는 형태로 추진되고 있다(차미숙·김태환 외 2008).

중앙정부보다 지방정부가 주도하는 균형발전 정책이 필요한 이유는 지역 문제를 다루는 데 각 지역별로 차별적인 정책이 필요하기 때문이다. 〈표 4〉에서 볼 수 있듯이 각 지역마다 필요로 하는 혁신 전략이 다른데, 이처럼 서로 직면한 상황이 같지 않은 지역을 획일적으로 다루는 것은 지역 불균형 문제에 대처하는 올바른 방법이 못 된다.[4]

4　이와 관련하여 Kevin Morgan(2002)은 "불평등을 평등하게 다루는 것은 평등을 촉진하는 처방이 될 수 없다."(Treating unequals equally is hardly a recipe for promoting equality.) 라고 간결하게 말하고 있다.

표 4. OECD가 제안하는 지역 유형별 혁신 전략

지역 유형	현재의 이점을 강화	사회-경제적 변화를 지원	따라잡기 (Catching up)
지식 허브 (Knowledge hubs) 지역			
지식과 기술의 허브	●	◉	○
지식 집약적 도시 지역	●	◉	○
산업 생산 지역			
지식집약 국가에서 서비스와 자연자원 제공 지역	◉	◉	●
중위 기술 제조업 및 서비스 공급 지역	◉	●	○
전통적 제조업 지역	○	◉	●
미국에서 평균 수준의 과학기술 성취를 보여주는 지역	●	◉	○
과학 기술이 부족한 지역			
구조적 낙후지역 혹은 탈산업화 지역	◉	●	◉
1차 산업 집중 지역	○	◉	●

주: ● 최우선순위   ◉ 전략적 선택 가능   ○ 낮은 우선 순위
출처: OECD, 2011, *Regions and Innovation Policy*, P. 88

　　우리나라의 지방분권에서 가장 시급한 과제는 중앙정부가 지닌 권한의 지방 이양 및 지방정부의 자율적 재원 확대이다. 현재 우리나라의 전체 세입에서 국세와 지방세의 비율이 약 8:2, 세출에서 중앙정부 세출과 지방정부 세출이 약 4:6 구조이다. 얼핏 보면 지방정부가 더 많은 돈을 쓸 수 있는 것 같지만, 이 중 상당부분이 중앙정부의 지침대로 사용하여야 하는 국고보조금 및 그에 대응하는 지방비 매칭에 묶여 있기 때문에, 막상 지방정부가 자신의 의도대로 자율적으로 쓸 수 있는 돈은 매우 제약된 실정이다. 따라서 지방정부가 지역발전을 위해 중앙정부의 간섭 없이 보다 자율적으로 사용할 수 있는 재원이 확대되어야 한다.

　　그렇지만 지방분권이 국민적 동의를 받으면서 제대로 추진되기 위해서는 두 가지 전제 조건이 충족되어야 한다. 첫째, 지방분권으로 인해

확대될 각 지방의 정치·행정 행위자들의 권력을 감시 통제 견제할 수 있는 제도적 장치가 마련되어야 한다. 그렇지 않은 상태에서 지방분권이 진행되면 자칫 지방분권이 소수 지방엘리트 혹은 토호들의 권력만 강화시켜 권한 남용과 부패를 야기시킬 우려가 있다. 둘째, 지방분권으로 초래될 수 있는 지역 간 불균형을 교정할 수 있는 방안이 마련되어야 한다. 우리나라 각 지역 간의 발전 격차에 따른 재정력 격차를 고려할 때, 분권과 동시에 지역 간 재정력 격차를 완화시켜 줄 조치가 없을 경우 분권은 지방정부 간의 부익부 빈익빈 현상을 강화시켜 불균형을 오히려 심화시키게 된다. 따라서 중앙정부가 적절히 개입하여 낙후된 지역에 좀더 많은 재정을 지원해 줄 필요가 있다. 하지만 이렇게 낙후 정도에 따라 차등적으로 재정을 지원하더라도 구체적인 사용과 집행 권한은 지방정부가 행사하도록 하는 이른바 '포괄보조' 방식으로 지원하여야 한다. 중앙정부의 역할은 객관적이고 중립적으로 지역의 낙후 정도를 측정하고, 이러한 낙후 정도에 따라 차등적인 예산을 포괄적으로 지원하면서, 중앙정부가 의도하는 정책 방향이 각 지역에서 제대로 실현되도록 하는 정책 전달 체제의 확립, 다양한 정책 프로그램의 개발과 이를 지역에서 시행하는 데 도움을 주는 자문과 모니터링, 사후 평가 등에 초점을 맞추고, 구체적이고 세부적인 사업 구상과 집행은 지방정부가 자기 지역의 특성에 맞게 자율적으로 주도하도록 하여야 한다.

　　지방정부 주도의 균형발전 정책이 성공하기 위해서는 이처럼 중앙정부가 가진 행정·재정적 권한을 지방정부에 이양하는 것과 동시에, 분권화된 지역 단위에서 중앙정부가 해야 할 역할을 효율적으로 발휘하도록 중앙정부의 지역화(regionalization)가 함께 이루어져야 한다. 중앙정부의 지역화란 중앙정부의 정책을 지역의 특수성에 맞게 차별적으로 수립하는 것과, 중앙정부의 정책 추진 조직 및 체계를 분권화된 지방 정치 행정 체계에 맞추어 개편하는 것을 의미한다(김용웅 외 2009: 575).

4. 지역 간 상생 협력 체계 구축

한 국가 내 지역들 사이에 인종이나 민족, 종교, 언어, 문화적 차이가 상존하는 다른 나라의 지역 간 갈등과는 달리, 대부분의 요소가 동질적인 우리나라의 지역 간 갈등은 대부분 정치적 원인과 경제적 격차에서 비롯된다. 영남 출신 박정희 대통령의 군사 독재 치하 산업화 과정에서 영남에 국가의 투자가 집중되었고, 나머지 지역이 소외된 것이 1970년대 이후 우리나라 지역 갈등의 경제적 요인이다. 또 특정 지역의 강력한 지지에 기반한 정당들이 선거에서 자기 정당의 이익을 위해 지역감정을 조장해 왔던 것이 지역 갈등의 정치적 요인이다.

1970년대부터 우리나라에서는 영남 출신들의 권력 독점, 호남 출신에 대한 배제 현상이 나타나기 시작하고 뒤이어 충청도와 강원도의 무대접·푸대접론이 제기되는 등 배타적 지역주의 현상과 이로 인한 지역갈등이 유발되었다. 이러한 지역 갈등은 오늘날까지 이어져 우리나라 정치 지형을 결정하고, 국민 통합을 어렵게 하는 요인으로 작용하고 있다. 지금도 영남, 호남, 충청 지역에서 상존하는 지역주의가 선거 과정에서 표출되면서 지역 분열의 상징처럼 부각된다. 하지만 최근에는 수도권과 나머지 비수도권 간의 불균형이 심화되면서, 수도권 규제를 둘러싸고 수도권과 비수도권 사이의 갈등이 우리나라 지역 갈등의 새로운 요소로 등장하고 있다. 영남과 호남, 충청 지역의 지역주의가 정치적 요소가 강하게 작용한다면, 수도권과 비수도권 간의 갈등은 경제적 요소가 강하다. 다른 한편 올림픽이나 엑스포 개최지, 첨단의료산업복합단지, 국제과학비즈니스벨트, 동남권 신공항 등 지역발전에 도움이 되는 대형 국책사업의 입지를 둘러싸고 지역 간 갈등이 수시로 유발되고 있다.

이러한 지역 간 갈등을 줄이고 상생 협력 체계를 구축하기 위해서는 우선 무엇보다도 정치적, 경제적, 사회문화적 불균형을 해소해야 한다. 정치적 불균형을 해소하는 것도 쉬운 일은 아니지만, 경제적, 사회문화적 불균형을 해소하는 것은 더욱 어려운 일이다. 하지만 이러한 불균형을 해소하려고 중앙정부가 적극 나서고 이미 조금 더 발전된 지역이 솔선수범할 때, 지역 간 갈등을 줄이고 상생 협력 체계를 만들어 나갈 수 있다.

지역 간 상생 협력 체계를 만들기 위해서는 우선 중앙정부가 편파적이지 않고 공정한 중재자 역할을 하는 것이 무엇보다도 중요하다. 다음으로 현재 상존하는 지역 간 불균형을 시정하기 위한 적극적인 역할이 필요하다. 지역 간 불균형이 상존하는 상태에서 중앙정부가 기계적 중립을 지키는 것은 올바른 태도가 아니다. 중앙정부는 균형발전을 위해 저발전지역에 더 많은 재정을 투입하는 등 적극적인 역할을 수행해야 한다. 그러나 중앙정부의 역할만 강조할 것이 아니라 발전지역 스스로 앞장서서 불균형을 해소하고 저발전지역과 상생하기 위한 노력을 기울이는 것이 필요하다.

지방분권이 전제된다고 할 때, 가장 시급한 불균형은 발전지역과 낙후지역 사이의 지방재정 격차이다. 이를 해소하기 위해 중앙정부가 나서서 수직적 지방재정 조정 제도를 활용할 수 있다. 그러나 이 경우 중앙 집권 구조를 강화하는 부작용이 초래될 수도 있다. 따라서 중앙정부를 거치지 않고 발전지역의 재원을 저발전지역으로 이전하는 수평적 지방재정 조정제도를 병행한다면 지역 간 상생 협력에 더 큰 도움이 될 수 있다. 현재 지방재정의 빈부 격차를 초래하는 부동산 관련 세제의 공동세화 추진,

수도권 개발 이익의 지방 이전, 수도권 광역단체 지방소비세의 35%로 구성되는 현행 지역상생발전기금의 확대 등이 우리나라에서 도입 가능한 수평적 지방재정 조정제도의 대안들이다(김용창 2008a, 2008b 참조).

또한 중앙정부는 지역 간에 같은 산업이나 같은 시설을 놓고 서로 경쟁하지 않도록 지역 특화 발전을 유도하여, 각 지역의 산업구조가 서로 무한 경쟁 관계나 수직적 지배 통제 관계가 아닌 유기적으로 보완되는 협력적 분업 구조가 만들어지도록 해야 한다. 또한 지역 간 협력 연대 사업에 중앙정부의 여러 가지 인센티브를 제공함으로서 협력을 유도해야 한다.

그 외에도 저발전지역을 위한 다양한 정책적 제도적 조치를 마련할 수 있다. 예를 들어 현재 주민들이 기피하는 각종 혐오시설들은 거의 대부분 저발전지역에 입지하는 경향이 있다. 전기나 물은 주로 발전지역에서 소비하지만, 발전지역에 전기나 물을 공급하기 위한 원자력발전소, 화력발전소, 댐, 원자력폐기물 처리시설, 송전탑 등은 주로 낙후지역에 건설되고 있는 것이다. 이러한 것은 공간 정의(spatial justice)차원에서도 시정되어야 한다. 따라서 전기와 물을 주로 소비하는 지역이 이를 생산하는 지역에 정당한 보상을 할 수 있는 제도적 방안—예를 들어 수자원 부담금, 전력 부담금의 신설—을 마련할 필요가 있다. 또 혐오시설이 특정 지역에 일정 총량을 넘지 않도록 하는 '지역별 혐오시설 총량제' 같은 제도를 도입할 수도 있을 것이다.[5]

---

5   이와 관련해 참조할 수 있는 사례는 미국 뉴욕시의 공공시설 공정 입지를 위한 공정분배 기준 마련이다. 뉴욕시는 비선호시설이 대부분 백인 주거지역을 피해 저소득층 주거지역에 밀집하게 되는 문제를 해결하고, 공공시설 입지의 지역 간 공정성을 높이기 위해 뉴욕시 공정분배기준을 마련했다. 이에 대한 자세한 사항은 정지범(2012) 참조.

5. 다양한 지역발전 주체들의 통합적 협력 체계 구축

그동안 우리나라 균형발전 정책의 문제점 중 하나는 중앙정부의 각 부처들과 각 지방정부들이 제각각의 개별적 정책 수단을 가지고 있는데, 이것들이 서로 체계적으로 연계되어 운영되지 못하고, 중복되거나 산발적·분산적으로 운영되는 관계로 상당한 비효율을 초래한다는 것이었다.

지역발전이란 경제, 사회, 문화 등 다양한 부문을 포함하는 포괄적 개념으로, 영향을 미치는 주체들도 매우 다양하다. 따라서 균형발전 정책이 제대로 추진되기 위해서는 관계되는 다양한 주체들의 정책이나 사업이 해당 지역 내에서 제대로 연계, 조정, 통합되어 시너지 효과를 창출해야 한다. 따라서 다양한 주체들의 참여와 협력을 통한 수평적 네트워크 체계의 구축이 필요하다. OECD에서는 부문별 접근(sectoral approach) 방식을 지양하고 지역과 장소에 기반한(place-based/area-based approach) 통합적 발전 전략을 추구해야 한다고 권장하고 있다(OECD 2005).

현재 지역발전에 영향을 미치는 주체들은 매우 다양하지만, 가장 중요한 주체들은 공공 영역에서 중앙정부 각 부처와 지방정부 및 관련 산하기관과 공공기관, 그리고 민간 영역에서 기업과 대학, 각종 단체들이다. 지역발전을 위해서는 이러한 지역발전 주체들 간, 즉 중앙정부 각 부처 간, 중앙정부와 지방정부 간, 그리고 지역의 산학연 간에 유기적인 협력적 거버넌스 체제가 구축되어야 한다. 참여정부는 이러한 지역발전 주체들 사이의 협력을 촉진하기 위해 지역혁신체제 개념을 지역 정책의 새로운 패러다임으로 강조하였고, 제도적 장치로 중앙정부에는 국가균형발전위원회를 각 지역에는 지역혁신위원회를 새로 설립하였다. 하지만 국가균형발전위원회는 대통령 자문기구라는 한계를 가지고 있었고, 지역혁신위원회는 유명무실하게 운영되다가 이명박 정부에 들어와서 없어지고 말았다. 이명박 정부는 대신 시도 간 협력을 강화하기 위해 광역경제권위원회를 새로 만들었지만, 이 역시 별다른 성과를 보이지 못하고 있다(이 책의 제4장, 제5장 제14장 참조).

지역발전을 위한 통합적 협력 체계를 구축하기 위해서는, 협력이 필요한 대상을 좀더 구체적으로 살펴볼 필요가 있다. 가장 우선적으로 상호 협력이 필요한 대상은 중앙정부 각 부처들이다. 지역발전을 이루려면 경제, 사회, 문화적 요소 등이 모두 고려되어야 한다. 따라서 지역균형발전 정책을 제대로 수행하기 위해서는 이 글에서 가장 중요한 전제 조건으로 강조하고 있는 지방분권 정책을 포함하여, 산업경제, 금융, 복지, 교육, 문화, 농업농촌, 생태환경, 에너지 등 다양한 부문의 부문 정책들과 면밀한 조율이 필요하다. 이러한 여러 부처의 업무를 원활히 조율하기 위해서는 현재의 지역발전위원회의 역할이 지금보다 훨씬 더 강화될 필요가 있다.

두 번째로 중앙정부와 지방정부 사이의 협력이 필요하다. 지금 현재 우리나라에서 중앙정부와 지방정부 사이는 힘의 지나친 불균형으로 인하여 협력 관계보다는 일방적 지시나 통제 관계가 형성되어 있다. 따라서 대등한 입장에서 협력이 가능하도록 우선 먼저 지방분권을 통해 지방정부의 권한을 지금보다 대폭 강화해 주어야 한다. 다음, 중앙정부, 광역자치단체, 기초자치단체 사이에 업무 중복이 발생하지 않도록 명확한 역할 분담이 필요하다. 이때 중앙정부는 국가적인 균형발전 목표를 제시하고, 이러한 목표 달성을 위해 각 지역에 자율권을 위임한 포괄적 재정 지원 및 지역 사이에 이미 존재하고 있는 불균형을 해소하기 위한 지역 간 차등 지원을 담당하는 것이 바람직하다. 한편 광역자치단체는 주로 지역경제나 산업 기반 구축에 주력하고, 기초자치단체는 주민들에게 쾌적한 생활환경 제공 및 사회복지 분야에 주력하는 것이 바람직할 것이다.

세 번째, 지역발전을 위한 공공 영역과 민간 영역과의 협력 거버넌스 체계 구축이 필요하다. 현재 지역발전위원회, 광역경제권발전위원회, 지방 중소기업청, 지역산업단지관리공단, 시도별 테크노파크 등 중앙정부 중심으로 구축되어 있는 수직적·위계적·산발적 기업지원체계를 지방정부 주도의 수평적·통합적·융복합적 기업지원체계로 전환하여야 한다. 이때 지역 산업구조에 실질적으로 큰 영향을 미치고 있는 대기업들을 가능한 이 정책 거버넌스에 포함시키도록 하는 것이 매우 중요하다.

물론 이러한 협력 체계가 지역 행정구역 내에 국한되어서는 안 된다. 행정구역을 넘나들면서 산업을 지원할 수 있는 지역 간 협력체계도 만들어져야 한다.

6. 지역 정책 및 사업의 성과 향상

지금까지 살펴본 세 가지 개혁 과제는 주로 균형발전 정책의 추진 체계와 관련되어 있다. 이와 더불어 개혁이 필요한 부분은 균형발전 정책이나 사업들의 투입 예산 대비 산출의 실질적 성과를 높이는 것이다. 물론 지금까지 살펴본 세 가지 개혁 과제가 잘 진행된다면 전체적으로 균형발전 정책의 성과가 높아질 것이 분명하다. 그렇지만 추진 체계가 잘 갖추어진다 하더라도 막대한 예산을 투입한 개별 정책이나 사업들의 성과가 저조하다면 균형발전 정책 전반에 대한 명분과 정당성이 훼손될 것이다.

불필요한 예산 낭비를 줄이고 균형발전 정책이나 사업의 성과를 높이기 위해서는 우선 먼저 균형발전 정책의 목표가 분명하고 구체적으로 제시되어야 한다. 목표가 분명해야 그 목표를 구현할 수 있는 사업을 제대로 선택할 수 있고, 사업의 진행과정과 결과에 대한 제대로 된 평가가 가능하다. 또한 균형발전 정책 전체를 관통하는 큰 목표와 개별 정책 및 세부 사업의 작은 목표들이 서로 모순되지 않고 정합성을 갖추도록 해야 한다.

둘째, 투입 중심의 사업 평가 관행을 성과 중심의 평가로 전환해야 한다. 사업 평가는 지역발전을 위해 예산을 어느 정도 투입했는가를 기준으로 평가하지 말고, 어떠한 구체적인 성과를 냈는가로 평가되어야 한다. 또한 시급하지 않거나 불필요한 사업이 진행되지 않도록, 사업의 기획 단계에서 엄격하고 객관적인 사전 타당성 분석이 행해져야 한다. 사전 타당성분석에서 사업 효과를 과대평가하거나, 소요 비용을 과소평가하는 일반적 관행을 막기 위해, 의도적으로 타당성을 왜곡한 평가자의 처벌을 포함한 엄격한 제도적 장치가 마련되어야 한다(Flyvbjerg 2008).

셋째, 균형발전 정책 및 사업 선정 방식의 개혁이 필요하다. 현재 정책 당국이나 지원 기관이 주도하는 공급자 중심의 정책 기획 및 사업 추진 방식에서, 실제 정책의 수요자가 되는 지역 주민과 지역 기업 중심으로 전환되어야 한다. 수요자의 요구가 워낙 다양하기 때문에 이들의 수요에 맞는 정책과 사업을 제공하는 일이 결코 쉬운 과제가 아니다. 공급자 중심의 정책 기획에서는 정책 대상과 사업 내용을 위쪽에서 일방적으로 정할 수 있지만, 수요자 중심으로 바뀐다는 것은 정책 대상과 사업 내용도 대상에 따라 매우 가변적이 된다는 것을 의미한다. 따라서 수요자 중심으로 정책 방향을 실제로 바꿀 수 있으려면, 지원 대상과 지원 수단, 지원 기관이 지금보다 훨씬 더 탄력적이고 다양해져야 한다.

넷째, 균형발전 정책 및 사업의 우선 순위와 핵심 추진 분야에 대한 개혁이 필요하다. 한정된 균형발전 예산이 SOC나 물리적 시설, 부동산 개발 같은 토건사업에 지나치게 편중되는 것을 방지하고, 대신 일자리 창출, 중소기업 지원, 서민 경제와 사회적 경제 육성, 교육과 문화의 질 향상, 지역 주민들의 복지 및 인권 증진과 삶의 질 향상 같은 지역 주민과 지역 기업들에게 실질적으로 도움이 되는 사업의 비중이 늘어나야 한다. 즉 균형발전 사업의 주류가 시설 중심에서 사람 중심으로 전환되어야 한다. 앞에서 부문적 접근 대신 장소에 기반한 접근을 강조했지만, 장소에 기반한 접근이 물리적 장소의 개선만을 의미하는 것은 아니다. '장소의 번영'이 그 장소에 거주하고 있는 '사람의 번영'과 통합될 때 지역발전이 이루어진다(강현수 2010).

비슷한 맥락에서 단기적, 외형적, 가시적, 일회적 사업들보다는, 눈에 잘 띠지 않더라도 장기적으로 지역의 내생적 역량 배양에 도움이 되는 사업이 주로 이루어져야 한다. 지역의 자생적 발전 역량은 지역 주체들 사이의 오랜 기간 동안의 네트워크 구축 과정 및 상호 학습 과정을 통해 이루어지는 것으로서 상당한 시간을 필요로 한다. 이를 간과하고 단기적, 가시적 성과에만 급급하다 보면 장기적으로 지역의 잠재 역량을 높이는 사업들이 배제되는 우를 범할 수 있다. 비록 단기적 성과를 낼 수 없을지라도, 장기적 관점을 가지고 지방정부의 정책개발 역량, 지역경제의 혁신 역량, 지역 주민들의 참여 역량, 지역 전체의 인적 자본 및 사회적 자본 수준을 높일 수 있는 다양한 정책과 사업들이 추진될 필요가 있다.

덧붙여 지역에서 생산된 소득과 자원, 인재가 외부로 유출되는 것을 방지하고 지역 내에서 선순환하도록 지원하는 사업이 늘어나야 한다. 지역 내에서 교육-고용-생산-소비-여가로 이어지는 지역 경제 선순환 고리를 이을 수 있는 사업들이 성공할 경우 지역발전 효과를 배가시킬 수 있다. 또한 세계화, 기후 변화와 에너지 위기, 저성장과 같은 세계적, 시대적 흐름에 대응할 수 있는 사업들, 예를 들어 국제 교류, 에너지 전환 및 신재생에너지, 도시 재생, 로컬 푸드 공급 등과 같은 새로운 지역 사업들을 발굴할 필요가 있다.

역내 통합을 위해 지역 정책에 많은 예산을 투입하고 있는 유럽연합
에서도 최근 지역 정책의 성과를 더 높일 수 있는 방안에 다음과 같이 초
점을 맞추고 있다(장재홍 2011).

표 5. 유럽연합 바르카 보고서의 지역정책 10대 개혁 골격

골격	내용
1	핵심 우선순위 과제들에 대한 역량 집중과 지역 간 자원 배분 비율 유지
2	결속정책에 대한 새로운 전략적 프레임워크 형성
3	결과(results) 지향적인 새로운 계약관계 도입, 정책 추진 및 보고
4	핵심 우선순위 과제들에 대한 거버넌스 강화
5	부가적이고 혁신적이며 유연한 재정지출 촉진
6	정책 실험주의(experimentalism)의 촉진 및 현지 활동가들 동원
7	학습과정의 촉진: 전향적 성과 평가(impact evaluation) 지향
8	유럽집행위원회를 경쟁력센터(competence center)로서 역할 강화
9	재정 관리 · 통제 문제의 해결
10	견제와 균형을 위한 고위 정치 시스템의 강화

출처: Barca, F.(2009) pp.156-189. 장재홍(2011), p. 137참조

7. 대기업의 참여와 협력 유도

지금까지 지역균형발전을 위한 지역 산업 육성 정책은 주로 지역 중소기
업을 지원하는 데 초점을 두었다. 중앙정부나 지방정부가 스스로 자생력
을 가지고 있는 대기업이 아니라 상황이 어려운 중소기업을 지원하는 것
은 당연하다. 그런데 현재 우리나라 지역 산업 육성 정책의 문제는 지역
중소기업을 지원하는 것 자체가 아니라, 대기업과 중소기업과의 관계를
도외시 한 채 중소기업을 지원하는 데 있다. 우리나라 중소기업의 경우

대기업과 공급 거래 관계로 엮여 있는 경우가 대부분이며, 대기업과의 납품, 기술, 자금, 인적 관계가 정부 산하 중소기업 지원 기관과의 관계보다 훨씬 더 중요하다. 공공의 중소기업 지원 방향과 사업 내용도 해당 중소기업과 관련된 대기업의 향후 투자 경로나 부품소재조달 방식 등과 부합해야 그 성과를 높일 수 있으며, 그렇지 않을 경우 정책 효과가 반감되게 된다.

따라서 지금과 같이 중앙정부나 지방정부, 산하 공공기관이나 대학이 중소기업을 지원하더라도, 그 지원의 성과를 높이기 위해 대기업의 행태나 향후 행보에 대한 정확한 정보가 필요하며, 나아가 균형발전을 위한 대기업의 역할을 높이기 위해 어느 정도의 정부 개입이 필요하다. 물론 세계화, 개방화 시대에 과거 산업화 초기 시대처럼 정부가 대기업의 활동에 일일이 간섭할 수는 없다. 하지만 우리나라 특유의 재벌 중심 산업 구조 속에서 재벌계 대기업의 협력과 참여가 없다면 지역 산업 육성 및 지역 중소기업 지원 성과를 높이기가 쉽지 않은 것이 현실이다

그런데 세계적 다국적 기업으로 성장하고 있는 우리나라 재벌계 대기업의 규모와 위상, 연구개발 수준 등을 감안할 때, 지방정부 차원에서 이들을 정책 대상에 포함시키는 것은 거의 불가능한 일이다. 그러므로 대기업과 관련된 부분에 있어서는 중앙정부의 적극적 역할이 필요하다. 중앙정부 역시 재벌계 대기업에 영향을 미치는 것이 쉬운 일은 아니지만, 그럼에도 불구하고 재벌계 대기업이 지역균형발전을 위하여 수행할 수 있는 역할에 대해서 중앙정부 차원에서 방향을 설정하고 직접 개입하여야 한다. 만약 재벌계 대기업이 현재의 공장 입지를 해외로 옮긴다거나, 납품 조달 구조를 변경하게 되면 해당 지역 경제와 산업에 큰 영향을 미치게 되기 때문이다. 재벌계 대기업의 공장 입지, 향후 투자 전략, 하청계열 관계나 납품 관계에 있는 중소기업과의 상생발전 방안 등에 대해

서 중앙정부는 지속적인 모니터링은 물론이고, 대기업과 서로 긴밀히 대화하고 충분한 협력과 동시에 적절한 제어 장치를 마련하여야 한다(강현수 2012b).

8. 맺음말

지금까지 우리나라 균형발전 정책 관행의 문제점들을 진단하고, 이를 극복하고 앞으로 나아가기 위한 지역균형발전 정책의 방향, 그리고 이러한 정책 방향을 실현하기 위해 필요한 핵심 과제들을 살펴보았다. 아래 표는 지금까지 살펴본 우리나라 균형발전 정책의 문제점과 함께 앞으로의 개혁 방향 및 과제를 정리한 것이다.

표 6. 지역균형발전 정책이 나아가야 할 방향과 과제

기존 균형발전 정책의 관행	새로운 균형발전 정책 방향	핵심 추진 과제
· 중앙정부 주도 · 전국적으로 획일적 정책 · 하향식 접근	· 지방정부 주도 · 각 지역의 필요에 부합하는 지역 맞춤형 정책 · 상향식-하향식 통합접근	· 지방분권 확대 · 낙후 정도에 따른 지역 간 차등적 재정 지원 · 포괄보조방식 지원 · 중앙정부의 지역화
· 지역 간 경쟁과 갈등	· 지역 간 상생 및 상호 협력	· 지방분권 확대 · 수직적·수평적 지방재정조정제도 · 지역별 특화 발전 유도 · 지역 간 협력 유도
· 각 부처별 기관별 분산적 개별적 접근 · 부문별 접근	· 다양한 주체들의 통합적 협력 거버넌스 · 장소기반 접근	· 지방분권 확대 · 중앙부처간 협력 및 지역발전위원회 역할 강화 · 중앙정부와 지방정부 협력 및 역할 분담 · 민관 협력 거버넌스
· 비효과적 예산낭비적 사업 추진	· 사업의 실질적 성과 향상 · 수요자인 주민과 기업 중심	· 지방분권 확대 · 사업의 구체적 목표 제시 및 엄정한 성과 평가

· 공급자인 정책 당국 중심	· 장기적, 내실적 사업 중심	· 사전 타당성 분석 강화
· 단기적, 가시적 사업 중심	· 사람 중심	· 지역 내생적 역량배양 사업 지원
· 물리적 시설 중심	· 장소의 번영과 사람의 번영	· 지역내 선순환 구축 사업 지원
· 물리적 장소의 번영만 추구	통합 추구	· 세계적, 시대적 흐름에 부합하는
		사업 지원
· 대기업을 방임	· 대기업의 참여와 협력 유도	· 중앙정부 차원에서 대기업의 입지
		및 중소기업 상생발전 유도

그런데 여기에서 제시한 균형발전 정책 방향과 핵심 과제들이 결코 새로운 것들은 아니다. 국제기구들에서 적극 권장하고 있는 것이기도 하고, 우리나라 역대 정부도 이미 그 필요성을 인식하고 적극 추진하겠다고 공언해 왔던 것들이다. 정권이 바뀔 때 마다 새로 들어선 정부는 나름의 문제 진단과 세계적 흐름에 부합하는 시의적절한 균형발전 정책 방향을 제시해 왔다. 그러나 역대 정부들이 실제 추진한 개별 정책이나 사업의 내용을 자세히 들여다보면, 자신들이 제시한 정책 방향을 따르지 않고, 오히려 극복하겠다던 한 기존의 관행을 따르는 경우가 많았다. 역대 정부는 새로운 균형발전 방향과 기조를 말로는 공언했으나, 실제 개별 정책과 사업 속에서 제대로 실행하지 못했던 것이다.

따라서 중요한 것은 지금까지 역대 정부가 표방했던 정책 방향과 기조를 정말 제대로 실천하는 것이다. 이미 문제가 무엇인지는 잘 알고 있기 때문에, 이 문제를 구체적으로 어떻게 해결할 것인가가 중요하다. 개혁의 큰 그림에 대해서는 이미 공감대가 형성되어 있다. 앞으로 필요한 것은 이 큰 그림을 현실에서 실현하기 위한 구체적이고 상세한 방법론이다. 총론적 차원인 정책 방향의 전환에는 이미 어느 정도 합의가 되어 있다. 핵심은 각론, 즉 개별 정책, 개별 사업 단위에서 합의된 정책 방향에 맞게 정책 관행을 개혁하는 것이다. 신과 악마는 디테일에 있는 것이다.

참고문헌

강현수, 2005, 「참여정부 분산정책의 진단 및 효과성 제고 방안」, 국토연구원 엮음, 『지방 분산 분권과 국토균형발전의 대응과제』.

_____, 2007, 「세계 각국의 지역발전정책」, 국가균형발전위원회 엮음, 『국가균형발전정책의 이론과 실천』, 국가균형발전위원회, 2007.10.

_____, 2010, 「'장소의 번영'과 '사람의 번영': 두 접근방식의 차이에 대한 이론과 사례」, 『지방행정연구』 제24권 제3호.

_____, 2012a, 「지방분권이 예산 낭비를 막을 수 있다」, 강원도민일보 2012년 11월 8일 분권칼럼 기고문.

_____, 2012b, 「지역균형발전을 위한 지역산업정책의 과제」, 한국지방정부학회 추계학술대회 자료집, 2012. 11.

고영선·김광호, 2009, 「지역개발정책의 목표와 전략 재정립」, 한국개발연구원, 『정책 포럼』 제209호.

김용웅·차미숙·강현수, 2009, 『신지역발전론』, 한울.

김용창, 2008a, 「수평적 지방재정조정제도에 의한 지역균형발진진략 연구 (1)」, 『대한지리학회지』 제43권 제4호.

_____, 2008b, 「수평적 형평화 기금에 의한 지역균형발전전략 연구 (2)」, 『대한지리학회지』 제43권 제6호.

김은경·김태경, 2011, 『지역개발정책의 한계와 과제』, 경기개발연구원.

김현호·이소영·오은주, 2011, 『패러다임 전환에 의한 지역발전정책의 구상』, 지방행정연구원.

장재홍, 2011, 「워싱턴 컨센서스 이후의 지역 정책 논의 동향과 시사점」, 『공간과 사회』 통권 제37권.

정만태 외, 2012, 『일자리 창출 중심의 지역 정책의 방향과 과제』, 산업연구원.

정종석 외, 2011, 『지역산업 육성지원제도의 개편방안』, 산업연구원.

정종석·변창욱, 2012, 「고용친화형 지역산업 정책의 추진방향」, 『Kiet 산업경제』 2012년 9월호.

정지범, 2012, 「공공시설 입지의 공정성 - 뉴욕시 공정분배 원칙과 시사점」, 『GRI연구논총』 제14권 제2호.

차미숙·김태환 외, 2008, 『지역개발사업의 통합적 추진모형 구축 및 적용방안(I)』 국토연구원.

Barca, F., 2009, "An Agenda for a Reformed Cohesion Policy-A place-based approach to meeting European Union challenges and expectations", European Commission.

Morgan, K., 2002, "The English Questions: Regional perspective on a fractured nation," *Regional Studies*, Vol. 36. No. 7.

OECD, 2005, *Building Competitive Regions: Strategies and governance*, OECD Publishing.

_____, 2006, *The New Rural Paradigm: Policies and Governance*, OECD Publishing.

_____, 2009a, *How Regions Grow: Trends and analysis*, OECD Publishing.

_____, 2009b, *Regions Matter: Economic Recovery, Innovation and Sustainable Growth*, OECD Publishing.

_____, 2011, *Regions and Innovation Policy, OECD Reviews of Regional Innovation*, OECD Publishing.

Flyvbjerg, B., 2008, "Public planning of mega-projects: Overestimation of demand and underestimation of cost" in Priemus, H. *et al*(eds) *Decision-making on mega-projects: cost-benefit analysis, planning and innovation*, Edward Elgar Publishing.

Tödtling, F. and M. Trippl, 2005, "One size Fits All? - Towards a Differentiated Regional Innovation Policy Approach," *Research Policy* vol. 34, issue 8.

World Bank, 2009, *World Development Report 2009: Reshaping Economic Geography*.

제2부 각론: 균형발전을 위한 분야별 지역 정책 방향

7

지역 산업 정책 방향과 과제

김석현(과학기술정책연구원)

1. 머리말

지역산업의 발전에 대한 지역의 염원이 대단히 크며 이러한 염원에 부응하여 역대 정부도 많은 정책들을 제시해왔다. 그러한 정책들에서 부분적으로 성공적인 경험도 없지 않으나 여전히 일반적인 평가나 인식은 박하다고 할 수 있다. 이는 최근 들어서 기업입지의 남방한계선이니 하면서 기업들이 고급인력의 확보를 위해서라도 서울에서 멀어지지 않으려고 하는 경향성에서 극명하게 드러난다.[1]

많은 지역산업정책에도 불구하고 그것이 미치는 긍정적인 영향이 크지 않은 데는 한국의 수도권 중심의 경제구조가 갖는 기본적인 한계도 있겠지만, 지역산업정책이 성공하기 위한 요인들이 온전히 고려되지 않았기 때문이다. 지식이 결합되지 못한 하드웨어 중심의 지역산업정책,

1   조선일보, 2011.8.13, 「'30년 추락 지방대' 더 이상 방치하면 교육·사회 위기 온다」.
http://news.chosun.com/site/data/html_dir/2011/08/13/2011081300082.html.

암묵지(다양한 주체간 의사소통 등)가 고려되고 결합되지 못한 명시지만의 관심(예, 연구개발)은 많은 투자에도 불구하고 그 성과는 제한적일 수밖에 없게 만든다.

또한 지역의 특성이 충분히 반영되기 어려운 정부로부터의 프로그램 위주의 지역혁신 또는 산업진흥정책이 주를 이루고 있기 때문이기도 하다. 산업은 기업의 상품개발전략과 비교할 수 있다. 기업으로서는 많은 정보를 고려하고 기업의 명운을 걸고 상품을 기획하고 시장에 내놓는다. 그럼에도 실패 위험이 높다. 이처럼 높은 책임성하에 이루어지는 기획도 실패 위험이 큰데, 정형성을 벗어나기 어려운 정부의 프로그램 방식이 지역의 특성을 최대한 자원화하여 성공적인 모델을 창출하리라 기대하기는 어렵다.

이러한 문제의식 아래 한국의 지역산업 관련 정책을 비판적으로 검토하고자 한다. 그리고 지역산업의 이론적 프레임과 그에 기반한 지역산업의 선택 기준 또는 가능성을 제시하고, 지역산업에 적절한 지식이 결합되기 위한 교육과 지식의 기반을 어떻게 마련할 것인지를 제안하고자 한다.

2. 지역과 산업 연계의 이론적 논의

1) 전통적 논의

전통적으로 산업과 지역의 관계는 크게 특정 산업을 어떠한 지역에 위치시킬 것인가의 입지 관점의 논의와 지역에서의 산업의 형성과 발전에 주목하는 지역발전론 또는 지역성장론 관점의 논의의 두 축으로 이루어진다고 할 수 있는데 특히 전자가 논의의 대중을 이루었다고 할 수 있다. 전자는 산업입지, 후자는 토지이용의 문제로 구분할 수도 있다(대한국토·도시계획학회 2006: 75). 이러한 전통적 논의는 단순한 연대기적 관점에서가 아니라, 한편으로는 현대에서의 지역과 산업의 연계 논의에서도 여전히 중요한 측면으로 자리하고 다른 한편에서는 지역과 산업 연계 정책에서의 오류의 원천이라는 점에서 관심을 두어야 한다.

알프레드 웨버(Alfred Weber 1929(1909))의 최소비용론에 입각해 출발한 입지론은 경제적 변수(비용, 수익, 수송비) 등을 중심으로 최적화된 위치 설정이 가능하다는 믿음에 기반하고 있다. 이러한 입지론은 산업이 주어진 것으로 설정된 정적인 모델이라고 할 수 있다. 지금은 입지의 선택이 아니라 주어진 공간에서 어떤 산업을 할 것인가의 문제(즉, 공간파생적 측면-space contingent)가 보다 중요하다고 할 수 있다. 하지만, 산업을 염두에 두고 주어진 지역에 타당한지를 검토해보는 체크리스트로서 입지론은 여전히 그 의미가 있다. 그래서 지역의 산업전략을 마련함에 있어서 여전히 기본적인 이론으로서 의의가 있다. 입지론에서 주요하게 간주하는 요소는 생산요소(공급측), 시장(수요측)의 두 축을 골간으로 하고 그밖에 기술, 지역의 집적성, 정부정책, 환경 등의 요인들이 고려되고 있다(최성수 2008; 대한국토·도시계획학회 편 2006). 생산요소의 효율적 조달과 시장에의 접근성이 크게 산업의 입지를 결정한다고 볼 수 있으며, 역으로 특정 지역을 중심으로 산업을 기획함에 있어서 그런 요인들이 체크리스트라고 할 수 있다.

입지론에서의 중요한 변화는 지식기반 경제의 전개가 그 계기라고 할 수 있다(김용웅·차미숙·강현수 2009: 517). 상대적으로 불변인 생산요소가 아니라 아이디어 등 가변성이 높은 지식이라는 새로운 생산요소가 부상함에 따라 입지선택의 제약이 줄어들었다. 입지의 유동성이 커짐

에 따라 그만큼 첨단기술에 기반한 부가가치 높은 산업을 육성 또는 유
치하고픈 동기가 강해진다. 하지만 그러한 첨단기술 기반의 산업의 성공
역시 다양한 맥락적 요소와 결합되어 있기 때문에 첨단 기술만을 이식하
거나 개발한다고 해서 산업이 성공적으로 지역에 자리하는 것은 아니다.
이 부분은 현대의 산업과 지역의 연계에 대한 논의에서 다시 다루고자
한다.

　지역의 산업이 형성되고 발전되는 과정을 규명한 원조 이론은 알프
레드 마샬(A. Marshall)의 산업지구(industrial district) 이론이다. 마샬
은 연계된 산업들이 각자 노동 분업을 수행하게 되면 각각의 생산성은
높아지고 기업 간의 연관을 통해서 수요와 공급이 원활하게 연계됨으로
인해서 지역에서의 외부효과로서의 집적 이익을 산업지구형성의 동인
으로 보았다. 마샬의 산업지구 이론은 오랫동안 논의에서 배제되어 있다
가 1980년대를 전후하여 실리콘밸리 등 지역에서의 산업의 형성과 집적
을 목도하면서 다시 부활한다. 그런데 이러한 부활은 한편으로는 크루그
(Krugman)만 등의 주류경제학자에 의해서 지역에서의 집적에 의한 외
부효과를 강조하면서 지역 산업에 대한 자유주의적 태도를 강조하는 우
파적 접근(Krugman 1991, 1997)과, 다른 한편으로는 지역의 자발적인
상호협력성에 주목하는 좌파적 접근 (Piore and Sable 1984)으로 분기
하게 된다.

2) 현대적 논의

1980년대를 전후하여 지역은 경제 또는 산업의 발전이라는 측면에서
새롭게 조망된다. 2차 대전 후 케인즈 이론에 기반한 거시경제의 황금
기(거시경제 변수의 조절로 수요와 공급을 원활하게 조정)에 지역은 낙후

성을 극복하기 위한 복지의 관점에서 접근되었다고 할 수 있다. 하지만 1970년대 들어서 케인즈 거시경제가 작동하지 않으면서 국민경제가 혼란에 빠지고 다른 한편으로 세계화와 지역화가 가속되면서 지역이 새로운 범주로 등장한다. 실리콘밸리에서 보이듯이 지역이 상호작용에 의한 학습을 극대화하면서 동시에 세계적인 경쟁력을 갖는 산업을 태동·발전시키게 된 것이다. 1990년대 들어서서 정보통신기술의 발전이 일상에까지 영향을 미치면서 지식이 창출과 확산에서 그 속도, 범위(scope), 메카니즘에서 전혀 새로운 국면에 진입하게 된다. 이러한 일련의 변화 속에서 지역과 산업의 관계에 대한 새로운 이론적 조망이 이루어진다. 이론들은 다양한 시각에서 형성되었는데, 세계화론, 지역경쟁력, 후기산업사회론/지식기반경제/신경제, 학습경제/지역혁신/혁신클러스터, 창조자본(creativity capital)/매력자원(amenity)/지역브랜드 이론들을 들 수 있다. 이러한 이론적 논의들에 대한 종합적 검토가 지역의 산업 발전에 대한 기반을 제공한다.

먼저, 세계화론(globalization)이다. 지역에 미친 외적인 영향력으로서 가장 강력하다고 할 수 있다. 기업들이 자국의 범위를 넘어서서 생산조직을 세계화하면서 국가라는 경제의 방패막이가 사라졌다고 할 수 있다. 반면에 국경이 더 이상 한계로 작용하지 않음으로 인해서 세계 수준의 생산네트워크에 참여함으로 인해서 지역이 자체적인 발전 동력을 갖게 된 기회의 측면도 있다. 이와 같이 지역이 독자적인 생산 주체 또는 경제 주체로 부상하면서 적어도 경제적인 측면에서는 국가에 준하는 위치를 갖게 된다는 의미에서 지역국가(region state)의 개념도 등장하게 된다(Ohmae 1996).

두 번째로, 기업의 경쟁력 이론을 지역단위로 확장하여 지역의 기업들이 갖는 경쟁력 모델을 제시한 Porter(1998)의 지역 경쟁력 이론이 가장 직관적으로 명료하고 또 자주 인용되는 이론이다. 다이아몬드 모델이라고도 불리는 이 모델은 지역차원의 경쟁 요소 도식이라고 할 수 있다. 이 도식은 한 기업이 지역차원에서 경쟁력을 갖기 위해서는 크게는 수요라는 고객의 요소와 투입요소라는 동원가능한 자원(factor)을 중심으로 하되, 기타 지역적 맥락과 관련 산업이라는 여타 기업 또는 산업이 경쟁 또는 지원하는 조직으로 설정되어 있다. 지역이라는 차원에서의 산업전략은 수요조건을 제외한 여타 3가지 요소를 고려하여 설정될 것이다. 반면에 개별기업 입장에서는 투입요소 조건이 통제가능한 자원이란 점에서 내부요소에 해당하고 나머지 3가지는 외부의 조건요소일 것이다.

세 번째로, 후기산업사회론, 지식기반경제, 신경제 등의 다른 표제들로 제시되는 경제의 새로운 패러다임의 등장이라는 시각에서 접근하는 이론들이다. 이들은 표제에 따라서도, 같은 표제하에서도 다소 상이한 논의가 전개되는데 공통적으로 포드주의(Fordism) 대량생산체제의 종식이라는 인식에 기반한다. 대신에 다품종소량생산, 지식 기반 서비스, 정보재(information as product), 숙련, 협업이라는 새로운 상품 또는 생산방식에 주목한다. 대량생산체제에서 지역은 입지로서 한정된 의미만을 가졌다면 새로운 경제 패러다임 논의에서 지역은 지식/숙련을 형성하고 발전시키는 내생적 성장의 근간이 된다. 여기에서 그동안 단절되었던 마샬의 산업지구론적 문제의식이 현대적 맥락에서 재탄생하게 된다(Piore and Sable 1984; Krugman 1991, 1997; Cooke 2002; Storper 1997: 111의 논의가 이에 해당).

네 번째로, 학습경제론(learning economy), 지역혁신체제론(Regional Innovation System) 또는 지역혁신 클러스터론이다(Cooke 2002). 이러한 표제하의 논의들이 바로 앞의 후기산업사회 표제의 논의들과 완전히 차별되지는 않는다. 다만, 혁신이나 학습 등의 개념이 지향하는 것처럼 해석적인 차원을 넘어서서 적극적으로 개입하고자 하는 목적의식적인 차원 또는 정책적인 차원에 있다고 할 수 있다. 이러한 논의에서는 명시적 지식과 암묵적 지식을 적절하게 결합하고 발전시킬 수 있는 공간적 범위로 지역이 상정된다. 명시적 지식에만 초점을 둔다면 현대의 교통, 정보통신의 발전으로 인한 정보교류의 용이성으로 인해서 지역은 오히려 장소 이상의 의미를 못 가지게 된다. 하지만 그 반대로 지역이 발전동력으로 부상했고 이것은 명시적 지식뿐만 아니라 지근거리에서 상호학습되는 암묵지의 가치가 커졌음을 의미한다. 노나카(Nonaka)의 암묵지(tacit knowledge)와 형식지(explicit knowledge)의 상호작용 모델은 지식에 기반할 수밖에 없는 현대의 지역산업 이해의 단서를 제공한다(Kujath 2005). 현대의 지식기반산업은 고정된 지식이나 기술을 자본과 결합하는 것이 아니라 지속적으로 지식을 창출해가야 한다. 이러한 지식 역시 일반적인 숙련이나 개인 차원의 지식을 넘어서서 마케팅, 금융 등 다양한 사회적 주체들과의 상호작용의 지식이라고 할 수 있다. 이러한 상호작용은 때로는 명시지로 때로는 암묵지로 이루어진다. 암묵지만이 존재하는 경우에 있어서는 전반적인 지식생태계는 아주 더디게 발전할 수밖에 없고 지나치게 진입제한적일 수밖에 없다. 그러나 명시적인 지식만이 있고 차별화된 지식으로서 암묵지가 부재하면 지역의 차별성에 기반한 경쟁력이 빈약해지게 되고 내생적인 지식창출도 어렵다(Cooke, Lauremtis, Tödtling and Trippl 2004가 이러한 입장에 서 있음).

마지막으로, 창조자본(creativity capital), 매력자원(amenity) 또는 지역브랜드 이론이다. 이러한 이론 역시 앞서의 논의와 아예 다른 것은 아니지만 좀더 지역의 문화적 측면에 주목한다고 할 수 있다. 이러한 논의는 다양하게 전개되는데, 전통적인 산업 입지로서의 지역이 퇴색하고 정보통신 등 신산업이 등장하면서 신산업이 갖고 있는 문화적 속성이 사람들을 지역에 끌어들이는 점(creativity capital)에 주목하기도 하고, 다른 한편으로는 산업이 퇴조하면서 빚어진 도시 공간을 재생하면서 매력성(amenity)이라는 새로운 자원 개념을 포착한 것이기도 하다. 지역에 모인 사람들의 문화적 속성이나 지역의 경관이나 명소가 갖는 문화적 속성은 지역에 상징성을 부여하고 이 상징성은 다시 또 지역의 흡인력으로 작용한다. 그런 점에서 그 상징성을 지역 브랜드라고 개념화하게 된다. 종래 개별 상품에서 출발한 브랜드 개념을 지역에 부여한 것이고 그만큼 지역 전체를 상품적 시각에서 보는 것이라고 할 수 있다(Florida 2005; Landry 2008의 논의가 이러한 시각에 있음).

3. 지역산업의 정책과 현실에 대한 비판적 검토

한국에서의 지역과 산업의 연계는 1990년대까지도 대체적으로 산업입지로서의 지역과 낙후지역 지원이라는 복지적 관점의 시각이 대세였다고 할 수 있다. 현재의 한국의 경제 모델의 근간이 된 박정희 정부 시기는 한편으로는 최적의 입지를 찾아서 중화학 공업을 배치하는 입지정책과 더불어 다른 한편으로는 산업입지에서 배제된 지역들을 배려하는 것이었다고 할 수 있다. 이러한 양 측면의 접근은 1997년 외환위기 전대 중반까지도 지속되었고 그 잔영이 현재에도 일정 정도 남아 있다고 할 수 있다. 박정희 정부 시기에 도입된 수도권 규제가 배려의 측면에서 시도된 것이다. 그런데 시기상으로 다소 변화되는 점도 있었는데 박정희 정부 시기가 중화학공업과 같은 전략적 산업을 특정 입지에 배치시키는 것이었다면, 이후에는 지역균형 차원에서 공단을 여러 지역에 입지시킨 것이라고 할 수 있다(예, 노태우 정부 시기의 전남의 대불산업공단). 이러한 공단의 배분은 기존의 산업의 입지의 관점과 지역균형의 관점이 결합된 것이었는데 그것이 성공적이었다고 보기는 어렵다(김영수·김찬준·송우경 2008). 하지만 이처럼 산업시설을 지역에 유치하는 것이 갖는 직관적인 호소력으로 인해서 현재에도 산업공단의 유치, 또는 입지가 여전히 현안이 되고 있는 경우가 있다. 또한 아래에서 서술하겠지만, 서구에서의 현대적인 지역과 산업의 연계 정책을 도입하면서도 역시 전통적인 입지적 관점이 강하게 드러나면서 내용과 형식이 겉도는 상황을 노출하게 된다. 그래서 이후에 실시된 지식기반산업과 같은 접근도 여전히 하드웨어 중심의 전통적 산업 입지 정책과 차별성이 없는 모순을 보여주게 된다.

1997년 외환위기 이후 한국경제도 뒤늦게 서구사회가 직면했던 지역의 문제를 경험한다. 지식과 접목되지 못한 전통 주력산업들(섬유, 신발 등)이 외환위기 시점을 전후로 급격하게 경쟁력을 잃게 되어 이들 산업들이 위치했던 지역이 공동화되는 위험에 직면한다. 이에 따라 외환위기 이후 집권한 김대중 정부 시기에 서구의 신지역정책 또는 지역혁신(regional innovation)의 개념이 접목되기 시작한다. 기존의 낙후산업은 지식이나 브랜드를 결합하여 새로운 부가가치를 갖게 하거나 아예 새로운 첨단산업에 투자하는 것이다. 김대중 정부는 지역진흥사업(1999년도 실시)을 정책화하고 대구의 섬유산업, 부산의 신발산업, 경남의 기계산업, 광주의 광산업[2]을 지역의 특화산업으로 설정하고 지원하게 된다. 그 밖에 정부부처들은 다양하게 지역의 혁신을 지원하는 연구센터들을 대학교 등에 설치하면서 혁신 개념의 지역산업 정책이 비로소 한국에 일반화되기 시작한다. 김대중 정부에 이어 노무현 정부는 지역혁신을 정책기조로 전면에 제시하고 이에 따라 많은 정책 프로그램들을 도입한다. 김

---

2 광산업은 광원을 활용한 다양한 산업으로서 통신, 레이저, LED 등 다양한 응용 분야에 걸치는 산업이다.

대중 정부의 4개 특화산업을 13개 시도로 확장하고 지역의 산업혁신을 지원하기 위해 테크노파크를 지역의 각 광역자치시도에 설치한다. 노무현 정부 시기에 있어서 기획된 지역의 혁신도시도 종래의 낙후지역 배려 관점에 지역혁신 개념이 결합된 것으로, 유사한 업무를 수행하는 정부산하기관, 공기업, 연구소 등이 일정한 지역에 집적하여 혁신적 지식의 원천 또는 네트워크의 거점으로 자리하게 했다는 점에서 역시 신지역정책 관점의 연장선상에 있다고 할 수 있다. 이명박 정부의 지역정책도 큰 흐름에서는 역시 신지역정책의 맥락에 있으나 노무현 정부의 지역에 대한 높은 우선순위에는 못 미치는 면이 있다. 이명박 정부는 광역경제권, 초광역경제권 개념을 제시하고 광역경제권에의 선도산업정책, 초광역경제권의 국토전략을 제시했다고 할 수 있다(김용웅·차미숙·강현수 2009: 629-638). 하지만 선도산업정책에서 지역은 프로그램의 범위 정도에 머문 한계를 가지고 있다. 지역은 프로그램의 수혜자일 뿐 프로그램의 자발적 기획자와는 거리가 멀고 정부는 시혜적으로 지역에 프로그램을 배분했을 뿐이다. 그리고 마산, 창원, 진해 통합에 대한 지원에서 알 수 있듯이 광역자치 단계를 없애고 대도시권중심의 행정구역 개편에 데 더 관심이 있었다고 할 수 있다(이명박 정부의 행정구역개편에 대해서는 정준호 2010 참조).

이상에서 알 수 있듯이 김대중 정부가 들어선 이후 지금에 이르기까지 큰 흐름에서 한국도 신지역정책의 관점에서 지역혁신 중심의 지역산업정책을 펼쳤다고 할 수 있다.[3] 그런데 한국의 신지역 정책 또는 지역혁신정책이 적절했다고 할 수 있는지에 대해 전적으로 긍정적인 답변을 하기는 어렵다. 먼저, 그 공에 대해 짚어본다면 무엇보다도 지역에서의 산

---

3   한국의 지역정책의 변천에 대한 체계적인 서술은 김용웅·차미숙·강현수(2009)에 제시되어 있음.

업과 혁신에 대한 기획의 시도라고 할 수 있다. 신지역정책 이전의 지역은 중앙정부의 위임사무를 처리하는 면이 강했다고 할 수 있다. 이에 반해서 각종 지역혁신 또는 산업진흥 프로그램을 유치하기 위해 노력하는 과정에서 지방자치단체의 관료와 지방의 지식인 등 지역 주체들의 기획역량이 축적되었다. 그리고 아직은 선진국의 지역혁신에 버금가는 세계적인 성과 사례가 나왔다고 할 수는 없지만 지역혁신에 대한 정책적 지원에 힘입어 창업, 그리고 성장하는 기업들이 등장하고 있는 것도 사실이다.

그런데 결과론적인 또는 사후적인 성과 말고 과연 한국의 신산업정책의 한국의 현실과 잘 조응하게 제대로 설계되었는지의 사전적인 측면에서 여러 가지의 문제를 안고 있다고 할 수 있다. 그러한 문제들을 짚어보면 다음과 같다.

첫째, 정부가 기획한 프로그램을 제시하고 지역들이 프로그램 유치를 위해 경합하는 거버넌스의 문제이다. 지역자치단체들이 중앙정부가 제시하는 프로그램을 유치하기 위해서 반드시 지역에 최적이라고 할 수 없는 방향으로도 산업 또는 연구개발 기획을 하게 된다. 그래서 설령 프로그램을 유치해도 정작 실행 과정에서 지역과 맞지 않는 문제가 나타난다. 물론 지역에서 요구하는 특화산업을 명분으로 내세우지만, 특화산업의 유형도 정형성을 벗어나기 어려워서 통상 첨단산업이라고 하는 IT, 바이오산업 등의 산업들에 많은 지역들이 동시에 도전하게 된다. 예산 부족에 시달리는 지자체들은 정부프로그램의 지역착근성보다도 정부의 프로그램을 받는 것 자체에 우선순위를 두는 경우가 흔하다. 또한 특정 지역이 그 지역에 맞는 프로그램을 기획했다고 하더라도 타 지역이 그런 프로그램에 지원해서 경합하게 되는 경우 지역균형, 정치적 배려 등으로 인해서 한 지역에만 프로그램을 배정하기 어려운 면이 많다.

둘째, 지역의 단위 설정의 문제이다. 현재 한국의 광역자치행정구
역체계는 지방자치제가 시행되기 전 직할시와 도에 기반하고 있다. 지방
자치가 실시되기 전에 지방정부는 중앙정부의 위임사항을 처리하면 되
는 면이 강해서 조정(coordination)의 문제가 크지 않았다. 그러나 지방
자치제 이후 각 자치단체가 성과를 창출해야 하는 경쟁관계가 되면서 특
히 기능적으로 보완적인 역할을 해야 하는 인근 광역시와 도 사이의 조
정(coordination)의 문제가 심화되었다. 정부가 투자하는 시설을 배치
함에 있어서 행정구역 경계선의 양편에서 입지 유치를 위해 경쟁하는 상
황이 빈번하게 발생하는 것이다. 또한 원래 보완적인 광역시와 도의 기
본 기능이 분리됨으로 인해서(예컨대 교육 기능이 광역시에, 농업은 도에
분담) 지역의 자원을 효율적으로 활용하지 못하고 분절된 채로 지내거나
중복되게 자원을 낭비하는 일이 발생하게 된다.

셋째, 신산업지구 또는 혁신클러스터에 대해 과도하게 관심이 쏠려
있고 그러한 관심도 이식형 클러스터로 왜곡되어 있다는 것이다. 혁신
지역은 그 행위주체들 간의 긴밀하고 비공식적인 소통을 필요로 한다.
그렇기 때문에 상당한 수준의 자생성을 요구한다. 설령 기획된 클러스터
의 경우라 할지라도 제도와 법에 의해서만 행위들이 설계되어서는 안 되
고 상당 수준에서 자율적이 자발적인 협력행위들이 있어야만 성공할 수
있다. 한국의 클러스터 기획은 그러한 필요조건을 무시한 채 클러스터
자체가 마치 산업공단처럼 하드웨어 중심적으로 건설되고 그 운영 역시
관이 주도하면서 당연히 형식적인 법제도가 큰 영향력을 행사하게 되는
면이 강하다. 그래서 클러스터가 애초의 기술의 공급과 수요의 원활한
연계를 염두에 두었다고 함에도 현실에서는 기술을 공급하는 것에 머물
기 쉬운 것이다. 예컨대, 대덕은 신산업정책 이전에 시대를 앞서서 국가
차원의 과학단지로 조성되었는데 그 결과 지식과 산업이 연계되지 못하

는 한계를 여전히 안고 있다. 처음 입지 선정 시 지역의 산업배경은 고려하지 않았기 때문에 당시 지역의 산업이었던 피혁과 섬유 업종과는 거리가 있었다고 할 수 있으며, 이는 지금도 여전히 안고 있는 문제로서 대덕의 정부출연연과 기업과의 거리는 여전히 멀다고 할 수 있다(대한국토·도시계획학회 편 2006: 334; 이용택·유규하 외 2007: 100).

넷째, 정부 주도의 클러스터는 내생적인 지역산업의 형성에 있어서 기회비용으로 작용하는 면이 있다. 과학기술에 의존해야 하는 산업은 그만큼 많은 투자가 이루어져야 하지만 성과의 불확실성은 높다고 할 수 있다. 특히 많은 지역들이 유사한 투자를 하는 경우에 있어서는 서로 경쟁해야 하고 또한 그만큼 정부차원의 자원배분의 집중성은 떨어짐으로 인해서 성공 가능성이 높지 않다고 할 수 있다. 이러한 불확실성이 높은 산업에 투자하게 되면 그만큼, 지역적 특성을 반영하여 적은 투자를 하면서도 성과가 높을 수 있는 산업이나 비즈니스에 대한 관심과 투자는 작을 수밖에 없다. 현대에 있어서는 소규모 투자의 산업 역시 적절한 지식기반을 갖춰져야만 부가가치가 높아지고 지속 가능성을 확보할 수 있는데 그러한 지식기반을 확보하는 데는 투자가 이루어지지 못한다고 할 수 있다. 순창의 장류산업은 순창군이 전북대와 협력해서 세운 '장류연구센터'가 구심 역할을 하고 있어서 바람직한 위로부터의 기획이 이루어지고 있는 드문 모범적인 사례를 보여준다(김형주 외 2011; 이경진 2011).

4. 지역산업의 전략적 방향

앞서 지역과 산업이 만나는 요인들에 대한 이론적인 논의를 소개했고 이러한 이론적 맥락 아래 한국의 신지역정책과 신산업정책이 갖는 문제를 짚어보았다. 이런 문제점을 지양하는 전략설정을 다음과 같이 모색하고자 한다.

1) 비즈니스 전략적 관점

특정 환경이나 조건에서 자원들이 동원되고 일정한 부가가치 창출 과정을 거쳐 시장에서 거래되게 하는 것을 사업(business)라 하고 이를 수행하는 주체를 기업이라고 하면, 산업(industry)은 유사한 사업군 또는 그러한 사업을 수행하는 기업들의 집합으로 정의할 수 있다. 그런데, 이러한 일반적인 경제분석 차원에서 정의된 산업보다는, 시장에서 팔릴 수 있는 제품이나 서비스를 만들어내는 사업(business)이라는 협의의 개념에서 출발하는 것이 보다 타당할 듯하다. 앞서 포터의 경쟁전략이 그러한 기반 위에 있다. 한 개의 기업이건, 복수의 기업이건, 심지어는 사적 기업의 형식주체가 명확하지 않더라도, 시장과 맞물려서 작동하는 사업이 있다면, 그리고 그 사업에서의 부가가치가 사업주체에게 일정 정도 귀속되게 하는 기본적인 활동단위가 곧 시장기반의 생산활동의 근간이기 때문이다. 이러한 활동을 가능하게 할 수 있는지의 여부가 국가, 지역 등의 단위에서 구성원들이 '산업육성'에 갖는 관심사이기 때문이다. 기업(또는 산업)은 이러한 사업(business)을 안정적으로 수행하는 주체(반드시 법인 사업체가 아니어도 되며, 보다 광범위한 산업으로 봐도 무방)로 정의하면 된다. 그렇다면, 초점은 생존능력 있는 혹은 경쟁력 있는 기업의 창출 또는 존속이 곧 '산업정책' 또는 '산업전략'의 목표가 될 것이다.

기업이 생존하기 위해 전략을 모색하는 것은 대단히 책임성이 높고 많은 정보들을 검토하여 의사결정을 하는 어려운 행위이다. 상당히 높은 수준에서 타당성을 검토했다고 하더라도 실패의 가능성은 적지 않다. 이러한 객관적 현실을 고려할 때, 중앙정부가 프로그램화해서 제시하고 지역이 경합하는 식의 산업정책 또는 혁신정책이 지역의 여건에 얼마나 부합할지에 대해 쉽게 긍정적인 답을 제시하기 어렵다. 지역정책의 경험이 오래된 선진국에서는 산업의 선정에 있어서 대단히 높은 수준에서 아래로부터의 자율적인 기획과 컨센서스를 존중한다(OECD 2007: 66).

2) 공간단위: 광역경제권

정부가 상당히 높은 수준에서 프로그램을 제시하고 경쟁보다는 보완관계에 있어야하는 광역시와 인근 도가 그 프로그램을 두고 경쟁하는 현재의 방식으로는 효과적인 지역 혁신 또는 산업진흥이 이루어지기는 어렵다. 상당한 수준에서 아래로부터의 기획을 하고 정부가 이를 지원해주는 방식이 보다 타당성이 높다. 그런데 이러한 아래로부터의 기획이 효과적이기 위해서는 기획의 단위가 적정해야 한다. 너무 작다면 그만큼 작은 프로그램들이 넘치기 쉬워서 정책적 관점에서 유효성이 떨어진다. 또한 너무 크다면 마찬가지로 현재의 중앙정부와 지방에서 이루어지는 하향식 의사결정이 이루어진다. 그 적당한 범위로서 적어도 현재의 인근 광역시와 도를 합한 기획단위가 최소단위로서 적정하다. 물론 컨센서스가 형성되면 인구 약 500만 명 규모의 강소국 수준의 경제권을 상정하여 앞서 언급한 경제적 지위를 갖춘 지역국가(region state)수준의 광역이 될 수도 있다. 공간단위가 정해지면 광역경제권별로 그 활로를 모색하면서 산업정책을 기획할 수 있다. 이는 마치 과거 한국의 개발국가시대에 정부가 했던 산업정책을 이제는 광역경제권이 수행하는 것이라고 할 수 있다(공간범위에 대해서는 정준호(2010) 참고).

3) 산업유형과 선택: 지역관점에서의 산업들의 분포(configuration)

앞서 산업은 시장에서 부가가치를 창출할 수 있는 모든 형태의 활동을
의미하는 보편적 개념으로 봐야 한다고 지적한 바 있다.[4] 이러한 산업개
념과 더불어 앞서 제시한 바 포터의 지역경쟁력 개념을 단순화하여 요소
(자원)의 활용가능성과 시장의 창출가능성에 주목하고자 한다. 이러한
접근은 또한 산업입지론, 지역발전론의 전통과 접목된다. 지역은 생산요
소에 있어 제한이라는 약점과 동시에, 지역에만 고유한 자원을 배타적으
로 보유하는 장점이 존재한다. 시장의 측면에 있어서도 일차적으로는 생
산이 이루어지는 곳에 가까운 시장이 주요한 대상이겠지만, 제품 또는
서비스에 따라서는 지역이 산업입지의 의미만 가지면서 세계시장이 주
요한 대상이 될 수도 있다. 이처럼 생산요소의 접근성(지역에의 특화정
도)과 대상시장의 거리만으로도 풍부하게 지역산업의 유형화를 시도할
수 있다. 이러한 유형화의 결과가 〈그림 1〉이다. 종축은 요소의 지역에서
의 접근성이나 활용가능성 범주이며 횡축은 시장과 지역의 거리이다.

　이 도식에서 크게 3가지 범주의 산업 유형이 제시된다. 먼저, 그림
의 하단에 위친한 산업군들로서 이들을 지역자원기반산업으로 통칭할
수 있다. 지역자원기반산업은 통상적으로 많이 사용되는 개념인 향토산
업이나 지연산업과 비교하여 지역의 자원이 비즈니스의 원천이라는 점
에서는 동일하지만, 그 사업이 반드시 영세할 필요도 저부가가치일 필요
가 없다. 지역의 자원도 반드시 자연에 국한되지 않으며 지역에 오랫동
안 형성되고 내재되어온 것으로 인문, 산업기술, 관광자원이 모두 포괄
된다(이경진 2011). 이렇게 지역자원기반산업은 지역에 특화한 자원 또

4　이용택·유구하 외(2007)가 이런 시각에서 전통적인 산업을 포함하여 지역축제에 이르기
　까지 최근 지역의 산업발전을 조망하고 있다.

그림 1. 지역의 산업 유형과 예

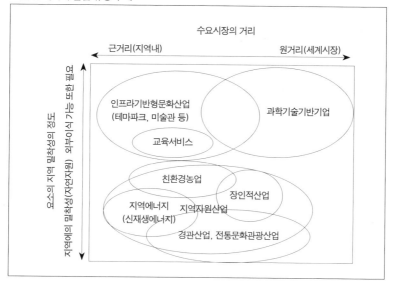

는 요소에 기반하는 산업으로서 생산요소의 유동성이 낮아 이 생산요소에 기반하여 특정지역에서 고유하게 제공할 수 있는 산업으로 해석할 수 있다. 그러한 생산요소는 토지, 경관, 지역의 신재생에너지 기반 등 주로는 지역에 밀착되어 있거나 지역을 떠나면 요소의 효용성이 급감하는 경우를 의미한다. 그래서 친환경농업, 지역에너지(local energy, 신재생에너지 중 풍력, 바이오매스 등 지역성향이 강한 에너지자원에 기반), 경관산업(휴양지 등)을 그 예로 들 수 있다. 그런데, 장인적 산업은 주요한 요소가 인적자원임에도 이러한 지역자원기반산업 유형에 배치한 것은, 장인적 산업이 암묵지에 의존하는 바가 많아, 관련 업종의 종사자들이 인근지역에서 기술습득이 이루어져 개별적으로 지역을 떠나면 존재하기 힘든 산업이기 때문이다(제3이태리로 불리는 장인적 중소기업 중심의 산업지구가 이러한 경향이 강하다(정병순 2005 참조). 이러한 지역자원기반산업은 대체적으로 그 수요시장 역시 지역적인 경향이 강하다고 할 수 있

다. 제품을 장거리로 배달하기 어렵거나 지역적 소비라는 특화한 소비취향에 의존하는 경우가 많으며 (친환경농업, 지역에너지, 장인적 산업) 또한 서비스가 곧 지역에서만 존재하기 때문이다(자연경관산업, 전통문화관광산업). 하지만 지역자원기반산업이 반드시 지역으로 국한될 필요는 없다. 제3이태리와 같이 세계적인 명성의 수공품을 산출하여 시장이 세계인 경우도 많으며, 자연경관산업 중에서도 세계적 명성을 갖는 휴양지는 내국이나 지역보다 외국관광객이 주요 고객이기도 하다. 또한 주요한 관광국가인 유럽의 전통도시들 역시 그러하다. 전통도시의 도시의 경관은 인간이 만든 것이지만, 이것이 전통과 역사와 밀접하게 고착되어 있어서, 쉽게 여타 지역에 재현할 수 없다는 점에서 그 요소가 지역에 밀착되어 있는 것이다. 최근 들어서는 도시 재생을 통해 역사성과 더불어 지역적 특색이나 현대성을 가미한 지역경관도 지역의 매력적인 경관자원으로 부상하고 있다. 통영의 동파랑 마을, 부산의 감천마을이 그러한 예이다.

　　다음으로 요소의 지역 밀착성이 상대적으로 떨어지는 두 산업 유형으로 인프라기반형 문화산업과 과학기술기반산업을 제시할 수 있다. 인프라기반형 문화산업은 인프라 건설을 통해, 자연적 조건을 넘어서는 새로운 인공적 경관과 관광서비스를 제공하는 것이다. 이는 최근의 창조도시 또는 문화도시의 개념과 궤를 같이 한다. 테마파크나 세계적 명성을 갖는 미술관 등이 그러한 개념이 구현된 사례이다.[5] 교육서비스는 문화산업과는 다소 상이하지만, 교육기관과 교육의 제도적 시스템이 쉽지는

5　스페인의 북부 바스크 자치구 해안도시 빌바오는 공업이 쇠락하면서 그 대안으로 1997년 구겐하임 미술관의 분관을 유치하면서 도시의 인프라를 문화도시로 재정비한다. 이를 계기로 빌바오는 국제적으로 명성 있는 관광도시가 되어 '빌바오 효과'라는 개념이 만들어진다. 한겨레신문의 [공동화 현상을 넘어 도심 르네상스]의 기획 시리즈 ⑥편 「스페인 빌바오와 프랑스 스트라스부르」(안관욱 기자, 2008.10.12, www.hani.,co.kr) 참조.

않지만, 일정 정도 지역에서의 전략적 선택에 의해 이식 가능하므로 이 유형이라고 할 수 있다. 미국의 실리콘 밸리의 발원지로 여겨지는 스탠포드 대학에서처럼 전통적으로도 대학은 지역의 인재와 산업의 터전의 역할을 해왔다. 최근 들어서 특히 중동의 국가들이 미국의 유명 대학들의 분교를 적극적으로 유치하면서 지역의 인적자원 개발과 더불어 지역의 매력도를 높이고 있는 것 역시 교육서비스산업이라고 할 수 있다.

과학기술기반산업은 대체적으로 인적자원에 의지하는 바가 많으며, 인적자원이 과학기술처럼 접근성은 떨어지지만, 제도화된 교육과 훈련에 의해 획득가능하다는 점에서 지역적 밀착성은 떨어진다고 할 수 있다. 과학기술기반산업은 지역혁신체제에서 가장 부각된 산업으로서 그에 대한 정책적 수요가 대단히 높다고 할 수 있다. 하지만 과학기술기반산업은 실리콘밸리의 예에서도 알 수 있듯이, 일정한 네트워크와 한계규모(critical mass)에 기대고 있기 때문에 자기조합적 네트워크를 구성하고 있다. 즉 특정 지역에 입지해야할 필요는 없지만, 한번 입지가 시작되면, 자기증식성을 갖는다. 이런 점으로 인하여 많은 국가들이 실리콘밸리를 모델로 하는 테크노폴리스를 구축하기 위해 많은 노력을 들이고 있다.[6] 과학기술기반산업은 고도화된 인적자원을 요구하고 있으며 또한 자본투자가 거대하다. 그렇기 때문에 대체적으로 그 시장 역시 지역정도의 규모가 아니라 세계시장을 상대로 한다.

4) 산업 선택의 전략성

이상에서 살펴본 바와 같이 지역은 산업전략에 있어 다양한 선택 가능성

---

6   마뉴엘 카스텔·피터 홀(2006)에서 다양한 테크노폴리스를 소개하고 있다.

에 직면한다. 초점은 지역의 범위와 특성에 기반하여 어떠한 산업을 선택할 것인가의 문제이다. 집합적 경제권이 상정하는 일정한 광역의 인구규모(약 500만 가량)와 지역범위를 고려할 때, 적어도 일반적인 광역권에서는 이러한 다양한 산업의 다양성을 확보하는 것이 요구된다고 할 수 있다. 하지만, 광역이 갖는 지역특성에 따라서는 선택과 집중을 해야 한다. 예컨대, 고급인적자원의 네트워크형 자기증식성에 기반하는 과학기술기반산업은 그 매력에도 불구하고 집합적 경제권에게는 투자 위험부담이 너무 크다. 전술한 바와 같이 한국경제에서도 실리콘밸리형의 과학기술기반산업은 갖춰져 있다고 보기 어려움을 고려하면 더더욱 그러하다.

선택과 집중을 위한 우선순위 설정에 있어서는 무엇보다도 투자위험이 상대적으로 작고 지역의 장점을 극대화할 수 있는 지역자원기반산업이 가장 순위가 높아야 한다. 사실, 민선자치제가 실시된 1995년 이후 지자체들의 지역 산업 육성을 위한 많은 시도들 중 주목할 만한 성공사례는 지역자원기반산업이라고 할 수 있다. 제주 올래길, 함평 나비축제, 화천 산천어 축제 등이 그러한 예이다. 또는 그밖에 지역에 특화한 친환경농업들의 사례도 풍부하다. 물론 이러한 지역자원기반산업은 규모가 작은 경우가 많아서 하나의 사업이나 산업으로 광역의 경제권을 지탱하기는 어려운 단점도 있으나, 이러한 산업의 다양한 유형을 확보할 경우 지역산업의 생태계가 보다 풍부해지고, 특정거대 산업의 산업동향에 지나치게 의존하지 않는 장점이 있다.[7] 인프라기반형 문화산업은 상대적으로 리스크가 커서 광역 규모의 지역 역시 독자적인 전략적 투자를 감행하기가 쉽지 않다. 특히, 문화라는 고급서비스의 수요층이 수도권에 집중되어 있는 한국의 조건에서는 영남권과 같은 큰 광역 역시 조심스럽

7　산업의 다양성을 지역의 발전 또는 지속성에 있어서 중요한 요인으로 강조하는 저술가가 제인 제이콥스이다. 제인 제이콥스(2004)의 「도시와 국가의 부」가 그것이다.

다.[8] 이러한 인프라는 많은 투자비용이 들어도 정작 성공 가능성은 높지 못하기 때문에 광역 단독으로 추진하는 것은 바람직하지 않다. 이는 정부가 광역 정도의 경제권의 랜드마크 차원의 문화인프라 구축이라는 관점에서 접근하여, 몇 개의 소수 거점을 선정하여 추진하는 것이 바람직하다. 문화인프라는 또한 교통접근성이 중요하다. 현재의 고속전철이 보다 빨라진다면, 수도권 인구를 수요층으로 하는 영남권이나 호남권의 문화기반산업 성공 가능성이 높아질 것이다. 또한 수도권 중심의 종적인 교통인프라뿐만 아니라, 광역 간의 횡적인 교통인프라를 구축하여 광역권 상호간에도 문화수요층의 역할을 하도록 하는 것이 필요하다. 이처럼 문화기반형 산업은 투자가 많이 필요하고 위험부담이 크지만, 문화인프라는 지역의 매력(amenity) 구축에 중요한 역할을 할 수 있다. 즉, 문화인프라의 정착을 통해서 지역의 인구흡수가 가능해지며 나아가 국가균형발전에 기여할 수 있는 가능성이 존재한다는 점에서 의미가 크다.[9] 하지만 비용이 많이 드는 문화인프라는 그만큼 위험부담이 크다고 할 수 있기 때문에 많은 비용이 드는 인프라보다는 도시재생을 통해 도시의 경관과 이야기를 자원화하는 자원기반형에서의 경관산업에 대한 고려를 우선하는 것이 타당하다. 교육서비스에 있어서도 고등교육기관

---

8   지역이 문화자산을 기반으로 산업화하는 대표적인 두 축으로 부산과 광주를 들 수 있다. 부산은 부산국제영화제를 매개로 부산권역이 영화관련 문화산업의 거점이 될 가능성을 보여주며, 부산영상위원회를 구심으로 촬영스튜디오, 필름후반작업시설을 갖추었으며, 부산영화제를 개최하는 상징적 시설로서 부산영화의전당의 설립, 영화관련 특성화고, 영화관련 대학의 학과의 설립 등 영화를 중심으로 한 집적산업화가 진행중이다(부산영상위원회 홈페이지 www.bfc.or.kr 참고). 광주는 5·18 광주항쟁의 정신을 문화적 자산으로 하여 광주비엔날레를 성공적인 문화이벤트로 지속하고 있으며 이의 인프라 역시 확장되고 있다(박광서 2011).

9   도시공동화에 대한 대안으로 스페인 빌바오나 프랑스의 스트라스브르를 비롯하여 유럽의 다양한 도시들이 문화를 중요한 기제로 활용하고 있는 것이 같은 맥락이다. OECD(2005)에서도 지역경쟁력의 중요한 요소로 매력도(amenity)를 들고 있다.

의 경우는 상당한 투자를 집중해야만 일정한 성과를 거둘 수 있기 때문에 정부가 고등교육기관의 공간배치라는 관점에서 기획을 해야 한다. 이는 프랑스가 1991년 미테랑 정부가 지방균형 차원에서 프랑스의 전통 명문 대학이며 고급관료를 배출해온 프랑스 행정학교(Ecole nationale d'administration)를 스트라스부르라는 한적한 독일과의 접경 도시에 이전시킴으로 인해서 스트라스부르가 명성을 얻는 도시가 된 것과 같은 맥락이라고 할 수 있다(박창희·이승렬 2009). 몸집이 큰 고등교육기관에 비해 초중등학교는 유치나 이전이 좀 더 용이하다. 최근 들어서 지역에서 대안학교, 공립대안학교, 혁신학교 등 다양한 초중등교육학교의 모델이 제시되고 있고 이런 학교가 지역공동체의 구심역할을 하면서 지역적 특색을 만들어가는 흐름을 그러한 맥락에서 볼 수 있다.[10]

마지막으로, 과학기술기반산업은 그 매력에도 불구하고 정부 차원의 투자도 성공 가능성이 높지 않다. 특히, 전술한 바와 같이, 한국의 산업은 재벌대기업을 정점으로 위계화되어 있는 산업질서를 넘어서는 과학기술기반산업은 존속하기가 쉽지 않다. 중소기업들이 창업을 해도 재벌대기업과의 하청 관계로 편입되어 버리고 재벌대기업의 산업동향 속에 부침이 심하다고 할 수 있다. 그렇기 때문에 지자체가 과학기술기반산업에 도전하는 것에 우선순위를 부여하기는 어렵다. 다만, 다음의 세 측면에서 과학기술기반산업에 접목되어 들어가는 것은 유효하다. (1) 기존의 재벌대기업체제하에서도 무수히 많은 중소기업형 혁신은 필요하며, 이에 적합한 지식축적과 교육시스템을 결합하여 관련 중소기업들이 지속성을 갖게 하며, 또한 신규창업이 활발하게 일어나도록 하여야 한다. 이는 현재 각 광역지자체에 구축된 테크노파크의 임무이기도 하다.

---

10   서울 마포의 성미산마을과 성미산학교가 그 예이다(박원순 2010).

(2) 재벌대기업의 지배하에서도 산업의 발전단계에 의해 태동하는 중견 기업이 광역 내에 존재할 경우, 중견기업을 중심으로 한 기업들의 생태 계를 구성하여 이러한 생태계가 세계시장에서의 역할을 할 수 있도록 하 는 것이 필요하다.[11] 이처럼 자생적으로 발전한 중견기업과 이 중견기업 과 납품관계에 있는 중소기업 그리고 지식창출을 수행하는 대학과의 유 기적인 모델이 교토기업모델이며, 일본 역시 대기업 중심의 계열화된 체 제임을 감안할 때 한국의 모델로 그 역할이 있을 수 있다.[12] (3) 그동안 재벌대기업 중심의 산업이 아닌 신규사업으로 규모가 크고 여전히 성장 성이 큰 산업이 '생명산업'(life industry)이다. 이는 제약산업을 주축으 로 하되, 식품 같은 산업도 포괄한다. 생산기술이 아닌 원천적 지식이 필 요하고 이 지식이 특허에 의해 보호받는 특성상, 생산기술과 자본투자에 강점을 갖는 한국의 재벌기업은 생명산업에서는 여전히 그 입지가 취약 하기 때문에, 새로운 기업들이 도전해볼 만한 분야이다.[13] 하지만, 이러 한 산업이 여러 지자체단체들이 중복하여 투자하기에는 위험부담이 너 무 크기 때문에, 역시 정부가 선택과 집중에 의해 육성하고 지자체가 적

---

11 중견기업의 육성 방안은 2009년도에 지경부가 중심이 되어 추진해온 전략이기도 하다. 정 책개발의 역할을 맡은 한국산업기술진흥원은 2010년에 「중견기업정책연구」라는 방대한 연구결과를 제출한 바 있다.

12 교토기업이란 고도의 숙련과 기술이 요구되는 자본재(부품, 소재, 장비)에서 세계적인 경쟁 력을 보이고 있는 기업들로서 특이하게 교토라는 지역적 특성이 영향을 크게 끼치고 있다. 일본 역시 한국처럼 최종재 기업들이 협상우위를 기반으로 기업들이 위계화된 경향이 강 한데, 교토기업은 기업들 간의 선배-후배 관계의 협력이라는 독특한 지역문화가 특징이다. 교토기업의 간판이라고 할 수 있는 교세라(kyosera, 세락믹 기반 전자소재의 세계적 강자)의 전 회장이었던 이나모리 가즈오는 '경영의 신'이라고 불리기도 하며, 2010년 경영위기에 빠진 일본항공을 맡아 경영정상화를 이룬 인물이기도 하다. 교토기업에 대해서는 양준호 (2008)를 참조.

13 세계적인 제약산업이 대규모라고 해서 모든 기업들이 클 필요가 없다. 지식단계별로 다양 한 부가가치사슬이 존재하여, 다양한 규모의 기업들이 생태계를 이루는 산업이 생명산업이 다. 김석관(2004) 참조.

절하게 역할분담을 수행하는 것이 타당하다.

5) 대학과 출연연의 교육/지식인프라와 지역 산업의 연계

광역경제권은 또한 산업이 원활하게 재생산되는 교육과 지식 창출 기능을 갖고 있으면서 이러한 기능이 보다 혁신적이고 창의적으로 활용되게 할 수 있다. 한국의 교육과 지식산출은 대단히 중앙집중적이라고 할 수 있다. 고등교육은 중앙정부의 재정지원과 감독하에 있으며 정부연구소인 출연연 역시 그러하며 대체적으로 대전 지역에 한정적이다.

　한국의 고등교육은 과거 대학교가 많지 않았을 때는 1도 1국립대학(현재의 광역시가 도에 속할 때)의 원칙이 있었고 이에 따라 지방의 국립대학의 권위가 높았다(조영국 2005 참고). 하지만 다양한 이유들에 의해 국립대학이 확대되면서 사립대학과 국립대학의 차별성이 등록금의 차이 외에는 사실상 없어졌다고 할 수 있다. 국립대학과 사립대학이 정부의 재정지원사업에서 동등한 자격으로 경쟁하고 있는 것을 예로 들 수 있다. 국립대학이 정부의 관리 감독하에 있음으로 인해서 지역과의 연계는 상당히 약하다고 할 수 있다. 현재로서는 지역과 연계해야 할 동기가 대학에서나 지역에서나 없는 것이다. 또한 지역의 사립대학이 비용 절감을 위해서 기본전공들을 없애거나 합병함으로 인해서 사립대학에 진학한 학생들은 그만큼 선택의 기회를 제한받고 있음에도, 지역의 대학 간에 체계화된 네트워크가 없음으로 인해서 비용을 절감하면서도 상호보완적일 수 있는 협력 프로그램을 만들지 못하고 있다. 지방대학을 졸업한 대학생들은 한국 기업의 수도권 편중으로 인해서 원초적으로 취업의 기회를 제한받고 있는데, 그나마 수도권 직장 취업이라는 작은 기회를 붙잡기 위해서 수도권 대학으로의 편입, 졸업후 수도권지역에서의 취업 준비 등 많은 추가 비용을 지불하고 있다. 이로 인해서 지역의 인재가 지역의 산업을 이끌고 가고 다시 이 산업이 지역의 인재를 받아들이는 일자리를 제공하는 선순환은 성립하지 않고 있다. 지역산업과 지역 인재의 선순환 고리가 파괴된 데는 물론 지역의 산업이 빈약해진 데 원인이 있지만, 인재를 공급하는 대학 역시 지역에 필요한 인재를 양성하는 데 소홀했기 때문이기도 하다.[14]

광역경제권은 현재 지역 국립대학들의 자원을 최대한 활용해야 한다. 이를 위해서는 국립대학이 중앙정부만의 거버넌스의 영역이 아니라 중앙정부와 지방의 협력적 거버넌스하에 놓여야 한다(독일이 이러한 체제이다). 또한 국립대학과 사립대학 간 네트워크를 구축해서 국립대학은 기본적인 고등교육 플래폼을 제공하고 사립대간에는 특화된 교육 프로그램을 개발해서 시너지 효과를 거둘 수 있어야 한다. 사립대가 여건변화에 민감하기 때문에 이 경우 발생할 수 있는 구조조정이나 폐교에 있어서도 교직원과 학생들이 부당한 피해를 받지 않도록 국립대학이 학생과 교직원을 수용할 수도 있어야 한다. 이처럼 국립대학과 사립대학이 협력 네트워크를 구축하고 이 대학들이 지역의 현재 산업 또는 장차 기획하고자 하는 산업에 필요한 인재를 길러낼 수 있어야만 인재와 일자리가 선순환하는 지역경제가 확보될 수 있다.

지역의 대학과 더불어 지역의 지식을 전문적으로 창출할 수 있는 연구소들이 위치해야 한다. 광역경제권별로 몇 개의 도시권별로 지역의 산업을 뒷받침하는 지식을 전문적으로 창출하는 정부출연 연구소를 둠으

---

14 박용수(2006)는 지역대학의 이와 같은 문제들을 제기하고 있으며 지역에 기여하는 고등교육서비스를 위해서 다양한 대학 간 협력네트워크 또는 인수합병을 제기하고 있다. 박영환·조영국·안영진(2005)은 대학의 지역사회에 대한 기여에 대한 이론과 실제사례를 제시하고 있다.

로써 지역의 산업과 지식이 결합될 수 있도록 해야 한다. 정부출연 연구소는 기술뿐만 아니라 문화 등 다양한 분야에서 지역이 필요로 하는 지식을 제공하도록 하는 것이 타당하다. 또한 출연연은 독립된 캠퍼스보다는 대학 캠퍼스 또는 산업단지 캠퍼스에 속해서 지역의 타 주체들과 원활하게 결합할 수 있어야 한다. 전국에 걸쳐 정부출연 연구소를 구심으로 하는 지식창출 모델은 독일의 프라운호퍼 연구소이다. 프라운호퍼 연구소는 뮌헨에 본부 기능과 일부 연구소만을 두고 전국의 주요 도시별로 약 60개의 연구센터를 두고 있다.[15] 그리고 각 지역의 연구센터들은 지역의 산업과 맞게 특성화되어 있고 기업체로부터의 수탁연구의 비중을 일정 수준으로 요구하여 지역의 산업과 연계하도록 설계되어 있다. 이처럼 정부출연 연구소를 지역의 구심으로 배치하고 대학과 산업과 연계하도록 하는 것 역시 일종의 클러스터일 수 있지만, 클러스터를 하드웨어적으로 접근한 것이 아니고, 클러스터에 필요한 지식원천을 창출하는 데 초점을 두고 있다는 점에서 차이점이 있다고 할 수 있다.

5. 맺음말

이상의 논의에서 기존의 지역산업정책이 신산업정책 또는 지역혁신의 기조에 입각해서 출발했지만 정작 하드웨어의 이식이 중심이 되고 지역의 특성을 반영한 구체성 높은 산업정책이 되지 못했음을 지적했다. 이러한 원인은 지역산업이 정부의 프로그램 방식으로 제시되기 때문으로서 지역은 그 프로그램을 유치하는 수혜자적이고 수동적인 역할로 한정

---

15   프라운호퍼연구수의 홈페이지: http://www.fraunhofer.de/en.html.

되기 때문이고, 그러한 프로그램이 대체적으로 기술의 공급에만 너무 초점을 두고 있음을 지적했다. 그래서 이를 극복하기 위해서는 지역에서 적절한 산업전략을 수립하는 공간단위와 거버넌스 단위가 있어야 하며 그 단위를 광역경제권으로 제시했다. 광역경제권은 최소한으로는 인근 광역시와 도가 통합된 것이고 최대한으로는 인구 약 500만 명 수준으로서 강소국형 경제규모에 버금가는 범위일 것이다. 그리고 이러한 광역경제권이 광역 내의 고등교육기관들(그리고 그 협력네트워크)에 대해 중앙정부와 협력적 거버넌스에 참여함으로써 지역에 필요한 인재산출 기관으로 위치지워야 함을 강조했다. 그리고 정부출연 연구소가 광역경제권 내의 몇 개의 거점도시들에 위치해서 지역의 산업에 필요한 지식의 창출과 공급 역할을 해야 함을 지적했다.

또한 광역경제권 규모의 관점에서 지역 산업들의 가능성에 대해 고찰하고 타당성과 우선순위 설정, 그리고 산업수행에 있어서의 방안에 대해 검토하였다. 산업을 유형화시키고 그 예들로서의 세부 산업들에 대해 논의를 하였는데, 이러한 정도의 정보가 개별 지역산업의 주체가 사업기획에서 요구하는 구체성에는 못 미친다고 여길 수 있다. 하지만, 전술한 바와 같이 구체적인 산업은 주체들이 심사숙고해서 아이디어를 발굴하고 타당성을 검토할 수밖에 없는 것이 사업(business)의 본질이다. 지역 산업의 주체가 고려해야 할 산업의 유형 그리고 그 우선순위의 설정, 타당성에 대해 한국의 산업구조와 인구분포 등 큰 흐름에서의 판단근거 제시를 통해서 큰 흐름의 방향성을 제시하는 것 자체가 선행되어야 한다. 많은 지역들의 산업육성에 대한 방안들은 정작 이러한 큰 흐름에서의 타당성 검토도 하지 못한 채, 첨단 산업과 같이 유행하는 산업에 타당성 없는 투자를 감행하거나, 정부가 제시하는 산업단지에 무의미하게 경합하면서 행정비용을 낭비하는 경우가 많은 게 현실이다.[16] 이러한 현실에서 이상에서 제시한 산업전략이 일정하게 그 기여가 있다고 할 수 있으며, 또한 나아가, 광역단위 경제권을 상정한다고 할 때 이러한 경제권의 물적 기반으로서 산업의 모습에 대한 개략적인 윤곽을 제시한 데 의미가 있을 것이다.

---

16   하지만 최근 들어서 지역대학이나 광역지자체 산하의 지역개발 연구소 등이 주도하여 광역자치행정구역, 또는 광역경제권(인근시도 통합한 개념) 단위로 지역의 산업을 분석하고 가능성을 모색하는 연구가 활발해지고 있는 점은 대단히 긍정적이다. 이러한 연구 성과물들로 김정호 외(2012), 장병익 외(2012), 전남대학교 지역개발연구소 편(2012), 부산경남지역사회연구센터 편(2004), 부산경남지역사회연구센터 편(2004), 충북개발연구원(2002) 등이 그 예이다.

참고문헌

강현수, 2003, 「영국의 지역정책의 역사적 흐름과 최근 동향」, 유럽지역연구회 엮음, 『유럽의 지역발전정책』, 한울.

김석관, 2004, 『제약산업의 기술혁신 패턴과 발전 전략』, 과학기술정책연구원.

김영수·김찬준·송우경, 2008, 『광역경제권에 기반한 지역산업 육성 방안』, 산업연구원.

김정호 외, 2012, 『세계속의 강원경제』, 집문당.

김용웅·차미숙·강현수, 2009, 『신지역발전론』, 한울아카데미.

대한국토·도시계획학회 편, 2006, 『지역경제론』.

마뉴엘 카스텔, 피터 홀, 2006, 『세계의 테크노폴: 21세기 산업단지 만들기』, 한울(Manuel Castells and Peter Hall, 1994, *Technopoles of the World: the Making of twenty-first-century industrial complexes*, Routledge).

박광서, 2011, 「지역의 특별추진 사업」, 전남대학교 지역개발연구소 편, 『광주·전남지역의 경제현황과 발전방향』, 지인북스.

박용수, 2006, 『지방대학과 지역발전』, 강원대학교 출판부.

박원순, 2010, 『마을이 학교다』, 검둥소.

박창희·이승렬, 2009, 『부산독립선언』, 페이퍼로드.

부산경남지역사회연구센터 편, 2004, 『지역혁신과 부산지역의 산업네트워크』, 경성대학교 출판부.

양준호, 2008, 『교토기업의 글로벌 경쟁력: 기업과 지역의 새로운 모델을 찾아서』, SERI 연구에세이 94, 삼성경제연구원.

이경진, 2011, 「지역자원기반산업의 네트워크 형성과 거버넌스: 한국과 일본의 장류산업을 중심으로」, 서울대학교 대학원 박사학위 논문.

이용택·유규하 외, 2007, 『대한민국 신산업지도』, 중앙일보시사미디어.

장병익, 2012, 『울산지역산업론』, 울산대학교출판부.

전남대학교 지역개발연구소 편, 2011, 『광주·전남지역의 경제현황과 발전방향』, 지인북스.

정준호, 2010, 「중앙과 지방 간 관계와 행정구역 개편 방향」, 전병유 외, 『지방정부 주도의 분권정책 실행방안』, 충청남도 학술용역 보고서.

정병순, 2005, 「전문중소기업의 협력체제, 제3이태리의 산업지구」, 『선진국의 혁신클러스터』, 동도원.

제인 제이콥스, 서은경 역, 2004, 『도시와 국가의 부』, 나남출판(Jane Jacobs, 1984, "The Cities and the Wealth of Nations: Principles of Economic Life," Random House.

조영국, 2005, 「대학교육 기회의 확대와 대학진학행동」, 박영환·조영국·안영진, 『대학과 지역발전』, 한울아카데미.

최성수, 2008, 『도시 및 지역경제학』, 명진.

최은수, 2009, 『명품도시의 탄생』, 매경출판.

충북개발연구원 편, 2002, 『충북산업론』, 충북개발연구원.

한국산업기술진흥원, 2010, 『중견기업정책연구』, 권 1~10.

Cooke, Philip, 2002, *Knowledge Economies: Clusters, Learning and Cooperative Advantage*, London: Routledge.
Cooke, Philip, Carla De Lauremtis, Franz Tödtling and Michaela Trippl, 2007, *Regional Knowledge Economies: Markets, Clusters and Innovation*, Cheltenham, UK: Edward Elgar.
Florida, Richard, 2005, *Cities and the Creative Class*, New York: Routledge.
Krugman, Paul, 1991, *Geography and Trade*, MIT Press.
_____, 1997, *Development, Geography and Economic Theory*, MIT Press.
Kujath, Hans Joachim, 2005, "Knowledge-Intensive Services as a Key Sector for Processes of Regional Economic Innovation: Leapfrogging and Path Dependency." in Fuchs and Shapira, eds., *Rethinking Regional Innovation and Change: Path Dependency or Regional Breakthrough?*, Springer.
Landry, Charles, 2008/2004, *The Creative City: a Toolkit for Urban Innovators*, UK: EarthScan.
OECD, 2005, *Building Competitive Regions: Strategies and Governance*, Paris.
_____, 2007, *Competitive Regional Clusters*, Paris.
Ohmae, Kenich, 1996, *The End of the Nation State: the Rise of Regional Economies*, Free Press.
Porter, Michael E., 1998, *On Competition*, Boston: Harvard Business School Publishing.
Piore and Sable, 1984, *The Second Industrial Divide: Possibilities for Prosperity*, Basic Books: US.
Storper, Michael, 1997, *The Regional World: Territorial Development in a Global Economy*, Guilford: London.
Weber, Alfred, 1929, *Theory of the Location of Industries, English Edition with Introduction and Notes by Carl Joachim Friedrich*, The University of Chicago Press, 독일어 원문정보: Über den Standort der Industrie, 1909.

8

지역 과학기술 정책 방향과 과제

이정협(과학기술정책연구원)

1. 머리말

글로벌 경제 위기와 재정 압박의 조건에서 산업육성과 고용창출이란 목표를 달성하기 위한 전략적 경쟁단위로서 지방이 다시 부상하고 있다. 국가 차원의 산업육성이 점차 효력을 상실하면서 지방 단위의 경쟁력을 확보할 수 있는 시스템의 설계와 확보가 중요해졌기 때문이다. 이것은 또한 세계화와 경쟁의 확대에 따른 클러스터의 국제화와 전문화와도 연결되어 있다(OECD 2009). 프랑스와 독일 같은 일부 OECD 국가들은 클러스터 간 경쟁을 촉진하고 국제수준의 탁월성을 기준으로 정부 지원을 집중하고 있다. 그리고 개별 지역이나 국가의 경제, 산업, 기술 전문화에 기초하여 클러스터의 역동적 발전이 이루어지고 있어서, 클러스터의 개발은 ICT, 바이오, 나노 등 핵심가능기술(enabling technologies)이나 신흥산업을 중심으로 전개되기도 한다(OECD mimeo).

　　2011년 이후 OECD의 기술혁신정책(TIP) 분과에서 이루어지고 있는 지역에 관한 논의는 과학기술 투자의 전략적 확대와 스마트 거버넌스의 확립에 초점을 맞추고 있다. 제한된 자원을 지능적으로 활용할 수 있는 조정 메커니즘을 확립하고 글로벌 가치사슬이 제공하는 기회를 포착할 수 있는 새로운 거버넌스의 구상이 논의의 핵심이다(OECD 2012a). 그리고 개별 클러스터에 형성된 네트워크 플랫폼과 클러스터 구성원들 간의 협력은 클러스터 간 협력을 구성하기 위한 거버넌스의 토대가 되기도 한다(OECD mimeo).

우리나라가 지방 과학기술에 투자를 시작한 것은 1990년대 중반부터라고 볼 수 있다. 지방 과학기술 투자의 초기에는 국가연구개발 사업의 혜택을 받기 힘든 지방대학에 연구개발비를 지원하기 위한 균형발전이 지방 과학기술 투자의 목표였다. 신지역주의의 부상으로 대변되는 세계적인 추세와 비슷하게 우리나라에서도 점차 지역의 전략산업이나 선도산업의 육성을 통한 국가경쟁력 확보가 지방 과학기술 투자의 기저를 형성하였다. 그 과정에서 지역사업의 추진을 위한 거버넌스도 몇 차례의 변화를 거치면서 발전해 가고 있다. 김대중, 노무현 정부를 거치면서 시·도 행정구역 단위의 지역혁신 거버넌스의 토대가 마련되었고, 이명박 정부는 광역경제권 중심의 지역발전정책을 통해 임계규모 확보에 주력했다고 할 수 있다.

그러나 지방 과학기술 투자에 따른 실질적인 성과가 지역에서 나타나고 있느냐에 대해서는 아직까지 평가가 인색하다. 지역 사업에서 공유재의 비극으로 인한 자원낭비, 지방의 낮은 주인의식, 복잡하고 경직적인 사업체계 등의 문제가 발견된다. 이것은 중앙정부가 주도하는 지역사업의 구조적인 한계 때문에 나타나는 것으로 지역사업의 목표와 전략의 재설정이 필요하다는 주장도 있다(고영선·김광호 2009). 지역의 독자적인 사업 추진의 필요성 이외에도 지역사업의 종합조정 및 관리체계의 문제나 지자체의 역량 부족 등 여러 가지 다른 문제도 지적되고 있다(박정일 2010). 이런 문제들이 복잡하게 어우러져 이명박 정부에서 지방과학기술정책을 통해 추구한 지자체가 중심이 되어 비교우위에 따른 특성화와 차별화의 성과를 낼 수 있는 토대는 아직 마련되지 못했다고 볼 수 있다(이윤준·박동배 2011).

이 글에서는 우리나라 지방과학기술 투자사업의 성과와 한계를 짚어보고, 앞서 제시한 클러스터의 세계화와 전문화라는 측면에서 우리나라 지방 과학기술 투자의 방향을 조망하고 이를 추진하기 위한 정책과제를 제안하고자 한다.

2. 그동안 지방과학기술 투자사업의 성과와 한계

1) 지방과학기술 투자사업의 성과

우리나라의 지방 과학기술에 대한 투자는 1990년대 중반부터 시작되었다고 할 수 있다. 1995년 (구)과학기술부에서 지방대학에 지역협력연구센터(RRC)를 설치하고 같은 해 (구)산업자원부에서 지방대학을 지역기술혁신센터(TIC)로 지정하면서 지방 과학기술 투자가 시작되었다. 그 이후 지방 과학기술투자 사업은 크게 세 가지로 발전하였다. 테크노파크 중심의 전략산업 육성, 대덕연구단지의 클러스터화 사업, 산업단지 클러스터 사업이 그것이다. 그리고 2000년대 중반 이후 산학협력중심대학사업 등 지방대학의 연구 및 인력양성을 위한 사업들이 교육과학기술부를 중심으로 집중 지원되었다. 지방과학기술 투자가 확대되면서 지역사업의 추진을 위한 거버넌스도 몇 차례 변화 및 발전하였다. 김대중, 노무현

정부를 거치면서 시·도 행정구역 단위의 지역혁신 거버넌스의 토대가
마련되었고, 이명박 정부는 광역경제권 중심의 지역발전정책을 통해 임
계규모 확보에 주력하였다.

　우리나라의 지방 과학기술 투자는 최근 5년간('05~'09) 여러 부처
에서 다양한 프로그램이 기획·추진되면서 지속적으로 확대되었다. 이는
노무현 정부기 국가균형발전을 가장 중요한 국정과제의 하나로 채택하
고, 지방 과학기술 투자 확대를 정책적 수단으로 활용하였기 때문이기도
하다. 지방 과학기술 투자는 '05년 2조 1,452억 원에서 '07년 2조 5,316
억 원으로 그리고 '09년에는 3조 1,770억 원으로 증가하였다.

　그 동안 지방 과학기술 투자의 확대에 따른 양적 성과는 나타나고
있는 것으로 파악된다. SCI 논문이나 특허 생산의 증가, 기술료 수입증
대와 기술사업화의 성과 확대 등 여러 가지 성과가 지방 R&D 투자에
따른 성과로 보고되고 있다(이정협 2011a). 지방의 SCI 논문 수는 2007
년 5,603편(30.5%)에서 2009년 7,479편(31.1%)으로 절대적 숫자와 상
대적 비중이 모두 증가하였다. 지방 특허의 양적, 질적 수준도 수도권이
나 대전에 비해 상대적으로 양호한 것으로 나타났다. 지방 특허의 상대
적 비중이 2007년 23.8%에서 2009년 27.1%로 증가하였고, 같은 기간 S
등급 특허에서 지방이 차지하는 비중도 다소 높아졌다. 그리고 과학기술
투자를 통한 기술료 징수건수나 기술료 징수액도 지방의 비중이 상대적
으로 높아졌으며, 기술개발 사업화의 경우 지방의 절대적, 상대적 비중
의 증가가 뚜렷하게 나타났다.

　국가연구개발사업을 통한 지방 과학기술투자의 확대가 이루어지면
서 지역의 네트워크가 강화되고 특히 대학이 참여하는 기업과의 협력도
확산되는 것으로 나타났다(이정협 2011a). 수도권 국가연구개발사업의
산학협력 비중이 2005년 15.7%에서 2009년 19.1%로 증가한 반면 지방

의 국가연구개발사업의 산학협력 비중은 같은 기간 19.8%에서 25.0%로 늘어났다. 지방의 참여 비중이 20% 미만인 국가연구개발사업 수의 비중은 전반적으로 낮아지고 있는 반면 지방의 참여 비중이 20% 이상인 국가연구개발사업 수의 비중은 다소 증가 내지 증감을 반복하는 추세를 보인다. 따라서 지방대학 등 지방 혁신주체들의 경쟁력이 강화되어 국가연구개발사업 참여 비중이 점진적으로 확대되고 있는 것으로 보인다. 또한 국가연구개발사업을 중심으로 이루어진 지방대학과 공공연구기관의 연구개발 투자가 확대되면서 지방 기업체들의 연구개발 투자도 다소 견인된 것으로 파악된다(이정협 2011a).

2) 지방과학기술 투자사업의 한계와 취약점

그러나 지방 과학기술 투자의 성과가 지방대학과 산업의 경쟁력 강화를 통한 실질적인 변화의 추동력 확보로 이어지지는 못했다(이정협 2011b). 지방 과학기술 투자가 지속적으로 확대되고 있지만 대학 연구성과의 확대와 교육 수준의 개선, 우수한 학생의 지방대학 진학과 지역기업 취업, 지역기업의 혁신역량 강화와 고급 일자리 확대, 산학협력의 강화 등 선순환 구조 창출이 나타나지 못했기 때문이다.

우선 지방대학의 경쟁력이 지속적으로 약화되고 있으며, 주요 지방 국립대학도 과거와 같은 거점역할을 하지 못한다. 중앙일보교육개발연구소에 따르면 2009년 기준 30위 이내 국내 대학 중 수도권과 대전 이외의 지방대학은 11개에 불과하다. 그리고 대전의 KAIST와 포스텍을 제외하면 10위권 이내의 대학은 모두 수도권의 대학들이다. 부산대(15위), 경북대(16위) 등 지방의 주요 국립대의 인지도도 중간 수준을 넘지 못하는 것으로 조사되었다.

좋은 일자리는 서울을 중심으로 수도권에 집중되어 있다. 2009년 기준 서울의 급여수준은 2,591,210원으로 가장 높은 수준이다. 그리고 경기(2,343,611원), 인천(2,140,215원), 대전(2,360,052원)의 급여수준도 부산(2,024,612원), 대구(2,021,827원), 전북(1,962,745원) 등 2,000,000원 내외의 지방 급여수준 보다 높다. 2009년 기준으로 전국 평균 급여수준 2,304,167원을 넘는 지방은 울산(2,425,507원)과 전남(2,306,153원) 두 곳뿐이다.

따라서 지방대학 졸업자들이 좋은 일자리를 찾아 수도권으로 취업하는 비중이 높아졌다. 2005년 기준 서울, 인천, 경기지역 대학 졸업생들이 수도권에 취업하는 비중은 각각 86.6%, 93.6%, 95.3%인 반면, 지방대학 졸업생의 역외 취업 비중은 20%에서 30%에 이른다. 그리고 구인구직 비율의 수도권과 지방 간 격차는 2008년에 거의 없어졌다가 다시 커지고 있다.

지방 과학기술투자를 통해 실질적인 성과 창출의 한계가 초래된 것은 지역별로 임계규모를 창출할 수 있는 전략적 전문화가 이루어지고 이런 특성화에 기초한 분업구조가 정착되지 못했기 때문이다(이정협 2011b). 우선 지방 과학기술 투자의 확대와 양적 지표의 개선에도 불구하고 실질적인 지역성장의 토대를 닦지 못한 것은 지역특성을 고려한 전략적 집중 투자가 미흡했기 때문이라고 볼 수 있다. 대부분의 경우 복잡한 중앙정부의 프로그램과 신규사업 예산확보에 집중하는 지방정부의 과도한 노력이 결합되면서 파편화된 투자가 이루어졌다. 그 결과 정부의 과학기술 투자로 지역산업 육성을 위한 최소한의 임계규모를 확보하지 못하게 되었다.

국가연구개발사업의 주요 기술별 집중도의 추이를 지역별로 살펴보면 지난 5년간('05~'09) 전국 시도가 특정 기술로 전문화되기 보다는 거의 획일화된 기술기반으로 수렴되고 있음을 알 수 있다(이정협 2011b). 그리고 주요 기술별 상대적 비중의 추이를 지역별로 살펴보면 전체적으로 전국 평균에 비해 해당 기술의 비중이 높은 지역기술의 숫자가 계속 늘어나거나, 전국 평균보다 높은 기술의 종류가 지역별로 계속 달라지는 것으로 나타났다. 이로 볼 때 지역별로 특정 기술에 대한 특화가 이루어지고 있다고 보기 힘들다(이정협 2011b).

전략적 전문화와 특성화에 기초한 분업구조의 정착 그리고 이를 통한 실질적인 선순환 구조의 창출이 이루어지지 못하는 것은 자율성과 분권의 확대를 통해 지방자치단체가 중심이 된 과학기술발전의 도모가 이루어지지 않았기 때문이다(이정협 2011b). 우선 지방 과학기술사업의 부처 간 조정을 위한 제도적 장치가 마련되지 못했다. 물론 지방 과학기술사업과 관련하여 최근 몇 년 동안 부처 간 중복 및 유사성의 문제를 극복하기 위해 몇 차례 조정과정을 거치면서 부처별로 특화가 이루어졌다. 사실 부처 간 경쟁적인 신규 프로그램의 개발과 추진이 진행되면서 정책 수요자들의 혼란을 초래할 정도로 지역사업이 복잡해졌고 중복 및 유사성의 문제가 항상 제기되었기 때문에 이명박 정부에서 이루어진 조정의 과정은 높이 평가할 만하다. 이런 조정의 결과 교육과학기술부는 인력양성과 기초연구에 중점을 두고, 지식경제부는 인프라 구축과 기술개발에 특화하는 방향으로 부처 간 사업의 조정이 계속 진행되고 있다. 그러나 부처 내의 사업간 그리고 부처 간 사업의 연계를 촉진하기 위한 제도적 기반의 마련은 여전히 필요한 것으로 파악된다. 그리고 부처별 특화가 진행되면서 개별 부처로는 실질적인 성과창출에 필요한 정책 포트폴리오 구성에 한계가 있으므로 부처 간 사업의 종합조정을 위한 제도적 장치가 갖추어져야 할 것으로 여겨진다.

그리고 실질적인 성과 창출을 위해서는 지역산업의 발전단계, 실제

산업의 지역적 범위 등 산업과 지역의 특성을 고려한 차별적 프로그램의 기획 및 추진이 이루어져야한다(이정협 2011b). 그러나 이제까지 추진되어온 중앙정부의 지역사업들은 지방의 특성을 반영하지 못하는 하향식 사업들이 거의 대부분을 차지하고 있다. 물론 테크노파크를 중심으로 지역의 기술로드맵 작성이나 지역 전략산업 육성 등 다양한 기획의 경험이 축적되고 있는 것은 바람직한 변화라고 파악된다.

그리고 지방정부 독자적으로 사업을 기획하고 추진할 수 있는 여력도 크지 않은 것으로 파악된다(이정협 2011b). 이제까지 추진된 지역사업들에서 지방정부의 역할은 중앙정부의 다양한 사업을 따기 위한 정치적 홍보와 매칭펀드의 제공에 그쳤다. 이런 이유로 지방의 기획 및 추진 역량에 대한 근본적인 문제제기가 있는 것도 사실이다. 특히 지방대학 등 이해당사자들은 지방과 중앙의 다양한 네트워크를 활용해서 중앙정부의 사업을 유치하였고, 지방정부는 이들 사업들에 대한 면밀한 검토 없이 거의 무조건적으로 매칭펀드를 제공하였다. 이런 과정이 누적되면서 지방정부가 독자적으로 사업을 기획하고 추진할 수 있는 재정적 여력은 점차 소진된 파악된다. 2009년을 기준으로 국가연구개발사업에 대한 지방정부의 매칭펀드 비중은 28.6%를 차지해 수도권 8.3%와 대전 3.7%에 비해 월등하게 높게 나타났다. 반면 수도권은 대기업(31.7%)의 매칭펀드 비율이 높고, 대전은 중소기업(57.6%)의 참여가 활발하다.

지방 자체의 사업관리시스템의 조정 및 확대도 필요하다(이정협 2011b). 지식경제부는 테크노파크를 중심으로 지식경제부의 지역사업에 대한 사업관리시스템을 어느 정도 구축하였다. 특히 테크노파크 사업과 4+9개 지역산업진흥사업을 전개하면서 사업의 중복 등의 문제를 해결하기 위해 여러 차례 거버넌스 조정을 위해 노력한 결과 테크노파크를 중심으로 현재의 사업관리시스템이 확립되었다. 그러나 현 정부에서 추진하고 있는 광역권 단위의 선도산업 육성과 관련된 사업이 확대되면서 새로운 거버넌스 정립과 사업의 조정이 요구되고 있다.

　그리고 지방대학 등 지역의 주요 혁신주체를 아우르는 지역 단위의 종합관리시스템으로의 발전도 필요한 것으로 파악된다. 테크노파크 산하 정책기획단과 지역산업평가단은 지식경제부 사업 위주의 사업 기획 및 관리에 그치고 있다. 지방대학의 산학협력단을 중심으로 전개되고 있는 다양한 연구개발 및 산학협력 활동은 규모나 활동내용의 측면에서 지역산업 육성에 있어서 핵심적이라고 할 수 있다. 따라서 지식경제부, 교육과학기술부 등 여러 부처 사업을 포괄적으로 기획하고 관리할 수 있도록 추진체계의 확대가 필요하다. 이를 위해서 연구개발지원단이나 지방과학연구단지 등 교육과학기술부 집행기관의 역할 재정립 및 지식경제부 사업기관과의 연계가 필요하다.

3) 이명박 정부의 지방 과학기술정책 평가

이제부터 이명박 정부의 지방 과학기술정책에 초점을 맞추어 살펴보자. 이명박 정부는 김대중, 노무현 정부에서 행정구역 단위로 분산투자가 이루어지면서 지역의 성장동력 확보에 한계가 노정되었다는 판단에 따라 광역경제권 단위로 규모의 경제를 추구하는 것을 대안으로 제시하였다. 이것은 기존의 지역정책이 산술적·결과적 균형에 집착하고 행정구역간 형평성 확보에 치중함으로써 세계의 다른 지역과의 경쟁은 소홀히 하고 수도권과 지방 간 대립구조만 격화시켰다는 국가균형발전위원회(2008)의 비판과 일맥상통한다. 이명박 정부에서 광역경제권은 세계화의 진전과 지식기반경제의 심화라는 조건하에서 우리나라의 지속가능 성장을 위한 기본 경쟁단위로 부각되었다.

물론 지방 과학기술투자 사업의 추진에 있어서 규모의 경제의 추구는 필요하지만, 광역경제권 단위로의 단순한 확대는 규모의 경제 혹은 임계규모 창출의 다양한 가능성을 훼손하고 그 과정에서 시·도 단위의 기존에 확보된 인적, 물적 인프라를 효과적으로 사용하지 못하게 만드는 구축효과가 나타난다. 따라서 규모의 경제 추구를 목표나 방향으로 삼기보다는 지역에서 필요로 하는 변화의 추동력 확보를 목표로 삼고 이를 가능하게 하는 다양한 방식의 임계규모 창출을 유도하는 것이 바람직하다. 변화를 추동하는 임계규모의 창출은 원주 의료기기 산업의 경우처럼 기초자치단체에서도 가능하며, 광주 광산업과 같이 광역자치단체 단위에서도 확보될 수 있기 때문이다. 광역경제권 단위의 규모의 경제 추구보다는 임계규모 창출을 통한 변화의 추동력 확보가 더 중요하다고 판단된다.

과거 정부의 지방과학기술정책은 중앙정부가 주도하는 하향식사업으로 추진되었다. 이런 방식의 사업추진으로는 지역의 자생능력 확충에 어려움이 있다고 판단하고 참여정부와 이명박 정부는 지방이 주도하는 방식으로의 사업추진의 전환을 모색하였다. 지방의 자율성 및 분권의 확대는 바람직한 방향이기는 하지만 우리나라의 조건을 고려하면 조율된 자율성의 강화 정도로 바꿀 필요는 있다고 판단된다. 지나친 자율성과 분권의 확대는 지역별로 기능적, 인식적, 정치적 고착(lock-in)이라는 역효과를 가져와 지방 과학기술 투자를 통한 혁신의 창출보다는 지역의 기존 이해관계를 반영한 사업화로 귀착될 가능성이 높아지기 때문이다. 그런 측면에서 국가균형발전위원회(2008)가 강조한 바와 같이 지방이 주도하되 중앙정부의 조정과 지원의 협력체계가 동시에 추진되는 것이 바람직하다고 본다.

그리고 지역별 특성화 및 차별화는 지역별 전문화와 다양화의 조화

로 조정될 필요도 있다. 지역별로 지나친 특성화와 차별화를 추구하게
되면 한편으로 창조성의 근원인 다양성을 저해하고 다른 한편으로는 환
경변화에 대한 대응능력을 떨어뜨린다. 지방 과학기술 투자확대를 통해
지역별로 확보된 기존의 지식기반을 지역의 창조성을 고양하는 다양성
의 원천으로 유지하고 이를 토대로 지역의 경쟁력 있는 부문이 발굴되고
강화되는 과정이 지속되는 전문화 촉진이 필요하다.

3. 지방과학기술 투자의 향후 과제

김대중, 노무현, 이명박 정부를 지나면서 지방 과학기술 투자가 지속적
으로 확대되고 양적 지표 위주의 성과가 나타났음을 살펴보았고 각개약
진 식으로 전개되던 주요 중앙정부 부처 사업도 상당한 조정이 이루어졌
다. 그러나 실질적인 성과창출을 위해서는 지방 과학기술 투자의 방향과
세부 실행전략에서 개선할 여지가 많다. 실질적인 성과를 창출하기 위해
서는 우리나라의 산업 및 혁신시스템의 발전과정에서 지방과학기술사업
에 요구되는 구체적인 정책수요를 확인하고 이를 가장 효과적으로 추구
할 수 있는 방향이 무엇인지에서 그 답을 찾아야 한다고 생각된다.

1) 지방과학기술 투자의 방향 전환 필요

지방과학기술 사업의 추진과정에서 나타난 가장 중요한 문제는 균형발
전의 그림자라고 생각된다. 최초의 지방과학기술투자 프로그램인 지역
협력연구센터와 지역기술혁신센터도 균형발전이 프로그램의 도입에 중
요한 근거가 되었다. 우리나라에서 1992년에 대학연구지원 프로그램인

공학연구센터(ERC)와 과학연구센터(SRC) 사업이 시작되었고 이 프로
그램에서 제외된 지방대학에 연구개발비를 지원하기 위해 이들 프로그
램이 만들어졌기 때문이다. 특히 노무현 정부의 국가균형발전위원회의
적극적인 활동을 통해 균형발전이 지방과학기술 투자의 궁극적인 지향
가치가 되기도 했다.

　지방과학기술사업의 방향전환과 구체적인 사업의 기획을 위해서는
지방과학기술사업을 우리나라의 산업 및 혁신체제의 발전과정에 위치
지우고 재해석하는 작업이 필요하다. 이를 통해서 지방과학기술사업의
적절한 역할을 찾아내고 거기에 걸 맞는 사업모델과 거버넌스를 정립하
고 사업의 조직과 기능에 대한 조정이 필요한 시점이다.

　우리나라의 산업 및 혁신체제의 발전의 원동력은 정부의 적절한 개
입을 통해 주요 혁신주체들을 중심으로 글로벌 경쟁환경에 대한 시스템
적 적응능력을 확보한 것이다. 1970년대에는 산업의 기술수요가 거의
없고 국내의 기술능력이 미비하여 중화학공업 분야의 전략산업 육성이
어려운 조건이었다. 이런 상황에서 정부는 정부출연연구소 시스템을 통
해 기술수요를 창출하고 외부로부터 기술을 내부화하는 메커니즘을 마
련하였다. 1970년대 말 제2차 석유위기를 거치면서 선진국의 기술보호
주의가 강화되고 일방적인 기술수입 및 내부화가 어려워졌다. 1982년부
터 시작된 특정연구개발사업은 대기업과 정부출연연구소를 중심으로 하
는 연구개발컨소시엄을 가능하게 함으로써 대기업의 기술개발의 불확실
성에 따른 위험을 감소시켜 주었고 이를 통해 반도체, 이동통신, 디스플
레이와 같은 복합기술제품을 자체 개발할 수 있었다. 1980년대 후반 포
항공대를 중심으로 시작된 대학연구가 1990년대에 접어들면서 본격화
되었고 정부는 다양한 대학연구개발 프로그램을 통해 대학의 기초연구
를 지원하기 시작했다. 대기업들이 일부 기술분야에서 세계적인 선도위

치에 자리 잡으면서 신제품 개발의 기술불확실성에 직면하였고, 정부지원을 통해 확충된 대학의 기초분야 연구역량은 이들 대기업의 기술개발 불확실성을 낮출 수 있는 좋은 자산이 될 것으로 기대된다.

우리나라의 지방과학기술 사업도 우리나라의 산업화 과정을 거치면서 형성된 산업 및 혁신시스템의 발전과정에 나타난 독특한 수요를 충족시키면서 발전해 왔다고 할 수 있다. 예를 들어 1995년에 시작된 지역협력연구센터와 지역기술혁신센터는 1980년대 후반부터 진행된 부품 수입대체 산업화와 밀접하게 연결되어 있다. 대기업에 특정 부품을 납품하기 위해 창업한 기업들에 대한 제품개발 및 시제품 생산 수요에 대한 지원 수요가 발생했고 지역대학들은 이들 프로그램을 통해 대학의 연구개발 역량을 활용하고 고가의 공동활용 장비를 구축함으로써 이런 수요에 대응할 수 있었다. 이후 이러한 지역 업체들의 공동 기술개발 및 시제품 생산 수요는 테크노파크와 테크노파크 산하의 전략산업별 기술센터들과 연계하여 더욱 폭넓게 확충되었고 상당한 성과를 거둔 것으로 판단된다. 1990년대 후반 이후 지방대학과 테크노파크를 중심으로 형성된 기술혁신인프라는 기술벤처의 창업 및 보육공간으로 자리매김하였다.

최근 들어 지방 기업의 혁신역량이 확대되면서 지역사업에 대한 요구사항은 한 단계 더 발전하게 된다. 상당한 기술수준을 갖춘 기업들이 지역 사업의 파트너로 많이 등장하면서 기술혁신과 글로벌 마케팅에 대한 수요가 더욱 높아졌다. 예를 들어 삼성전자에 납품하는 솔루션 업체는 삼성전자와의 거래관계를 통해 세계적인 수준의 높은 기술력을 확보하게 되었다. 그러나 이들 기업들이 갖춘 기술력은 시행착오를 거치면서 확보한 것에 불과하기 때문에 이들 기업이 새로운 기술혁신을 이루기 위해서는 전자공학 등 대학과의 공동연구를 통해 기술력을 규명하는 작업이 필요해졌다. 혁신적인 기술제품의 개발과 상업화는 원천기술에 대한

규명이 토대가 되어야 가능하기 때문이다. 동시에 이들 기업들의 지속적
인 성장을 위해 독자적인 기술력을 토대로 글로벌 소싱을 위한 역량의
강화도 강하게 나타나고 있다.

따라서 2000년대를 지나면서 기존에 구축된 지역의 기술혁신 인프
라와 역량을 토대로 이들 지역 업체들이 핵심기술력을 확보하고 이를 바
탕으로 글로벌 소싱에 성공할 수 있는 토대를 제공해야 한다. 이를 위해
지식경제부의 테크노파크 중심의 지역혁신 인프라와 교육과학기술부의
지방대학 육성 사업이 유기적으로 연계될 필요가 더욱 커졌다고 할 수
있다. 특히 지방대학의 연구개발 역량과 글로벌 네트워크에 대한 지역업
체들의 수요가 커졌고 지방과학기술투자 사업들이 이를 효과적으로 매
개할 수 있는 방향으로 사업이 기획 및 추진될 필요가 있다고 판단된다.

2) 향후 지방과학기술 정책 방향

앞서 제시한 핵심기술력을 토대로 한 지방업체의 글로벌 소싱을 지원하
는 방향으로 지방과학기술투자가 이루어질 수 있도록 다음과 같이 네 가
지 정책과제를 제시하고자 한다. 물론 방향정립과 정책과제 도출을 위해
종합적이고 체계적인 방식으로 기존 사업에 대한 진단이 이루어져야 할
것이다.

첫째, 재원의 이양, 중앙 및 지방의 종합조정 및 관리체계 정비 등
지방정부 주도로 연구개발 투자가 이루어질 수 있는 제도적 개선이 이루
어져야 한다. 중앙정부 주도의 산업육성과 연구개발 투자의 정책적 관행
은 지방에도 비슷한 방식으로 적용되었다. 전략산업을 선정하고 중앙정
부가 제시한 프로그램에 따라 비슷한 기술 및 정책 인프라가 지역별로
갖추어지고 관련 사업이 추진되었다. 그런데 이제는 지역이 보유한 다양

한 자산을 토대로 세계적인 기업, 연구소, 대학들이 참여하는 기술 플랫폼을 구축하는 것이 글로벌 경제의 기회를 포착하기 위해 중요한 요소로 부각되었다. 이를 위해서 임계규모에 달하는 공공 및 민간의 자원을 동원할 수 있는 공동의 전략적 연구 아젠다의 설정이 요구되는데(OECD 2012b) 그 조건과 방향이 지역별로 모두 다르다. 따라서 중앙정부 주도의 지역사업의 성과와 한계에 대해서는 별도의 검토가 있어야 하겠지만 앞서 제시한 지역의 글로벌화 전략을 추진하기 위해서는 연구개발비를 포함한 혁신사업에 대한 지역의 재량권의 확대가 필요한 시점이 되었다고 할 수 있다.

둘째, 지방정부가 주도적으로 사업을 기획하고 추진하기 위해서 우선 사업의 기획 및 추진능력의 확충이 필요하다. 그리고 유력한 지방대학의 교수 등 이해관계자들이 지나치게 개입하면서 나타날 수 있는 고착화(lock-in)를 극복할 수 있는 제도적 장치도 마련되어야 한다. 지역의 미래를 준비하는 데 투자되어야 하는 제한된 예산이 구조조정 되어야 할 지역의 산업을 유지하는 데 무의미하게 사용될 가능성도 있기 때문이다. 이를 위해서 지역사업을 기획하는 과정에서 국가 차원의 전문가 집단을 구성하는 것도 필요한 것으로 보인다. 유럽은 공공투자를 집중하여 비교우위 분야의 경쟁력을 강화하기 위해 스마트 전문화 전략을 추진하는 과정에서 EU 위원회 대표들로 구성되는 운영위원회와 다양한 네트워크 단체의 대표들로 구성된 Mirror Group을 통해 개별 지역의 사업을 지원하고 있다(이정협 2011a).

셋째, 중앙정부가 추진하는 사업들 특히 성장동력 중심의 연구개발 사업과 지방정부의 과학기술혁신 정책의 차별화 및 연계가 필요하다. 미국의 경우 1990년대에 기초연구 사업을 주로 추진하던 중앙정부가 산업기술정책을 확대하고 지방정부가 1980년대부터 독자적으로 추진하던 과학기술정책이 강화되면서 양자의 차별화 내지 협력이 중요한 이슈로 부각되었다(현재호·황병용 1998). 우리나라는 중앙정부가 산업기술 중심의 연구개발 사업을 운영하다가 2000년대 들면서 기초연구를 강화하고 있고 중앙정부 주도의 지방 연구개발 사업이 확대되었다. 그 결과 중앙정부가 추진하는 산업연구와 지방 연구개발 사업 간의 중복이 발생하고 있다. 따라서 중앙정부의 성장동력 사업의 지역별 강제 배분 혹은 성장동력 사업에 대한 지역 간 컨소시엄 사업의 확대와 같은 정책적 전환이 필요하다고 판단된다. 일본의 경우 중앙정부의 신성장동력 사업을 지역별로 강제로 할당하는 등 인센티브 장치를 통해 지역별로 선택과 집중을 유도하고 있다. 그리고 프랑스에서는 경쟁거점 사업을 통해 지역 간 컨소시엄을 형성하고 글로벌, 국가, 지역 차원의 다양한 성장거점을 육성하고 있다. 특히 지역 간 컨소시엄 사업을 확대하면 지역 이해당사자들의 지나친 개입에 따른 고착화의 문제를 극복하는 데도 기여할 수 있을 것으로 보인다.

마지막으로 지방 연구개발사업의 질적 전환을 위해서 중앙정부 차원의 로드맵이나 유럽에서 현재 추진 중인 스마트전문화 같은 기획사업을 구상하고 준비된 지방정부부터 점진적으로 사업을 이양하는 방식의 접근이 요구된다. 이제까지 지방정부는 중앙정부가 제공한 가이드라인에 맞춰 관련 인프라를 구축하고 사업을 추진해 왔다. 그러나 앞으로는 독자적으로 개방형 지역혁신체제를 정착시키고 글로벌 가치사슬과의 전략적 연계를 확대할 수 있는 정책 프로그램을 설계하고 추진해야 하는데 이런 일들은 필요하지만 쉽게 이루어질 수 있는 내용이 아니다. 예를 들어 광주는 광산업에 초점을 맞춰 중앙정부의 사업을 유치하고 지원을 받아 내면서 지난 십여 년간 상당한 성과를 거두었다. 1999년 47개에 불과하던 광주의 광산업 업체의 수가 2010년에 377개로 증가하였다. 광주의 광산업이 질적으로 도약하기 위해서는 LED와 광통신부품에 초점을 맞춘 기존의 사업의 틀을 넘어서 융합부문의 새로운 광기술제품의 개발 및 글로벌 마케팅이 요구되고 있다. 이를 위해서는 중앙정부 의존적인 사업의 기획 및 추진관행에서 벗어나 지식 생산 및 활용의 글로벌화를 위해 새로운 정책 거버넌스를 구상하고 혁신적인 사업의 추진이 필요하다. 중앙정부가 제시하는 로드맵이나 기획사업에 자발적으로 참여하는 지방정부를 대상으로 지역사업의 목표, 전략, 사업프로그램의 설계와 추진을 우선적으로 실시하는 것이 필요하다.

참고문헌

고영선·김광호, 2009, 『지역개발정책의 목표와 전략 재정립』 제209호, KDI 정책포럼.

국가과학기술위원회, 2010, 『제3차 지방과학기술진흥종합계획 수정계획(안)』.

국가균형발전위원회, 2008, 『상생·도약을 위한 지역발전정책 기본구상과 전략』, 지역발전정책 추진전략 보고회의 자료.

박정일, 2010, 『지역 R&D 사업 정책동향 및 주요이슈』, 동향 브리프 2010-11, 한국과학기술평가원.

이윤준·박동배, 2011, 『지역 기술개발활동 활성화를 위한 정책과제』, STEPI Insight, 제70호.

이정협, 2011a, 『스마트전문화의 개념 및 분석틀 정립』, 과학기술정책연구원 정책연구 2011-24.

_____, 2011b, 「지속가능발전을 위한 지방과학기술 발전 전략, 국가발전전략」, 조황희 외, 『과학기술이 선도하는 국가발전전략 의제발굴 및 분석』, 과학기술정책연구원 정책자료 2011-01.

현재호·황병용, 1998, 『과학기술지방화와 과학기술협력』, 정책연구 98-20, 과학기술정책관리연구소.

OECD, 2012a, *Draft Synthesis Report on Smart Specialisation for Innovation Driven Growth*.

_____, 2012b, *Draft Terms of Reference for the TIP Activity on Systems Innovation*.

_____, 2009, *Cluster, Innovation, and Entrepreneurship*.

_____, Mimeo, *Cluster Policy and Smart Specialisation*.

9

지역개발 및 지역재생 정책 방향과 과제

변창흠(세종대학교)

1. 머리말

지난 제19대 총선과 제18대 대통령 선거에서도 예외없이 전국에서 각종 개발사업이 공약으로 발표되었다. 일자리 창출, 소득 증가, 관광객 유치, 지역경쟁력 증가 등을 통해 지역을 발전시킨다는 것이 명분이다. 어떤 형태의 개발사업이든 개발구상이 발표된 것만으로도 해당지역의 부동산에 기대심리를 불러일으키고 지가를 상승시킨다. 지가의 상승은 해당 지역 주민들의 자산가치를 높여 개발사업 추진주체와 사업 자체에 대한 지지의 근원이 된다.

특정지역의 개발사업은 다른 지역 주민들에게 상대적인 박탈감을 유발하고, 이것이 정치적인 압력으로 작용하여 또 다른 개발사업을 불러일으킨다. 그러나 수요를 고려하지 않고 착수되었던 개발사업은 결국 수익성 부족 때문에 무산되고 만다. 부동산 시장의 팽창기에는 당장의 실수요와 무관하게 미래자산의 가치 상승에 대한 기대만으로도 개발사업이 추진될 수 있었지만, 부동산 시장의 수축기에는 정상적인 수요마저도 위축되어 사업이 중단될 수밖에 없다.

그동안 개발지구로 지정되기만 하면 그 지역은 저절로 발전하는 것으로 믿어왔지만, 개발의 성과가 지역의 발전으로 연결되지 않는 경우도 많았다. 지역자원을 활용하지 않는 개발이나 끊임없이 유지관리비용이 소요되는 개발사업은 오히려 지역에 부담으로 작용할 수도 있는 것이다. 반면, 개발지구로 지정된 채 개발사업이 추진되지 않으면 지역은 더욱 황폐화된다. 개발지구 지정과 동시에 다른 용도의 개발을 막기 위해 도시계획이나 건축 규제가 가해지기 때문이다. 개발지구의 지정을 요청했던 주민들이 이젠 거꾸로 지구 지정 취소와 사업중단을 주장하고 있다.

고도성장이 더 이상 불가능해진 현재의 사회·경제적 환경하에서는 과거의 개발사업 추진구조와 개발방식이 더이상 작동되기 어렵게 되었다. 그동안 개발사업이 초래하는 환경파괴, 원주민 추출, 개발이익의 편중과 사회적 양극화, 개발의 수도권 집중과 지역불균형 등의 부작용에 대한 비판의 목소리도 높아지고 있다. 또한 이러한 문제를 해소할 수 있는 대안적인 개발원칙을 정립하고 대안적인 개발모형을 제도화해야 한다는 요구도 커지고 있다.

이 글에서는 우리나라의 지역개발사업과 재정비사업에서 과도한 개발이 이루어지는 구조와 한계점을 분석하고 대안적인 개발사업의 방향과 방식을 제안하고자 한다. 이를 바탕으로 앞으로 지속가능하고 기존의 역사와 문화를 존중하며, 주민들의 참여와 인권이 보장되는 대안적인 지역개발 패러다임을 도입하는 데 기여하고자 한다.

2. 팽창적 개발사업의 추진구조와 한계

1) 과도한 개발사업의 면적과 규모, 사업비

우리나라는 짧은 기간 동안 급격한 도시화와 산업화를 거치면서 전국적으로 수많은 개발사업을 추진해 왔다. 그러나 그동안 얼마나 많은 개발사업이 추진되었는지, 그리고 현재 계획 중이거나 추진 중인 사업은 얼마나 되는지에 대해서는 명확한 통계가 없다. 서로 다른 주체가 서로 다른 법률에 기반해서 추진하기 때문에 총괄하고 조정하는 기관도 없는 것이 현실이다.

이런 와중에 최근 국토연구원이 발표한 개발사업의 현황에 관한 조사 결과를 보면, 우리나라에서 얼마나 많은 개발사업이 무리하게 추진되고 있는지를 확인할 수 있다(서태성 외 2011). 이 조사에 따르면, 전국에서 지정된 개발사업구역의 면적은 12만 46㎢로 전 국토면적 10만 200㎢의 120%에 이른다. 어느 정도를 개발하는 것이 적정한지에 대해서는 연구를 통해 결론을 내리거나 사회적으로 합의할 수 있는 기준을 설정한 적은 없지만, 전국토 면적보다 많은 개발지구가 지정된 것은 과도한 것만은 분명하다. 중복해서 개발지구로 지정된 지역도 있기 때문에 실제 개발면적은 이보다 작은 것이 분명하지만, 각 개발지구가 나름대로 담당부서별로 근거를 가지고 지정되었다면 각 부서의 근거가 얼마나 허술한지, 각 부서가 얼마나 과도한 목표를 설정하고 있었는지를 확인할 수 있다.

전체 개발사업의 규모는 아직 정확하게 밝혀진 것이 없지만, 비공식자료로는 접경지역, 광역권 개발, 개발촉진지구, 특정지역, 신발전지역, 새만금지구, 제주국제자유도시, 기업도시, 혁신도시, 세종특별자치시, 경제자유구역, 국가산업단지, 동서남해안권 개발 등의 15개 주요 개발사업에 대해 추계한 총사업비는 710조 원에 이른다고 한다(서태성 외 2011). 2012년도 우리나라 예산의 2배가 넘는 규모이다. 그런데 열거된 사업외에도 민간사업이나 공공사업 중에서도 아직 계획단계인 사업을 포함하면 총사업비는 기하급수적으로 커진다. 예를 들어 정부가 발표한 「주한미군 공여구역주변지역등 발전종합계획」에 따르면 2008년부터 2017년까지 총 539건 21.3조원을 투자할 예정이지만, 이 통계에는 포함되지 않았다.

표 1. 15개 주요 개발사업의 사업비 규모(단위: 조원)

구분	총사업비	국비	지방비	민자 등	사업기간
총계	710.1	244.2	127.8	338.1	
접경지역	14.6	5.5	1.6	7.5	'11-20
광역권 개발	230.6	95.7	46.9	88.1	
개발촉진지구	25.9	4.7	2.7	18.5	
특정지역	191.4	77.8	45.3	68.4	
산발전지역	20.2	3.8	1.8	14.6	
새만금사업	22.2	10.9	1.0	10.3	'10-20
제주국제자유도시	6.7	0.3	0.1	6.3	
기업도시	9.2	0.1	1.5	7.6	당초 6.7조
혁신도시	11.4	0.7	0	10.7	당초 0조
세종시	22.5	8.5	0	1.4	
경제자유구역	74.7	11.1	16.4	47.2	당초 65.9조
국가산업단지	6.0	0.6	0	5.4	'09-14
남해안	24.6	6.8	3.7	14.1	'11-20
동해안	24.8	9.9	3.7	11.2	'11-20
서해안	25.3	7.8	3.3	14.2	'11-20

자료: 국토해양부 내부자료
출처: 서태성 외(2011)

여러 가지 유형의 개발사업 중 가장 많은 부분을 차지하는 것이 택지개발사업이다. 지금까지 택지개발사업으로 지정되어 개발되었거나 개발이 예정되어 있는 곳은 총 720개로 총 계획호수는 440만 호이며 계획인구는 1,480만 명에 이른다. 1980년대 수도권 신도시가 개발되면서 가장 많은 택지개발사업이 진행되었으나, 그 이후에도 택지개발사업은 거의 줄어들지 않았다. 그 결과 전국 주택의 약 25%, 전국 인구의 30%가 새로 개발된 택지개발지구에 거주하게 되었다.

표 2. 택지개발지구 지정 추이

	지정지구수 (개소, %)	지정 면적 (천m², %)	계획호수 (호, %)	계획인구 (명, %)
1981-1989	281(39.3)	204,141(29.1)	1,605,578(35.9)	6,333,298(42.5)
1990-1999	257(35.9)	163,534(23.3)	1,210,755(27.1)	4,062,688(27.3)
2000-2011	177(24.8)	332,730.7(47.5)	1,658,267(37.1)	4,503,568(30.2)
합계	715(100.0)	700,405.7(100.0)	4,474,600(100.0)	14,899,554(100.0)

자료: e-나라지표 택지개발사업지구 리스트(2011.12.31)
참조: 계획이 확정되지 않는 사업지구의 계획호수와 계획인구는 일부 누락된 자료를 활용하였음

2) 개발사업의 추진구조와 특징

우리나라는 지난 수십년간 세계에서 유래가 없을 만큼 빠른 속도로 산업화와 도시화를 경험해 왔다. 이 과정에 엄청난 규모의 산업단지와 사회간접자본, 택지와 주택이 필요하였다. 우리나라에서 그동안 추진된 지역개발사업은 지역을 발전시키기 위해 필요한 기능을 유치하는 사업이 아니라 국가 차원에서 특정지역을 선택하여 필요한 시설을 건설하는 사업일 뿐이었다. 기반시설을 설치하고 택지를 개발한 결과 지역이 발전한 것이지, 지역의 발전을 위해 특정한 시설을 선택한 것은 아니었다.

그동안 우리나라에서 추진된 지역개발사업은 외국의 지역개발사업과는 분명히 구분되는 몇 가지 특징을 지니고 있다. 첫째, 대규모 지역개발사업은 주로 공공부문에 의해 추진되었다. 이 당시에 민간자본은 충분한 재원이나 능력을 갖추지 못한 상황이었기 때문에 대부분의 개발사업은 국가나 지방자치단체, 공기업이 주도하여 추진할 수밖에 없었다. 공공부문이 개발사업을 추진하기 때문에 개발과정에서 발생하는 막대한 개발이익을 환수하는 효과를 얻을 수 있었다.

둘째, 개발사업 중 대규모 사업이나 특수목적의 도시를 추진하기 위해서는 개발특별법이 주된 정책수단으로 활용되어 왔다. 개발특별법은 개발계획의 수립, 토지의 취득, 재원조달, 조세나 부담금 감면, 사업인·허가 등에서 많은 예외를 인정함으로써 사업의 신속한 추진을 지원하고 있다. 개발특별법은 과거 급증하는 수요에 부응하여 신속하게 주택건설이나 택지개발, 산업단지 건설을 추진할 수 있도록 지원하기 위하여 제정된 법률이지만, 경제자유구역, 기업도시, 세종시, 혁신도시, 새만금사업과 같이 특수한 목적의 신도시를 건설하는 데도 활용되었다. 이들 개발특별법은 각 부처별로 사업의 계획과 입지선정, 개발사업자 선정 및 관리가 이루어지기 때문에 전국적으로 얼마나 많은 구역에서 어느 정도 규모로 사업이 진척되고 있는지를 종합적으로 관리할 수가 없을 뿐만 아니라 통계조차 없다.

셋째, 대규모 개발사업은 신도시 건설방식으로 추진되었다. 국토해양부가 발표한 '지속가능한 신도시 계획기준'에 따르면 '신도시란 330만 제곱미터 이상의 규모로 …〈중략〉… 국가적인 차원의 계획에 의하여 국책사업으로 추진하거나 정부가 특별한 정책적인 목표를 달성하기 위하여 추진하는 도시'를 말한다. 이 기준은 택지개발촉진법에 의해 추진되는 택지개발사업에 대해서만 적용한다고 명시하고 있지만, 넓은 의미의 신도시에는 이 기준에서 명시한 것처럼 국책사업이나 특별한 정책목표를 위해 추진하는 도시가 모두 포함될 수 있을 것이다.

넓은 의미의 신도시 개념을 기준으로 현재 전국에서 추진 중인 신도시는 40개가 넘는다. 세종특별자치시, 10개의 혁신도시, 6개의 경제자유구역, 6개의 기업도시, 2개의 첨단의료복합단지, 경북과 충남의 도청이전 신도시, 10개의 수도권 2기 신도시와 10여 개의 지방주택신도시 등이 그것이다. 여러 개의 개발지구로 나뉘어져 추진되고 있는 경제자유구역을 별개로 계산하면 그 숫자는 훨씬 늘어난다.

우리나라에서 신도시가 많다는 것은 특정한 목적을 해결하기 위해 기성 시가지를 활용하기 보다는 신도시 건설을 선호했다는 것을 의미한다. 서울시에서 시작된 뉴타운사업도 기성 시가지를 광역적으로 정비하는 사업이면서 신도시를 상징하는 용어를 사용함으로써 전국적인 사업으로 각광을 받았다. 급격한 경제성장 과정에서 기성 시가지는 혼잡스럽고 낙후되었다는 인식을 가진 반면, 신도시는 새롭고 세련되었다는 기대를 가졌기 때문에 많은 신도시가 건설된 것으로 보인다.

넷째, 대부분의 개발사업은 지역의 주민이나 자산을 활용하는 내생적 개발보다는 외부의 자원을 동원하는 외생적 개발방식을 채택하였다. 지역개발사업이 지역주민의 자발적인 의사나 풍부한 지역부존 자원의 활용에서 비롯된 것이 아니라 지역외부의 필요에 의해 시작되었기 때문에 외생적인 개발이 많을 수밖에 없었다. 외생적 지역개발은 특정지역에 사회간접자본을 집중적으로 투자하여 기업입주 환경을 개선하여 외부자본을 유치하면 관련산업이 집적되어 지역경제가 발달하고, 지역의 자산가치와 소득수준이 상승하고 재정수입이 증대되어 주민의 삶의 질도 향상될 것이라 기대하는 것이다. 그러나 외부기업의 유치에 성공한 지역일지라도 지역경제와 연계를 갖지 못한 채 개발의 섬으로 지역사회와 별개로 존재할 뿐만 아니라 수질이나 대기오염과 같은 부정적인 영향을 미치는 경우가 많았다.

설사 개발사업이 추진되더라도 기존의 원주민들이 종전과 동일한 수준의 주거생활이나 영업활동을 지속하기 어려운 경우도 많았다. 개발사업이 완료되면 기존의 공간과 산업구조, 사회적 관계와 무관한 도시공간 구조, 건축물과 사업시설이 들어서기 때문에 기존 도시공간의 입장에서는 개발의 섬이 되고 만다.

개발사업의 내용이나 부동산 상품은 지역의 여건이나 주민들의 부담능력과 무관하게 결정된다. 지역의 역사, 문화적 자산이나 공동체의 가치보다는 잘 팔리는 부동산 상품을 생산하는 데 치중했다. 저소득층이 밀집된 거주지역을 재개발한 후에는 대형 고급 아파트를 건축하여 원주민들이 거주할 수 없는 지역이 조성되었다. 재래시장을 재개발한 후에는 주상복합건축물이 신축되어 재래시장은 기능을 상실하게 되었다. 개발사업의 성공이 곧 지역의 발전이나 주민들의 복지증진으로 이어지지 않는 것이다.

3. 도시재생사업의 추진구조와 한계

1) 재정비사업의 현황

나대지 개발사업에서 나타났던 엄청난 물량의 개발지구의 지정과 빠른 개발 속도의 문제는 기성시가지 재정비사업에서도 동일하게 나타나고 있다. 급격한 도시화 과정에 대규모로 기성시가지가 조성되었기 때문에 노후화도 비슷한 시기에 집중되었고, 소득수준이 급속하게 높아지면서 새로운 주택에 대한 수요도 커졌기 때문이다. 정비사업은 주택재개발사업, 주거환경개선사업, 주택재건축사업, 도시환경정비사업 등으로 규정되어 있지만, 주로 주거지역의 재정비사업을 핵심적인 내용으로 삼고 있다.

전국에서 주택재개발사업은 1,162개 구역에서 72,534천m²(약 21,941만평)의 면적에 걸쳐 추진되고 있으며, 이 사업을 통해 건립된 주택은 316천호이고 시행중이거나 시행예정인 주택은 711.6천호에 이른다. 주거환경개선사업은 전국에서 1,129개 지구에서 364천호의 주택이 정비 중이며 664개 지구에 걸쳐 175.8천호의 주택이 정비되었다. 주택재건축사업은 전국에 걸쳐 3,893개 조합이 구성되어 924.8천호의 주택을 정비하여 1,423.5천호의 새로운 주택을 건축하는 사업이다. 이미 1,598개 지구에 걸쳐 491.7천호의 주택은 이미 완공되었다(www.onara.go.kr).

표 3. 재정비사업 유형별 사업추진 현황

	계		준공	
	조합(지구)	주택수	조합(지구)	주택수
주택재개발사업	1,162	1,027,516	392(33.74)	315,917(30.75)
주택재건축사업	3,893	1,423,492	1,598(41.05)	491,680(34.54)
주거환경개선사업	1,129	364,000	664(58.81)	175,800(48.30)

출처: 온나라부동산정보 포탈(www.onara.go.kr)

뉴타운사업은 「도시 및 주거환경정비법」에 의해 추진되는 개별 정비사업이 소규모 단위로 민간위주로 시행되기 때문에 도로나 학교 등 도시기반시설을 충분히 공급하지 못하여 체계적 정비에 한계가 있다는 데서 출발하였다. 당초 서울의 강남북 불균형 해소를 명분으로 은평, 길음, 왕십리 등 3개 지구에서 시작된 뉴타운사업은 부동산 투기열풍과 선심성 공약과 맞물리면서 서울시 전역으로 확대되었다. 이 사업은 정체된 재정비사업을 촉진하기 위한 정책으로 인식되면서 도시재정비촉진사업으로 제도화되어 전국적으로 뉴타운사업 열기를 불러일으켰다.

2006년 7월부터 시행된 도시재정비촉진법에 의해 지정된 재정비촉진지구는 2010년 73개로 면적으로는 73,314천㎡(2,218만평)에 이르렀다. 그러나 너무 많은 지구가 지정되면서 정부의 재정 지원에 한계가 생겼고, 부동산 시장이 침체되어 사업성이 부족해지면서 사업추진이 지연되기 시작하였다. 서울과 경기도 일부 지역을 제외하고는 대부분의 재정비촉진사업이 정상적으로 추진되기 어려운 상황에 처하게 되었다. 이에 따라 전국적으로 재정비촉진지구 지정이 해제되기 시작하여 2012년 8월 기준으로 67개 지구만 남게 되었다.

표 4. 지역별 재정비촉진지구 지정현황

시·도	2010		2012		변화
	지구수	면적(천㎡)	지구수	면적(천㎡)	
서울시	31	25,848	31	25,910	지구 불변
부산시	4	4,597	3	3,766	1개 지구 해제
대구시	2	1,774	2	1,774	지구 불변
인천시	2	1,585	2	1,584	지구 불변
대전시	9	11,325	9	11,242	지구 불변
경기도	19	24,842	15	20,656	4개 지구 해제
강원도	2	1,507	2	1,558	지구 불변
충남도	1	404	1	517	지구 불변
전남도	1	388	1	388	지구 불변
경북도	1	591	1	591	지구 불변
제주도	1	453	0	0	1개 지구 해제
계	73	73,314	67	67,986	6개 지구 해제

출처: 이창호(2011), 국토해양부(http://www.mltm.go.kr)

2) 재정비사업의 추진구조와 특징

도정법에서 정비사업의 정의는 "주거환경을 개선하기 위하여 시행하는
사업"과 "도시환경을 개선하기 위하여 시행하는 사업" 등으로 규정하고
있어서 이 사업의 목적이 '환경'개선에 초점을 두고 있음을 알 수 있다.
이러한 정의를 통해 볼 때 도정법은 도시환경정비를 위한 사업을 추진하
기 위한 사업법이자 절차법에 불과할 뿐 도시의 사회경제적, 문화, 복지
적인 측면에서 근본적인 전환을 추구하는 도시재생사업과는 본질적으로
다른 접근임을 보여주고 있다(변창흠 2010).

현행 정비사업의 특징은 크게 사업의 목적, 추진 기준, 사업주체, 사
업대상, 사업방식, 사업내용 등을 통해 확인할 수 있다. 우선, 재정비사
업의 목적은 주택공급 확대와 도시환경 정비에 있다. 단기간에 이 목적
을 달성하기 위해서는 전면철거를 통해 노후불량 주거지나 상업지역 등
을 신속하게 정비하고 신규 주택을 대량으로 공급할 수밖에 없다고 본
다. 이 과정에서 세입자의 문제나 원주민 재정착률의 부족, 주택가격과
전세가격의 상승은 부수적인 문제에 불과하게 된다.

둘째, 현행 정비사업은 최대다수의 최대행복의 이념을 내걸고 있는
공리주의에 입각해서 추진되고 있다. 현행 정비사업이 주거환경의 개선
과 주택공급의 확대라는 공익적 목적을 설정하고 다수의 토지소유자 등
의 동의를 얻어 추진되는 과정에서 일부 세입자나 가옥주들의 주거권
이 다소 침해되더라도 이들을 보상해주고도 남을 만큼 총효용의 증가를
가져온다면 상황이 개선된 것이며, 이는 곧 공익이 증가된 것으로 본다.
"어떤 정책의 집행의 결과 효용의 증가를 가져오는 사람들의 효용의 합
계가 효용의 감소를 가져오는 사람들의 손실을 보상하고도 남을 때 그러
한 정책은 상황의 개선을 가져온 것이라고 보는 칼도(Kaldor)의 평가기

준에 입각한 것이다.[1] 이러한 공익사업에 대한 기준은 재정비사업 지역에서 공권력이 개입하고, 사업추진 과정과 결과로 주거권이 침해되는 것을 정당화하는 논리로 활용되고 있다.

셋째, 재정비사업의 주체는 토지 등의 소유자들로 구성된 조합이다. 조합이 시행자가 되어 기존의 재산권을 정비사업 이후에 새로 조성된 토지와 건축물로 전환하는 관리처분방식을 채택하고 있다. 따라서 토지나 주택을 보유하지 않은 세입자나 임차상인들은 이주와 보상의 대상자일 뿐 사업의 참여주체가 될 수 없다. 이 방식에서는 개인의 사유재산권의 보호가 세입자나 상가임차인, 나아가 사업에 동의하지 않는 조합원의 주거권 보호보다 더 중요한 가치로 평가된다.

넷째, 정비사업의 대상이 되는 '정비구역'은 물리적 기준에 따라 결정된다. 도정법에서 "노후·불량건축물이 밀집하는 등 대통령령이 정하는 요건에 해당하는 구역"(법 제4조)으로 개략적으로 규정하고 시행령에서도 개략적인 기준만 제시하고 있는데, 각 시·도의 도시환경정비조례에서는 정비구역을 노후주택, 호수밀도, 접도율, 과소필지 등 물리적 조건만을 기준으로 적용하여 지정하고 있다.

다섯째, 현행 재정비사업은 정비구역 전체를 전면 철거를 통해 대규모로 정비하는 사업방식을 사용한다. 개별주택을 집수리하거나 리모델링하는 것보다는 정비구역 단위로 대규모로 정비사업을 진행하는 것이 훨씬 효과적으로 도시를 정비할 수 있다는 인식에 바탕을 두고 있다. 뉴타운 사업은 이 보다 더 나아가 정비구역을 넘어 생활권 단위로 재정비촉진계획을 수립하여 정비사업을 추진하는 것이 더 효과적이기 때문에 정부의 지원이나 인센티브를 통해서라도 광역적으로 정비사업을 추진해

---

1   노화준, 2006, 『정책분석론』, p.141.

야 한다는 것이 기본인식이었다.

여섯째, 현행 재정비사업의 핵심적인 사업내용은 저렴한 노후주택을 멸실하고 중대형 평형의 주택을 공급하는 것이다. 저렴한 노후주택에는 저소득층이 밀집해서 거주하기 때문에 정비사업은 결과적으로 이들이 거주하는 단독주택이나 다가구, 다세대 주택을 멸실하는 사업이 된다. 정비사업은 주거수준이 열악한 주민들을 외부로 축출하는 반면, 중산층에게 고급주택을 공급하는 사업으로 전락하게 된다.

3) 사람과 장소를 무시한 재정비사업

그동안 재정비사업은 도시의 물리적 환경 개선과 고급주택의 대량 공급에 초점이 맞추어져 있었기 때문에 이 사업의 추진 과정에서 희생되거나 파괴되는 '사람'과 '장소'에 대해서는 관심을 기울이지 않았다. 또한 도정법상의 대부분의 내용들은 재정비사업을 촉진하는 데 초점을 맞추어 왔다. 토지소유자들만의 법적 동의율 조건만 갖추면 사업을 추진할 수 있었고, 물리적 조건만 갖추면 정비구역으로 지정될 수 있었다. 소유권자가 아닌 주민들의 참여와 물리적 조건에 포함되지 않는 지역의 고유한 특성이 사업추진 조건에 반영될 여지가 거의 없었다. 현행 도시재정비사업에 관한 법률은 신속한 사업추진을 지원하기 위한 법률에 불과하였던 것이다.

이러한 성격을 지닌 재정비사업이 추진된다고 해서 주민들의 주거 안정이나 지역의 발전이 이루어진다고 할 수 없다. 정비구역내 세입자 가구의 수는 전체 가구의 약 70%에 이르는데 공급되는 공공임대주택은 전체 공급주택의 20%에 불과하고 그나마 적격세입자의 요건을 갖추어야 하기 때문에 정비사업 완료 후까지 거주할 수 있는 세입자의 비중은 1/4이 되기 어렵다. 가옥주도 과도한 입주부담금 때문에 새로 공급되는 주택에 입주하기 힘들기는 마찬가지이다. 주민의 대부분이 교체된다면 그 지역이 발전한다고 해서 지역주민의 복지가 개선되었다고 볼 수 없게 된다. 장소는 발전했더라도 외지인이 유입되었을 뿐 원래 거주하던 주민의 번영으로 이어지지 못하게 되는 것이다.

4. 지속가능한 지역개발사업과 재정비사업의 방향

1) 저성장 시대의 지역개발사업의 방향

전국에서 추진 중인 각종 개발사업의 물량은 이미 국내 수요로 감당하기 어려울 만큼 과도한 것으로 평가되고 있다. 공급이 수요를 창출하던 성장 시대와 달리 적정한 수요가 창출되지 않는 한 이미 추진 중인 사업의 상당 부분은 중단되거나 축소 조정되어야 한다. 또한 사업 내용도 지역주민들의 부담능력이나 수요에 맞추어 재조정되어야 한다. 그동안 외부자본이나 외지인의 수요에 맞추어 가장 수익성이 높은 부동산 상품을 대량으로 건설하였기 때문이다.

기존 사업을 축소 조정하기 위해서는 전국적으로 시행 중인 각종 개발사업의 현황을 조사하여 개발총량을 파악하고 수용 가능성을 평가해야 한다. 장기 목표인구와 소득 예측치를 고려할 때 수용 범위를 넘어서는 개발사업이 추진되는 것으로 확인된다면 이를 축소 조정할 수 있어야 한다. 그 다음 각 사업별, 지역별로 실행가능성과 사업타당성, 지역별 수용 가능성을 재평가하여야 한다.

다음으로 지역개발사업의 내용을 전면 수정하여야 한다. 지역개발사업은 가장 수익성이 높은 부동산 상품을 만드는 것이 아니라 지역의 역사와 자원을 고려하여 지역의 가치를 제고할 수 있는 자산을 축적하는 과정이 되어야 한다. 주택과 산업단지, 레저시설이 절대적으로 부족하던 시기에는 모든 지역에서 유사한 주택과 산업단지, 골프장과 콘도미니엄을 건설하는 것만으로도 수익성을 확보할 수 있었다. 그러나 이미 수요가 포화상태인 상황에서는 그 지역의 수요에 맞추어 지역의 고유한 자산을 활용할 수 있는 개발이 불가피하게 되었다. 이제 지역개발사업은 단순히 부동산의 분양 후 자산가치의 증가를 목적으로 할 것이 아니라 지역 내에 다른 지역과 차별화된 장소를 조성함으로써 새로운 공간가치를 증대시키는 것을 목적으로 설정해야 한다.

2) 지속가능한 재정비사업의 방향

지금까지 재정비사업은 물리적 환경의 개선이나 주택의 공급을 주된 목적으로 추진되었지만, 오히려 지역주민들의 주거를 더욱 불안정하게 만든 경우가 많았다. 재정비사업은 물리적으로 노후·불량할 뿐 아니라, 사회·경제적으로도 가장 열악한 상황에 있는 지역과 주민들을 대상으로 하는 지역복지사업이 되어야 한다. 이를 위해서는 기존의 재정비사업의 사업목적, 대상 지역 선정, 추진방식이 전면 개편되어야 한다.

우선, 재정비사업의 목적은 지역주민의 거주여건뿐만 아니라 생활여건, 취업, 교육 등을 종합적으로 정비하는 지역재생사업이 되어야 한다. 지역재생을 위해서는 지역의 물리적 환경개선과 주택 공급 뿐만 아니라 지역산업의 육성, 다양한 일자리의 창출, 커뮤니티 비즈니스의 육성, 교육환경 개선 등이 사업내용에 포함되어야 한다.

둘째, 재정비사업의 추진 우선 순위는 물리적인 노후도뿐만 아니라 지역주민들의 가구원의 특성, 거주주택의 구조와 평형, 주택소유 여부,

가구원의 소득과 지출, 일자리 등을 종합적으로 검토하여 결정하여야 한다. 재정비사업이 공익사업으로서 정당성을 갖기 위해서는 공리주의 기준이 아니라 롤스의 사회정의 기준에 따라 가장 열악한 지역의 주거환경이 개선되고 가장 소득이 낮은 주민의 주거의 질이 우선적으로 개선되는 사업이 되어야 한다.

셋째, 재정비사업의 추진방식도 전면 철거 중심이 아니라 기존의 공간과 공동체를 재생하는 방식이 병행되어야 한다. 단순히 부동산 상품을 생산하는 개발사업이 아니라 지역커뮤니티를 살리는 사업이 되려면 기존의 지역 공간구조나 공동체를 전면 해체해서는 안된다. 기존의 공간과 연계망의 골격을 유지한 채 지역의 환경을 개선하고 주택을 공급하며 새로운 고용창출원을 개발하여 지역의 삶의 질을 제고하도록 유도해야 한다. 재정비사업의 추진 목적을 주민의 주거복지와 지역공동체의 활성화에 초점을 맞춘다면 원주민의 재정착률 제고를 재정비사업의 중요한 평가기준으로 설정해야 한다. 소형평형 주택의 확대, 임대주택 공급, 소득규모별 임대주택 임대료의 차등지원, 순환재개발 및 단계적 개발 등이 원주민의 재정착률을 높이는 방안이다. 이를 위해서는 공공부문에 의한 사업 추진이나 공공지원이 필수적이다.

3) 개발사업에서 공공부문의 새로운 역할과 기준

지금까지 지역개발사업에서 공공부문의 역할은 개발을 촉진하거나 지원하는 데 머물러 왔다. 특히 지방자치단체들은 조직확대와 조세수입의 증대를 위해 대규모 개발사업을 선호해 왔을 뿐만 아니라 적극적으로 추진하거나 지원해 왔다. 지방자치단체 입장에서는 해당 지역내에서 추진되는 대규모 개발사업은 조세 수입 확보나 지역의 대외 이미지 제고, 자치단체장의 업적 홍보 측면에서 매우 유익한 사업이다. 그러기 때문에 지방자치단체가 앞장서서 개발계획을 수립하거나 개발사업을 유치하고 신속한 사업추진을 위해 인허가권을 남발해 왔던 것이다.

그러나 지방자치단체는 가시적인 성과에 치중하느라 정비사업이 해당지역과 지역주민에게 미치는 영향에 대한 평가에는 소홀하였다. 인허가 과정에 개발사업 추진으로 인한 각종 파급효과를 분석하고 주민의 이주 및 생활 대책 등에 대해서 세심하게 분석해야 하지만, 개발사업의 촉진을 위해 제대로 된 역할을 하지 않는 경우가 많았다.

공공부문이 개발사업에 대해 적극적인 관리자로서의 역할을 수행하기 위해서는 사업추진에 대한 명확한 원칙과 기준이 마련되어 있어야 한다. 전국적으로 획일적으로 규정된 기준외에 지역별로 어떤 사업을 대상으로 설정할 것인지, 어떤 사업을 우선적으로 추진할 것인지에 대한 기준이 마련되어 있어야 한다. 또한 공공부문이 해당 개발사업에 대해 재정적인 지원을 하기 위해서는 어떤 개발지구를 우선적으로 추진할 것인지를 평가하는 객관적인 기준이 마련되어 있어야 한다.

공공부문이 개발사업을 지원하는 경우에는 공공부문의 지원을 받지 않고 추진하는 민간개발사업과 다른 사업내용을 포함할 수 있어야 한다. 공급하는 개발상품의 내용, 원주민의 재정착률, 보상 기준, 개발이익의 배분에서 다른 사업과 차별화되는 기준을 적용할 수 있어야 한다. 이러한 기준의 적용에 동의하는 개발지구나 재정비사업에 한정하여 공공부문의 지원이 이루어져야 한다.

4) 개발 과정에서 주민들의 권리보호와 참여의 보장

각종 개발사업은 단순히 물리적으로 시설을 개선하거나 주택을 건설하

는 사업에 그치지 않고 지역 내 사회적, 문화적인 관계를 근본적으로 재
편시킨다. 개발사업은 해당 지역에 거주하는 주민들의 삶에 직접적으로
영향을 미치는 것이다. 그러나 그동안 개발사업과 관련된 법률은 신속한
개발사업을 추진을 지원하는 데 목적이 있었기 때문에 주민들의 의견 수
렴 절차를 간소화하였다.

　　개발사업별로 토지소유자 수의 일정 비율 혹은 토지면적의 일정비
율에 해당하는 토지소유자의 수의 동의를 받으면 지역주민 전체의 의사
와 무관하게 사업을 추진할 수 있도록 제도화하였다. 지역을 개발하는
과정에서 모든 주민이 동의하고, 단 한 사람의 손실도 없이 사업이 추진
될 수는 없다. 그러나 지역개발사업의 추진 여부를 결정하기 위해서는
최소한 해당 지역 주민 전체의 의사를 확인할 수 있는 절차는 마련되어
있어야 한다. 주민의 동의를 확인하는 과정에는 개발의 대상이 되는 지
역에 거주하는 모든 주민들에게 동일한 정보가 제공되어야 하며, 동일한
참여의 기회가 보장되어야 한다. 재개발사업의 경우 추진위원회 구성원
의 자격 규정, 주민대표자 회의의 구성 규정 등에서 토지소유권자가 아
닌 주민들도 최소한 의견을 표명할 수 있는 기회가 제공되어야 한다.

　　각종 지역개발사업의 추진으로 발생하는 개발이익은 주민전체가 공
유할 수 있도록 명확한 기준이 마련되어야 한다. 개발사업에서 보상의
원칙은 최소한 지역주민들이 개발 이전의 상태를 보장할 수 있어야 한
다. 개발 과정에서 용도변경이나 용적률 상향 조정을 통해 발생한 개발
이익은 토지등의 소유자에게만 귀속될 것이 아니라 지역전체가 공유할
수 있도록 유도할 수 있어야 한다. 개발이익을 토지소유자의 보상금으로
활용할 것이 아니라 기반시설의 확충, 지역 내 일자리 창출, 문화시설이
나 복지시설의 건설, 세입자를 위한 임대주택의 건설 등을 위해 재배분
할 수 있도록 명확한 기준이 마련되어야 한다.

5. 대안적 개발방식의 검토와 제도개선 과제

1) 대안적 개발방식의 검토

우리나라의 개발사업 추진 과정에서 공공개발주체와 민간개발주체는 다른 나라와는 다른 역할을 담당해 왔다. 민간부문이 충분히 성숙하지 못한 상황에서 공공부문이 기반시설 설치나 주택공급 등을 담당할 수밖에 없었기 때문에 대부분의 대규모 개발사업은 주로 국가나 국가공사, 지방공사 등의 몫이었다. 공공부문이 공급하는 택지나 산업단지, 주택도 임대가 아니라 분양형이 주로 공급되어 왔다. 분양을 통해 재원을 확보해야 하기 때문에 유럽의 복지국가들이 주로 국공유지를 임차하거나 공공임대주택을 공급했던 것과는 분명히 구별되는 특성을 지니고 있다. 반면, 주택재개발사업에서는 공공부문이 자신의 역할을 정비조합에 위임한 셈이 되었다. 1983년 합동재개발방식이 도입되면서 시작된 정비조합 주도의 정비사업은 일종의 투자조합의 성격을 띠면서 공익성을 잃어 왔다.

이제 개발사업에서 공공개발주체와 민간개발주체의 역할을 새롭게 정립하고 대안적인 개발주체가 참여할 수 있는 모형을 만들어야 한다. 우선, 개발사업에서 참여주체는 민간개발과 공공개발로 이원화할 것이 아니라 다양한 주체가 참여할 수 있어야 한다. 토지등의 소유자가 소유권에 기반하여 개발이익을 배분받는 투자조합뿐만 이 아니라 공익을 위해 비영리로 운영되는 사회적 협동조합, 지역의 주민들과 지자체, 공공기관, NGO가 함께 구성하는 지역사회 트러스트 등 다양한 주체를 고려할 수 있다. 또한 토지도 분양과 임대로 이원화할 것이 아니라 토지신탁, 조건부 활용 등 다양한 토지이용 사업모델을 개발해야 한다.

영국에서는 공공임대주택을 매각하면서 지방정부의 역할을 대체하는 주체로 주택협회가 급성장한 이래 주택정책에서 핵심적인 역할을 하고 있다. 이 협회는 주택의 신축과 개량, 임대주택의 관리 등의 업무를 수행하고 있다. 네덜란드의 주택협회는 1901년 주택법이 발효하면서 활성화되어 저소득층을 위한 주택공급, 주거수준 향상을 위한 주택의 개량 및 보수, 공공임대주택의 신축 등을 담당하고 있다. 주택협회가 공급하고 관리하는 사회주택은 네덜란드 전체 주택재고의 36%인 250만채나 된다(Ouwehand, A. & G. van Daalen 2002; 변창흠·김란수 2012).

미국의 커뮤니티개발회사(Community Development Corporation, CDC)는 도시재정비사업에서 가장 중요한 역할을 하는 주체이다. 이 조직에는 지자체, 지역주민, 대학, 민간기업, 공공단체, 자원봉사조직, 전문가 등이 참여하여 이사회를 구성하고 운영에도 관여한다. 사업의 내용도 주거지역 정비뿐만 아니라 산업단지 및 쇼핑센터 건설, 보육과 직업교육 등 지역사회의 종합적인 개발을 추구하고 있다. 시카고 커뮤니티 토지트러스트(CCLT)는 커뮤니티개발회사의 일종의 변형이다. 시카고시와 디벨로퍼, 금융기관이 참여하고 있으며 주로 저렴주택을 공급하는 역할을 담당하고 있다. 시카고 트러스트는 도시계획에서 인센티브를 받는 대신 건설된 주택은 99년간 장기 임대를 하거나 제한된 주민에게만 매매할 수 있도록 엄격한 기준을 적용받는다.

해외의 재정비 주체인 비영리 기구들은 우리나라의 개발공기업과 마찬가지로 주택의 공급과 개량, 임대주택의 공급과 관리 등의 역할을 하지만 이 기구들은 자발적인 사회운동조직의 성격을 유지하고 있다. 따라서 영업적인 이익이나 사업규모의 팽창보다는 주민들의 참여와 공동체 유지를 중요시한다. 주택협회나 커뮤니티개발회사는 개발사업이나 임대주택 관리사업을 수행하는 주체라기보다는 공공과 민간의 다양한 주체들과의 파트너십을 통해 지역공동체를 육성하는 데 목적을 두고 있다.

앞으로 개발사업에서 공공부문의 역할은 더 확대되어야 하지만, 공공부문이 중앙정부나 지자체. 공기업이 개발과 지역의 관리를 모두 책임질 수는 없다. 오히려 그동안 우리나라에서 적극적인 역할을 담당하지 못했던 비영리단체들을 개발사업과 지역관리의 집행자이자 관리자로서 역할을 확대할 수 있도록 해야 한다. 지역커뮤니티와 주민들의 특성과 수요를 고려하여 커뮤니티 단위의 도시개발과 주거복지 프로그램을 기획하고 관리하여 지원하는 지자체와 준공공기관의 역할이 확대되어야 한다. 지금까지 지역발전이나 주택공급 확대라는 목표를 위해 신규 개발이나 대규모 단지 개발, 전면 철거형 재개발방식이 주된 채택되었다면 이제는 생활권 단위별로 다양한 주체가 참여하여 계획하고 개발하며 관리하는 개발방식이 도입되어야 한다.

2) 도시재생사업에 대한 국가 지원의 확대

부동산 시장의 침체와 사업성 부족으로 재정비사업이 사실상 중단되면서 재정비사업의 활성화를 위해 정부 재정지원 확대와 규제 완화를 요구하고 있다. 그러나 어떤 정비사업을 우선적으로 추진해야 하는지, 공공부문은 어떤 정비사업을 지원해야 하는지 기준이 마련되어 있지 않다.

본격적인 도시재생사업에 대한 지원이 이루어지기 위해서는 도시재생사업의 우선순위와 공공지원의 필요성을 객관적으로 평가할 수 있는 실태조사가 선행되어야 한다. 지금까지 지역재생사업은 물리적 기준에 입각하여 정비구역이 결정되고 사업성에 의존하여 정비사업 추진 여부가 결정되기 때문에 지방중소도시의 재생사업은 사업추진 우선 순위에서 항상 배제되어 왔다. 낙후된 지방중소도시, 농어촌 지역의 재생사업에 대해 지원을 우선하여 거주환경의 지역균형을 실현할 필요가 있다.

인구밀도, 인구감소율, 소득, 지방재정지수, 전국에서의 접근성 등을 통해 낙후지역인 성장촉진지역을 지정하듯이, 지역재생사업에 대해서도 지역별 낙후도 지수와 해당지역의 노후도와 주민구성 등을 종합하여 결핍지수를 만들고 이 기준에 입각하여 지역재생사업의 대상지를 선정해야 한다. 이렇게 되면 지역재생사업은 지역균형발전을 위한 수단으로 활용될 수 있다(변창흠 2011b).

도시재생사업을 총괄하는 전국 및 지방조직이 설치되어야 한다. 총리실 산하에 도시재생사업본부를 신설하고 국토해양부를 뛰어넘는 범부처 사업으로 도시재생사업을 조정하고 추진할 필요가 있다. 지자체별로도 별도의 도시재생지원본부를 설치할 필요가 있다. 도시재생지원본부는 중앙정부 차원의 도시재생사업본부와 연계된 시·도차원의 조직으로 도시재생사업에 대한 총괄적인 계획 수립과 사업조정, 예산 집행업무를 수행한다(변창흠 2011b).

LH공사와 지방개발공사의 역할을 재정립하여 지방의 지역재생사업을 활성화하도록 지원할 필요가 있다. 주택에 대한 수요 급감으로 그동안 신도시 건설이나 택지개발사업에 치중하였던 LH공사나 지방개발공사가 적극적으로 재정비사업에 참여할 필요가 있다. 그동안 공공부문은 재정비사업 중 주거환경개선사업에만 참여해왔으나 주거환경관리사업 등 다양한 공공지원형 도시재생사업을 개발하여 도시재정비사업의 새로운 주체로 역할을 재정립해야 한다. 장기적으로는 LH공사는 지방의 개발공사와 통폐합을 통해 권역별 지역재정비공사로 재편하여 지역재생, 주거복지, 지역혁신체계 구축, 일자리 창출, 지역의 지속가능한 발전을 아우르는 종합정비주체로 발전할 필요가 있다.

3) 지역개발사업에 대한 평가와 통제기구의 설치

전국에서 시행 중인 각종 개발사업은 과도하게 지정되어 국토의 지속가능성을 훼손할 뿐만 아니라 현재의 수요 여건을 고려할 때 정상적으로 추진되기도 어려운 상황이다. 국가차원에서는 전국에서 시행 중인 각종 도시개발사업의 총량과 현황을 조사하여 실행가능성과 타당성, 환경적 수용가능성을 종합적으로 재평가하고 사업의 시기와 내용을 조정하는 정부차원의 사업 조정이 필요하다. 필요한 경우 사업을 중단하고 사업부지를 토지비축사업의 일환으로 매입하여 사업시행자의 부도를 막고 국토의 보전을 도모할 수 있다.

지자체 수준에서도 현재 개발계획이 수립되었거나 추진 중인 사업을 전면 재조사해야 한다. 개발사업관련 법률에서 정한 지구지정 요건만 갖춘 경우 총량에 대한 고려없이 개발지구나 정비구역이 지정되어 왔기 때문에 개발이 완료된 이후 도시전체의 공간구조, 주택유형, 경관, 주민들의 부담능력 등이 어떻게 될 것인지에 대해서는 검토하지 않았다. 자치구나 기초자치단체 차원에서도 개발지구별로 개발계획이 실행되었을 때 지자체가 수용가능한지에 대해 종합적으로 평가해야 한다. 외곽의 신개발지 중심의 개발은 도심의 공가화와 황폐화를 초래할 수 있기 때문에 기성시가지에 대해 컴팩스 시티를 목표로 압축적인 개발을 유도할 필요가 있다. 일본에서는 우리나라와 비슷한 문제를 해결하기 위하여 2006년 도시계획법, 중심시가지활성화법, 대규모 소매점포입지법 등 마치츠쿠리 3법을 개정하여 컴팩트시티를 지향하고 고령자와 장애인에게 친환적인 건축을 장려하는 방침을 개정하였다는 점을 참고할 필요가 있다(이상대 2011).

대부분의 개발사업들이 개발특별법에 의해 추진되고 있기 때문에 이들을 적절히 통제할 필요가 있다. 이를 위해서는 '지역개발통합지원법'을 제정하여 지역개발사업을 종합적으로 관리하는 방안을 적극 고려할 필요가 있다(서태성 외 2011). 그러나 근본적으로 각종 개발특별법을 통합하는 법률을 제정하여 각 부처별로 개별법률별로 추진되는 각종 도시개발사업을 종합적으로 제어할 필요가 있다.

기초자치단체들이 개발주의와 지역이기주의 때문에 과도하게 개발하는 문제를 해소하기 위하여 지자체를 넘어서서 상위정부나 광역경제권 단위에서 전체 지역개발사업에 대한 종합적인 계획을 수립하고 각 사업의 시기와 규모, 내용을 조정할 수 있어야 한다. 아울러 일정 규모 이상의 개발사업에 대해서는 중앙정부 차원에서 종합적으로 조정하는 시스템을 구축할 필요가 있다. 일정이상 규모의 개발사업에 대해서는 표준검증절차를 도입하고 중요사업에 대해서는 전문검증기관에 의한 특별검증을 거치도록 의무화하는 것이다.

프랑스의 국토개발은 중앙정부 차원에서 충분한 검토와 심의, 조정을 통해 추진된다. 2005년 DATAR라 불리는 국토 및 지역개발기획단과 MIME(경제변화에 대한 범부처간 대표단)을 통합하여 DIACT(국토와 지역의 경쟁력 강화를 위한 범부처간 대표단)을 설립하였으나 명칭은 과거 DATAR를 사용하고 있다. DATAR가 지역균형발전정책의 평가와 범부처 차원의 조정외에도 산업전략과 국토정책을 통합적으로 관리하기 시작하였다(변창흠 2011).

6. 맺음말

고도성장시대에 부족한 인프라, 산업시설, 가용토지와 주택을 단기간에 신속하게 대량으로 공급해야 했던 경험과 이를 뒷받침하던 시스템이 저성장시대에는 오히려 부담이 되고 있다. 최소한의 비용으로 신속하게 개발하고 공급하는 것을 지상의 목표로 설정해 왔기 때문에 사업의 내용과 도시의 특성, 주민들의 참여와 요구 등을 충분히 고려하지 못했고 그럴 필요조차 느끼지 않았다. 그동안 신속한 도시개발사업과 주택건설, 인프라 공급 등을 주도하기 위해 설치되었던 개발공기업, 토지수용권과 개발특별법 등의 제도적 장치들은 이제 너무 많은 부작용을 유발하고 있음이 밝혀졌다.

사회양극화가 심화되고 사회복지 요구가 증대되면서 공공부문은 더 많은 역할과 재정적인 지원을 요구받고 있다. 그러나 성장이 정체되면서 중앙정부나 지방정부의 재정부족은 더 심각해지고 있어서 이를 감당할 능력을 갖추지 못하고 있다. 그렇다고 민간부문의 사업성에 기대어 개발과 사회적 서비스를 기대하기에는 성장과 팽창시대와 달리 수익성도 부족할 뿐만 아니라 사회적 배분문제도 발생하게 된다. 규제완화와 공권력을 활용한 강제력, 재정투입을 통한 지원이 아니라 새로운 형태의 공공부문의 역할을 요청받고 있는 것이다. 공공부문을 정부부문에 한정할 것이 아니라 주민, NGO, 전문가 등을 포함하는 더 큰 공공부문을 새로 형성하여 개발사업의 전 과정에 참여하도록 절차를 만드는 것이 한 가지 대안이다. 개발의 필요성, 개발의 내용, 주민의 상황과 요구, 지역의 자원과 특성 등을 세밀히 조사하고 주민들과 지역의 다양한 이해관계와 요구를 조정하여 합리적인 개발방안을 도출하는 것이 새로운 공공부문이 해야 할 일이다.

지금까지의 도시개발사업은 토지소유자, 시공사, 개발업자, 지자체장, 정치인 등 발언권과 영향력이 있는 주체들이 합리적인 선택을 하면 그 결과도 최선일 것이라는 기대 속에서 추진되어 왔다. 그러나 제도적으로 보장된 참여자들의 합리적 선택의 총합은 사회적 공익에 기여하지 못하고 많은 문제점을 낳아왔다. 특히 세입자나 임차상인, 기타 도시 내에서 활동하는 주민들은 시장에서 또는 제도적으로 발언권을 갖지 못한 채 도시개발 과정에서 배제되어 왔다. 그 결과 대다수의 세입자, 임차상인들, 도시의 거주자들은 종전보다 더 열악한 주거생활, 영업활동을 감수할 수밖에 없는 경우도 많았다. 도시개발이 도시의 발전을 위한 개혁의 과정이라면 저성장 시대의 도시개발은 더 많은 주체들의 참여 속에서 서로를 이해하고 도시의 지속가능하고 창의적인 미래를 함께 계획하고 학습하는 기회가 되어야 한다.

참고문헌

경제개혁연대, 2008, 「정부의 건설사 지원 대책 관련 의견서」(10/22).

국토해양부, 2010, 「지속가능한 신도시 계획기준」.

김수현, 2008, 「이명박 정부의 부동산 정책 평가와 과제」, 미래연 브리핑, 「주간 동향분석」 No. 6,
　　한국미래발전연구원.

_____, 2009, 「재개발(뉴타운) 사업의 문제점과 대안」, 학술단체협의회 외 주최 '용산참사
　　학술단체 공동토론회' 자료집, 2009년 2월 12일.

김정호, 2005, 「왜 우리는 비싼 땅에서 비좁게 살까: 시장경제로 풀어보는 토지 문제」,
　　삼성경제연구소.

노화준, 2006, 「정책분석론」, 박영사.

변창흠, 2011a, 「국제적 대규모행사의 유치경쟁에 따른 파급효과의 왜곡구조 사례연구」,
　　한국공간환경학회, 「공간과 사회」.

_____, 2011b, 「도시재정비사업과 대안적 거버넌스」, 복지국가소사이어티 엮음, 『역동적
　　복지국가의 길』, 도서출판 밈.

_____, 2010, 「도시권을 기준으로 본 도시재정비사업의 구조와 대안」, 한국공간환경학회 외,
　　「도시와 정의, 도시와 권리 학술문화제 자료집」, 2010.12.3.

_____, 2004, 「지역균형발전을 위한 성공적 기업도시의 조건」, 한국공간환경학회 춘계학술대회
　　발표논문.

_____, 2005, 「신개발주의적 지역개발사업 막는 길」, 「문화과학」, 2005년 가을호.

변창흠·김란수, 2012, 「재정비사업과 공공임대주택 공급의 대안적 모델 검토: 협동조합 주택을
　　중심으로」, 서울연구시정원 워킹페이퍼.

서순탁, 2001, 「21세기 새로운 토지정책의 방향」, 21세기 정보화시대 토지정책 방향에 관한
　　토론회 세미나 자료.

서울특별시, 2007, 「뉴타운사업에 따른 원주민 재정착률 제고방안」, 서울시정개발연구원
　　연구보고서.

서태성외, 2011, 「대규모 개발사업·계획의 실효성 강화방안 연구」, 국토연구원.

심상욱, 2004, 「도심활성화에 있어 비영리부동산개발회사의 역할에 관한 연구」,
　　한국지역개발학회, 「한국지역개발학회지」 제16권 제4호, pp.183-208.

안균오, 2010, 「사회정의론의 정책규범을 활용한 도시재정비사업 평가와 정책대안 연구」,
　　세종대학교 행정학과 박사학위논문.

윤양수 외, 1998, 「환경친화적 국토개발사업 추진방안」, 국토연구원.

이상대 외, 2011, 「저출산 고령사회 진입에 대응한 도시정책 전환방향 연구」, 경기개발연구원.

한국경제신문, 「국토 면적 1.2배 지정된 지역개발사업 통합」, 2010. 12. 7.

장경석, 2011, 「기업도시 개발사업의 추진현황과 과제」, 국회입법조사처, 「이슈와 논점」, 2011. 2.
　　23.

조명래, 2003, 「한국 개발주의의 역사와 현주소」, 환경과 생명, 「환경과생명」 통권37호(2003 가을), pp.31-53.

_____, 2004, 「지속가능성 측면에서 본 한국의 토지이용제도」, 「지역사회발전연구」 제29집 제1호.

행정안전부·기획재정부, 2009, 「주한미군 공여구역 주변지역 등 개발사업 본격 착수」, 2009. 2. 3 보도자료.

국민은행 부동산 통계자료(www.kbstar.com).

온나라부동산정보 포탈(www.onara.go.kr).

Anderson & Jones Lang Lasalle, 2001, 「지식기반산업 육성 및 수도권정책 전환방향」, 경기도.

UNCSD, 2001, "Indicators of Sustanable Development: Guidelines and Methodlogies".

UN, 2001, *Indicators of Sustainable Development: Guidelines and Methodologies*, N.Y.

Ouwehand, A. & G. van Daalen, 2002, *Dutch Housing Associations: A Model for Social Housing*, DUP Satellite(주택발전소 옮김, 2005, 「가난한 사람들을 위한 부동산 개발: 네덜란드의 주택정책과 주택협회」, 한울아카데미).

10

내발적 지역발전 정책 방향과 과제

여형범(충남발전연구원)

1. 머리말[1]

지금까지 국내 지역발전 정책은 대규모 개발 사업이나 외부 기업 유치를 지원하는 정책에 초점을 맞추어 왔다. 재정이 부족한 지방정부는 지역사회 문제를 해결하기 위한 새로운 사업을 펼치기 위해 중앙정부의 보조를 받거나 외부 기업을 유치할 필요가 있을 것이다. 하지만 외부의 지원이 많아진다고 해서 낙후지역이 잘 사는 지역으로 탈바꿈되지는 못한다는 점에서, 낙후되었기에 외부의 지원이 필요하다는 단순한 전제는 재검토할 필요가 있다. 중앙정부의 사업들은 부처별로 상충되거나 중복되어 지역사회의 필요를 섬세하게 반영하지 못하는 한계를 지니며, 외부 기업은 지역사회의 제반 문제 해결이 아닌 기업의 이윤 창출을 우선하기에 지역사회의 발전에 실질적인 도움을 주지 못하는 경우가 많다. 이런 사업

---

1   이 글은 충남발전연구원에서 진행한 전략과제 연구(여형범 외 2011)의 내용을 수정 및 요약하고 사례를 보완한 것이다.

들이 지역 주민들의 삶의 질이나 행복을 증진시켰는지도 분명하지 않다. 각종 지역개발 사업들은 지역의 경제적, 사회적, 생태적 지속가능성에 부정적인 영향을 미치면서 오히려 지역 내 자산과 오랜 관계를 파괴하기 도 한다.

　　그렇다면 외부 지원에 의존하지 않는 지역발전은 가능한가? 지역에 사는 사람들이 주도하여 지역 내 자산을 보전하고 활용하는 방식의 발전 이 가능한가? 지역개발 사업이 지역사회의 경제적, 사회적, 생태적 지속 가능성을 훼손하지 않고 조화롭게 추구하는 것이 가능한가? 지역사회에 기여하는 방식으로 외부의 지원을 유도할 수 있는가? 이 글에서는 이러 한 질문을 내발적 발전이라는 개념으로 정리하고, 지역의 사람들이 지역 내 다양한 자산들을 이용하여 경제적, 사회적, 생태적 지속가능성을 조 화롭게 추구하는 사례들을 검토한 후, 지속가능한 내발적 지역발전 정책 의 방향을 제시하고자 한다.

2. 내발적 지역발전의 개념

1) 외생적 개발 전략에 대한 비판

내발적 발전은 기본적으로 지역 내 자원의 활용보다는 외부 자원에 의 존하는 외생적 개발 전략에 대한 대안적인 접근이다. 1970년대 이후 저 개발국에 대한 개발 원조 및 개발 전략에 대한 비판으로 저개발국의 자 립(self-reliance)을 강조하는 대안적 발전론이 제시되었다. 유럽과 일 본 등에서도 외부기업 유치에 기댄 외생적 개발에 대한 비판이 제기되면 서 낙후지역, 특히 농촌의 대안적 발전 전략으로 내발적 발전이 등장하였고, 국내에서도 참여정부 시기에 낙후지역의 발전 전략으로 제시된 바 있다.

외생적 개발 전략에서는 지역 내 요소들에 주목하거나 이 요소들을 적극적으로 사용하지는 않았다. 외생적 개발의 핵심 전략은 외부 기업이나 분공장을 유치하는 것이었다. 하지만 이러한 전략은 성장 중심지에만 편익이 집중될 뿐 덜 개발된 지역으로 확산되지는 못하였으며, 하향적이고 외부지향적 특징으로 인해 추진 과정에서 지역사회와 주민이 배제되어 지역적 관심과 참여를 얻지 못하고 점차 자생력을 잃게 되는 한계를 보였다(김용웅 외 2009). 의사결정 기능이 배제된 단순조립형 분공장만 입지한 지역에서는 외부종속과 이윤 유출 등의 취약성도 지적되어 왔다. 보건, 교육, 복지, 주택 등 사회적 기반보다는 산업단지, 도로, 전력, 용수 공급 등 경제적 기반에 치중하였기 때문에 지역경제의 성장이 이루어진다고 해도 지역주민의 복지 증진에 크게 기여하기도 힘들었다.

지역 외부의 기업과 자본을 유치하려는 지역개발 투자들이 지나칠 경우 지역경제 성과를 거두지 못하고 결국 지역사회의 사회적, 환경적 지속가능성까지 해치게 되는 사례들도 빈번하게 나타났다. 일본의 유바리(夕張)가 대표적인 보기에 해당된다. 유바리는 지역개발에 대한 과도한 투자가 실패로 끝남에 따라 지자체가 파산에 이르게 되고 지역의 생활서비스 공급이 중단되어 인구가 유출되고 결국 지역사회의 존립 자체가 위태로운 형편에 처하게 되었다(김현호 외 2010: 13).

국내에서도 비슷한 사례들을 쉽게 찾을 수 있다. 강원도 태백시에서도 최근 리조트에 대한 투자가 경제적 성과를 거두지 못해 시의 부담이 커진 사례가 있다. 정선의 강원랜드도 경제적 성과가 지역사회로 파급되지 못하는 대표적인 사례이다. 카지노 개장 이후 정선의 고한, 사북지역은 부가가치, 일자리, 관광객, 세수 증대 등의 외연적 성장과 경제적 편익에도 불구하고, 경제적 편익이 지역 내로 귀속되지 못하고 있고, 도박 중독과 범죄 등의 병리 현상이 증대하면서 인구감소(특히 청년인구) 및 지역의 정주기능의 약화가 지속되었다는 분석이 있다(강원살림 2010).

미국에서도 BMW 자동차 공장을 유치하여 16,000개의 직·간적접 고용을 창출하기 위해 1억 3천만 달러를 사용한 사우스 캐롤라이나 주의 사례도 유사하다. 이 금액을 지역연고 기업들에 보조할 경우 BMW 공장 유치보다 더 큰 효과를 가져올 것이라는 비판이 제기되었다(Shuman 2006). BMW의 협력 업체들이 사우스 캐롤라이나 주가 아니라 인근 버지니아 주나 노스 캐롤라이나 주에 위치하고 있다는 점에서 BMW 공장의 유치가 지역경제에 주는 파급효과는 제한적이라는 지적이었다. 더욱 중요한 점은 BMW가 10년, 20년, 30년 후에도 사우스 캐롤라이나에 있을 것인지 확실하지 않다는 점이다.

2) 지역 주민이 주도하는, 지역 내에 성과가 남는, 새로운 발전

내발적 발전은 경제적, 사회적, 환경적 지속가능성을 달성하기 위하여 지역의 역량을 바탕으로 지역발전 사업의 성과를 지역사회에 착근시키는 발전 전략으로 정의해볼 수 있다. 내발적 발전은 '새로운 발전'을 추구하고 성과를 지역에 남기고자 한다. 쯔루미 카즈코는 1975년 유엔특별총회에 제출한 보고서를 통해, 자원이 없는 후진국의 발전을 위해서는 외부로부터 이식이 필요하다는 근대화론을 비판하면서, 후진국이나 낙후지역에서 다른 발전, 즉 지역의 가치와 전통을 보전하는 발전이 가능하다고 주장했다. 쯔루미 등이 제기한 '새로운 발전' 개념은 1980년대 이후 자리 잡은 '지속가능한 발전' 개념으로 재정리해볼 수 있다. 미야모토 겐이치는 대규모 투자와 외생적 개발의 폐해에 비판의 초점을 맞추면

서, 지역 주민이 주도하는, 지역산업의 부가 지역 내에 귀속되는 방식의
발전이 필요하다고 주장했다(박경 2008).

　이러한 내발적 발전의 실현을 위해 중요하게 제시되는 요소는 지역
자원의 발굴과 지역역량의 구축이다(박진도 2011; 김태곤 외 2007; 류승
한 외 2005; de Rooij *et al.* 2010). 내발적 발전 논의에서 지역자원은 주
어진 것이 아니라 발견되고 활용되는 것이다. 지역사회는 지역 내 다양
한 자원들을 미처 인지하고 있지 못할 수 있으며, 지역사회는 인지하고
있지만 보다 상위의 기관이나 중앙정부의 지역발전 프로그램은 이러한
자원의 가치를 인정하지 않을 수도 있다. 때문에 지역자원을 발견하고
가치를 부여하는 활동이 중요하다(박진도·박경 2000).

　그렇다면 지역자원을 발견하고 가치를 부여하는 활동을 누가 할 것
인가? 기존의 지역개발은 외부기관이나 외부기업의 필요에 따라 계획
되었다. 지역주민의 의사나 참여는 원천적으로 배제된 채 진행된 경우
가 많았다. 특히 산업단지, 댐, 발전소, 주거단지 등의 경제적 기반시설
의 건설은 지역주민들이 의존해왔던 자원을 파괴하여 지역주민들을 지
역에서 떠나게 하거나 개발사업의 찬반을 둘러싸고 지역사회 내에 극심
한 갈등을 불러일으켜 왔다. 반면 내발적 발전 논의들은 지역사회와 주
민들이 이러한 활동을 주도해야 한다고 주장한다. 지역 외부의 중앙정부
공무원, 전문가, 대기업의 눈이 아닌 지역 내부의 주민들, 지방정부 공무
원, 지역연고기업의 눈으로 지역문제를 진단하고 해결방안을 모색하고
실행방안을 찾을 것을 주문한다. 내발적 발전에서 지역 주민들의 주도적
인 역할을 강조하는 것은 각종 지역발전 사업들의 성과를 지역에 남기는
활동에 지역 주민들이 더욱 헌신적이고 창의적일 것이기 때문이다. 지역
연고 기업들은 유치 기업 등에 비해 지역을 잘 떠나지 않으며 지역사회
에 대한 책임감이 상대적으로 큼에 따라 사회적, 환경적 문제 해결에도

보다 적극적일 것이라 기대할 수 있다.

3. 내발적 지역발전의 사례들

이제 내발적 지역발전의 구체적인 사례들을 살펴보도록 한다. 에너지 부문의 전환운동, 생태·환경 부문의 생물권보전지역, 농·식품 부문의 로컬푸드, 지역문화 부문의 슬로시티와 에코뮤지엄 운동, 지역경제 부문의 '지역을 사자' 운동을 사례로 선정하였다. 이 사례들은 지역 주민이 지역의 자원을 활용하여 지역의 지속가능한 발전을 주도한다는 점에서 공통점을 지닌다.

1) 전환운동과 전환마을

주요 선진국은 에너지 문제와 기후변화에 대응하기 위해 국가적 차원뿐만 아니라 지역적 차원의 접근을 강조하고 있다. 지속가능한 에너지 생산과 소비를 위해서는 중앙집중적인 에너지 공급체계가 아닌 소규모의 지역분산적 에너지 공급체계가 필요하다는 것이다. 이를 위해 에너지자립형 마을이 조성되고 있다. 가령 독일에서는 '100% 재생가능에너지 지역 프로젝트'를 통해 2011년 118개 지역에서 100% 에너지자립이 이루어진 마을을 조성하였다.

국내에서도 '저탄소 녹색마을' 또는 '저탄소 녹색도시'라는 이름으로 비슷한 사업이 추진되었다. 이명박 정부는 '저탄소 녹색성장'을 국가전략으로 설정하고 5개년 계획을 발표하였다. 이 계획에서는 마을의 에너지자립도를 2020년까지 40~50%로 높이기 위해 폐자원 및 바이오매

스를 이용한 저탄소 녹색마을을 600개 조성하겠다는 과제를 제시하였
다. 농촌 및 소도시를 선정하여 2012년까지 10개의 시범사업을 추진하
여(도시형 2개소, 도농복합형 2개소, 농촌형 2개소, 산촌형 4개소) 유형별
저탄소 녹색마을 성공모델을 제시하고 이후 전국적으로 확산한다는 계
획이었다. 하지만 주민들의 반대와 지역 여건에 맞지 않는 규모 등으로
인해 사업이 중단되거나 축소되는 문제를 맞이했다.

정부의 저탄소 녹색마을 사업과는 달리 지역 주민 스스로 마을의
에너지자립을 추진하는 국내·외 사례들에서는 재생에너지의 확충뿐만
아니라 에너지 절약, 고용, 주거복지, 교육 등에 이르는 포괄적인 과정
이 점진적으로 진행되는 차이를 보인다. 이 가운데 전환운동(Transition
Movement)과 전환마을(Transition Town)은 주민이 주도하는 마을단위
에너지자립 운동의 대표적인 국제 사례이다.

전환운동과 전환마을이라는 아이디어는 2005년 아일랜드에서 롭 홉
킨스(Rob Hopkins)에 의해 제시되었다(Hopkins 2010). 퍼머컬처 교육
자였던 홉킨스는 석유 생산량이 최고 정점에 달했다가 점차 줄어드는 '피
크 오일'(Peak Oil)이 어떤 의미를 갖는지에 관심을 두고 있었다. 그는 피
크오일이 지역사회에 미칠 영향을 우려하며, 이에 대한 지역사회의 대안
을 찾아내고자 하였다. 이를 위한 방안으로 재지역화(relocalisation)를
제시하였다. 재지역화는 외부로부터의 자원 유입의 한계를 인식하고 에
너지 절약, 재생에너지 사용, 교통체계 개편, 지역 건축자재의 사용 등 다
양한 프로그램을 통해 지역자원을 활용할 수 있는 체계를 구축하는 것을
의미한다. 재지역화의 핵심 테마는 에너지와 먹거리의 지역자립력 증진
이며, 이는 곧 지역에너지와 지역먹거리(로컬푸드)의 활성화와 직결된다.

홉킨스의 아이디어에 기초한 전환 운동은 영국을 비롯해 호주, 미
국 등 다른 국가에서 급속히 퍼지게 되었다. 영국에서 첫 번째 전환마을

은 2006년 가을에 시작한 전환마을 토트네스(Transiton Town Totnes)
이다. 이후 2009년 2월까지 94개의 전환마을이 마을, 읍, 도시, 섬 등 다
양한 지역에서 시도되었다. 이 기간 동안 호주, 뉴질랜드, 미국 등에서도
40여 개가 넘는 전환마을 운동이 시도되었다. 이렇게 볼 때 전환마을은
매우 성공적으로 다른 지역으로 퍼져나가고 있다고 할 수 있다(Hopkins
2010). 이들 전환마을 운동들을 지원하고 협력하기 위해 전환 네트워크
(Transition Network)도 만들어졌다.

전환마을 운동에서 시도된 사업들은 경제, 사회, 환경 등을 광범위
하게 포괄한다. 전환 네트워크 자체는 기후변화와 피크오일을 가장 주
요하게 다루지만, 전환마을 운동에 참여한 단체들은 이 외에도 다양한
분야에 관심을 두고 있었다(Seyfang 2009). 이 가운데 지방의 자립화
(building local self-reliance)가 참여 단체들의 가장 높은 관심사였으며,
피크오일에 대한 대비, 공동체 형성, 기후변화 대응, 지역경제 강화, 건
강 및 웰빙 증진 등이 그 뒤를 이었다. 전환운동 참가자들은 전환운동이
거버넌스 측면에서 가장 큰 성과를 가져온 것으로 평가하고 있으며 인식
제고 활동들(대화, 영화제, 공개 회의 등)을 통해 지역사회에 개입하고 참
여를 이끌어냈다는 점도 중요한 성과로 생각하고 있다. 또한 농민장터,
지역사회지원농업(CSA), 도시농장 등 실질적인 활동에도 높은 점수를
주고 있다. 재활용 관련 활동이나 에너지 관련 활동, 지역화폐 설립이나
지방 소재 기업 활성화 같은 경제 관련 활동도 성과 목록에 들어 있다.

읍이나 도시 등의 규모에서 시도되는 전환마을의 운영 방식은 우리
나라의 마을만들기 사업에서 중간지원조직과 비슷한 형태를 띤다. 이들
은 여러 가지 방법을 통해 주민들이 실험을 하도록 북돋우고, 정부의 관
련 지원 예산을 끌어온다. 오픈 스페이스 등의 주민참여 방안을 도입하
여 지역의 문제를 진단하고 우선순위를 판별하도록 돕고, 이 과정을 통

해 형성된 역량을 바탕으로 워킹그룹을 조직하도록 지원한다. 각 주제별 워킹그룹은 다양한 프로젝트들을 구상하고 진행하고 있다. 워킹그룹에 는 지역정치인이나 기업들도 함께 참여하여 조례 제정, 펀딩 등을 통해 프로젝트 진행을 위한 제도적 기반을 조성하고 있다.

2) 생물권보전지역

최근 유럽의 몇몇 국가에서는 낙후한 농촌지역의 활성화 방안으로서 유네 스코 생물권보전지역(Biosphere Reserve) 도입에 적극적이다. 1995년 스페인 세비야에서 열린 제2차 세계 생물권보전지역 총회에서는 '생물권 보전지역을 위한 세비야 전략'과 '세계 생물권보전지역 네트워크 규약'을 채택하면서 생물권보전지역이 사람과 자연의 화해를 위한 무대가 될 수 있음을 선언했다. 생물권보전지역은 단순히 인간의 활동이 제한되는 보 호지역이 아니라, 생물권보전지역 안이나 주변지역 거주민들의 적극적인 지원이 필수적인 보호지역임을 강조했다. 즉 자연의 보전이 지역발전을 저해하는 것이 아니라 지역경제가 발전할 수 있는 기회를 제공할 수 있음 을 보여주고자 하였다. 이를 위해 세비야 전략에서는 생물권보전지역이 보전, 발전, 지원의 세 가지 상호보완 기능과 핵심, 완충, 전이지역 등 세 가지 용도구획을 지녀야 한다는 지정기준을 제시하였다. 2008년 마드리 드에서 열린 제3차 세계 생물권보전지역 총회에서는 생물권보전지역의 역할과 목표에 지속가능한 발전의 학습장을 새롭게 제시하기도 하였다.

유네스코는 지역 고유의 자원을 보전하면서 사회·경제적으로 지 속가능하게 활용하기 위한 개념으로 질적 경제(Quality Economies)라 는 용어를 제시하였다. 질적 경제는 자연자원의 보전 및 지속가능한 이 용, 지역주민의 삶의 질 향상과 참여 촉진 등을 목표로 지역상품의 인증

제 및 마케팅, 생태 일자리, 생태관광 등의 경제활동을 의미한다(유네스코한국위원회 2011). 대표적인 사례로 갈라파고스 생물권보전지역을 들 수 있다. 갈라파고스 생물권보전지역은 에콰도르의 섬으로 육지에서 약 1,000km 떨어져 있다. 1979년 유네스코 세계자연유산으로 지정되었고 1985년 생물권보전지역으로 지정되었다. 1985년까지 평균 방문객은 매년 1만8천 명 정도였으나 생물권보전지역 지정 이후 급격히 증가하여 2010년도에는 17만 명 이상이 방문하고 있다. 철저한 가이드제도를 도입하고 있으며 방문객들은 가이드의 인도에 따라 108개 지역만을 탐방할 수 있다. 생태관광에서 발생하는 이윤 중 일부는 갈라파고스 지역 보전에 재투자되는데, 이렇게 재투자되는 금액의 40%는 갈라파고스 국립공원 보전에 이용하고, 20%는 갈라파고스 지방정부에게, 10%는 갈라파고스 연구소, 나머지는 해양지역관리 등에 이용된다.

백두대간보호지역의 지정 과정이나 최근 DMZ 생물권보전지역 추진 과정에서 볼 수 있듯이 아직까지 국내에서는 자연환경 보전지역의 주민들은 보호지역 지정을 규제로만 인식하는 경향이 크며 행정적인 측면에서도 주민들에게 보호지역의 보전과 관련된 동기를 부여하고자 하는 준비가 부족하다. 이 때문에 각종 보호지역 지정에서 주민들이 보다 지속가능한 방식으로 경제적·사회적 편익을 얻을 수 있도록 유도하는 전이구역의 지정이 거의 이루어지지 않는다. 그렇지만 최근 국내에서도 자연환경의 보전과 활용의 조화에 대한 관심이 높아지고 있다. 이미 설악산, 한라산, 광릉수목원, 신안 다도해가 생물권보전지역으로 지정되어 있으며, 최근 DMZ 일원과 고창군이 생물권보전지역 지정을 신청한 바 있고 왕피천 일원도 생물권보전지역 지정을 추진하고 있다. 특히 고창군의 경우 기존 자연환경 보전지역을 핵심지역으로 설정하면서 군 지역 전체를 생물권보전지역으로 지정하는 움직임을 보이고 있다.

3) 로컬푸드 운동

지역에서 생산되는 먹거리를 지역에서 먹자는 취지를 갖는 로컬푸드(local food) 개념은, 처음에는 글로벌 푸드시스템에 반대하는 대안적 먹거리를 추구하는 사회운동으로 시작되었지만 지금은 점차 정책적 차원으로 확산되고 있는 대표적인 내발적 발전 전략의 사례이다.

기본적으로는 먹거리의 세계화로 인해 그간 단절되었던 생산-소비의 관계를 가깝게 만듦으로써 지역 수준에서 그 관계를 회복하는 것을 목적으로 한다. 농업 생산자의 측면에서는 유통과정에서 소외되어 적절한 가격을 수취하고 있지 못한 상황에서 소비자에게 직접 판매함으로써 수취가격을 2~3배 높이는 의미를 갖고 있고, 소비자의 측면에서는 믿고 신뢰할 수 있는 얼굴 있는 먹거리를 생산자로부터 직접 구매함으로써 신선한 먹거리를 저렴하게 구입하면서도 지역 농민과 농업을 지탱한다는 의미를 갖는다. 더 나아가면 기후위기와 신자유주의 세계화 시대에 지역이 먹거리에 대한 자급력과 통제력을 높임으로써 먹거리 주권(food sovereignty)과 먹거리 민주주의(food democracy)의 실현에 기여한다는 뜻도 갖는다.

이미 미국, 유럽, 일본 등에서는 로컬푸드 정책이 대량생산과 유통체계에서 소외받아왔던 가족소농의 소득을 지탱하기 위한 새로운 농업 정책으로서 위상을 다져가고 있고, 국민들에게 신선한 과일 채소의 섭취를 증진시키는 건강정책으로서의 중요성도 점점 커지고 있다. 지방정부의 입장에서는 농가들의 지역 내 직판을 활성화하여 이를 계기로 지역주민과 방문객들을 상대로 하는 다양한 농업 관련 활동들(지역 생산물이 지역 내에서 가공, 유통, 판매되는 과정에서 발생하는 다양한 체험, 관광, 교육 활동)을 위한 영역적 네트워킹 활동이 활발해지고, 이를 통해 지역경제와 지역공동체를 활성화한다는 의미도 크다. 로컬푸드 정책이 새로운 농촌지역개발 전략으로서 중요한 위상을 갖게 되는 것이다. 과거 프랑스와 이탈리아가 와인이나 치즈 같은 지역특산물을 지역 외부로 유통하여 판매하는 것을 정책적으로 지원했다면, 최근에는 농촌지역으로 방문객을 끌어와서 농촌 현장에서 직판, 가공, 체험 등의 활동들을 활성화시키는 정책적 전환을 찾아볼 수 있다(여기에 유럽연합의 LEADER 프로그램을 중심으로 하는 농촌개발 정책이 중요한 역할을 하였다). 최근에는 선진국 대도시(런던, 뉴욕, 토론토, 샌프란시스코 등)에서도 대도시 푸드시스템 계획을 수립하여 먹거리 거버넌스를 형성함으로써, 도시농업과 도시근교농업의 활성화, 로컬푸드의 활성화, 도시민들의 건강한 먹거리에 대한 접근성을 증진해야 한다는 새로운 정책적 수요가 높아지고 있다.

우리나라에서도 몇몇 기초지자체들이 몇 년 전부터 외부유통을 위한 단작 생산에 치중하였던 지역농업정책의 방향을 지역 내 수요를 위한 다품목 생산과 다양한 가공품의 개발로 전환하는 로컬푸드 정책을 취하고 있다. 이를 위해 조례를 제정하고, 지역 내 생산과 소비를 매개할 중간지원조직을 설치하고, 농민장터나 직판장 같은 농가직판 방식을 지원하고 학교급식에서의 지역산 친환경 농산물의 우선적 사용을 장려하는 등의 정책을 추진하고 있다. 특히 학교급식의 경우에는 우리 지역 아이들을 우리 지역의 농산물로 키워야 하지 않겠냐는 의식이 점점 더 확산되고 있다. 머지않아 지자체뿐만 아니라 중앙정부 차원에서도 로컬푸드의 활성화에 대한 정책적 틀을 제시해야 한다는 압력이 사회적으로 커지고 있는 상황이다.

4) 슬로시티 운동

슬로시티 운동(Cittaslow Movement)은 삶의 질, 지속가능성과 연계된 원칙들이 가장 광범하게 실천되는 사례이다. 슬로시티 운동은 슬로푸드 운동과 밀접하게 연결되며 서로 보완적이다. 슬로푸드 운동의 목표는 거의 없어져가는 전통 음식들을 보전하고, 먹는 즐거움에 대한 인식을 높이고(음식을 공유하는 사회적 측면을 포함), 미각 교육과 전통적인 농사방법과 기술에 주의를 기울이는 것이다.

슬로시티 운동은 1999년 10월, 이탈리아 토스카나(Toscana) 주 그레베 인 키안티(Greve-in-Chianti) 시장인 사투르니니(Paolo Saturnini)가 세 개의 다른 지자체와 함께 슬로시티를 특징짓는 속성들을 정의하려는 회동을 조직하면서 시작되었다(Mayer & Knox 2010). 네 명의 시장들은 더 고요하고, 덜 오염된 환경을 위해, 지방의 미적인 전통을 보전하고, 지방의 장인, 농산품, 요리들을 촉진하는 것을 포함한 일련의 원칙들을 스스로에게 약속했다. 목표는 좋은 음식, 건강한 환경, 지속가능한 경제, 전통적인 공동체 삶의 리듬에 기초하는 생명력 있는 장소들의 개발을 촉진하는 것이다. 이러한 아이디어들은 54개의 약속(pledges) 목록을 지닌 헌장으로 만들어졌다(Mayer & Knox 2010).

2001년에 28개의 슬로시티가 처음으로 인증되었고, 이후 이탈리아 내에서는 70개 이상의 도시들이, 전세계적으로는 300개 이상의 도시들이 슬로시티 인증을 받거나 신청하였다. 국내에서도 신안군 증도, 하동군 악양면, 완도군 청산면, 담양군 창평면, 장흥군 유치면, 예산군 대흥면, 남양주시 조안면, 전주시 한옥마을 등이 슬로시티로 인증받았다. 이들 지역에서는 기존의 외부자본 의존형 지역개발 방식에서 탈피하여, 지역 내 자연자산과 사회자본을 잘 유지 보전하면서 극대화하는 방식으로 지역발전 전략을 취하고 있다.

5) 에코뮤지엄

유럽에서는 사람들이 살아가는 생활양식과 삶의 터전인 공간 전체를 박
물관으로 보고 유적, 유물, 삶의 방식, 생활의 모습, 그곳에서 살아가는
사람들의 모습 전체를 소장품 개념으로 보는 에코뮤지엄(ecomuseum)
운동이 1970년대 이후 프랑스를 중심으로 시작되었다. 에코뮤지엄 운동
은 단순한 자연 및 문화유산 보호 운동이 아닌 지역만들기, 마을만들기
기법으로 활용되고 있다(장훈종 외 2009; 배은석 2012; 여형범 2013). 에
코뮤지엄은 생태를 의미하는 에콜로지(ecology)와 박물관을 의미하는
뮤지엄(museum)이 합해져 이루어진 합성어이다. 즉, 인간을 포함하는
자연 생태를 모두 아울러서 특정 문화유산지역을 뮤지엄의 범주로 지정
하고 지역 전체가 유기적으로 구성되며 지역민이 자발적으로 운영에 참
여한다는 특징을 갖고 있다. 전통적 박물관은 유물이 절대적 가치를 점
유하고 이로 인해 박물관 시설물 안에 유물을 안전하게 가두어 두는 것
을 무엇보다도 중요하게 여겨온 반면, 에코뮤지엄은 지역주민이 지역 유
산을 현지에서 보전하고 박물관을 운영하는 주체로서 참여하게 된다.
　　대표적으로 스웨덴의 베르그스라겐 에코뮤지엄(Bergslagen
Ekomuseum)은 남북 150km, 동서 50km에 걸쳐 7개의 지방자치체에
걸친 광대한 지역을 중심으로 만들어진 에코뮤지엄으로 옛날의 용광로,
광산유적이나 제철소, 운하 등의 산업유산, 광산박물관이나 광산과 관련
한 역사적 건조물을 포함한 52개의 위성박물관으로 확대되고 있다. 각
위성박물관의 복원이나 운영, 그리고 관광객 가이드 등 거의 모두가 지
역의 자원활동가에 의해 실시되고 있다.

국내에서는 2000년대 중반 에코뮤지엄 개념이 소개되고 안동, 금산 등에서 에코뮤지엄 계획이 수립되기도 하였으나 본격적으로 추진되지는 못하였다. 하지만 최근 진안군 백운면 마을만들기 사업의 일환으로 에코뮤지엄이 제시되고, 쇠퇴지역의 산업유산이나 근대유산을 이용한 지역재생 사례들에서 에코뮤지엄과 비슷한 움직임이 나타나고 있다. 충청남도는 금강유역의 대안적인 발전 방향으로 금강 전역을 에코뮤지엄으로 조성하는 방안을 제시하기도 하였다(충청남도 2012).

6) '지역을 사자', '지역 먼저' 운동

백화점이나 대형 유통점과 지역상점들의 갈등은 비단 최근에 발생한 쟁점이 아니다. 미국에서는 1930년대와 1990년대 말에 두 차례 커다란 체인점 반대 운동이 나타났다. 두 시기의 대응에는 차이를 보인다. 첫 번째 시기의 반대 운동이 체인점에 세금을 부과하여 체인점의 경쟁력을 떨어뜨리는 방식으로 접근하였다면, 두 번째 시기의 반대 운동은 체인점이 지역사회에 미치는 부정적인 영향을 부각시키는 한편 지역상점의 사회적 기능을 강조하는 방식으로 접근하였다. 지역상점들의 연합체들은 개인, 기업, 정부를 대상으로 직접적으로 "지역을 사자(buy local)" 또는 "지역 먼저(local first)"를 홍보하고 요구하는 운동을 함께 전개하였다. 이들은 체인점과 같은 외부 기업보다 지역상점이나 지역연고기업이 지역사회에 더 많은 기여를 한다는 점을 강조하였다. 가령, 미국 시카고의 앤더소빌의 경우 지역 상점에서 소비할 경우 고용, 물품구매, 기부 등을 통해 지역에 재투자되는 비율이 68%인 데 반해 체인점에 소비할 경우에는 43%에 그치고 있다는 것이다(Hess 2009). 이 운동들은 지역사회에 대한 사회적이고 생태적인 책임을 지닌 지역기업과 상점을 발굴하고 서로 연결시킴으로서 경쟁력을 강화하고자 하였다. 이들은 지역 경제 현황의 조사 및 홍보 활동을 진행하여 지역화 지표(Localism Index)를 발표하기도 하였다. 여기에는 지역연고 상점, 파머스마켓, 체인점 커피전문점과 자영 커피전문점의 개점 비율 등 지역 생산, 유통, 소비의 현황이 포함된다.

국내에서도 1995년 유통업 시장이 개방된 이후 대기업들의 유통업 진출이 두드러지게 증가하였으며, 이에 따라 1990년대 후반부터 지역 상권 또는 골목상권을 지켜야한다는 논의가 등장하였다. 주로 백화점이나 대형유통점의 지역 내 입점을 막거나 현지법인화를 요구하는 사례들이 대부분을 차지했다. 최근에는 대형유통점들이 중소규모의 상점을 개설하려는 시도를 함에 따라 전통시장과 골목상점의 반발이 더욱 거세졌다. 이러한 갈등을 해소하기 위해 2013년에 유통산업발전법이 개정되었지만, 여전히 갈등 가능성이 남아 있는 상황이다. 국내 지역상권 보호 운동은 대형유통점이나 체인점의 진입에 반대하는 운동에 초점을 맞춘 반면, 어떻게 지역상점들의 지역사회에 대한 기여를 높이고 활성화할 것인지에 대한 접근은 부족하다. 전통시장 활성화 등의 정책들이 전통시장의 물리적 시설 개선뿐만 아니라 로컬푸드, 환경과 에너지, 지역문화와 전통 등의 육성에 어떻게 연결되고 지역사회에 기여할 수 있을 것인지에 대한 보다 체계적인 노력이 필요하다.

4. 내발적 지역발전 정책의 구상

1) 국내 낙후지역 발전 정책에 대한 시사점

위의 사례들을 통해 전통문화의 계승, 기후변화와 피크오일 대응, 커뮤니티 경제 활성화 등 지역현실에 맞게 지역발전의 목표를 설정하고 지역주민 스스로 계획을 수립하여 추진해나가고 있음을 살펴보았다. 각 사례들은 그 지역이 마주한 문제, 보유한 자원과 역량에 따라 상이한 출발점을 갖는다. 슬로시티는 전통과 음식에 주목하고, 전환마을은 기후변화와 피크오일에 대한 지역사회의 적응성과 복원성을 높이고자 하며, 지산지소는 지역 내 상품의 생산과 소비 증진을 강조하고 지역사회에 대한 기여에 초점을 맞추고 있다.

　　반면 중앙정부가 주도한 국내 지역발전 정책은 지역격차의 완화가 중요한 정책 방향으로 중소도시나 농촌 지역 등 낙후지역이 왜 쇠퇴하고 있는가를 주의 깊게 살피지는 못했다. 지역사회 문제의 원인은 FTA 등 일련의 시장개방화로 인해 국가적인 차원에서 농촌지역이 공통적으로 갖게 되는 불리한 여건일 수도 있고, 댐 건설로 인한 수몰 등 그 지역이 겪는 특수한 위기일 수도 있다. 각 지역이 보유한 자원과 문제를 해결할 수 있는 역량 등은 다양할 수밖에 없다. 그럼에도 불구하고 전국의 중소도시와 농촌지역들은 중앙정부의 지원사업에 선정되기 위한 경쟁을 하였고 지역의 여건과 특성에 맞는 지역발전 사업보다는 중앙정부의 매뉴얼에 맞추어가는 사업에 치중하였다. 지방 중소도시와 농촌지역의 쇠퇴는 물리적 시설에 대한 투자만으로 개선될 수 있는 상황도 아니었지만, 지역발전 사업의 대부분이 물리적인 기반시설을 갖추는 데 투자되었다. 여전히 중소도시와 농촌지역은 인구감소와 노령화를 겪으면서 건강한 지역사회로서의 기능을 점점 상실하고 있는 실정이다.

　　최근에는 외부 기업이나 자본이 아닌 도시 내에 있는 자원을 발굴하여 열악해진 교육, 문화, 예술, 의료 등의 사회적 기반을 공급하고, 외부의 시선이 아닌 지역 주민들의 필요에 맞춘 지역발전 시도들이 늘고 있다. 참여정부 시절 시작된 신활력지역 지원사업이 대표적이다. 신활력지역 지원사업은 종래 관 주도로 이루어진 인프라 구축 위주의 지원사업과는 달리 지자체가 포괄적인 자율권을 가지고 민관 합동으로 지역의 내발적 및 자립적 발전 역량을 강화하고 성장동력을 창출할 수 있도록 하는 소프트웨어 중심의 지원사업이라는 차별성을 갖는다.

　　이러한 접근이 성공하기 위해서는 지역이 여건과 특성에 맞는 프로그램과 사업들을 기존 지역발전의 틀 속에 적절하게 배치해낼 수 있는 집단적 리더십이 필요하다. 최근 여러 지역에서 의욕적으로 추진되고 있는 마을만들기와 사회적경제는 이러한 노력의 일환으로 볼 수 있다. 마을만들기와 사회적경제는 지역사회의 역량을 키우고자 하는 활동이며, 사회적 영역을 중심으로 지속가능한 발전을 추구하는 통합적 접근이다. 문제는 마을만들기와 사회적경제를 정부가 주도하면서 주민 주도의 원칙은 약화되고 지역의 특성을 제대로 반영하지 못하는 한계를 보인다는 점이다.

2) 내발적 지역발전 전략에 대한 비판

내발적 지역발전 전략들은 지역의 전통, 자원, 사람들, 기업들에 초점을 맞추고 대안적인 발전을 추구한다. 하지만 지역에 초점을 맞추는 이러한 내발적 발전 전략의 한계를 지적하는 목소리도 높다. 내발적 발전이 비효율적이며 지역 폐쇄적이고 생태·환경적 성과도 의심스럽다는 것이다.

내발적 지역발전 전략에 대한 비판과 이에 대한 반론을 간단하게 살펴보자(Hess 2009).

먼저, 경제적인 측면에서 내발적 발전 전략이 비효율적이라는 비판이 제기된다. 경제적인 관점에서 자원, 기술, 입지 등의 요소가 뒤떨어지는 지역에서 산업을 육성하거나 지방의 중소기업 및 소상공인을 지원하는 것은 효율적이지 못하다는 지적이다. 산업은 대도시 등에 입지하는 것이 바람직하고, 대기업과 대형매장 등이 지역경제에 더 큰 기여를 한다고 볼 수 있다는 것이다. 하지만 효율성을 검토하기 위해서는 지역연고 기업들에 대한 투자가 지역에 돈을 더 많이 순환시킨다는 점을 계산에 넣어야 한다. 지역경제 파급효과 등에 대한 연구들은 지방의 중소기업이나 소상공인에 대한 투자와 소비가 지역 경제에 기여하는 바가 더 크다는 것을 보여주고 있다. 또한 지방의 기업들이 지역의 자원을 이용해 만들어낸 상품은 값싼 수입 상품에 비해 품질이 더 뛰어날 수 있다. 더구나 내발적 발전 전략은 지역고용 증진, 서비스 제공, 지역자원의 보전 등 돈으로 환산되지 않는 사회적, 생태적 기여까지 발생시킨다. 대형매장 등에도 보조금이 지급되고 있기 때문에 이런 보조금들을 포함한 비교가 필요하다. 이를 고려하면 경제적 측면에서 보더라도 지방 기업들에 대한 지원이 비효율적인 것만은 아니다.

둘째, 사회적인 측면에서 내발적 발전 전략이 선진국 중산층을 위한 폐쇄적 정책이라는 비판이 제기된다. 지방기업들이 노동자, 빈민, 소외된 그룹들에게 더 나은 기회를 제공하는 것은 아니며, 지방에서 만들어진 상품들은 소득이 적은 사람들이 접근할 수 없는 고품질의 니치 상품이고, 부유한 국가들의 내발적 발전은 가난한 나라의 빈민들이 세계무역에서 얻을 편익을 없앨 것이며, 지역의 문제에만 집중할 경우 국가적 차원의 제도적 측면을 간과하게 되고, 국가 차원의 시스템 전환의 문제에 대한 대응을 놓친다는 비판이다. 하지만 사회적 측면에서 내발적 발전은 폐쇄적인 전략은 아니라는 반론이 가능하다. 지방의 중소기업과 상공인들은 지역사회기금 형성, 저소득층을 위한 사업, 기부활성화 등 지역사회에 대한 기여가 외부자본이나 대형유통업에 비해 크다. 공정무역이나 착한무역 등의 형태로 내발적 발전을 추구하는 다른 지역들과 연계도 가능하다. 앞에서 살펴본 사례들(슬로시티, 전환마을 등)은 모두 전지구적인 네트워크를 형성해나가고 있다. 또한 내발적 발전 전략은 주민들을 비롯한 다양한 이해당사자들의 참여를 증진시키고 정치적 역량을 배양함으로써 민주주의를 강화할 수 있으며, 이는 지방정부의 정책뿐만 아니라 국가수준의 정책 변화를 가져오는 동력이기도 하다.

셋째, 생태·환경적인 측면에서 내발적 발전 전략의 환경적 효과가 반드시 긍정적인 것은 아니라는 지적이 있다. 유통거리가 짧은 제품이 모두 탄소배출이 적은 것은 아니며, 생산과정 등 전과정을 보아야 한다는 지적이다. 가령, 영국에서 키워져 영국에서 소비된 양이 뉴질랜드에서 키워 영국으로 수출된 양보다 탄소배출이 많을 수 있다는 것이다. 물론 생태·환경적 효과는 보다 엄밀하게 따져볼 필요가 있다. 비판자들은 로컬푸드나 지역상품 구매의 탄소배출 저감효과가 크지 않을 수 있다는 점을 지적하지만, 환경적 측면에는 탄소배출 외에도 많은 이슈들이 있다. 더구나 탄소배출 효과에 대한 연구보고서의 가정에도 문제가 발견된다. 때문에 상품의 전과정에 걸친 평가가 좀더 정교하게 이루어질 필요가 있고 평가 '가정'에 대한 검토도 필요할 것이다. 이런 계산과 관련된 논쟁을 제쳐두더라도, 소비자와 생산자의 거리가 가까울 때 생산과정 등에 대한 관심과 변화 요구가 가능하다는 점, 지역에 거주하는 기업주가 지역사회의 평판에 더 민감하다는 점을 고려하면, 지역사회에 기반을 둔 지역발전 수단들이 외생적 개발 수단들에 비해 환경에 더욱 민감하게 대응할 것이라 볼 수 있다.

3) 내발적 지역발전 정책의 방향

내발적 지역발전 정책은 모든 지역에서 동일하게 적용되거나 모든 문제를 한 번에 해결할 수 있는 만능열쇠가 아니다. 내발적 지역발전 정책이 실질적인 효과를 가져오기 위해서는, 지역의 여건과 우선순위에 따라 특정 목표와 사업들로 시작될 수 있지만, 이러한 목표와 사업들은 끊임없이 재검토되고 수정될 여지를 가져야 한다. 가령, 로컬푸드의 경우 생산자와 소비자를 조직화하고 연결시킨다는 사회경제적 목표가 중요한지, 지역의 생산물을 가능한 가까이에서 소비함으로써 생태발자국을 줄인다는 환경적 목표가 중요한지를 둘러싼 논쟁이 벌어질 수 있다. 슬로시티 운동에 대해서는 이 운동이 전통을 중시하므로 변화를 받아들이지 못하고 외부에 적대적일 수 있다는 비판이 제기될 수 있다. 이탈리아 토스카나주 루카(Lucca) 시에서는 이민자들이 몰려들면서 도심에 나타난 케밥집을 둘러싸고 논쟁이 벌어졌었다. 지역에 새로 들어온 사람들이 지니고 있는 가치와 문화는 어떻게 판단되어야 하는가? 누가 슬로푸드나 슬로시티의 전통이나 진정성 등을 평가할 것인가? 중요한 점은 지역사회의 목표를 설정하는 과정은 외부의 지원 기준에 맞추거나 리더의 개인적인 판단에 맡기기 보다는 투명하고 민주적인 논의를 통해 결정될 필요가 있다는 것이다. 전환마을 운동의 월드 카페(World Cafe) 사례처럼 이해당사자들이 다함께 모여서 의견을 나눌 수 있는 다양한 방식이 존재한다. 이러한 방식들에 대한 준비와 훈련이 필요할 것이다.

내발적 발전이 주로 낙후지역이나 쇠퇴지역에서 지역발전의 대안으로 모색된다고 볼 때, 지역 내부에 내발적 발전을 이해하고 실천할 주체들이 형성되지 않았을 경우에는 내발적 발전을 어떻게 시작할지 어려움에 처하게 된다. 가령 농촌지역의 경우 이미 초고령화 사회로 진입하여 기존의 농업활동 외에 새로운 활동을 담당할 여력이 없는 경우가 많다. 오히려 대도시에서는 내발적 발전의 원칙에 공감하고 이를 실행에 옮길 수 있는 주체들을 찾기가 더 쉬울 것이다. 지역사회 내 주체들이 미약한 곳에서는 이러한 주체를 발굴하고 조직화하는 활동이 선행되어야 한다. 내발적 발전은 오직 지역주민들에 의해서만 지역발전 전략이나 사업이 진행되어야 하는 것은 아니다. 지역주민들의 참여를 지원하기 위해서도 지역사회 내·외부에 산재해 있는 다양한 주체들의 역할이 필요할 것이다. 지역 내·외부 다양한 주체들의 활동이 지역 내 주체들의 발굴과 조직화에 기여하도록 설계될 필요가 있다. 이를 위해서는 지방정부, 학교, 연구원, 은행, 병원 등 지역 내 공공기관의 역할이 매우 중요할 것이다. 특히 초기 단계에서는 지방정부의 역할이 강조될 필요가 있다. 지방정부는 각종 사업들을 통해 지역주민들을 동원하거나 동기를 부여할 능력을 지니고 있다. 또한 지역 내에서 차지하는 경제적 비중이 크기 때문에, 공공기관의 지역생산물 소비가 활성화되면 내발적 발전에 기여할 수 있는 지역 활동가나 기업의 육성에 크게 기여할 수 있다. 지역사회에 실질적으로 기여할 수 있도록 만드는 제도적인 방안이 마련된다면 분공장, 대형유통점, 금융 등 지역의 부를 외부로 유출하는 주체들도 내발적 발전의 주체로 활동할 수 있다. 가령, 지역생산물의 소비와 판매, 지역 생태·환경의 보전 등 기업의 지역사회 책임투자의 규모와 대상을 늘리도록 유도하는 방안을 고려할 수 있다.

내발적 발전의 수단 및 방법과 관련하여, 국내·외 사례들은 농식품, 에너지, 문화, 토착기업 등의 단일 주제로 시작하지만 각 사례들이 진전되고 확산되는 과정에서 경제적, 사회적, 생태적 전략들이 결합되고 있음을 볼 수 있다. 내발적 발전의 목표 가운데 생태·환경적 측면에 대해 명시적으로 다루고 있지 않는 사례들도 구체적인 실행 수준에서는 친환 경농업, 자원재활용, 재생에너지, 생태관광, 자연자원의 보전 등 생태·환경적 목표를 지향하고 있다. 완벽한 수단과 방법을 바탕으로 처음부터 모든 문제를 해결하겠다는 접근보다는 단계적인 접근이 필요할 것으로 보인다.

첫 단계는 다른 지역의 사례나 모범 사례를 지역에 적용해보는 단계 이다. 다음 단계는 사례의 공간적, 내용적 범위를 키우는 단계이다. 마을 단위의 실험을 읍·면이나 중소도시 전체로 확장하거나, 특정 사업들을 패키지로 만들거나 연계함으로써 체계화해볼 수 있다. 세 번째 단계는 이런 실험들을 특정 문제를 해결하기 위한 전략적인 대안으로 적용해보 는 단계이다. 가령, 농촌지역의 고령화 문제에 대한 답으로 전환마을이 나 슬로시티를 제시해보는 것이다. 마지막은 세 번째 단계의 성공을 바 탕으로 내발적 발전 실험들을 지역발전의 주류적인 대안으로 만들어내 는 단계이다. 가령, 최근 유럽에서는 농촌발전 전략으로서 LEADER 프 로그램을 주류화하고자 하는 목표를 제시하고 있다. 국내에서도 몇몇 지 자체에서 시작된 로컬푸드 운동이 점차 많은 지역으로 확산되면서 제도 화되어 가는 모습을 보이고 있다.

이러한 단계적 접근의 핵심은 지방이 중앙정부나 외부의 지원을 주 도적으로 활용할 수 있는 역량을 키워 나간다는 점이다. 특히 지역 주체 들의 역량이나 적극적인 참여가 부족한 지방의 소도시와 농촌의 현실을 고려할 때, 지역 주체들의 역량을 배양하는 과정은 필수적이다. 지방의 지역발전 사업들은 단계적 과정을 통해 직접 실행과 시행착오를 통해 배 우는 성찰적 학습 과정으로 설계될 필요가 있을 것이다.

5. 맺음말

지역 주도와 지역사회 착근에 대한 강조는 중앙정부나 외부의 지원 없이 지방이 모든 책임을 떠맡아야 한다는 것을 뜻하는 것은 아니다. 핵심은 지방이 중앙정부나 외부의 지원을 주도적으로 활용할 수 있는 역량을 키워야 한다는 것이다. 특히 지역 주체들의 역량이나 적극적인 참여가 부족한 지방의 소도시와 농촌의 현실을 고려할 때, 지역 주체들의 역량을 배양하는 과정이 필요하다. 역량 배양 과정은 지식이나 기술의 단순한 전달이 아니라 직접 실행과 시행착오를 통해 배우는 방식이어야 하며, 특히 학습과 실행의 성과가 지워지지 않도록 지속적으로 운영되는 민관협력기구 또는 중간지원기관의 설치와 담당 공무원들의 참여가 필요하다.

이러한 사업들을 진행할 때 내발적 발전의 원칙들이 충분히 지켜진다면, 지방의 내발적 발전 전략은 수도권 경제 집중과 열악한 지방재정이라는 여건을 직접적으로 바꾸지는 못할 지라도, 중앙정부의 지원과 수도권 기업의 지역 내 투자가 지역경제에 뿌리내리고 지역 내 역사, 문화, 생태적 자원들을 현명하게 이용할 수 있도록 도울 수는 있다. 세계경제의 불확실성이 커지고 지역 간 경쟁이 치열해지는 상황에서 이러한 변화는 지역의 지속가능성을 유지하는 버팀목이 될 수 있을 것이다.

새로운 제도나 정책은 무주공산이 아니라 해당 분야의 기존 제도나 정책이 작동되는 제도적 장이나 틈새에서 자리를 잡는다는 점을 고려할 때, 지방의 내발적 지역발전 수단들과 기존 지역발전 수단들의 적절한 접점을 찾는 작업도 중요하다. 기존 정책들 가운데 지역 주체들이 스스로 참여하여 만들어갈 수 있는, 경제적, 사회적, 생태적으로 통합함으로써 시너지 효과를 가져올 수 있는 정책들을 찾을 필요가 있다.

참고문헌

강원살림, 2010, 『고한, 사북, 남면 지역의 주민주도형 지역발전 전략 수립을 위한 기초조사
　　연구: 폐광지역특별법 제정 이후 지역변화양상 분석 및 향후 과제 제안』.
김용웅 외, 2009, 『신지역발전론』, 한울.
김정섭, 송미령, 2007, 「농촌 지역혁신 네트워크의 구성과 기능에 관한 사례 연구」, 『농촌경제』
　　제30권 제1호.
김태곤 외, 2007, 『농촌의 내발적 지역활성화에 관한 한·일간 비교연구(3/3차연도)』,
　　한국농촌경제연구원.
김현호 외, 2010, 『미래환경변화에 대응한 지역발전 전략 연구』, 한국지방행정연구원.
류승한 외, 2005, 『자립적 지역발전을 위한 잠재력 분석 연구 2』, 국토연구원.
박경, 2008, 「대안적 지역발전 전략으로서의 내생적 발전」, 『사회과학연구』 제47집.
박진도, 2011, 『순환과 공생의 지역만들기: 농촌지역의 내발적 발전의 이론과 실제』, 교우사.
박진도·박경, 2000, 「일본의 내발적 지역개발 전략에 관한 연구: 농산촌 지역의 내발적 발전
　　사례분석을 중심으로」, 『사회경제평론』 제14호.
배은석, 2012, 『지속가능한 농촌 발전을 위한 에코뮤지엄 모델 연구: 이천 율면 부래미마을을
　　중심으로』, 한국외국어대학교 대학원 박사학위청구논문.
여형범, 2013, 「에코뮤지엄을 통한 충남 자연환경 보전 방안」, 『충남리포트』, 78호.
여형범 외, 2011, 『내발적 발전 관점에서 본 충남 지역발전의 과제』, 충남발전연구원.
유네스코한국위원회, 2011, 『MAB의 성과와 미래』, MAB 40주년 기념 자료집.
장훈종 외, 2009, 「지역문화 기반을 활용한 에코뮤지엄 사례연구: 해외사례를 중심으로」,
　　『디지털디자인학연구』 9(3).
충청남도, 2012, 『금강의 지속가능한 미래 발전을 위한 금강비전 연구용역 최종보고서』.

de Rooij, Sabine *et al.*, 2010, *Endogenous Development in Europe*, COMPAS.
Hess, David J., 2009, *Localist Movements in A Global Economy: Sustainability, Justice,
　　and Urban Development in the United States*, Cambridge: The MIT Press.
Hopkins, Robert John, 2010, *Localisation and resilience at the local level: the case of
　　transition town Totnes (Devon, UK)*, Doctoral thesis, University of Plymouth.
Mayer, Heike and Paul Knox, 2010, "Small-Town Sustainability: Prospects in the Second
　　Modernity," *European Planning Studies* 18(10), pp. 1545-1565.
Seyfang, Gill, 2009, *Green Shoots of Sustainablity: The 2009 UK Transition Movement
　　Survey*, University of East Anglia.
Shuman, Michael H., 2006, *The Small-mart Revolution: How local businesses are
　　beating the global competition*, San Francisco: BK.

11

낙후지역 발전 정책 방향과 과제

김현호(한국지방행정연구원)

1. 머리말

낙후지역은 다분히 상대적인 개념이다. 다른 지역에 비해 발전도가 떨어지는 곳이기 때문이다. 또 보편적인 현상이기도 하다. 격차를 가져오는 발전 잠재력이 지역 간에 동일하지가 않기 때문에 발전격차에 따른 낙후지역은 어느 국가를 막론하고 필연적으로 나타난다.

하지만 낙후지역은 국가를 떠나 보편적인 현상이라고 해서 결코 가볍게 여길 수 없다. 그중 하나는 국가 통합적인 중요성 때문이다. 입지여건이 불리하거나 국가 정책상의 목적으로 인해 발전에 제약을 받는 지역에 대해 국가가 지원을 함으로써 낙후지역이 상대적 박탈감을 해소하고 더불어 사는 통합된 사회를 달성할 수 있기 때문이다. 때문에 낙후지역에 대한 국가의 특별한 관심의 정당성은 투자 효율성에 있는 것이 아니라 사회적 형평성 제고를 통한 국가통합의 기여에 있다고 할 수 있다. 다른 하나는 저소득층처럼 낙후지역도 '시장실패'(market failure) 때문에 발생하는 것이 아니라 '정부정책'에 기인하는 바가 크기 때문이다 (Stiglitz 2012). 우리나라의 경우는 역사적으로 볼 때, 낙후지역을 발생시킨 불균형 성장거점 정책이 그러한 역할을 했다. 특히 이러한 정책은 경쟁력의 논리, 정책추진의 관성 등으로 인해 그것을 변화시키기가 쉽지 않다. 그래서 정부의 특별한 지원이 필요하다.

이런 이유 때문에 일본이나 유럽연합(EU) 등에서는 국가통합 차원에서 낙후지역 지원정책을 지속적으로 추진해오고 있다. 일본은 1960년대부터 상당수의 저발전 지역을 '과소지역'(過疎地域)으로 선정하여 자립성장을 통한 국가 통합을 달성하기 위해 낙후지역의 발전을 지원해오고 있다. 유럽연합에서도 공동체의 통합관점에서 낙후지역에 대한 특별한 정책적 배려를 제공하고 있다.

그러나 우리나라 낙후지역은 선진국에 비해 아직까지 이렇다 할 정책지원을 제대로 받고 있지 못하고 있다. 여기에는 빠른 국가경제기반 조성을 위해 서울, 부산 등 투자효율성이 높은 대도시지역에 국가재원을 집중적으로 투자한 탓도 없지 않으나, 근자까지 낙후지역 자체가 국가정책의 조명을 제대로 받지 못한 탓도 있었다.

이러한 관점에서 여기서는 우리나라 낙후지역 정책의 역사적 전개와 현재 낙후지역 정책을 비판적으로 살펴보고, 향후 보다 바람직한 낙후지역정책을 모색해 볼 것이다.

2. 낙후지역 정책의 비판적 고찰

1) 참여정부 및 그 이전의 낙후지역 정책

우리나라 낙후지역 정책은 지역개발 정책과 마찬가지로 불과 10년 전까지 이렇다할 주목을 받지 못했다. 국가재원이 부족하고 전쟁의 폐허 속에서 빠른 시일 내에 국가경제 기반을 구축해야 하는 상황에서 낙후지역의 발전이 국가의 중요 의제가 될 수 없었기 때문이다.

특히, 국가경제기반의 구축 시기는 급속한 산업화와 도시화를 동반했는데, 이 과정에서 대도시 및 수도권으로 인구와 산업이 집중하게 되었다. 그래서 정부는 1970년대부터 지역공동체 해체지역을 중심으로 처방적 차원의 지역사회개발 사업을 추진했다. 그 가운데서도 1971년에 시행한 새마을운동이 우리나라 낙후지역정책의 효시라고 할 수 있다. 그 후 수도권 및 대도시의 인구집중이 다시 낙후지역 공동체 해체를 촉발시키게 되자, 1972년 소도읍가꾸기 사업을 필두로 도서종합개발사업('86년), 오지개발사업('88년), 정주권 개발사업('90년), 개발촉진지구사업('94년), 어촌종합개발사업('94년) 등을 추진하게 되었다.

낙후지역이 정책의 보다 많은 조명을 받기 시작한 때는 지역균형발전을 포함한 지역개발정책을 국정과제로 설정하기 시작한 2000년대 중반부터라고 할 수 있다. 이때 당시의 행정자치부, 농림부, 건교부 등 중앙부처의 필요에 따라 낙후지역 개발사업을 경쟁적으로 개발, 추진하기 시작했다. 행자부의 접경지역지원사업(2000년), 지방소도읍육성사업('03년), 신활력지원사업('05년), 살기좋은 지역만들기('07년), 농림부의 농촌마을종합개발사업('04년), 농촌생활환경정비사업('04), 전원마을조성사업('05), 건교부의 살기좋은 도시만들기('07) 등이 대표적인 사업에 속한다.

이런 식으로 부처의 필요에 따라 개발한 사업이 참여정부 말기에는 보다 많이 늘어났다. 「국가균형발전특별법(제2조)」이 규정하고 있는 도서종합개발사업, 오지종합개발사업, 접경지역개발 등 법정 낙후지역 5개를 포함하여 협의의 개념으로 보더라도 낙후지역개발 사업이 15여개에 육박하고 있었으며 광의로는 이보다 훨씬 많은 수의 사업이 개발, 추진되고 있었다.

그림 1. 낙후지역 개발사업의 역사적 개관

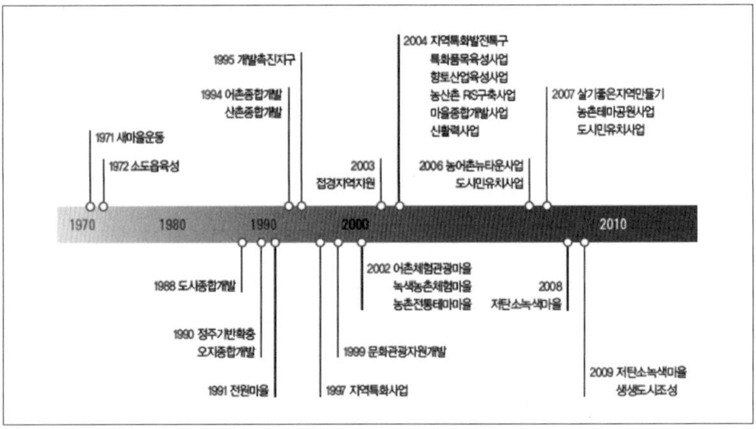

출처: 김현호, 2012, 「지역행복을 위한 낙후지역정책의 모색」, Krila Focus

근거법령도 사업에 따라 달랐다. 접경지역지원사업, 도서종합개발, 소도읍육성사업, 농촌마을종합개발사업은 독자적인 개별 법률의 근거를 지니고 있었던 데 비해, 농촌체험마을, 전통테마마을 조성 등 나머지 사업은 농어촌정비법, 어촌어항법 등 관련 법령의 일부 조항을 근거로 추진되고 있었다. 대부분의 사업들이 낙후지역 또는 농촌의 기본적인 생활여건개선을 위한 인프라 확충에 초점을 두고 있었으며, 신활력사업만이 이들과 달리 부가가치 및 소득창출이라는 소프트한 측면에 초점을 두고 있었다.

정책의 대상공간은 시·군에서 작게는 마을 및 단위시설까지 다양했으나, 부처별로 낙후지역 시·군공간을 분할해서 사업을 추진하는 형태를 띠고 있었다. 행자부와 건교부는 시군 등 공간단위가 큰 반면, 농식품부, 산림청, 해수부 등은 마을 등으로 정책의 대상지역이 비교적 작았다.

표 1. 2000년대 초 부처별 낙후지역 시군의 공간분할 현황

구 분	행안부	국토부	농식품부	산림청	해수부
시, 군	도서개발 접경지역개발 신활력사업(초기)	개발촉진 지구			
읍, 면	오지개발 소도읍개발				
리			농촌마을 종합개발		어촌종합 개발
마을			전원마을, 녹색농 촌체험마을, 농촌 전통테마마을, 신 활력사업(후기)	산촌종합 마을	어촌체험 마을

출처: 김현호·한표환, 2005, 「낙후지역 개발사업의 조정방안」, 한국지방행정연구원

특히, 오지종합개발사업, 도서종합개발사업, 접경지역지원사업, 개발촉진지구사업 등 대부분의 사업이 중앙부처가 주도하는 '하향적' 방식으로 추진되었다. 중앙의 지침에 따라 지방자치단체가 사업계획을 만들어 사업을 요청하면 중앙부처가 이를 심의하여 사업을 승인하거나 사업지구를 선정하는 방식을 따르고 있다.

참여정부 및 그 이전의 낙후지역 정책의 가장 큰 성과는 그동안 성장거점이 만든 발전의 파급 대상지역 쯤으로 생각했던 낙후지역이 2000

년대 들어와서는 정책의 직접적인 대상으로 주목을 받게 되었다는 점이다. 여기에는 지역균형발전 정책 자체가 조명을 받기 시작한 탓도 있었지만, 낙후지역에 대한 인식의 변화가 무엇보다 큰 요인이 되었다. "살기 불편한 지역"이 낙후지역이라는 종래의 인식에서 벗어나 "살기 어려운 지역"으로 낙후지역을 인식하고 이를 정책에 적용했기 때문이다. 그래서 낙후지역의 문제가 살기 불편함을 해소하기 위한 생활환경의 개선에 있지 않고, 소득과 부가가치를 창출하지 못하기 때문에 인구가 유출되고 지역의 활력이 떨어진다는 판단을 했다. 이에 따라 생활여건 개선의 '정주조성' 관점에서 소득과 부가가치의 '먹거리 조성'으로 정책이 전환되었던 셈이다. 이런 관점에서 추진한 대표적인 시책이 바로 '신활력 사업'이다. 이 사업에서는 발전도가 떨어지는 70개의 지역을 선정하여, 지역당 평균 30억 원씩을 자율성 있는 재원으로 지원했다. 또 낙후지역 정책의 고질적인 문제인 부처 이기주의를 극복하기 위해 부처를 떠나 신활력 지역의 발전을 부처가 협력해서 지원하는 '신활력사업 공동추진단'을 구성, 가동하기도 했다.

그러나 이런 시도도 부처 이기주의에 의한 낙후지역 정책의 전반적인 흐름을 바꾸지 못하는 한계가 있었다. 부처 간에 유사 및 중복사업의 난립을 방지하고 재원투자의 효율성을 강화하기 위한 사업의 통폐합 방안이 마련되었으나 부처의 '자기 사업 지키기'로 결국 무산되고 말았던 것이 이를 단적으로 보여준다. 신활력 사업 등 새로운 관점의 사업이 도입, 추진되기는 했지만 부처 중심의 낙후지역사업의 추진이 여전히 주류를 형성했다. 이 같은 하향적인 사업추진 방식은 중앙정부가 지방의 세세한 사정을 알 수 없기 때문에 획일성을 띨 수밖에 없다. 지역의 입장에서는 지역특성을 살린 창의적인 사업을 계획, 시행하지 못하고 중앙부처가 제시하는 정형화된 틀에 맞추어야 했다. 그 결과 신활력 사업을 제외한 대부분의 사업이 낙후지역의 지역경제를 살릴 수 있는 소득 및 일자리 창출과 상당한 거리가 있는 생활환경개선 인프라 위주의 사업을 추진하게 되었다.

그림 2. 낙후지역 개발사업의 하향적 추진과정

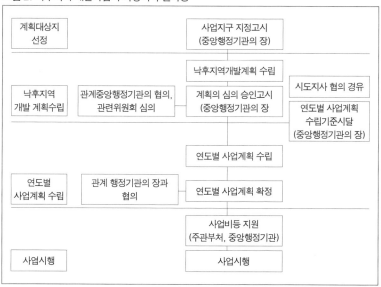

2) 이명박 정부의 낙후지역 정책

이명박 정부는 종래의 지역발전정책이 '나눠먹기식 균형, 수도권과 비수도권간의 제로섬 논리, 중앙집권적 획일성, 닫혀진 내국적 논리'를 지향한다는 판단(지역발전위원회 2009) 아래, '일자리와 삶의 질이 보장되는 경쟁력 있는 지역 창조'라는 비전을 실현하기 위해 초광역개발권, 광역경제권, 기초생활권의 3차원적인 공간정책을 핵심으로 하는 '신지역 발

전정책'을 설계했다. 낙후지역정책에 있어서는 개정된 균특법에서 별도
인 법적인 개념으로 낙후지역을 규정하지 않고 기초생활권정책의 일환
으로 추진하는 모양새를 취하고 있다. 그래서 이명박 정부의 낙후지역정
책을 파악하려면 기초생활권 정책에 대한 선행적인 이해가 필요하다.

　　기초생활권은 지역의 경쟁력 강화를 겨냥한 광역경제권 중심의 신
지역 발전정책에서 소외될 우려가 있는 기초지자체 시·군·구 가운데 구
(區)를 제외한 163개 시·군으로 구성된다(균특법 제2조). 주민의 체감적
인 생활이 이루어지는 토대가 되는 일상생활권이라고 할 수 있다.

　　기초 생활권은 2009년 균특법 개정에 따라 개편된 '광역·지역발전

표 2. 포괄보조금 통합대상 낙후지역 개발사업('08년 기준)

사업명	'08년 예산 (억원)	사업내용
① 행정안전부	2,225	- 도로, 마을회관 등 정주환경 개선
- 접경지역 지원	511	- 생산, 생활기반시설 확충
- 도서지역 개발	954	- 생활편익, 소득·문화기반시설 등
- 소도읍 육성	464	- 우수 지자체 인센티브
- 살기좋은지역 만들기	296	
② 농림수산식품부	6,936	- 특화품목 육성을 통한 자립기반 확립
- 신활력지원	1,882	- 면단위 기초생활환경 정비
- 농촌생활환경정비	3,109	- 경관개선, 생활환경정비, 소득기반
- 농촌마을종합개발	1,235	- 기반시설, 부지조성 등
- 전원마을 조성	103	- 생활환경 개선, 생활·소득기반 확충
- 어촌종합개발	298	- 급수취약지역 지하수 개발 등
- 농촌농업생활용수 개발	309	
③ 국토해양부	3,099	- 낙후지역 기반시설 확충
- 개발촉진지구 지원	1,816	- 도심불량주거지 내 도로, 상하수도 정비
- 주거환경 개선	1,133	- 시범도시·마을 인센티브
- 살고싶은 도시 만들기	150	
④ 산림청	228	- 생활환경 개선, 생산기반시설 등
- 산촌생태마을 조성	228	
⑤ 환경부	594	
- 도서지역식수원 개발	594	- 도서지역의 식수원 개발

특별회계'의 포괄보조 사업에 근거하고 있다. 부처가 편성하는 광역발전 계정과 지자체가 편성하는 지역개발계정으로 구성되는 '광역·지역발전 특별회계' 가운데, 시·군 단위의 기초생활권 발전을 보다 체계적으로 지원하기 위해 지역개발계정에 포괄포조금을 도입하였다. 특히, 과거 중앙 부처의 필요에 따라 개발·추진함으로써 유사·중복 등의 문제점을 유발시키고 있던 200여 개의 사업을 22개('11년까지는 24개)로 통폐합한 것이 포괄보조의 핵심이었다. 이를 통해 지역개발사업 추진에 대한 지자체의 자율성을 보다 확대하고, 책임성을 강화시킬 수 있다는 판단에서다. 특히 '08년 포괄보조금을 도입하기 위한 1단계 작업으로 그동안 대표적인 유사, 중복사업으로 지목받아 오던 마을, 읍·면 단위의 시군구 자율편성 사업 15개를 우선적으로 통폐합했다(기획재정부 2012). 주로 낙후지역을 대상으로 한 종합개발 성격을 지니고 있어 공간과 사업내용에서 중복이 만연하였으나 성과창출은 부진했던 사업들이다.

　　이렇게 도입된 포괄보조금은 163개 시·군 기초생활권에 지원되고 있으며, 지원의 대상지역이 되는 기초생활권은 다시 성장촉진지역, 특수상황지역, 도시활력지역, 일반농산어촌의 네 가지로 나누었다. 그리고 일반농산어촌지역은 농식품부, 도시활력증진지역 및 성장촉진지역는 국토부, 접경·도서지역으로 구성되는 특수상황지역은 행안부가 소관하고 있다.[1] 성장촉진지역과 특수상황지역이 지역발전이 부진하거나 입지여건 등이 불리한 낙후지역의 의미를 가진 것에 비해 일반농산촌지역과 도시활력증진지역은 성장촉진지역과 특수상황지역을 제외한 나머지 기초생활권을 시군 지역성격에 따라 구분하여 부처별 사업관리의 편의를 도모한 측면이 많다.

---

[1]　일반농산어촌지역은 120개 시군, 도시활력증진지역은 28개 시군, 69개 구, 성장촉진지역은 70개 시군, 접경·도서지역은 15시 시군과 186개 도서가 해당되고 있다.

그림 3. 기초생활권의 지역유형 구분

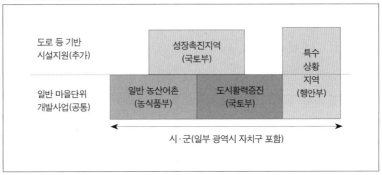

출처: 기획재정부, 2010,「광역 · 지역발전특별회계 예산편성 관련 설명자료」

그 가운데서도 특히, 성장촉진지역은 중복을 허용하고 있다. 성장촉진지역 가운데 태백을 제외한 69개 시군이 일반농산어촌과 중복되고 있으며, 태백은 도시활력지역과 중복되고 있다. 그리고 고성, 양구, 인제, 화천, 철원의 접경지역 5개가 성장촉진지역에서 제외되는 문제가 있다.

이 같은 기초생활권 정책의 프레임 아래, 개정된 균특법에서의 암묵적인 낙후지역에 일반낙후지역과 특수낙후지역이 해당된다고 볼 수 있다. 전자에는 성장촉진지역이 해당되며, 후자에는 특수상황지역이 해당된다.

성장촉진지역은 소득수준, 인구(인구밀집도, 연평균 인구변화율), 재정상태, 지역접근성으로 산출한 지역발전도에 따라 행안부와 국토부가 5년마다 공동으로 선정하는 지역이다. 참여정부의 신활력 지역과 선정지표가 유사하며, 선정지역도 70개로 동일하고 지정대상이 대부분 중첩되는 특징을 보이고 있다. 특히, 성장촉진지역에는 372개 도서 중 186개가 포함되어 있는데 이는 도서 가운데 성장촉진지역을 우선적으로 지정하고 나머지를 특수상황지역으로 지정했기 때문이다. 지역별로는 전남이 가장 많다.

특수상황지역은 남북분단 등의 특수한 여건으로 인해 발전의 제약을 받고 있는 지역으로 개별법에 대상지역이 정해져 있는 낙후지역이다. 접

그림 4. 기초생활권 4개 지역의 현황

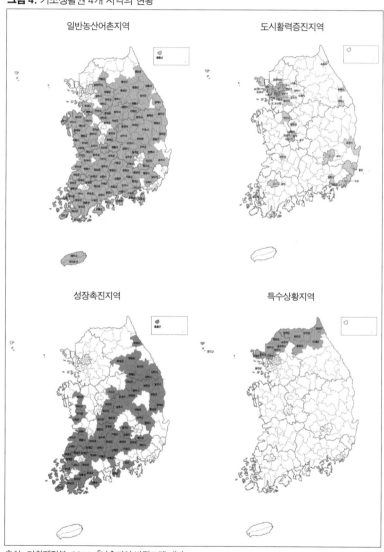

출처: 기획재정부, 2011, 「낙후지역 발전모델 개발」

경지역지원특별법(제2조 1)에 의한 강화, 옹진 등의 접경지역 15개 시·군과 도서개발촉진법(제4조 1)에 의한 186개 도서지역이 여기에 해당된다. 특히 도서지역은 도서개발촉진법 적용 대상 372개 개발대상도서 중에서 성장촉진지역에 해당하는 186개 도서를 제외한 나머지 186개 도서가 특수상황지역에 포함되고 있다. 그렇기 때문에 이전에는 도서를 겨냥하던 지원이 시군을 대상으로 한 성장촉진지역으로 포괄적으로 지원되다 보니 해당 도서에 직접적으로 지원이 도달되지 않을 가능성이 있다. 특히, 성장촉진지역의 지정에 우선권이 있기 때문에 군 지역의 낙후된 도서들이 지원의 혜택에서 배제될 가능성이 많다.

일반농산어촌과 도시활력증진지역은 이명박 정부 이전 낙후지역에서 추진했던 개발사업(개발촉진지구사업, 신활력사업 등)을 추진하고 있어, 사업내용 측면에서 낙후지역과 유사한 측면이 있다. 그러나 일반농산어촌 120개 지역 가운데 창원, 이천, 평택, 원주, 강릉, 구미 등 상당수 도시지역이 포함되어 있어 낙후지역으로 보기에는 무리가 있으며, 도시활력지역도 그러하다.

3) 현재 낙후지역 정책의 문제점

그동안 낙후지역발전 정책의 문제 중의 하나였던 부처 간의 유사, 중복적인 사업을 통폐합하고 지자체의 자율성을 확대하기 위해 포괄보조금을 도입한 것은 이명박 정부 낙후지역 정책의 성과라 할 수 있다.

정책의 이런 진전에도 불구하고 여전히 해결해야 할 문제들이 적지 않다. 무엇보다 낙후지역을 지원하는 예산이 포함되어 있는 지역개발계정의 규모가 이전보다 축소되었다. 광역화 발전을 지원하기 위한 정책포석의 탓도 있지만, 낙후지역 발전에 대한 정책의 의지가 줄어든 것으로도 해석할 수 있다.

둘째, 그동안 분산적으로 추진되던 각종 낙후지역개발 사업을 기초생활권 4개 지역으로 통합·추진함으로써 사업의 유사·중복 문제는 다소 완화되었으나 기초생활권 정책과 낙후지역 정책이 혼동되는 문제를 야기시켰다. 낙후지역을 다른 지역과 거의 동일한 보조율로 재원을 지원하다 보니 낙후지역정책이 실종되었다는 비판을 받기도 한다. 둘째, 낙후지역의 개념을 더욱 혼동되게 만드는 결과를 초래했다. 그간의 낙후지역과 농촌지역의 개념상의 혼돈에 더해, 이명박 정부에 들어 낙후지역이란 부정적인 용어를 '성장촉진지역' 등의 용어로 바꿈으로써 '발전 지향적'인 용어의 채택이라는 점에서는 의미가 있으나 낙후지역이라는 용어를 규정하지 않음으로 인해 과연 무엇이 낙후지역이냐는 논란을 불러 일으키고 있다. 셋째, 기초생활권 4개 지역에 대해 동일한 시책을 지역의 구분에 따라 서로 다른 소관부처에서 추진함으로써 정책지원의 혼란이 발생되고 있다. 가령, 지자체는 동일한 소도읍 개발사업을 두고 소속되는 지역에 따라 서로 다른 부처의 가이드라인 등을 따라야 하는 문제가 있다. 이 같은 문제는 근본적으로는 순전히, 광특회계의 효율적인 예산편성과 관리를 위해 도입한 지역의 부처별 할당이라는 세계에서 유래를 찾아볼 수 없는 방식에서 파생한다(김현호 2012).

넷째, 정책의 내용 측면에서 낙후지역의 발전과 괴리된 도로투자 등의 인프라 정책을 추진하고 있는 문제가 있다. 가장 대표적인 낙후지역인 성장촉진지역에 도로, 상·하수도 등 사회기반시설 확충을 위해 국비를 지원하고 있는 점이 이를 보여주고 있다. 이는 고령자 복지, 산업경제 등이 초점이 되는 세계적인 추세와도 부합되지 않는다. 일본에서는 이미 2000년대 초에 "다람쥐와 곰만 다니는 길이 되었다"라며 인프라 과다투자가 사회적 뭇매를 맞은 바 있다. 일본은 이런 반성에서 고령자 복지,

일자리 창출 등 지역의 종합적 개선을 위해 총무성(과소지역 대책실)이 낙후지역발전 정책을 주관하고 있다. 다섯째, 그나마 적은 규모의 포괄보조 재원을 성장촉진지역은 100%, 특수상황지역 80%로 차등지원하고 있다. 참여정부 신활력 사업 하나의 규모가 연 2,000억 원이었는데 기초생활권 상당수 내역사업이 포함되어 있는 성장촉진지역 전체 사업의 규모가 이와 비슷한 수준이다. 마지막으로 지자체 입장에서의 자구노력 유발이 부족하다. 해당지역이 성장촉진지역이나 특수상황지역으로 지정되면, 지자체의 노력에 관계없이 정해진 국고보조율을 지원받는 정책설계 때문이다. 이외에도 4개 기초생활권을 관할하는 부처의 사업지침 제시 및 분할적인 추진체계, 포괄보조 사업군 보다는 내역사업 단위의 추진실적 평가로 인한 포괄보조 도입의 취지 퇴색, 소득 및 일자리 창출사업의 부족, 낙후지역 관련 법령의 난립 등의 문제가 있다.

3. 패러다임 전환에 의한 낙후지역 정책의 과제

1) 기본적인 접근

지금까지 살펴본 것처럼 낙후지역정책의 혼란 때문에 낙후지역의 상태는 별로 개선되지 않고 있다. 2005년 지역발전도 하위 낙후지역의 98%가 2012년 현재도 여전히 낙후지역인 것이 이를 단적으로 보여주고 있다. 또, 2012년을 기준으로 인구가 3만 명이 채 되지 못하는 낙후지역이 11개이며, 심지어 2만이 되지 않은 지역도 옹진, 울릉, 영양 3개에 이르고 있다(통계청 2012). 낙후지역은 아직도 인구가 계속해서 유출되고 있고, 고령화가 심화되고 있어 머지않은 장래에 상당한 지역이 공동체 존립 자체가 위태로운 "한계마을"로 전락할 형편이다.

　　이런 문제를 해결하기 위한 향후의 낙후지역 정책은 낙후지역의 상대적 박탈감으로 인한 국가 및 사회적인 불안을 해소하고, 국민통합을 달성할 수 있는 방향에서 추진될 필요가 있다. 유럽연합은 공동체 통합차원에서 낙후지역 지원 결속정책(cohesion policy)을 추진하고 있으며, 일본도 국가통합차원에서 과소지역 정책을 추진하고 있다. 그러나 우리나라는 외국처럼 국민통합 달성을 위한 '국가최소기준'(national minimum)도 설정되어 있지 않으며, 국가가 낙후지역의 발전을 전적으로 책임지는 접근도 취하지 않고 있다. 기껏 서비스 기준이 도입되고 있지만 이를 행·재정적으로 지원하기 위한 장치가 없다(한경원 2012). 따라서 낙후지역에 대해서는 사회적 포용과 통합 관점에서 정책지원을 보다 강화할 필요가 있다. 물론 이때도 자구노력 지역에 대해서는 추가적인 인센티브의 지원이 필요하다.

　　이런 접근 아래, 낙후지역의 자립성장에 정책의 초점을 두어야 한다. 종래와 같은 인프라 위주의 정책에서 벗어나 지역주민의 체감적 행복과 직결되는 소득과 일자리를 창출하고, 지역의 생활안전망을 강화하는 쪽으로 정책을 전환해야 한다. 지역개발의 척도가 종래와 같이 '개발' 자체가 아니라 '사람'이 되고 있으며, 양적인 '지역 총생산'에서 질적인 '지역 총행복'으로 변화하고 있기 때문이다. 아울러 낙후지역은 기본적으로 성장동력이 부족하기 때문에 지역 간에 소모적인 경쟁을 유발시킬 수 있는 행정구역 단위의 발전 대신, 지역 간 협력방식을 활성화하여 공동발전을 도모하는 방향으로 추진되어야 한다. 향후 낙후지역정책의 주요 추진과제를 간추리면 다음과 같다.

2) 낙후 지역정책의 주요 추진 과제

(1) 낙후지역 합리화 및 국가최소기준 설정

낙후지역정책의 체계적 추진을 위해서는 두 가지 토대가 필요하다. 하나는 낙후지역 개념의 과학화이며, 다른 하나는 삶의 질 향상 및 생활안정을 위한 국가최소기준의 설정이다. 낙후지역이 제대로 정의되지 않으면, 정책추진에 혼란이 온다. 현재 '산업의 지배적 비중'에 의한 공간구분인 농산어촌과 '발전도'에 의한 공간구분인 낙후지역이 서로 구별없이 사용되고 있다. 낙후지역의 개념을 사회적인 합의가 있는 '다른 지역에 비해 발전도가 낮은 지역'으로 재정의하고, 이를 바탕으로 낙후지역을 보다 과학적으로 선정해야 한다. 그리고 이렇게 선정된 낙후지역을 지원하기 위한 정책의 하한선으로 경제, 복지, 생활여건 등을 고려한 국가최소기준을 설정하고 이에 대해서는 국가가 전적으로 책임지는 정책지원이 필요하다.

(2) 소득과 일자리 창출의 지원 강화

이제 외국과 마찬가지로 우리도 종래와 같이 도로 등 인프라 위주에서 탈피해서 지역주민의 체감적 행복과 직접적인 연관성을 지닌 소득, 일자리를 창출하는 쪽으로 정책의 무게중심을 옮겨야 한다. 정책의 주관부처도 이와 맞추어야 한다. 지자체는 발상의 전환과 역발상에 의해 지역의 특화자원을 상품화하는 '온리 원'(only one)과 '넘버 원'(number 1) 시책을 개발해야 한다. 일본의 이즈모시(出雲市)와 효고현 나오시마(直島)를 참고할 수 있는데, 이즈모시는 지역특화발전으로 인구감소를 방지해서 1993년 '일본 제1의 살기좋은 지역'에 선정되었고(이와쿠니 데슨도 2010), 궁벽했던 나오시마는 예술섬 특화개발로 인해 '세계의 가고싶은

7곳'에 선정되었다(김현호 2010). 국내에서는 180여 농가에서 생산한 유정란, 콩나물, 두부, 제철채소 등 10여 가지 이상의 먹거리를 전국 2,500여 가구에 판매하는 완주의 '건강한 밥상'이 대표적인 보기에 해당된다.

이 전략을 보다 활성화하기 위해서는 낙후지역 개발에서 가장 큰 애로가 되는 인적자원 부족과 기업투자 활성화를 위해 주민이 기업을 운영하고 고용되는 사회적 기업, 마을기업 등을 유치, 창출, 육성할 필요가 있다. 정부는 이들 지역에 대해 지원을 보다 강화해야 한다.

(3) 지역의 자구적인 노력 유발

현재 어떤 지역이 낙후지역(성장촉진지역, 특수상황지역)으로 선정되면, 낙후지역이라는 지위로 인해 우대를 적용한 국가지원을 받고 있다. 지역의 자구적인 노력을 촉발시킬 수 없는 시스템인 셈이다.

이 같은 문제를 해결하기 위해서는 국가가 책임지는 낙후지역에 대한 기본적인 정책지원(기본형 낙후지역)에 추가한 정책의 설계 및 추진이 필요하다. 이를 위해서는 낙후지역 '이원화 방식'의 도입도 고려할 수 있다. 발전도에 따라 선정되는 '기본형 낙후지역'에 더해 '공모형 낙후지역'을 개발하고, 기본형 낙후지역 가운데서 공모를 통해 대상지역을 선정하는 방식이다. 고민과 창의성을 통해 사업을 발굴, 기획해서 선정된 사업에 대해서는 과거에 추진했던 신활력사업과 같이 일정액(30-50억 원 정도)을 정액으로 지원하되, 성과를 창출하는 지역에 대해서는 졸업제를 적용하고, 낙후지역 총괄부처가 지역의 편의를 위해 사업모델을 개발해서 제공하는 방식의 추진이 가능할 것이다.

또, 기본적인 차등적인 예산지원에 추가해서, 사업추진이 종료되는 시점에 지역의 추진실적을 평가하여 그 실적에 따라 재원을 차등 지원하는 것도 지역의 보다 많은 자구적인 노력을 경주하는 유인이 될 수 있을 것이다.

(4) 지역주도의 통합적 추진체계 구축

현재의 낙후지역 정책은 중앙부처가 중심이 되는 기능주의적 관점, 다시
말하면 중앙이 사업의 메뉴를 제공하는 방식에 의해 추진되고 있다. 이
런 방식에서 탈피하여 세계적인 추세가 되고 있는 지역중심의 통합적 접
근에서 낙후지역 정책을 추진해야 한다. 지역의 특화 및 개성 발전, 고령
자 복지 등 현장 밀착적인 소프트웨어 정책추진의 필요성이 높아지고 있
기 때문이다. 낙후지역 정책이 포괄보조금 도입 등으로 지자체의 자율성
이 일부 강화되기는 했지만, 부처별 가이드라인 제시, 신규사업의 부처
승인 등 중앙의 개입이 오히려 심화된 측면도 없지 않다.

　　하향적 방식의 정책추진에서 벗어나 지역중심의 통합적 방식을 구
축하기 위해서는 낙후지역 총괄부처를 중심으로 부처가 유기적으로 협
력하는 시스템을 구축하고 낙후지역의 발전을 중앙차원에서 통합적으로
지원할 필요가 있다. 총무성을 중심으로 국토교통성, 농림수산성 등이
협력하는 일본의 과소지역 정책을 참고할 필요가 있다.

(5) 전폭적인 재원지원 및 법령의 정비

지금까지 낙후지역은 백화점식 사업에 대해 소규모 재원이 지원되었다.
낙후지역을 발전시키기에는 턱없이 부족한 재원이었다. 성장동력이 부
족할 뿐 아니라 다른 지자체와 협력발전을 도모하더라도 제대로 된 지역
의 발전을 달성하기 어려운 지역이 낙후지역임을 고려하여 보다 전폭적
인 재원지원이 필요하다. 그런 측면에서 "낙후지역 발전계정"이나 "낙후
지역 특별회계"를 설치하는 것도 대안이 될 수 있다. '특수한 목적'을 달
성하기 위해 설치되어야 하는 특별회계의 본질적 취지와도 부합하는 조

치이기 때문이다. 사회적 약자인 여성을 대상으로 '성인지 예산'을 책정하는 것과 마찬가지이다. 아울러 낙후지역에 대해서는 현재와 같은 지방비 매칭이라는 꼬리표를 뗀 특별한 재원의 지원이 필요하다. 재정력이 약한 낙후지역의 입장에서는 지방비 매칭이 있는 사업추진은 상당한 부담이 되기 때문이다.

또, 현재 국가균형발전특별법, 접경지역지원특별법 등 낙후지역 관련 개별법 등이 난마처럼 얽혀 있어 정책시행에 상당한 애로가 있다. 동일한 사업이 서로 다른 특별법이나 개별법의 적용을 받다 보니 체계적인 사업추진이 어렵다. 이를 위해서는 낙후지역 정책을 보다 체계적으로 지원할 수 있는 단일화된 기본법의 제정이 필요하다. 여기에는 40여 년 전부터 '과소지역대책법'을 제·개정하여 낙후지역 정책을 추진하고 있는 일본을 참고할 필요가 있다.

4. 맺음말

지금까지 살펴본 것처럼 우리나라의 낙후지역 정책은 여러 가지 측면에서 문제가 있었다. 근자에 들어서까지 낙후지역을 바라보는 관점이 단순히 생활여건이 불편해서 '살기 불편한 정도의 지역'으로 인식하는 측면이 강했다. 그러다 보니 정책처방 역시 낙후지역의 발전과 괴리가 있는 생활기반 확충 및 개선에 초점을 두는 오류를 범했다. 그런 정책을 상당한 기간동안 시행했음에도 불구하고 낙후지역의 상황은 별로 개선되지 않아 처방이 잘못 되었음을 비로소 인식했던 것이 참여정부 때부터라고 할 수 있다.

참여정부는 '낙후의 원인'이 생활여건의 불비에 있는 것이 아니라,

소득과 부가가치를 창출하지 못하는 데 있다고 진단했다. 이러한 진단에 따라 향토자원 개발을 통한 소득과 부가가치를 창출하기 위해 신활력사업이 중심이 되는 낙후지역 정책을 추진했다. 지역이 선정한 발전의 테마는 교육, 축제 등이었으며, 어떤 지역은 농특산물 상품화였다. 거창의 교육, 함평의 나비, 청도의 반시, 강원 고성의 심층수 사업 등이 이들에 해당했다.

이명박 정부 들어서는 부처 간 이기주의 극복을 위한 사업 통폐합은 성과를 거두었으나, 낙후지역 정책이 오히려 퇴보하는 결과를 가져왔다. 재원지원의 규모가 줄어들었으며, 기초생활권 정책과 낙후지역 정책이 구별없이 추진되었다. 기초생활권 정책 속에 낙후지역 정책이 함몰되었다. 낙후지역은 지역발전을 위한 고민이나 기획, 발상의 전환을 할 필요도 없어졌다. 성장촉진지역으로 지정되기만 하면 국고보조율 우대를 자동적으로 지원받았기 때문이다.

낙후지역 정책의 실종에 버금가는 낙후지역정책의 현주소를 바로 잡기 위해서는 무엇보다 낙후지역에 대한 명확한 철학의 정립이 선행되어야 한다. 우리도 유럽연합(EU)나 일본처럼 국가 및 공동체 통합적인 관점의 낙후지역 정책의 정립이 필요하다. 이러한 철학 아래, 낙후지역에 대한 국가의 책임성을 보다 강화하고, 국가최소기준을 상회할 수 있는 정책 지원을 제공해야 한다. 그래야 상대적 박탈감으로 인한 국가적인 소외를 극복할 수 있다. 그런 다음, 개별법을 통합한 낙후지역 기본법을 정립하고, 이를 토대로 낙후지역 현실에 적합한 지원정책을 제공해야 한다. 여기에는 낙후지역의 차등지원 및 자구노력을 촉발시킬 수 있는 제도적인 장치가 반드시 포함되어야 한다. 또 차후에는 농촌과 중소도시를 포함하는 다양한 유형의 낙후지역도 고려할 수 있을 것이다. 그것이 꼭 '낙후지역'이라는 부정적인 용어는 아니어도 좋다. 그러나 낙후지역

정책 자체가 없어서는 안 된다.

　결국 보다 잘 사는 우리나라의 건설은 모든 지역이 고루 잘 사는 형태가 되어야 할 것이며, 그러기 위해서는 지역 공동체가 붕괴될 위기에 처한 낙후지역의 발전 없이는 불가능할 것이다. 이런 관점에서 향후 낙후지역에 대한 국가의 특별한 관심과 지원이 필요하다.

참고문헌

국가균형발전위원회, 2007, 『국가균형발전정책의 이론과 실제』.

_____, 2007, 『신활력사업』.

기획재정부, 2010, 2011, 『광역·지역발전특별회계 예산편성 관련 설명자료』.

_____, 2011, 『낙후지역 발전모델 개발연구』.

김현호, 2012, 「지역행복을 위한 낙후지역 정책의 모색」, 『Krila Focus』, 제47호, 한국지방행정연구원.

김현호·한표환, 2005, 『낙후지역 개발사업의 조정방안』, 한국지방행정연구원.

지역발전위원회, 2008, 『낙후지역 발전발전정책의 개선방안』.

_____, 2009, 『지역발전과 광역경제권 전략』.

한경원, 2012, 「낙후지역 개발의 새로운 패러다임: 유럽연합의 정책동향과 한국의 경험을 중심으로」, 한국행정학회 하계학술대회 발표논문.

일본 총무성 홈페이지 http://www.soumu.go.jp/main_sosiki/jichi_gyousei/ c-gyousei/2001/kaso/kasomain0.htm

EU Regional Policy 홈페이지 http://ec.europa.eu/regional_policy/index_en.cfm

OECD, http://www.oecdbetterlifeindex.org/countries/korea/

12

수도권과 비수도권의 상생 정책 방향과 과제

변창흠(세종대학교)

1. 머리말

최초의 수도권 규제정책이라 할 수 있는 '대도시 인구집중방지책'(1964)
이 발표된 지 50여 년이 지났다. 그동안 지속적으로 수도권 규제정책을
시행해 왔음에도 불구하고 수도권의 인구비중은 줄어들지 않았을 뿐만
아니라 권력과 자원, 기회의 중심지로서 수도권의 위상은 오히려 더 커
지고 있다. 수도권의 집중 해소라는 측면에서 보면 분명 수도권 정책은
실패한 셈이다.

　그런데 최근 수도권의 사회경제적 여건과 인구집중 현상이 과거와
다른 양상으로 전개되고 있다. 한 해 동안 30만 명에 달했던 수도권 순유
입인구가 급격히 줄어들고 있다. 2011년에는 1960년대 이후 처음으로
수도권의 유입인구가 유출인구를 넘어섰다. 2015년까지는 세종특별자
치시와 10개의 혁신도시로 공무원들과 공공기관 종사자들이 계속 이주
할 예정이니 수도권 인구의 지방 유출 현상은 앞으로도 나타날 것이다.

최근 몇 년간 부동산 시장도 달라졌다. 그동안 수도권이 전국 주택 가격의 상승을 주도했지만, 최근 몇 년간은 이와는 반대의 모습을 보여 왔다. 수도권에서는 주택가격이 하락한 반면, 지방 광역시에서는 오히려 주택가격이 상승하여 좋은 대조를 보였다. 수도권의 미분양주택은 계속 증가하고 있지만, 지방의 미분양주택은 1/3로 줄어들었다.

앞으로 수도권의 위상변화와 지방과의 역할분담 방안에 대해 사회 적인 합의가 마련되지 않은 상황에서 최근 들어 기존의 수도권 정책을 전면 해체하려는 움직임이 나타나고 있다. 가장 먼저 수도권 정책의 방 향 전환을 주도한 것은 이명박 정부였다. 이명박 정부는 출범 직후부터 수도권정비계획법을 폐지하고 대체입법을 제정하겠다고 발표한 바 있으 며, 2008년 세계금융위기가 도래하자 국가경쟁력 강화를 명분으로 수도 권 규제를 전면 완화하는 10.30 대책을 발표하였다. 이에 따라 산업단지 내에서 공장의 증설, 자연보전권역에서 대규모 개발사업 등이 전면 완화 되었다. 수도권 출신 국회의원들은 제17대 국회에 이어 제18대 국회에 서도 수도권정비계획법을 폐지하고 수도권의 계획적 관리를 주된 내용 으로 하는 새로운 수도권관리법률 제정안을 국회에 제출하였으나 성공 하지 못했다. 수도권 3개 지방자치단체들은 최근 수도권광역경제발전위 원회를 통해 경기도 연천과 인천광역시의 강화군과 옹진군을 수도권 규 제에서 배제해 달라는 건의서를 중앙정부에 전달하였다.

이제 수도권 정책은 과거의 패러다임을 그대로 유지할 수 있는 동력 이 떨어졌을 뿐만 아니라 명분도 부족하게 되었다. 그렇다고 수도권의 개 발사업을 촉진하기 위해 수도권 규제를 전면 해제할 수도 없다. 수도권 규제의 성격을 다시 한번 확인하고 수도권과 지방이 상생할 수 있는 제도 개선 방안이 무엇인지를 진지하게 고민할 시점이 되었다. 이를 위해서는 그동안 수도권 정책을 둘러싼 논쟁의 의미와 한계를 평가하고 새로운 여

건 변화를 고려한 수도권 관리정책을 어떻게 설정해야 하는지에 대해 정
책의 방향을 제시하고자 한다.

2. 수도권의 역할과 수도권 관리정책에 대한 다양한 관점의 평가

1) 수도권 관리정책의 기조 변화

그동안 수도권 정책은 여건의 변화에 맞추어 그 성격과 규제 내용도 변
화해 왔다. 우리나라 수도권 정책은 인구유입 억제 및 분산을 목적으로
시작되었지만, 1980년대 초부터는 수도권 내 분산재배치 정책으로, 최
근 들어서는 성장관리정책으로 성격이 변화하고 있다.

　1960년대의 수도권정책은 급격한 도시화와 산업화가 진행되면서
특히 서울로 유입되는 인구를 억제하기 위한 목적에서 시작되었다. 서
울로 유입되는 인구를 차단하기 위해 발표된 '대도시인구집중방지책'
(1964), 대도시 인구 및 시설의 조정대책(1969), 수도권인구과밀억제에
관한 기본지침(1970) 등이 그것이다.

　1970년대 들면서 적극적으로 수도권 인구를 지방으로 분산하기 위
한 정책을 추진하였다. 대도시 인구분산시책(1972), 대도시 인구분산책
(1973), 비록 실행에 옮겨지지는 못했지만 박정희 대통령이 1977년 추진
했던 신수도 구상 등은 지방인구의 서울 유입을 차단하는 데 그치지 않
고 적극적으로 지방으로 분산하기 위해 시도된 정책이었다.

　그러나 이러한 정책들이 소기의 성과를 거두지 못하고 서울의 인구
가 계속 늘어나게 되자, 이미 수도권으로 유입된 인구나 시설을 재배치
할 필요성이 커지게 되었다. 수도권정비계획법은 이러한 배경에서 제정

된 법률이다. 수도권정비계획법은 "수도권에 과도하게 집중된 인구 및 산업의 적정배치를 유도하여 수도권의 질서 있는 정비와 국토의 균형 있는 발전을 기함"을 목적으로 하고 있다(법 제2조). 이 법은 수도권의 기능을 지방으로 분산하기보다는 수도권으로 유입되는 인구나 인구집중유발시설을 수도권 내에서 재배치하는 데 초점을 두고 있다. 따라서 수도권정비계획법에 의한 수도권 관리수단은 수도권의 집중억제와 지역의 균형발전을 위해 수도권을 특별히 규제하거나 관리해야 하는 것으로 정해질 수밖에 없었다.

그러나 1990년대 말부터 동북아 주요 대도시들의 급성장에 따라 수도권에 대한 국제적인 역할이 강조되기 시작하였다. 여기에 덧붙여 수도권 내부에서도 성장관리의 필요성이 제기되면서 수도권에 대해 새로운 역할이 강조되고 있다.

2) 수도권 규제의 성격과 실효성 확보 문제

일반적으로 성장관리(growth management)란 개발의 규모, 시기, 입지선정에 대한 규제로 정의된다. 이 개념은 주로 성장을 관리하고 유도한다는 의미로 사용되고 있지만, 이와 함께 성장규제(growth control)나 성장저지의 의미가 포함되어 있다(Levy 2012). 성장규제란 성장을 유도하고 관리한다는 의미 외에도 성장을 제한한다는 의미가 포함되어 있으며, 성장저지에는 성장을 완전히 멈추어야 한다는 의미가 강조되고 있다.

현재의 수도권 규제나 계획에는 성장관리나 성장규제, 성장저지 등의 성격이 혼재되어 있다. 대학이나 공장과 같은 인구집중유발시설의 입지 자체를 규제하는 것은 성장규제나 성장저지의 성격을 지니고 있는 반면, 대학입학정원 총량제, 공장건축총량제, 공업지역 면적총량제 등은 성장관리의 성격을 지니고 있다.

수도권정비계획은 군사에 관한 사항을 제외하고는 수도권 내에서 최상위 계획으로서의 위상을 갖고 있다. 수도권정비계획법에서는 수도권정비계획은 "「국토의 계획 및 이용에 관한 법률」에 따른 도시·군계획, 그 밖의 다른 법령에 따른 토지 이용 계획 또는 개발 계획 등에 우선하며, 그 계획의 기본이 된다"라고 명시하고 있다. 문제는 수도권정비계획이 수도권성장관리계획으로서 어느 정도의 실효성을 확보하고 있는가이다.

수도권정비계획은 수도권 내 공간체계상 최상위 계획으로서 도시기본계획을 규제하는 위상을 지니고 있지만, 실제로는 하위계획에 대해 구속력을 거의 지니지 못하고 있다. 제3차 수도권정비계획(2006~2020)에서는 2020년까지 수도권 인구를 전국 인구의 47.5%까지 낮추겠다는 목표를 설정하고 있으나, 실제 하위계획에서 제대로 반영되지 못하고 있다. 경기도 지자체들이 수립한 2020년 도시기본계획의 목표인구는 수도권정비계획의 목표를 훨씬 능가하고 있다. 경기도 시·군이 제시한 2020년 도시기본계획의 계획인구는 16,363천 명으로 제3차 수도권 정비계획과 2020년 경기도 도종합계획에서 제시한 계획인구 14,500천 명보다 12.8%가 많으며 통계청 추계 13,107천 명보다도 24.8%가 많다(이외희·이성룡 2011).

현재의 수도권정비계획법과 그에 따른 수도권정비계획은 수도권정비계획법이 입법 목적으로 규정하고 있는 수도권의 과밀해소와 수도권 기능의 재배치, 지역균형발전을 달성하지 못하고 있다. 수도권정비계획법에서는 수도권의 계획적인 관리를 가능하게 하는 시스템을 제대로 구축하지 못한 채 개별시설 위주의 미시적인 입지규제에 대해서만 규정하고 있다. 더구나 수도권 내에서 각종 개발특별법에 의한 개발지구가 수도권정비계획과 무관하게 입지가 결정되기 때문에 수도권정비계획의 실효성을 더욱 떨어뜨리고 있다. 우선 수도권정비계획은 하위계획인 도시기본계획의 작성방향과 지침을 제공해 주지 못한 채 추상적인 구상 중심으로 작성되고 있다.

수도권 지자체들이 수립하는 성장관리계획을 통해 수도권정비계획법에서 규정하고 있는 목적을 달성할 수 있다면 군이 중앙정부가 나서서 수도권정비계획법에서 개별 입지별로 미시적인 규제 수단을 동원하지 않아도 된다. 그러나, 강행성을 갖는 법률이 아닌 성장관리계획은 외부 여건의 변화에 따라 유연성 있게 재수립될 수 있다는 장점은 있지만, 수도권 규제와 지역균형발전의 효과를 지속적으로 담보하기가 어렵다. 또한 여전히 개발지향적이고 팽창지향적인 수도권 지자체들의 특성을 고려할 때 수도권 지자체에 의한 성장관리는 결과적으로 수도권의 집중과 팽창을 유발할 가능성이 크다.

이러한 여건을 고려하면, 단기적으로는 수도권정비계획법 체계를 따르되, 장기적으로는 수도권 지자체에 의한 수도권 성장관리 체계를 구축해야 한다. 이를 위해서는 수도권 성장관리 기구의 전문성 확보, 비수도권 지자체의 참여, 수도권 성장관리 결과에 대한 지속적인 모니터링 시스템 구축 등이 갖추어져야 한다.

3) 수도권 관리정책과 지역균형발전의 관련성을 둘러싼 논쟁

수도권 관리정책에 대한 비판 중 가장 큰 비중을 차지하는 것은 수도권 규제가 수도권의 경쟁력을 떨어뜨릴 뿐 지역의 발전에는 기여하지 못한다는 점이다. 수도권에 대해 규제를 강화하면 수도권 소재 기업이 지방으로 내려가는 것이 아니라 해외로 이전해 버리기 때문에 국민경제 전체적으로는 손해라는 것이다.

　문화관광부와 경기도는 1996년 덴마크 레고(Lego) 그룹의 투자유치 실패를 가장 대표적인 수도권 규제의 역효과 사례로 들고 있다. 이 그룹은 경기도 이천시 호법면 일대에 2억 달러를 투자하여 60만㎡ 규모의 테마파크를 조성할 계획이었지만, 수도권 규제 때문에 실행되지 못했다. 이 일대는 자연보전권역으로 묶여 있어서 최대 6만㎡ 이내의 관광지만 개발이 가능했기 때문이다. 수도권 규제가 없었더라면 이 구상이 실현되었을지, 또 실현되었더라면 성공적인 사업이 되었을지는 알 수 없다. 그러나 이 그룹이 결국 테마파크를 조성한 것으로 밝혀지면서 수도권 규제로 인한 지역경제 피해의 대표적인 사례로 인용되고 있다.

　수도권 관리를 수도권 내부의 문제로 볼 것인가, 아니면 국토 전체의 차원에서 볼 것인가에 대해서는 두 가지 상반된 입장이 대립하고 있다. 먼저, 수도권 지자체들과 시장주의자들은 수도권 관리를 중앙정부가 관여할 것이 아니라 수도권 지자체에게 맡겨야 한다고 주장한다. 이들은 수도권에 대한 계획과 관리는 대도시권 관리정책이나 성장관리정책(growth management program)의 일환으로 보아야 한다고 본다. 수도권 계획적 관리란 '수도권의 경쟁력 강화와 삶의 질 개선을 위해 현재의 수도권의 문제점인 대도시권 경쟁력 약화, 개발수요 수용 미비, 인프라 부족, 환경의 질 미흡 등을 해결하고 개선하기 위해 대도시권 관리계획을 수립하고, 집행해나가는 공공의 정책적, 법적, 행정적 행위'라는 시각(이상대 2008)이 대표적이다. 이 관점에서 수도권 관리의 목표는 현재 수도권 규제나 계획의 기본적인 기조인 성장규제나 성장저지보다는 성장관리와 수도권 대도시권 문제 해결에 초점이 맞추어지게 된다.

　반면, 지역균형발전론자들이나 비수도권의 지방자치단체에서는 수도권 관리를 수도권의 과도한 집중을 억제하고 지역균형발전을 위한 정책수단으로 본다. 이 입장에 따르면, 수도권 관리의 목표는 수도권과 지

방의 상생 발전을 통해 수도권과 지방의 격차가 완화되도록 하는 일로
설정해야 한다고 본다. 이 관점에서는 지역균형발전을 위해서는 현재의
수도권 집중문제를 해소하지 않고는 불가능하다고 본다. 특히 참여정부
에서는 이 입장에 충실하였다고 볼 수 있다. 참여정부는 지역문제의 본
질을 수도권의 과도한 집중에서 찾았기 때문에, 지역균형발전을 위해서
는 수도권의 집중해소를 위한 수도권 관리가 필수적인 정책으로 선택할
수밖에 없었다.

　　수도권 관리에 대한 이러한 관점의 차이는 수도권 관리의 지역균형
발전 효과에 대한 입장의 차이뿐만 아니라 수도권 지자체의 분권과 자율
성을 어디까지 인정할 것인가에 대한 입장의 차이로 연결되고 있다. 수도
권 규제에 대해 비판적인 입장에서 보면 수도권에 대한 관리 수단은 지역
균형발전 효과도 없으면서 수도권 지자체의 자율성을 훼손하는 나쁜 규
제에 불과하게 된다. 더구나 중앙정부가 획일적으로 설정한 파행적인 규
제가 수도권의 경쟁력을 떨어뜨리고 수도권 문제를 더욱 악화시키는 원
인으로 지목된다. 반면, 균형발전론자들은 수도권 규제의 무용론이 수도
권과 비수도권간의 격차를 더욱 고착시키고자 하는 수도권 지자체들의
이기주의에 불과하다고 본다. 이들은 수도권 지자체들의 끊임없는 요구
에 못이겨 수도권 관리권을 수도권 지자체에 위임하는 바람에 수도권 규
제가 더욱 완화되고 수도권 집중이 더 심화되었다고 본다.

4) 수도권 관리정책의 주체를 둘러싼 논쟁

수도권 규제는 당초 서울의 집중을 억제하기 위한 목적에서 시작되었
다. 이 당시의 수도권 규제는 매년 수십 만명의 유입인구를 수용할 수 있
는 일자리와 주택이 부족한 상황에서 인구유입을 억제해서 부담을 줄이

자는 데 초점이 맞추어져 있었다. 그러나 당시는 박정희 정부가 지방자
치제를 폐지하여 서울시는 중앙정부의 일선 행정기관에 불과하였기 때
문에 중앙정부가 수도권 규제를 주도할 수밖에 없었다. 서울과 수도권의
인구집중을 억제하기 위한 정책은 건설부, 무임소장관실, 대통령비서실,
경제기획원이 번갈아 발표하였다. 2000년대까지 발표된 수도권 정책 중
서울시가 발표한 대책은 1975년의 '서울시 인구소산계획'뿐이었다. 이
계획에서는 위생업소 신규허가 억제, 주거지역 공장입지 금지와 공장지
역의 축소를 포함한 공장신설 억제, 지방학생 서울전입 억제 등이 포함
되었다.

돌이켜보면 초기의 수도권 규제도 중앙정부의 일방적인 규제만으로
는 실효성을 지니기 어려운 상황이었다. 또한 수도권으로 유입되는 인구
를 억제하기 위해서는 지방의 발전 대책이 필요했다는 점에서 보면 수도
권 규제는 수도권 지자체뿐만 아니라 지방의 지자체들과의 협조체제가
구축되어야 실효성을 지닐 수 있었을 것이다. 그러나 그동안 중앙정부가
수도권 규제정책을 일방적으로 주도해 왔으며, 수도권정비계획법이 제
정된 이후에는 수도권 지역만을 대상으로 하는 규제법으로 인식되었기
때문에 수도권과 지방 간의 상생을 위한 방안을 도출하기 위한 협력에는
소홀하게 되었다.

성장관리가 주로 지자체가 주도하는 외국의 사례에 비추어 보면 중
앙정부가 주도하는 현재의 수도권 관리는 비정상적인 방식인 점은 분명
하다. 따라서 앞으로 수도권 관리의 주체는 중앙정부에서 수도권 지자체
로 이관되어야 한다. 다만, 이 경우에도 사회적 합의를 통해 수도권 관리
의 목표를 미리 설정하고, 수도권 자체가 그 범위 내에서 성장관리를 수
행하도록 한다는 전제가 있어야 할 것이다.

5) 수도권 낙후지역의 관리를 둘러싼 논쟁

수도권 규제의 문제점을 지적하는 주장 중의 하나가 수도권 규제 때문에 수도권 외곽 및 낙후지역이 역차별을 받고 있다는 것이다(국가균형발전위원회 2008: 26). 이러한 주장의 요지는 수도권 낙후지역의 발전이나 주민들의 편의를 위해서는 수도권 규제를 완화하거나 폐지해야 한다는 것이다.

최근 이러한 주장을 실행하기 위한 작업이 본격화되고 있다. 2011년에 개최된 '접경·낙후지역(강화, 옹진, 연천)의 수도권 제외 GRI·IDI 공동토론회'는 접경·낙후지역인 강화, 옹진, 연천을 수도권에서 제외해 달라는 주장을 뒷받침하기 위해 마련되었다. 이러한 주장의 연장으로 2011년 12월 8일 수도권광역경제발전위원회는 중앙정부에 서해 5개 도서 등 휴전선 인접 접경·낙후지역(강화, 옹진, 연천)을 수도권 정비계획법 상 규제대상에서 제외해 달라는 공동건의문을 채택하였다. 2012년에 다시 개최된 '지역균형발전정책의 허와 실 공동토론회: 접경·낙후지역을 중심으로'에서도 유사한 주장이 반복되었다.

그러나 지역의 낙후도 문제는 지역의 입지적 특성, 자연환경의 특성, 산업적 특성이 결합되어 나타난 것으로 반드시 수도권 규제 때문이라 보기 어렵다. 수도권 규제시책은 개인의 주거 및 영농을 위한 토지이용과 건축 행위에 대한 규제를 하지 않고 있으며, 개인의 재산권과 토지이용에 영향을 미치는 상수원보호구역, 특별대책구역, 군사시설보호구역 등의 규제는 전국적인 기준에 의해 적용되는 토지이용 및 건축규제이지 수도권이기 때문에 가해지는 규제가 아니다. 따라서 수도권 규제가 완화된다고 하더라도 수도권 낙후지역의 문제가 해소된다고 보기도 어렵다.

3. 지역균형발전과 지방분권을 위한 수도권 정책의 기본 방향

1) 수도권의 다양한 위상과 역할에 대한 인식 필요

광역경제권 단위로 보면 수도권도 국내의 광역경제권의 하나에 불과할수 있다. 그러나 수도권은 다른 광역권과 동일하게 취급할 수 없는 위상을 지니고 있을 뿐만 아니라 특별한 역할을 담당해야 한다. 수도권에서는 600년 이상의 동안 수도로서 역할을 수행해 온 서울이 포함되어 있고, 서울은 우리나라를 대표하는 정치·행정, 교육·문화, 국제금융과 경제의 중심지이기 때문이다. 따라서 수도권의 역할은 다른 광역경제권이나 다른 지역이 대체할 수 없는 위상을 지니고 있음을 인정해야 한다.

우리 국토공간에서 수도권이 수행해야 할 역할은 크게 동북아의 중심 대도시권으로서의 역할, 전국의 중심대도시권으로서의 역할, 수도권내부에서의 역할로 나누어 살펴볼 수 있다. 우선, 동북아의 중심대도시권으로서 수도권이 담당해야 할 가장 큰 역할은 수도권을 한국을 대표하는 상징공간이자, 동북아의 주요 대도시권과 네트워크를 형성하고 경쟁해서 우위를 점해야 하는 대표적인 대도시권으로 육성하는 것이다. 우리나라의 경쟁력은 수도권의 경쟁력에 달려있다고 해도 과언이 아니기 때문에 수도권이 지닌 이 역할을 소홀하게 다루어서는 안된다.

둘째, 수도권은 전국의 중심대도시권으로서 지방의 발전성과를 흡입하여 지역불균형을 더욱 강화하지만 다른 한편으로는 수도권의 혁신을 지방으로 확산함으로써 지역의 발전을 유발하는 역할을 한다. 수도권이 균형발전의 조정자 역할을 담당하고 있는 것이다.

셋째, 수도권은 2,400만 명의 수도권 주민들이 거주하고 일하는 공간이다. 수도권은 전국에서 가장 혼잡하고 가장 값비싸며 가장 주택과 일자리에 대한 수요가 밀집되어 있는 지역이다. 수도권 내 지방자치단체들은 이러한 수요를 충족하고 지자체의 발전을 위해 경쟁하고 협력해야 한다.

수도권이 부여받은 세 가지 역할은 상호 보완되기도 하지만 항상 상충될 수밖에 없다. 수도권이 담당해야 할 여러 가지 역할 중 한 두 가지만 강조하게 되면 다른 역할은 방해받을 수 있다. 참여정부가 주로 수도권의 전국적인 중심지로서의 역할에 초점을 맞추었다면, 이명박 정부는 수도권의 동북아 대도시권으로서의 역할이나 수도권 내부의 문제를 강조하였다. 그러나 수도권이 지역균형발전을 위해 담당해야 할 역할을 간과하는 경우 수도권의 혼잡은 가속되고 지방과의 격차가 확대되면서 오히려 수도권의 경쟁력을 떨어뜨리는 결과를 낳을 수 있다. 수도권이 지닌 다양한 역할이 균형있게 수행될 때 수도권의 경쟁력과 지역의 발전이 동시에 달성될 수 있다.

일본의 도쿄권이나 프랑스의 일드 프랑스지역에 대한 장기계획에서도 수도권의 역할은 세계대도시권으로서의 역할, 지역내 중추대도시권으로서의 역할, 해당 대도시권에서 생활공간이자 일자리공간으로서

표 1. 수도권의 위상과 지역균형발전효과

	수도권의 위상과 역할	필요한 정책
국제적인 관점	국가의 상징적인 대도시권	수도로서의 품격과 문화적 다양성, 지속가능성
	다른 나라의 대도시권과 경쟁해야 할 경제단위	국제적 중심성, 투자유치, 삶의 질 제고를 위한 정책
전국적인 관점	혁신을 창출하고 다른 지역의 성장을 견인	혁신성과 파급효과 확대
	다른 지역의 성장잠재력을 흡입하는 거대한 블랙홀	수도권 기능의 분산, 지방재정조정 및 개발이익의 분산, 지방투자 확대
지역적인 관점	여러 지방자치단체들이 결합된 지역	지자체간 광역협의회 구성, 성장관리
	주민들이 일하고 살아가는 공간	기존 수요 충족을 위한 개발확대, 규제완화

의 역할이 균형있게 수행되어야 한다는 점을 강조하고 있다(국토교통성 2009; 일드프랑스 2008; 이동우 2009).

2) 광역경제권을 단위로 한 균형발전 체계 구축

수도권이 어떤 역할을 담당할 것인가는 앞으로 지역균형발전을 위한 모형을 어떻게 구상하는가에 달려있다. 일부에서는 수도권이 동북아의 대도시권과 경쟁할 수 있도록 수도권을 집중적으로 육성해야 하며, 장기적으로는 국토공간을 수도권 단핵을 중심으로 재편해야 한다고 주장하고 있다. 또한 최근에는 수도권과 강원권, 충청권이 거대수도권으로 통합되고 있기 때문에 영남권과 호남권을 통합하여 하나의 경제권으로 육성해야 한다는 주장도 나오고 있다. 통일 후에는 남한을 중부경제권과 남부경제권으로, 북한 전체를 북부경제권으로 재편해야 한다는 것이다(홍철 2012).

그러나 수도권이 거대도시권으로 확장되면 전국이 수도권의 거대 블랙홀로 편입될 수 있다. 따라서 장기적으로 국토공간구조는 광역경제권을 기본단위로 하는 다핵주의 공간구조로 개편되어야 한다. 이를 통해 수도권과 비수도권을 이분법적으로 바라보는 시각을 극복해야 한다.

자립적 발전을 위한 공간적 단위로 광역경제권을 설정하고 이를 기반으로 균형발전과 지방분권, 국제적인 분업이 이루어져야 한다. 지금까지 균형발전정책이 지나치게 수도권과 비수도권간의 격차 해소에 초점이 맞추어졌다면, 광역경제권간의 균형과 발전을 새로운 지역정책의 기조로 설정해야 한다. 이를 위해서는 광역경제권을 경쟁력의 단위로만 인식할 것이 아니라 지역복지, 생산, 혁신, 교육과 취업이 완결적으로 수행되는 지역생태계의 단위로 인식해야 한다. 또한 광역경제권은 새로운 지방분권의 단위로 재편될 필요가 있다. 이 단위에서 국가업무의 지방이양, 재정분권, 자치행정이 이루어져 장기적으로는 광역경제권이 연방제 국가의 주와 같은 수준의 권한을 갖는 분권국가를 지향해야 한다.

3) 지역균형발전과 지방분권의 조화를 위한 수도권 정책의 방향

우리나라에서는 수도권 집중과 중앙정부 집중이 동시에 나타나는 것이 특징이다. 따라서 지역균형발전과 지방분권은 모두 무시할 수 없는 정책목표가 되어 왔다. 문제는 이 두 가지 목표를 동시에 달성하기가 어렵다는 점이다. 지역균형발전을 위해서는 집중된 재원을 배분할 수 있는 중앙정부의 강력한 권한이 필요하고, 지방분권은 중앙정부의 권한을 지방으로 분산하는 것을 의미하기 때문이다. 또한 우리나라처럼 수도권의 일극집중과 지역 간 격차가 극심한 상태에서 지방분권정책을 우선적으로 실시하게 되면 기존의 성장지역과 낙후지역 간의 격차를 더욱 확대할 우려가 크다.

결국 균형발전정책을 추진하되 지방의 자율성을 확대할 수 있도록 지방분권의 정신을 놓치지 않아야 하고, 지방분권정책을 실시하되 지역 간 격차 해소를 위해 노력할 수 있도록 의무를 부여해야 한다. 지역균형발전과 지방분권간의 상충문제는 광역경제권을 단위로 한 지역의 자립적 발전이라는 공간적 틀을 설정하면 어느 정도 해소될 수 있다. 우선, 광역경제권을 경쟁력의 단위가 아니라 지역 간 균형발전과 지방분권의 단위로 인식하는 것이 중요하다. 다음으로 광역경제권 단위에서 권역간 격차를 최소화할 수 있도록 권역간 균형에 대한 지표를 설정하고 관리해야 한다. 이 지표로는 권역별 인구 및 고용의 총량과 연간 증가율, 연간 개발총량, 권역내 교육-취업자족률, 명문대학 진학률, 문화예술행사 접근륭 등을 활용할 수 있다.

　수도권을 포함한 광역경제권 간의 균형발전지표는 중앙정부가 아니라 각 광역경제권의 지자체와 산하연구원, 전문가들에 의해 객관적으로 관리되고 공개되고 평가되어야 한다. 각 지표의 목표치는 광역경제권 간에 합의를 통해 설정되어야 하고, 필요한 경우 이를 공식적으로 광역경제권간, 지자체간, 중앙정부와 광역경제권간 협약을 통해 체결해야 한다. 이 경우 중앙정부는 직접 지표를 만들거나 강요할 것이 아니라 수도권과 비수도권, 그리고 광역경제권 사이에서 합의와 협력이 가능하도록 정보를 제공하고 필요한 경우 강력한 인센티브를 제공해주는 역할을 담당해야 한다. 이 지표의 달성 여부는 매년 혹은 2~3년 단위로 지속적으로 측정하고 공표되어야 하며, 달성 여부에 대한 평가를 통해 지역균형발전정책과 지방분권 정책, 각종 인센티브 정책에 환류되어야 한다.

4) 수도권 차원의 성장관리체계 구축

광역경제권별로 핵심적인 지표에 대해 합의가 이루어진다면 광역경제권 내에서 이 목표를 효과적으로 달성할 수 있도록 광범위한 분권정책을 실시해도 된다. 수도권 내에서 미리 합의된 목표 지표를 달성할 수 있도록 수도권의 성장과 개발을 제어하기 위해서는 자율적으로 성장관리계획을 수립하고 성장관리기구를 설치해야 한다. 이러한 장치는 수도권 내의 과도한 개발과 팽창을 억제함으로써 수도권의 경쟁력을 제고하고 다른 광역경제권이 최소한의 자립적 기반을 확보할 수 있는 기반을 제공해 주게 될 것이다.

　수도권의 성장관리기구는 현재 수도권광역경제발전위원회와 같이 지자체간의 협의기구가 아니라 실질적으로 재정권과 계획권을 위임받는 광역계획기구의 성격을 지니는 것이 바람직하다. 이 경우 수도권 성장관리기구는 전문성과 객관성에 기반하여 독립성을 확보할 수 있도록 일부 조세권과 계획권능을 이 기구에 부여할 필요가 있다.

수도권 성장관리기구는 현재와 같이 수요에 대응하는 개발을 용인하는 수동적인 자세를 넘어서서 수도권의 지속가능한 발전과 경쟁력 확보를 위하여 적극적으로 개발과 성장을 관리하는 역할을 담당하여야 한다. 이와 함께 수도권 성장관리기구가 역점을 두어야 할 사항은 그동안 우리나라의 경제성장을 이끌어온 요소투입형 성장(input-driven growth) 방식을 극복하고 혁신주도형 성장(innovation-driven growth)으로 전환할 수 있도록 여건을 조성하는 일이다(성경륭 2007). 규제완화나 재정지원을 통한 입지비용 절감을 경쟁력의 요소로 삼을 것이 아니라 혁신환경의 조성과 혁신전문인력의 집적을 통해 지속적으로 혁신을 창출해 내도록 유도해야 한다.

4. 수도권의 계획적 관리와 규제정책의 개선 과제

1) 수도권 관리에 대한 합의 형성 방안

수도권 관리정책은 수도권 지자체뿐만 아니라 지방전체에 중요한 영향을 미치기 때문에 객관적이고 중립적인 정보에 기반하여 수립될 필요가 있다. 그런데 수도권에 대한 자료와 정보는 대부분 수도권 지자체나 중앙정부에 의해 생산되기 때문에 수도권 정책으로 직간접적으로 영향을 받는 비수도권 지자체는 접근에 제한을 받게 된다. 수도권의 일부 지역이나 이해관계를 지닌 연구기관이나 단체에 의해 생산된 자료에 기초하여 수립된 수도권 관리정책은 신뢰성을 확보하기 어렵다.

앞으로 수도권 관리정책이 신뢰를 회복하기 위해서는 이해관계집단이 아니라 객관적이고 중립적인 기관에서 수행한 연구와 자료를 바탕으로 논의를 전개해야 한다. 수도권과 비수도권의 전문연구기관이나 전문가 단체가 공동으로 연구를 수행하여 발표하는 것도 연구와 자료의 객관성을 제고하고 신뢰도를 높이는 데 크게 기여할 것이다.

기존의 수도권 정책을 종합적으로 평가하고 새로운 수도권 관리정책을 도출해 내기 위해서는 수도권과 비수도권간 지자체간의 공동협의체뿐만 아니라 중앙정부와 지자체간의 공동협의체 구축이 필요하다. 최근 전국시·도연구원협의회가 지역 간 상생발전을 위해 수도권 지자체 산하 연구원과 지방 지자체 산하 연구원이 공동으로 연구를 수행하고 발표한 바 있다. 또한 서울연구원의 '지역상생발전연구센터'는 지역균형발전과 지방분권을 주장해온 시민사회단체와 공동워크숍과 연구 수행을 통해 수도권과 지방 간의 공동발전 방안을 마련하고 있다. 그러나 이러한 비공식적인 연구와 협의를 넘어 각 지역의 대표성을 지닌 전문가나 전문기관에 의한 객관적인 조사와 연구를 통한 수도권 관리방안의 마련과 이에 대한 합의가 필요하다.

2) 수도권 관리정책과 균형발전정책의 연계 방안

수도권 관리정책은 지역균형발전과 분리해서 생각할 수 없다. 이미 수도권과 다른 지역 간의 격차가 워낙 큰 데다 수도권을 배제한 채 지역균형발전정책을 수립할 수가 없기 때문이다. 결국 수도권 관리정책은 지역균형발전정책의 영향을 받을 수밖에 없다. 그런데 현재 지역균형발전과 수도권 관리에 대한 법률들은 상호간의 관계가 명확하게 설정되어 있지 않아 혼란을 주고 있다.

우선 국가균형발전특별법에는 우리나라 헌법 120조, 122조, 123조에서 명시하고 있는 지역균형발전의 이념을 분명히 담아야 한다. 이명박 정부가 명칭과 법률의 목적을 제외하고 삭제한 '균형발전'이라는 용어를 다시 복원해야 한다. 또한 수도권정비계획법을 개정하여 국가균형발전특별법과의 관계와 수도권의 계획적 관리를 위한 실효성 있는 방안을 명문화하여야 한다. 이를 통해 수도권정비계획법이 지역균형발전을 위해 수도권 관리를 하고 있음을 분명히 해야 한다.

3) 수도권 계획적 관리체제의 구축 방안

현행 수도권정비계획의 가장 심각한 문제점은 수도권정비계획이 수도권에서 하위계획에 대해 실효성을 지니지 못하고 있다는 점이다. 수도권정비계획이 수도권 내에서 광역계획으로서 실효성을 확보하기 위해서는 같은 권역에 대해 수립하고 있는 수도권광역도시계획과 연계하여 수립하거나 통합되어야 한다. 수도권정비계획이 수도권 지자체뿐만 아니라 수도권의 발전방향과 관련을 가지는 지방의 지자체와 전문가 등이 참여하는 거버넌스 구조로 수립될 수 있다면 수도권광역도시계획을 대체하거나 수도권광역도시계획이 수도권정비계획의 실행계획의 성격을 지녀야 한다.

아울러 수도권정비계획은 서울시·인천시의 도시기본계획, 경기도 종합계획, 경기도 시·군계획에 대해 상위계획으로서 실효성을 확보할 수 있어야 한다. 수도권정비계획은 수도권 안에서 수행되는 각종 계획이나 개발계획에 대해 지침역할을 수행하여 계획이나 개발의 입지, 양, 규모와 시기 등을 실질적으로 통제할 수 있어야 한다. 특히 수도권에서 수행되고 있는 특별법에 의한 각종 개발사업에 대해서도 개발의 입지와 시기, 규모 등에 대해서는 수도권정비계획과 정합성을 이룰 수 있도록 관리체계를 구축하여야 한다.

이를 위해서는 수도권정비계획법과 수도권정비계획에 수도권성장 관리를 위한 구체적인 지표 설정을 의무화하고 이를 수도권의 지속적인 관리와 규제완화와 연계하여야 한다. 예를 들어 수도권지역에서 개발의 총량이나 전체 개발면적의 비율, 적절한 정부 및 공공투자 비중을 관리할 수 있도록 공공투자의 한도제나 공공투자의 비율상한제를 도입하는 것도 대안일 수 있다. 이 지표를 매년 평가하고 수도권 규제에 대한 관리와 연계하여 운영할 필요가 있다.

4) 수도권과 비수도권의 상생발전 방안

수도권과 비수도권 간의 대립관계는 두 지역 간의 상생과 협력을 위한 구체적인 방안이 마련되지 않은 상태에서 중복적인 기능을 유치하는 과정에서 발생한 경쟁에서 비롯된 것이다. 이러한 문제점을 극복하기 위해서는 수도권과 비수도권광역경제권이 기능적으로 특화할 수 있도록 유도해야 할 뿐만 아니라 다양한 재정적인 협력모델을 구축하여야 한다.

우선, 산업측면에서는 수도권과 비수도권이 상생할 수 있는 분업체계를 구축해야 한다. 수도권은 입지비용 절감형 제조업 보다는 국제교류, 금융 및 교역 등 국제 업무기능과 고도의 첨단기술개발, 정보, 문화 및 여가, 최상위 계층의 생산자 서비스산업을 육성하는 데 치중하여야 한다. 비용절감을 경쟁력의 원천으로 삼는 제조업은 수도권의 인구집중을 초래하고 비수도권과 입지경쟁을 유발하게 된다. 수도권의 특화된 서비스 기능을 분담함으로써 비수도권과 불필요한 경쟁과 중복 투자를 방지할 수 있다.

둘째, 분야별 정보와 지식교류를 통한 협력방안의 마련이 필요하다. 유럽의 건강도시 네트워크, 관광도시 네트워크처럼 첨단도시 네트워크, 과학단지 네트워크, 마을만들기 네트워크 등 다양한 분야에서 상호협력하고 정보를 교류할 수 있는 시스템을 구축해야 한다. 최근 시·도 산하 연구원이 지역 간 격차에 대한 기초연구를 공동으로 수행하고 상생발전을 위한 협력방안을 마련하고 있는 것도 이런 맥락으로 이해할 수 있다.

셋째, 수도권과 지방 간의 기능과 재원의 이전을 통해 상생발전할 수 있는 방안을 찾아야 한다. 수도권 기능 이전으로는 이미 확정되어 추진 중인 세종특별자치시 건설사업과 공공기관의 지방이전에 따른 혁신도시 건설사업은 당초의 계획대로 차질 없이 추진되어야 한다. 재정적인 측면에서 수도권과 지방 간의 수평적 재정조정제도를 적극적으로 도입할 필요가 있다. 현재 지방소비세 신설에 따른 지역 간 재정격차 해소를 위해 운영중인 지역상생발전기금은 재정격차 해소에는 다소간 도움이 되고 있지만, 두 지역 간의 상생을 위한 협력프로그램으로 구체화되지 않고 있다. 앞으로 지방소비세의 비중이 확대되는 경우 지역 간 재정조정을 위해 지방소비세의 일정비율(예를 들어 30%)을 공동세원으로 설정하고 이를 지역 간 재정격차에 따라 재배분하는 방안을 적극적으로 도입할 필요가 있다. 이와 함께 수도권 지자체의 지방재정 세입 초과분을 비수도권 지자체에게 수평적으로 이전하는 지방재정조정제도를 도입할 필요가 있다.

5) 수도권 내 낙후지역의 관리 방안

수도권과 비수도권간의 격차 문제에 치중하다 보면 수도권 내의 지역 간 격차 문제에 소홀해 지기 쉽다. 서울에서도 강남북간의 불균형 문제를 지나치게 강조하다 보면 같은 강남지역이더라도 강남구와 금천구간의 격차가 강남구와 중구간의 격차보다 훨씬 크다는 점을 놓치기 쉬운 것과 마찬가지이다. 가장 부유한 강남구에도 구룡마을처럼 저소득층이 집중적으로 거주하는 동네가 있다.

수도권 내에서 격차문제를 집중적으로 제기하고 있는 지방자치단체는 수도권 내에서 가장 낙후된 접경지역과 수도권 북부지역이다. 이 지역의 지방자치단체들과 지역주민들은 수도권에서 가장 낙후된 지역임에도 불구하고 특별한 지원도 없이 개발제한구역이나 군사시설보호구역, 접경지역, 상수원보호구역 등과 같은 특별한 규제가 가해지고 있는 문제점을 집중적으로 부각하고 있다. 이들은 자신의 지역이 수도권이라는 이유로 서울의 강남지역이나 수도권 남부지역과 동일한 수도권 규제를 적용받는다는 사실에 분노하고 있다.

수도권에서 가장 낙후된 지역으로 수도권 규제의 전면 철폐를 가장 강력하게 주장하고 있는 수도권 지방자치단체들로는 인천광역시의 강화군과 옹진군, 경기도의 연천군이 있다. 이들 지역은 그동안 여러 차례에 걸쳐 수도권에서 아예 제외하거나 수도권 규제에서 제외하는 특별한 조치를 강력하게 요구해 왔다. 수도권광역경제발전위원회에서는 이러한 요구를 받아들여 중앙정부에 이들 지역을 수도권 규제에서 예외를 인정해달라는 건의문을 채택한 바 있다.

그러나 이 지역의 낙후는 수도권 규제 때문에 나타났다기 보다는 접경지역, 농촌지역, 교통 접근성 부족지역이라는 특징을 결합되어 나타난 것으로 보아야 한다. 따라서 수도권 규제가 폐지된다고 하더라도 이 지역의 낙후 문제가 자동적으로 해소되는 것도 아니다. 세계 어디에서나 적대적인 국가와 인접한 접경지역은 낙후되거나 저발전될 수밖에 없다. 또한 전국 어디에서나 농촌지역은 인구가 감소하고 지역이 쇠퇴하고 있다. 수도권 접경지역의 농촌지역은 비수도권의 농촌지역보다는 인구유출이 심하지 않으며 낙후도가 높지 않다. 수도권 북부의 접경 지역은 전국에서 연결성도 가장 나쁜 지역이다. 따라서 이 지역에 기업의 입지가 적은 것은 수도권 규제 때문이 아니라 접근성이 나쁘기 때문이다.

따라서 수도권 내의 낙후지역문제는 수도권 규제를 완화함으로써 해소하기 보다는 수도권 지자체가 스스로의 노력을 통해 개선해야 한다. 지역내 불균형 해소를 위해 충청북도가 시행한 정책은 수도권 낙후지역의 문제를 해소하는 데 좋은 참조가 될 수 있다. 우선, '충청북도 지역균형발전 지원조례'를 제정하여 도내 지역 간 균형발전 촉진을 통해 도민의 삶의 질 향상을 위해 종합적·장기적·체계적인 추진을 지원할 제도적 근거를 마련하였다. 다음으로 도내 낙후지역에 대한 안정적이고 지속적인 지원을 위한 재원을 확보하기 위하여 도 보통세 징수액의 5%를 운영 재원으로 하는 '충청북도 지역균형발전 특별회계'를 설치하였다. 셋째, 도내 지역 간 소득수준, 생활수준, 소비수준, 복지수준 등의 격차를 비교함으로써 지역 간 불균형 발전 정도를 측정할 목적으로 불균형 측정지표를 개발하였다. 이 지표는 지역균형발전 특별회계의 배분에 활용되고 있다.

서울시나 경기도, 인천광역시에서도 낙후지역의 지원과 균형발전을 위해서도 충청북도의 사례를 참조하여 지역균형발전조례를 제정하고 권역 내 균형 발전을 위한 특별회계를 설치하는 등의 노력을 기울일 필요가 있다. 수도권광역경제발전위원회가 주도적으로 노력한다면 공동의 재원으로 수도권지역내 균형발전특별회계를 설치하고 불균형 측정지표를 개발하여 권역내의 균형발전을 위해 특별회계를 배분할 수 있을 것이다.

5. 맺음말

우리나라에서 수도권 문제는 수도권 내부 문제로만 볼 수가 없는 특수성
이 있다. 현재와 같이 수도권과 비수도권 간의 경제적 격차가 확대되어
있는 상황에서 수도권만의 경쟁력 제고방안을 마련하거나 성장관리전략
을 수립하는 것만으로는 수도권 문제를 해결할 수가 없다. 수도권 문제
는 국토균형발전과 불가분의 관계를 가지고 있기 때문이다.

　최근 수도권 문제를 둘러싼 정책환경이 과거와 다른 모습을 띠고 있
다. 수도권 인구집중 추세가 다소 완화되고 있으며 공공부문의 지방이전
도 본격적으로 추진되고 있다. 이에 따라 규제 중심의 수도권 정책을 전
면 폐기하고 수도권 지자체가 중심이 되는 계획적 관리체계를 확립하고
성장관리전략을 수립해야 한다는 주장이 제기되고 있다.

　수도권 정책은 새로운 환경의 변화에 맞추어 과거와 다른 기조로 재
설정될 필요가 있다. 그러나 정책환경이 변화하더라도 수도권정책의 기
본원칙은 분명히 확립할 필요가 있다. 수도권이 담당해야 할 다양한 역
할을 균형있게 수행할 수 있어야 하고, 수도권뿐만 아니라 국토전체의
차원에서 수도권 정책의 방향을 설정해야 한다. 수도권을 고려하지 않은
지역균형발전정책은 실효성 없듯이, 지역균형발전을 고려하지 않은 수
도권 정책도 많은 부작용을 유발할 것이다.

　최근 수도권과 비수도권간의 상생발전과 협력을 강조하는 연구와
노력이 활발히 진행되고 있다. 수도권과 비수도권간의 이분법적인 구분
을 넘어서서 수도권광역경제권과 비수도권 광역경제권간의 상생발전과
협력을 위한 조사, 연구, 정책방안 도출을 위한 활동을 더욱 확대해야 한
다. 형식적인 협의기구의 차원을 넘어서서 국회, 광역 및 기초 자치단체

장과 의회, 시·도연구원, 전문가, 시민사회단체 등 다양한 수준에서 협력방안을 도출하기 위한 시도를 확대해야 한다. 이러한 협력은 수도권과 다른 지역 간의 격차와 분권현황에 대한 객관적인 자료와 지표에 기반해야 한다. 다양한 주체들의 협력은 관련주체가 동의할 수 있는 자료를 공유함으로써 인식의 공감대를 넓히는 데서 출발해야 한다. 이에 기초하여 세계화 시대에 경쟁력을 지니면서도 지역균형발전을 훼손하지 않는 수도권의 관리 방안을 합의를 통해 도출해 내야 한다.

참고문헌

강현수, 2007, 「수도권 규제완화와 지방의 대응 방안: 수도권과 지방의 상생을 위하여」, 강원시
　　민사회단체연대회의·수도권과밀반대강원본부·강원발전연구원 주최 '수도권 규제완화,
　　무엇이 문제인가?' 토론회 자료집.
＿＿＿, 2007, 「수도권과 지방의 상생을 위한 수도권 정책 방향」, 『공간과 사회』통권 제27호.
국가균형발전위원회, 2005, 『수도권 재창조의 비전과 전략』, 동도원.
국토연구원 외, 2005, 『지방분산·분권과 국토균형발전의 대응과제』, 국토연구원.
변창흠, 2004, 「국가균형발전전략을 위한 수도권 정책의 과제」, 한국공간환경학회, 『공간과
　　사회』통권 제20호(12월호).
＿＿＿, 2011, 「수도권 관리를 둘러싼 쟁점의 비판과 과제」, 한국공간환경학회 추계학술대회
　　발표문, 2011. 11. 26.
＿＿＿, 2011, 「MB정부의 수도권 규제완화정책과 충청권의 대응과제」, 충남발전연구원 개원
　　16주년 기념 세미나 발표 자료.
＿＿＿, 2012, 「수도권 접경·낙후지역을 위한 지원대책의 한계와 과제」, 경기개발연구원·
　　인천발전연구원 외 주최, 『지역균형발전정책의 허와 실 공동토론회: 접경·낙후지역을
　　중심으로』, 한국프레스센터.
서순탁, 2007, 「수도권 계획적 관리를 위한 시스템 구축방향」, 대한국토도시계획학회,
　　『도시정보』1월호.
성경륭, 2007, 「참여정부의 국가균형발전 정책: 이론과 전략」, 국가균형발전위원회(편),
　　『국가균형발전정책의 이론과 실천』, 코리아프린테크.
손상락, 2008, 「수도권 규제완화 주장의 실체와 정책 대응방안」, 경남발전연구원, ISSUE PAPER
　　2008-27.
이동우 외, 2009, 「수도권 발전전략 연구」, 국토연구원, 국토연 2009-30.
이외희·이성룡, 2011, 「도시기본계획 인구지표 관리방안」, 경기개발연구원.
임상준, 2006, 「수도권 규제의 쟁점과 정책방향」, 한국경제연구원.
조성호, 2007, 『수도권 규제정책의 평가에 관한 연구』, 경기개발연구원.
지역균형발전협의체, 2008, 「수도권정책의 대응 및 지역균형발전방안 연구」.
충북개발연구원, 2011, 『수도권 규제 완화에 따른 충북의 대응방향』.
한국공간환경학회, 2011, 「수도권 집중에 따른 파급효과와 충남의 대응방안」, 충남발전연구원.
한국은행 대전충남본부, 2011, 『충남지역 경제의 특징 및 발전방향』.
홍철, 2012, 「지역정책, 어떻게 해야하나?」, 특강자료(미간행).

Brookings Institute, 2005, *U. S. Cities in the World City Network*.
Levy, J.M., 2012, *Contemporary Urban Planning*, Prentice-Hall.
OECD, 2006, *Territorial Reviews, Competitive Cities in the Global Economy*.
OECD·서울특별시, 2005, 『OECD 서울지역정책보고』.

13

지역균형발전을 위한 재정지원제도 방향과 과제

조기현(한국지방행정연구원)

1. 머리말

지역균형발전을 국정의 최우선 과제로 두고, 국가 전략적 차원으로 승화시
킨 최초의 정부는 참여정부라 할 수 있다. 참여정부는 분권과 분산, 지역균
형발전을 국정의 최우선 과제로 설정한 바 있다. 참여정부는 국고보조금의
정비나 국가사무의 지방이양과 같은 분권시책을 추진하면서 세종시와 혁
신도시를 통한 경제력의 분산, 비수도권 낙후지역에 대한 혁신역량의 강화
와 이에 필요한 재정지원의 확대를 동시 다발적으로 추진하였다. 특히 공
공기관의 지방이전, 낙후지역에 대한 안정적 재정지원 등을 위하여 "국가
균형발전위원회"와 "국가균형발전특별회계(이하 균특회계)"를 설치한 것
은 역대 그 어느 정부에서도 시도하지 못한 역사적인 사건으로 평가된다.

그럼에도 불구하고 참여정부 시기에 지역균형발전이 진전되었다는
증거를 찾기는 쉽지 않다. 오히려 이 기간 동안 지역 간 불균형이 악화된
통계적 증거를 제시할 수 있다. 물론 어느 정책이든 그 효과가 나타나기

까지에는 어느 정도 시간이 걸리는데, 이러한 시차(time lag)를 고려해서 2011년까지 지역 간 불균형 수준을 측정해도 최소한 통계적으로 볼 때 불균형이 개선되지 못한 것으로 나타나고 있다. 이것은 참여정부와 이명박 정부의 지역균형발전정책이 그다지 성공적이었다고 볼 수 없는 객관적인 증거라고 생각된다.

그렇다면 지역균형발전이 정체되거나 심지어는 후퇴하고 있다면 그 원인은 무엇인가? 역대 그 어느 정부도 지역균형발전을 중시하였지만 여전히 국가통합을 저해할 정도로 뚜렷한 성과를 거두지 못하고 있는 이유는 무엇인가? 여러 가지 원인을 생각할 수 있지만 필자는 분권과 균형발전이 동떨어진 상태에서 별개로 추진했다는 점을 강조하고 싶다. 특히 안정적이고 자율적인 재정지원체계가 부족했다는 점이 중요하다. 비록 참여정부가 분권, 분산, 균형발전의 3각 축을 지향하였다 하나 집권 중반기 이후에는 사실상 분권은 밀려나고 국정의 모든 역량이 분산과 균형발전에 집중되었다는 사실, 그리고 집권 초창기에 관심을 기울였던 지방분권조차도 오히려 반분권적 결과로 귀결되었다는 사실에 주목할 필요가 있다고 생각한다. 이명박 정부도 예외가 아니어서 균특회계를 광역지역발전특별회계(이하 광특회계)로 전환하였지만 명칭만 바뀌었을 뿐 운용방식은 이전과 큰 차이가 없었다. 오히려 지역발전위원회의 위상이 하락하였으며 추진체계의 질서는 후퇴하였다.

이 글은 이러한 의문 속에서 지역균형발전과 재정지원제도의 관계를 모색하고 있다. 이를 위하여 역대 정부의 재정분권을 되짚어 보고, 공과를 비교하며 이를 근거로 지역균형발전과 재정분권이 유기적으로 통합될 필요가 있음을 강조한다. 특히 논란을 거듭하고 있는 광특회계의 추진체계, 운용방식은 전면적인 개편이 요구되므로 그 대안을 제시하고자 한다.

2. 재정분권시책의 역사적 변천과정

1) 역대 정부의 재정분권 변천사

역대 정부의 재정분권은 주로 세입분권 위주로 추진되어 왔다. 이 말은 세출분권, 즉 자치단체가 자율적으로 예산을 편성하고 지출할 수 있는 여건이 마련되어 있지 못했다는 의미이다. 지방자치제도가 부활된 1991년 이후 전개된 재정분권을 민선시대 기준으로 정리하면 〈그림 1〉과 같다(손희준 2004).

그림 1. 지방자치제도의 환경변화

연도	91.4 1995.7		97.12 1998.7	2002.7		2006.7		2010.7
지방자치제 도입기	부분 도입	민선 1기	민선 2기	민선 3기		민선 4기		민선 5기
정치적 변화	김영삼 정권		김대중 정권		노무현 정권		이명박 정권	
경제적 변화	OECD 가입	IMF 관리체제		한·일 월드컵개최		세계경제 침체 (서브프라임)		
중앙정부 조직	재정경제원, 행정자치부 ('94-98)		기획예산위원 예산청	기획예산처 ('99-08)		행정안전부 재정경제부		
국회의원 선거	1992. 3. 24 제14대 국회		1996. 4. 11 제15대 국회	2000. 4. 13 제16대 국회		2004. 4.15 제17대 국회	2008. 4.9 제18대 국회	

지방재정은 이미 민선1기 이전부터 많은 변화가 있었다. 대표적으로 1991년 지방양여금의 설치와 지역개발세의 신설을 들 수 있다. 무엇보다 지방양여금의 도입은 특별한 사건으로 기록될만 하다. 지방양여금은 국세의 일부를 지방에 양여해서 국가와 지방이 상호 이해관계를 갖고 있으면서 지방 부담이 큰 특정 사업을 효과적으로 추진할 목적으로 도입하였다. 여기서 국세의 일부란 토지초과이득세 50%, 주세 15%, 전화

세 100%를 말한다. 특정 사업은 사업규모가 크거나 중·장기적인 계획에 의해 지속적인 투자가 이루어져야 효율적인 사업집행이 가능한 사업 중 지방자치단체가 충당하기 어려운 지역개발사업을 말한다. 도입 첫해인 1991년에는 도로사업에 한정하였으나, 1992년 이후에는 수질오염방지사업, 농어촌지역개발사업 등으로 확대하였다. 또한 재원의 일정비율을 사업별로 배분하는 운용방식을 채택하였는데 지방양여금제도의 변천

표 1. 지방양여금제도의 변천사

	1991년	1992년	1994년	1995년	2003년
재원					
주 세	15%	60%	80%	80%	100%
전화세	전액	전액	전액	전액	-
토지초과이득	50%	50%	50%	50%	-
농어촌특별세	-	-	-	19/150	23/150
교통세	-	-	-	-	14.2%
대상사업 배분					
도로정비사업				70.5%＋농특세	교통세 전액＋
- 광역시 도로	100%	70.5%	70.5%	60%	주세8.1%＋농특세 50%
- 지방도로	(20%)	(18%)	(18%)	(18%)	(18%)
- 군 도로	(27%)	(20%)	(20%)	(20%)	(20%)
- 농어촌도로	(46%)	(34%)	(34%)	(19%)	(19%)
- 시 국도	(7%)	(9%)	(9%)	(15%)＋농특세 60%	(15%)＋농특세 60%
- 시 도로	-	(15%)	(15%)	(15%)	(15%)
	-	(4%)	(4%)	(13%)	(13%)
농어촌개발사업	-	11.5%	11.5%	11.5%	주세 14.1%
- 정주생활권개발	-	(66%)	(66%)	(66%)	(66%)
- 오지개발	-	(34%)	(34%)	(34%)	(34%)
수질오염방지사업					
- 하수종말처리시설	-	17%	17%	17%＋농특세 40%	주세 46.6%＋농특세 50%
- 하수관정비	-	(72%)	(72%)	(72%)	(55%)
- 분뇨처리시설	-	(11%)	(11%)	(11%)	(35.6%)
- 오염하천정비	-	(10%)	(10%)	(10%)	(4.4%)
- 농어촌하수도정비	-	(75)	(75)	(7%)	(5%)
	-	-	-	농특세 전입액 40%	농특세 전입금 50%
청소년육성사업	-	1%	1%	1%	주세 1.2%
지역개발사업	-	-	주세 20%	주세 20%	주세 30%

주: 지방양여금법 및 동법 시행령에 근거하여 작성

사를 정리하면 〈표 1〉과 같다.

1998년 7월부터 시작된 민선 2기는 1997년의 외환위기에서 탈출하기 위한 강도 높은 개혁조치가 잇달았던 시기이다. 자동차에 대한 등록세율과 자동차세율을 하향 조정함에 따라 주행세를 신설하였으며 지방세에 대해 부가세(added tax)로 운영되고 있던 교육세를 지방교육세로 전환하였다. 아울러 2000년에는 지방교부세의 법정교부율을 13.27%에서 15.0%로 상향 조정하였다. 지방양여금도 2002년부터 농특세의 비율을 19/150에서 23/150으로 인상하였다. 이에 따라 지방양여금은 크게 늘어나 2001년에는 4조 7,795억원에 달하였다.

민선 3기(2002.7.1~2006.6.30)는 참여정부의 국정과제가 정부혁신과 지방분권으로 확정되면서 급물살을 타기 시작했던 시기이다. 특히 지방재정과 관련해서 국세와 지방세의 합리적 조정방안, 지방세의 신세목 확대, 비과세·감면의 축소 등 지방자치단체의 과세자주권 확대를 통한 재원확충방안과 이전재원을 통한 수직적·수평적 재정조정방안 및 자체 세입확대와 예산지출의 합리성을 확보하기 위한 재정운영의 책임성과 투명성 등을 확보하기 위한 방안이 다각도로 모색되었다. 2003년 3대 특별법이 국회에서 통과되었고, 국가균형발전특별회계의 설치를 위해 지방양여금이 2005년부터 폐지됨에 따라 지방교부세법도 개정되어 법정율이 15%에서 18.3%로 상향 조정되었다. 사회복지사업을 비롯한 국고보조사업의 지방이양을 지원할 목적으로 분권교부세를 설치하였으며 그 규모는 내국세의 0.83%로 하였다. 그러나 분권교부세의 재원 부족으로 사회복지서비스의 원활한 제공이 어려워지자 2006년 내국세의 0.94%로 재원을 확대하였다. 지방소비세와 지방소득세의 도입방안에 대해서는 중앙부처 간 이견이 조정되지 않아 구체적인 방안과 도입일정을 확정하지 못하였다.

민선 4기(2006.7.1~2010.6.30)는 2006년 5월 31일 출범하였다. 지방선거가 참여정부에 대한 중간평가의 의미가 강해지면서 여당이 참패하였으며 분권정책은 추진력을 상실하기 시작하였다. 지방재정의 변화는 이명박 정부 출범 이후인 2010년에 크게 나타났다. 2010년은 지방재정의 해묵은 과제인 지방소득·소비세가 도입되어 재정분권의 신기원을 기록하였다. 아울러 균특회계를 광특회계로 전환하였으며 부분적이나마 지역개발계정을 포괄보조금체제로 재편하였다.

2) 참여정부 재정분권 평가

참여정부는 국정운영 기조를 지방분권과 균형발전으로 천명하고서 과거에 비해 지방에 더 많은 권한과 재원을 주면서 지방의 자율성을 부여하는 정책방향을 제시하였다. 참여정부는 선분권 후보완 원칙, 보충성 원

표 2. 참여정부 시기 재정분권 추진실적

추진 과제	주요 내용
· 지방교부세 법정율 단계적 상향조정 · 지방교부세제도 개선	· 15%→18.3%('04.1)→19.24%('05.12) · 보통교부세 수요산정 통계·산식정비 · 특별교부세 규모 축소
· 국고보조금 정비 · 지방양여금제도 개선	· 재원지방이양, 균특회계 이관 등으로 개편 · 지방양여금 폐지
· 국세와 지방세의 합리적 조정 · 지방세의 신세원 확대 · 재산세와 종합토지세 과표현실화 · 지방세 비과세 감면축소	· 중장기 조세개혁 방안 마련(미실행) · 원자력발전에 대한 지역개발세 신설 · 과표산정시 시가방식 전환 · 지방세지출예산제도 도입과 병행추진(미실행)
· 지방예산편성지침 폐지 및 보완 · 지방채발행승인제도 개선	· 지침의 매뉴얼화, 기준경비자율화 추가 · 총액한도제 도입 및 한도내 지방의회 의결 발행
· 지방재정평가기능 강화 · 자치단체복식부기회계제도 도입 · 자치단체예산지출 합리성 확보 · 재정운영의 투명성·건전성 강화	· 지방재정분석시스템구축, 지방재정공시제도 도입 · 시범실시 및 '07년 전면실시 · 통합지출관제도, 주민참여감독제도 도입 · 주민참여형예산편성제도 도입

칙, 포괄성 원칙의 3대 원칙에 입각한 지방분권 로드맵에 따라 지방양여금 폐지 및 국가균형발전특별회계 신설, 국고보조금 정비, 분권교부세 신설과 지방교부세율 인상('03년 15%에서 '06년 19.24%) 등 재정적 측면에서 지방의 자율성과 건전성을 제고 할 수 있는 재정분권 정책들을 추진하였다.

(1) 국고보조사업의 정비 및 분권교부세 설치

정부혁신지방분권위원회는 2004년 당시 533개 사업, 12.7조원의 국고보조사업을 ① 지방이양사업, ② 새로 설치될 균특회계 대상사업, ③ 국고보조 존치사업으로 구분하는 작업을 시도하였다. 그 결과 163개 사업은 지방이양으로(1.1조원), 126개 사업은 균특회계사업 이관으로(3.6조원), 233개 사업은 국고보조금 존치로 결정하였다. 지방이양 국고보조사업의 비용은 분권교부세를 설치하여 충당하는 방식으로 대응하였으나 분권교부세 규모를 과거 3년 기준으로 산정한데다, 분권교부세의 60% 가까이를 차지하는 복지사업들의 수요가 급격히 증가함에 따라 만성적인 재원부족과 지방재정의 위기를 초래하는 요인으로 작용하였다(조기현 2006).

(2) 지방양여금 폐지와 국가균형발전특별회계 설치

지방양여금은 1991년부터 2004년까지 주세, 교통세, 농특세 등의 전부 혹은 일부 재원으로 조성하여 지방도로사업, 수질오염방지사업, 지역개발사업, 청소년육성사업 등 다양한 사업들을 지원하여 왔다. 지방양여금은 상당한 성과를 거둔 것으로 평가받았으나 단위사업이 확대되고 세분화되면서 국고보조금과 별반 다를 바 없다는 등 그 정체성이 모호하다는 비판도 받았다. 또한 재정의 경직성으로 인한 재원배분의 비효율성,

특히 과도한 도로투자에 대한 비판이 제기되어 왔다. 그러나 참여정부가 지방양여금을 폐지한 근본적인 이유는 균특회계의 종자돈 마련이었다. 지방양여금을 폐지했다는 것은 균형발전이 지방분권의 상위 가치라는 것을 의미하며, 참여정부는 정책의 유용성이 한계를 보였다는 논리로 지방양여금을 전격적으로 폐지하고 그 재원을 지방교부세, 국가균형발전 특별회계 등으로 분산시켰다.

이로서 국가균형발전을 전담하는 재정지원 도구로서 설치된 균특회계는 지방양여금의 일부, 국가지원지방도로사업 등 지역개발 국고보조사업의 일부, 그리고 테크노파크 등 지역혁신과 관련된 재정사업을 이관시켜 설치된다. 균특회계는 지역혁신계정, 지역개발계정, 제주계정의 3개 계정으로 구성하였다. 지역혁신계정은 지역전략산업과 같은 시·도의 지역발전 혁신역량을 장려하는 사업으로 구성하였다. 지역개발계정은 시·군 단위 지역개발사업 중심으로 편재하였으며 포괄보조금(block grants)을 표방하였으나 국고보조금과 큰 차이가 없이 운용되었다. 오히려 지방양여금에 녹아있던 포괄보조금적 색채가 무너지고 중앙정부 주도의 획일적인 추진방식으로 변질되었다.

(3) 국세의 지방이양: 지방소비세 도입

참여정부는 중앙과 지방의 수직적 재원불균형을 완화하는 방법으로 이전재원 대신 지방세 강화를 택함으로써 지방재정의 책임성을 제고하고, 세입분권의 확대를 도모하였다. 국세의 지방이양 검토는 정부혁신지방분권위원회 재정세제전문위원회 내에 설치된 세제개편분과위원회를 통해서 이루어졌는데, 주로 부가가치세의 일부를 지방소비세로 도입하는 안이 집중적으로 논의되었지만, 위원들 사이에 합의가 이루어지지 않음으로써 지방소비세 도입은 실패하였다.

(4) 종합평가

김재훈(2007)은 참여정부가 제시한 재정분권 19개 과제 중에서 6개 과제가 제도 도입에 실패했거나 추진되지 않았고, 13개 과제가 실시되었다는 점에서 68.4%의 달성도를 보였다고 평가한 바 있다. 추진된 13개 과제 중 자율성에 긍정적인 영향을 미친 과제는 지방교부세 법정율 인상 등 7개 과제에 불과하며 분권교부세와 균특회계의 설치는 상황을 더 악화시켰다는 점을 강조하고 있다. 균특회계의 경우 복잡한 예산절차와 사업부진 등으로 비효율을 초래하였으며 분권교부세는 재원부족으로 지방재정에 부담을 주는 부작용을 초래하였다는 것이다.

김재훈의 지적과 같이 균특회계와 분권교부세는 지역정책의 재정지원체계를 교란한 주된 요인으로 작용하였다. 균특회계의 설치는 바로 지방양여금 폐지의 합목적성에서 출발하는데, 과연 지방양여금 폐지가 올바른 정책결정이었는지에 대해서는 검증할 필요가 있다. 지방양여금은 불완전하지만 포괄보조금적 성격을 내포하고 있었고, 장기적이고 안정적인 재원공급으로 지방의 SOC 구축에 큰 기여를 하였다. 지방양여금의 이러한 순기능은 균특회계가 계승했어야 하나, 균특회계는 "변형된 국고보조금"으로 운용되는 데 그쳤다. 또한 소관 부처별 "각개 약진"식으로 지원하고 비슷한 사업이 남발되어 예산낭비의 주범으로 지목되었다.

분권교부세 역시 마찬가지이다. 사실 국고보조사업의 지방이양은 지방분권의 미명하에 초래된 반분권적 조치라고 할 수 있으며 오늘날까지 지방재정의 위기를 초래하고 있는 주된 요인으로 지목되고 있다. 사회복지사무를 지방사무로 규정했다는 것은 자치원리와 시대의 흐름을 간과한 참여정부의 실책 중 하나로 기록될 수 있을 것이다.

전반적으로 참여정부 시기 단행된 재정지원체계의 개편은 분권과 균형발전을 주창한 정부답지 않게 초라한 결과로 귀결되었다. 지방소비세 도입 등 세입분권은 거의 실현되지 못했으며, 정부간 재정관계도 재원의 불안정, 중앙집중적 재원배분으로 귀착되었다. 이는 국정의 우선순위가 시간이 지나면서 균형발전으로 기울어진 데 있다. 참여정부 초기 1~2년은 분권시책의 집중력과 돌파력이 높았으나 이후에는 우선순위에서 배제되는 상황까지 전락하였다.

3) 이명박 정부 재정분권 평가

엄밀히 말해 이명박 정부의 재정분권 구상과 전략은 없었다 해도 과언이 아니다. 물론 선거공약상의 구호는 있었지만, 이를 추진할 세부적인 전략이 없었다는 점에서 정책의지가 강했다고 볼 수 없다. 그럼에도 불구하고 이명박 정부에서 재정분권의 가시적인 성과가 일부 있었다는 점은 참으로 역설적이다. 이명박 정부는 2010년 지방소비세를 전격적으로 도입하였고, 균특회계를 광특회계로 재편하였으며 포괄보조금적 색채를 더 확대하는 재정분권 조치를 취하였다.

(1) 지방소비세 도입
이명박 정부는 국가경쟁력 제고를 위해서는 수도권의 규제를 합리적으로 풀어야 한다는 의식이 명확하였다. 문제는 수도권 규제를 완화할 경우 비수도권의 반발이 거셀 것으로 예상되었으며, 이를 다독거릴 수단이 필요하였다. 이에 따라 수도권규제 완화의 후속대책 일환으로 지방소비세 도입이 불가피하다고 판단하고, 행정안전부와 기획재정부를 중심으로 한 정책협의채널을 가동하였다. 그러나 참여정부가 경험한대로 기획재정부가 완강하게 반대하자 2009년 1월부터 4월까지 지역발전위원회 주관 아래 민간TF를 구성하고 정책협의를 계속하였는데, 이는 사실상 지방소비세 도입을 목표로 기획재정부를 설득하는 장으로 활용한 것이며 부가가 치세 5%를 재원으로 한 지방소비세 도입을 결정하기에 이르렀다.

당초 정부(안)은 "재원중립원칙"에 입각하여 지방소비세 규모만큼 지방교부세의 법정교부율을 19.24%에서 18.97%로 인하할 계획이었다. 지방소비세를 도입하되 지방재정의 총량은 종전 수준과 동일해야 하며, 이런 관점에서 지방소비세 규모만큼 지방교부세를 줄이기로 하였다. 반 면에 국회는 지방재정의 실질적인 지원이 필요하다는 판단 하에 2009년 12월 31일 지방교부세법 등 관련 법령을 다음과 같이 개정하였다.

첫째, 지방교부세 법정교부율은 현행 수준인 19.24%를 유지하며 지 방교육재정교부금 법정교부율은 20%에서 20.27%로 인상한다. 둘째, 당 초 2009년 종료될 예정이었던 분권교부세는 2014년까지 5년을 추가 연 장한다. 셋째, 지방소비세의 재원은 부가가치세의 5%이며 2010년 기준 으로 지방소비세 징수실적은 2조 6,790억 원이며 시·도별 배분은 민간 최종소비지출을 적용한다.

그러나 부가가치세는 세원의 수도권 집중도가 매우 높아 수도권과 비수도권의 재정격차가 확대될 우려가 제기되었다. 이에 따라 민간최종 소비지출의 시·도별 비중을 기준으로 수도권 100%, 비수도권 광역시 200%, 비수도권 도 300% 가중치를 적용하였으며 비수도권 시·도에 더 배분될 수 있도록 하였다. 지방소비세의 시·도별 배분은 지방세법시행 령 제110조의 규정에 따라 다음과 같이 산출한다.

$$\text{· 지방소비세 총액} \times \frac{\text{해당 시도의 민간 소비지수} \times \text{해당 시도의 가중치}}{\text{각 시도별 소비지수와 가중치를 곱한값의 전국합계액}}$$

* '12년 민간소비지수
 - 수도권: 58.3%(서울 26.31, 경기 23.9, 인천 5.09)
 - 비수도권: 41.7%(부산 6.86, 대구 4.58, 대전 3.02, 광주 2.74 등)

2010년 기준으로 추정한 지방소비세의 시·도별 배분내역을 보면, 비수도권에 5,624억원이 더 배분되었음을 알 수 있다. 그 결과 지방소비세에서 수도권 시·도가 차지하는 비중은 가중치가 없을 경우 55.6%이나 가중치를 적용하면 32.8%로 하락하게 된다.

표 3. 2010년 기준 지방소비세 시·도별 배분내역(단위: 억원)

지 역	민간최종 소비지출	가중치 없을 경우		가중치를 둘 경우		차액(B-A)
		배분비율	배분액(A)	배분비율	배분액(B)	
서울	1,435,207	27.03	6,679	15.96	3,945	-2,734
인천	266,656	5.02	1,241	2.97	733	-508
경기	1,250,268	23.55	5,818	13.89	3,436	-2,382
수도권 소계	2,952,131	55.60	13,738	32.82	8,114	-5,624
부산	365,825	6.89	1,702	8.14	2,011	309
대구	242,323	4.56	1,128	5.39	1,332	204
광주	145,207	2.73	676	3.23	798	122
대전	160,587	3.02	747	3.57	883	136
울산	121,414	2.29	565	2.7	667	102
강원	133,324	2.51	620	4.45	1,099	479
충북	129,078	2.43	601	4.31	1,064	463
충남	177,679	3.35	827	5.93	1,465	638
전북	150,597	2.84	701	5.03	1,242	541
전남	144,918	2.73	674	4.84	1,195	521
경북	229,152	4.32	1,066	7.65	1,890	824
경남	305,577	5.75	1,422	10.2	2,520	1,098
제주	52,065	0.98	242	1.74	429	187
비수도권 소계	2,357,746	44.40	10,972	67.18	16,596	5,624
전국	5,309,877	100.00	24,710	100.00	24,710	0

자료: 행정안전부

(2) 균특회계 폐지 및 광특회계의 설치

참여정부 때 만들어진 균특회계의 문제점은 크게 두 가지로 정리할 수 있다. 첫째, 재원의 통합이란 관점에서 포괄보조금의 특징이 나타나지만 사업선정, 예산신청 절차 등 운용방식은 중앙집권적 방식을 답습함으로써 사실상 국고보조금으로 변질되었다. 둘째, 유사·중복사업의 남발 등으로 포괄적 자율성을 제약하였다. 특히 시·군 단위 지역개발사업에서 기능적, 공간적인 유사·중복의 문제가 지적되었다.

이러한 문제들은 이명박 정부의 지역발전정책과 맞물리면서 광특회계로 재편된다. 이명박 정부는 중앙정부의 획일적인 지원만으로는 지역발전에 한계가 있으며 지역 간 협력을 통한 상생발전이 중요하다고 보았다. 이것이 광역경제권을 중심으로 한 이명박 정부 지역발전정책의 배경이며 광역화, 규모화, 상생발전, 차별화가 핵심 가치로 대두하였다.

그림 2. 균특회계의 탄생과 광특회계로의 재편 구조

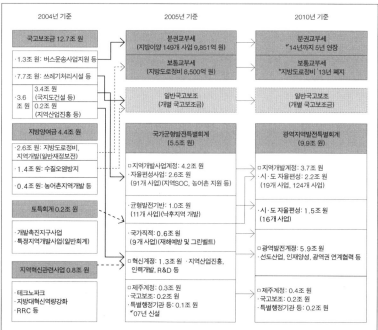

이명박 정부의 지역발전정책을 체계적으로 지원하기 위해서는 균특회계의 광특회계로 재편이 필요했다. 광특회계는 광역발전계정, 지역개발계정, 제주계정으로 구성된다. 광역발전계정은 선도산업 육성, 인재양성, 광역권 연계·협력 등 광역경제권의 핵심사업을 지원하며 부처 직접 편성방식으로 운용하고 있다. 지역개발계정은 시·도 자율편성과 시·군·구 자율편성으로 구분하며 균특회계의 자치단체 자율편성사업은 시·도 자율편성으로, 균형발전기반 지원사업은 시·군·구 자율편성으로 재편하였다. 아울러 운용방식도 자치단체별 한도액을 설정하고, 한도액 범위 내에서 자치단체가 사업을 선택할 수 있는 자율성을 부여하여 포괄보조금의 외형적 모습을 갖추었다.

국고보조금은 일일이 용도를 정하고, 중앙정부가 정한 기준 이외에는 집행을 불허한다. 용도를 이렇게 구속하면 불필요한 사업에 예산이 낭비되는 문제를 예방할 수 있기 때문이다. 반면에 중앙부처의 관료주의가 팽배해지고, 부처간의 경쟁심리가 작동하여 비슷한 사업이 남발되며, 자치단체 입장에서는 현지 실정에 적합한 사업을 추진하기 어렵게 된다. 이러한 문제는 비단 우리나라만이 아니라 대부분의 국가에서 발생하는 고질적인 부작용인데, 미국은 일찍이 비슷한 사업을 하나로 묶고, 자치단체가 포괄적인 범위에서 용도를 자유롭게 선택할 수 있도록 운용하여 왔다. 때문에 포괄보조금을 도입하기 위해서는 먼저 비슷한 국고보조사업을 통합하는 작업이 선행되어야 한다. 지역개발계정의 포괄보조금화 역시 이러한 수순에 따라 유사·중복의 대표적인 사례로 지적받은 균형발전기반 지원사업을 통합하였다. 이들은 정책목적과 내용이 비슷할 뿐만 아니라 부처별 협조없이 각자의 이해관계 속에서 개별적으로 추진되어 예산낭비가 심하다는 비판을 받았던 사업들이다. 행정안전부의 소도읍육성사업, 도서지역 지원사업이나 농림수산식품부의 신활력사업, 농

촌생활환경정비사업, 농촌마을종합개발사업, 그리고 국토해양부의 개촉
지구사업 등이 해당한다.[1]

이어서 균특회계의 자치단체 자율편성사업의 통합과 재편성이 이루
어졌다. 200여개 이상에 달하였던 자치단체 자율편성사업은 19개 포괄
보조사업으로 묶어 시·도 자율편성사업에 편입시켰다. 시·도 자율편성
사업에 대해서는 시·도가 세출한도액 내에서 신규사업을 선택할 수 있
는 재량권을 갖고 있으며 시·군·구에 대한 재원배분권도 보유한다.

유사 중복사업의 통합에 따라 지역개발계정은 (19+5)체계의 포괄
보조금으로 운용 되었다. 시·도 자율편성은 외부효과가 광역적으로 발
생하는 사회기반시설사업과 문화관광사업이 중심을 이루었다. 시·군·
구 자율편성사업은 지역 공간을 기준으로 소관 부처를 지정하였다. 다시
말해서 도시활력증진지역과 성장촉진지역은 국토해양부, 일반농산어촌
지역은 농림수산식품부, 접경지역은 행정안전부를 소관 부처로 지정하
여 공간정책과 연계하였다. 이것은 균형발전기반 지원사업의 통합에 따
른 고육책으로 불가피한 측면이 있었으나 시·군·구를 부처별로 분할시
켜 관리한다는 것은 분명 정상적인 방식은 아니었다.

이명박 정부는 균특회계의 낙후지역을 성장촉진지역으로 개명하면
서 선정기준도 변경하였다. 참여정부는 오지지역, 도서지역, 접경지역,
개발촉진지구에 추가하여 지역혁신역량의 구축에 주력하는 신활력사업
을 추가했다. 반면에 이명박 정부의 성장촉진지역은 종전과 같이 70개
시·군을 지정하되, 선정기준은 접근성 개념을 추가하였으며, 혁신역량
에 주력한 신활력사업과 달리 도로, 상수도 등 사회기반시설을 지원하는
방식으로 변경하였다.

1 이들 사업은 다시 2011년부터 폐지하고 생활환경정비, 역량강화 등 4대 기능으로 재편하였
   다. 이로서 균특회계의 균형발전기반 지원사업은 최소한 예산상으로 소멸되는 과정에 있다.

표 4. 광특회계 지역개발계정의 포괄보조 운용체계

구분	부처	포괄보조 사업명	내역사업	'10년 (억원)	'11년 (억원)
지역개발계정 합계				36,924	36,332
시도자율편성	소계			21,719	22,098
	문화부	①문화시설 확충 및 운영	· 박물관, 문예회관 등(18개)	1,438	1,388
		②관광자원 개발	· 문화도시, 관광지 개발(8개)	2,048	2,541
		③체육진흥시설 지원	· 운동장, 수영장 등(11개)	909	959
		④지역문화산업 육성지원	· 문화컨텐츠센터 등(8개)	255	168
	문화재청	⑤문화유산 관광자원화	· 지역문화유산개발 등(5개)	303	181
	농식품부	⑥농어촌자원복합산업화지원	· 도농교류활성화 등(13개)	2,219	2,306
		⑦농어업기반정비	· 밭기반 정비 등(13개)	2,399	2,464
	농진청	⑧지역농촌지도사업 활성화	· 농촌지도기반 조성 등(5개)	313	413
	산림청	⑨산림경영자원 육성	· 임산물 수출촉진 등(3개)	684	155
		⑩산림휴양 · 녹색공간조성	· 휴양림, 수목원 등(4개)	1,352	1,407
	지경부	⑪지역특화산업 육성	· 섬유패션산업 등(10개)	702	1,028
	중기청	⑫전통시장 및 중소유통물류 지원	· 전통시장 시설현대화 등 (2개)	1,568	1,741
	복지부	⑬청소년시설 확충	· 공부방, 수련시설 등(2개)	359	485
	환경부	⑭상수도시설 확충 및 관리	· 생활용수공급 등(4개)	2,875	3,651
		⑮자연환경 보전 및 관리	· 자연환경보전 등(2개)	828	701
	국토부	⑯해양 및 수자원 관리	· 연안정비 등(3개)	474	478
		⑰대중교통 지원	· 물류단지 지원 등(5개)	426	457
		⑱민자유치접속도로 지원	· 가덕대교 건설 등(6개)	1,405	0
		⑲지역거점 조성지원	· 국민임대산단 조성 등(2개)	1,161	1,575
시군구자율편성	국토부	①성장촉진지역 개발	· 개촉지구 지원 등(3개)	2,137	2,201
	행안부	②특수상황지역 개발	· 접경지역 지원 등(15개)	1,913	1,968
	국토부	③도시활력증진지역 개발	· 주거환경 개선 등(16개)	1,015	964
	농식품부	④일반농산어촌 개발	· 전원마을 조성 등(15개)	9,581	9,101
	환경부	⑤도서지역식수원 개발	· 도서지역 식수원 개발(1개)	560	0
	소계			15,206	14,234

(3) 종합평가

지방소비세의 도입은 지방자치사의 한 획을 긋는 사건으로 평가 받을만하다. 지역상생발전기금도 비록 2019년까지 한시적으로 운용되는 재원이지만 수도권 3개 시·도가 매년 3,000억원을 출연하여 비수도권 시·도에 지원한다는 점에서 자치단체 상호간 수평적인 역교부금으로서 의의가 크다 하겠다. 이것은 스웨덴이나 핀란드를 비롯한 북유럽 복지국가에서 운용하고 있는 역교부금제도와 비슷한데, 지방소비세 도입으로 수도권과 비수도권의 재정격차가 확대되는 부작용을 완충하는 기능을 수행하게 된다. 그럼에도 불구하고 지방소비세 확대를 요구하는 지방의 요구는 관철되지 못하고 있다. 지방소비세는 1단계로 2010년부터 2012년까지 부가가치세의 5%에서 출발하되, 2단계인 2013년 이후에는 부가가치세의 10%까지 확대항 방침이었으나 부처간 이견으로 지방소비세의 확대는 어려울 것으로 예상된다.

지금까지 상황을 간추리면, 기획재정부는 부가가치세의 10%로 확대하는 방안을 "협의"하기로 했다는 입장이며 행정안전부는 "합의"했다고 주장한다. 이러한 해석상의 차이는 사실 지방소비세에 대한 기획재정부의 비판적 시각에서 기인한 것으로 지방소비세 운용방식은 보통교부세와 별반 다를바 없어 지방세로 보기 어렵고, 수도권과 비수도권의 재정격차가 확대된다는 논리를 펼치고 있다.

광특회계의 경우는 보다 근본적인 문제에 봉착해 있다. 분명 시·도 자율편성의 포괄보조금적 운용은 진전된 측면이 있지만 사업의 적정성, 자치단체의 자율성과 재정부담 완화, 지역정책에서 추진체계의 혼란, 낙후지역정책의 실종 등은 근본적인 처방을 요구할 정도로 심각한 상황에 봉착해 있다. 지금 광특회계가 당면한 현안은 다음 과 같다.

첫째, 광특회계의 예산규모는 2010년 9조 9,010억 원, 2011년 9조

8,526억 원, 2012년 9조 4,085억 원에 달하여 마치 수치만 보면 지역정
책을 전담하는 재원으로서 위상이 높은 것처럼 보인다. 그러나 그 속내를
보면, 외형만 클 뿐 지역정책과 직접적으로 관련된 예산사업은 매우 제한
적이다. 특히 광역발전계정은 중앙정부가 직접 편성하여 운용하기 때문
에 일반적인 국고보조금과 사실상 같다고 볼 수 있다. 이는 광역도로, 국
가지원지방도로, 광역철도, 산업단지지원도로 등 국가 차원의 SOC사업
위주로 편성되어 있기 때문인데, 굳이 광특회계로 운용할 것이 아니라 일
반적인 국고보조사업으로 운용해도 문제가 없는 사업들이다.

둘째, 포괄보조금적 성격이 취약하다. 개별 자치단체에 부여하는 세
출한도액의 산정기준과 내역에 대한 비공개원칙을 고수하고 있으며, 자
치단체의 재정수요에 비하여 세출한도액이 부족하고, 지방비부담이 과
중하여 자치단체의 사업선택권을 심각하게 저해하고 있다. 자치단체가
포괄적인 범위 내에서 용도를 자유롭게 선택할 수 있어야 하지만 자치단
체 입장에서는 지방비부담이 클 경우 기피대상으로 분류하려는 경향을
보이게 된다.

셋째, 추진체계의 혼란이다. 지역발전위원회는 다른 대통령 자문위
원회와 달리 행정위원회적 성격이 일부 가미되어 있다. 광특회계에 대한
의견을 개진할 수 있으며 사업내역과 예산편성의 협의도 가능하다. 광특
회계 예산사업을 평가하며, 성장촉진지역을 지정하고, 공공기관 지방이
전의 심의권도 보유하고 있다. 그럼에도 불구하고 지역발전위원회는 엄
연히 대통령 자문위원회이며, 독자적으로 예산을 편성하거나 집행할 수
있는 권한이 없다. 예산편성과 집행은 관련 부처의 세출예산을 이용할
수밖에 없는데, 광특사업의 소관 부처가 분산될 경우 지역정책의 효율
적 관리가 어렵게 된다. 이러한 문제는 지역개발계정에서 극명하게 나타
난다. 10개 부처가 간여하는 시·도 자율편성을 보면 지역정책의 구상과

전략에 연동되어 예산편성과 집행이 이루어지기 보다는 소관 부처의 이해관계에 따라 운용되고 있다. 시·군·구 자율편성은 더 심각해서 163개 시·군·구를 4개 공간으로 분할하고, 각 공간을 담당한 부처를 지정함으로써 일선에서는 많은 혼란이 발생하고 있다.

넷째, 저발전 지역에 대한 재정지원, 특히 낙후지역정책의 실종이다. 참여정부는 신활력사업을 지렛대로 낙후지역의 발전을 지원하였다. 그러나 광특회계는 국토해양부를 소관 부처로 지정했으나 도로, 상수도와 같은 기반시설 지원에 그치고 있다. 기반시설을 확충하면 낙후지역의 발전이 가능하다는 논리인데, 낙후지역의 내발적 발전역량을 중시하는 이론적·정책적 패러다임과 동떨어진 접근이다.

4) 역대 정부의 지역균형발전 성과와 한계

지금까지 살펴본 바와 같이 지역 균형발전을 위한 정책 노력은 역대 정부에서 중단없이 강조되어 왔다. 국정의 우선순위는 다소간의 차이는 있었지만 수도권과 비수도권, 도시와 농어촌의 불균형을 경시한 정부는 없었다 해도 과언이 아니다. 새마을운동을 필두로 오지개발사업, 소도읍육성사업, 개발촉진지구사업, 농촌마을종합개발사업 등 읍·면·마을 단위 지역개발사업을 추진한 바 있다. 참여정부 이후에는 균특회계나 광특회계와 같이 지역균형발전을 전담하는 재정지원제도를 운영하면서 지역전략산업이나 광역경제권 선도산업 등 시·도의 지역산업진흥책도 적극 지원하고 있다.

이러한 다각적인 재정지원에도 불구하고 국민들은 지역 간 불균형이 완화되고 있다는 느낌을 체감하지 못하고 있다. 실제로 국민들의 주관적 감성은 객관적인 통계에서 일부 입증되고 있다. 일반적으로 소득불평등을 측정하는 기준으로 지니계수(Gini Coefficient)를 활용하는데, 지니계수값이 클수록 소득불평등이 커지는 것으로 해석한다. 다음의 〈그림 3〉은 시·도의 1인당 지역내총생산(GRDP)을 대상으로 산출한 지니계수 값으로 1993년을 기점으로 지역 간 소득불평등이 대비되는 양상을 보이고 있다. 즉, 1985년 0.270에 달하였던 지니계수값이 1993년 0.137로 가장 낮은 수치를 기록하다가 외환위기가 발생한 1997년 0.160으로 약간 증가하였음을 알 수 있다. 지니계수는 2000년대 들어서도 증가 추세를 보여 이명박 정부가 출범한 2008년에는 0.189, 가장 최근의 2011년에는 0.209까지 증가하였다. 균특회계나 광특회계와 같은 재정지원제도까지 가동하였지만 지역 간 소득불평등이 더 악화된 것이다. 이 결과를 어떻게 해석해야 할까? 여러 가지 원인이 있겠지만 이 글에서는 재정분권과 재정지원제도의 문제점에서 찾고자 한다.

그림 3. 1인당 GRDP의 지니계수 추이

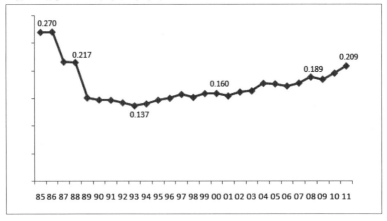

3. 향후 지역발전을 위한 재정지원 정책 방향

1) 중앙·지방 간 재정관계의 재정립

지역정책은 비단 개발사업뿐만 아니라 교육, 복지, 의료, 소득 등 전 영역을 아우르는 매우 포괄적인 영역이다. 따라서, 이를 뒷받침하는 재정지원체계는 중앙·지방 간 재정관계의 정비에서 출발하여야 한다.

OECD 통계를 원용하여 세출 분야에서 한국의 재정분권이 높은 수준으로 평가하기도 하는데, 이는 겉으로 드러난 수치만 보고 해석한 "착시현상"으로 볼 수 있다. 왜냐하면 지방세출의 상당 부분이 국고보조사업이기 때문이다. OECD 국가간 비교를 보면 한국은 일반정부 총세출에서 지방세출 비중이 46.6%에 달하여 높은 위치를 차지하고 있다. 이것은 다른 국가와 달리 국가사무, 국가위임사무가 과다한 데 있는 바, 이처럼 재량적인 지출이 어려운 국고보조금이 크다는 그만큼 중앙정부의 예속된다는 의미이다. 이러한 사실은 세입과 세출의 차이, 즉 지출갭을 보면 확연히 드러난다. 지방재정의 지출갭은 한국이 -26.6%로 OECD 국가 중에서 가장 높은 수치를 기록하고 있다. 이것은 지방재정의 세입·세출의 불균형이 그만큼 크다는 것으로 지방세입을 늘리든가, 아니면 국고보조사업을 포함해서 국가에서 요구하는 사무를 줄여야 세입·세출의 균형을 회복할 수 있게 된다.

표 5. OECD 국가의 지방세입·세출 비중

		지방세입/일반정부 총세입 (A)	지방세출/일반정부 총세출 (B)	세입·세출 갭 (A-B)
연방 국가	오스트리아	24.7%	30.9%	-6.2%
	벨기에	16.9%	36.8%	-19.9%

연방 국가	캐나다*	55.2%	66.5%	-11.3%
	독일	34.5%	38.7%	-4.2%
	미국	45.9%	46.0%	-0.1%
	스페인	34.2%	46.3%	-12.1%
단일 국가	체코	18.5%	26.3%	-7.8%
	덴마크	28.9%	62.8%	-33.9%
	핀란드	28.6%	40.0%	-11.4%
	프랑스	16.3%	20.5%	-4.2%
	그리스	2.6%	5.8%	-3.2%
	헝가리	9.3%	22.9%	-13.6%
	아이슬란드	27.9%	28.1%	-0.2%
	아일랜드	7.5%	12.0%	-4.5%
	이탈리아	18.4%	30.5%	-12.1%
	한국*	16.5%	43.1%	-26.6%
	룩셈부르크	6.8%	12.0%	-5.2%
	네덜란드	10.5%	32.7%	-22.2%
	뉴질랜드	13.8%	33.6%	-19.8%
	노르웨이	13.4%	32.6%	-19.2%
	폴란드	17.9%	32.1%	-14.2%
	포루투칼	10.0%	14.1%	-4.1%
	스웨덴	36.8%	48.7%	-11.9%
	영국	9.5%	27.1%	-17.6%

자료: www.oecd.org/ctp/fiscalfederalismnetwork/oecdfiscaldecentralisationdatabase.htm
주: 2011년 통합예산기준, *표시된 캐나다와 한국은 2010년 기준

2) 재정분권의 확대: 지방세입의 확충

재정분권의 확충은 자체세입 중심으로 추진하여야 한다. 지역 간 재정격
차의 확대 등을 이유로 비판하는 시각도 있으나 지방재정의 책임성 확
보, 지역발전과 지방세입의 선순환 구조를 정착시킨다는 관점에서 자체
세입 확충이 일차적으로 검토되어야 할 것이다. 〈표 5〉에 제시하였듯이

지방세입이 전체 세입에서 차지하는 비중이 16.5%에 불과하여 소위 "2할 지방자치"를 벗어나지 못하고 있는데, 이러한 환경에서 지역정책은 중앙집권적 획일화된 방식을 답습하기 마련이다. 지역정책의 고질적인 병폐로 지적된 계획과 재원의 정합성이 떨어지는 문제도 지방세입의 확충이 없이는 근본적인 처방이 어렵다고 볼 수 있다.

이를 위해 먼저 지방소비세의 규모를 부가가치세의 5%에서 10%로 확대할 필요가 있다. 이 대안은 지방소비세 도입 시 입법부 차원에서 공감대를 형성한 바 있어 비교적 용이하게 선택할 수 있는 대안이다. 다만 사전에 재정당국의 정책협조를 효과적으로 끌어 낼 수 있는 여건조성이 이루어져야 한다.

다음으로 지방교부세의 법정교부율을 인상해야 한다. 국가사무의 지방이양 등을 감안하면 이양사무의 비용보전을 전담하는 이전재원이 필요하다. 현재로서는 분권교부세가 주된 기능을 수행하고 있으나 5년 한시재원으로서 이양사무의 비용보전의 적정성과 관련하여 비판을 받고 있다.[2] 따라서 ① 먼저 국가사무 성격이 강한 분권교부세 사업은 국고로 환원토록 하고, ② 이양사무의 비용을 객관적으로 산정하여 법정교부율을 재조정하며, ③ 2015년 폐지할 예정인 분권교부세는 존치하여 이양사무의 비용보전기능을 수행토록 하는 방안이 바람직하다. 아울러 지방소비세의 규모가 2013년 부가가치세의 10%에 미치지 못할 경우 그 차액만큼 보통교부세의 법정교부율을 인상하는 방안도 검토할 수 있다.

마지막으로 지방세입 확충에 소요되는 재원은 국고보조사업의 일대 정비를 통하여 조달한다. 국가재정 총량이 한정되어 있기 때문에 지방세입의 확충은 그만큼 중앙재정이 줄어드는 결과를 가져온다. 국가재정의

2 2005년 국고보조사업 정비 및 지방분권 차원에서 분권교부세를 설치하였으나 사회복지 등 일부 사업의 국고환원 및 법정교부율 인상이 시급하다는 주장이 제기되고 있다.

효율적 배분과 안정적 운용을 위해서는 지방재정과 중앙재정 모두에 도움이 되는 대안이 바람직하며, 이는 불필요한 국고보조사업을 통합하거나 폐지하고 그 잉여재원을 활용하는 방식으로 대응할 수 있다. 현재 자치단체를 대상으로 하는 국고보조사업은 1,000여개를 넘고 있는 바, 이 중에서 입법부와 행정부의 암묵적 결탁에 의해 설치된 불필요한 국고보조사업은 백지 상태에서 검토하여 대대적인 구조조정이 이루어져야 한다.

3) 광특회계의 구조개편

광특회계의 당면 현안은 지금의 틀 내에서 개선하는 방안과 구조 자체를 근본적으로 개혁하는 방안이 있다. 그러나 낙후지역정책의 복원과 추진체계의 질서를 정비하기 위해서는 보다 개혁적인 시각에서 접근할 필요가 있다.

균특회계가 국가균형발전정책의 재정적 도구로서 기능했듯이 광특회계 역시 지역발전정책의 재정지원체계로서 역할이 주어져 있다. 즉, 지역정책의 국정철학과 우선순위에 따라 광특회계의 구조는 매우 가변적일 가능성이 높다고 판단된다. 반대로 해석하면 지역정책의 국정철학을 숙지할 때 비로소 광특회계의 구조개편이 가능하다고 볼 수 있다. 앞에서 지적한 광특회계의 한계를 토대로 구조개편 방안을 제시하면 다음과 같다.

첫째, 무엇보다 낙후지역의 발전을 핵심으로 한 "지역발전 5개년 계획"이 수립되어야 한다. 이 계획에는 낙후지역에 대한 국가 차원의 비전과 전략, 연차별 성과목표, 소요되는 재원과 정책지원 수단 등이 제시되어야 한다. 여기서 낙후지역의 공간적 범위는 종전의 시·군을 넘어서 읍·면·동으로 확대할 필요가 있다. 어느 자치단체든지 낙후된 읍, 면, 동이 있기 마련이며 행정리, 혹은 마을 단위부터 공동체 복원과 자립기반 확보가 중요하기 때문이다. 때문에 지역발전계획은 중앙정부는 물론이고 시·도, 시·군·구에서도 법정 의무계획으로 수립하도록 한다.

둘째, 계획과 재원의 연계성을 높여 이행력을 확보하여야 한다. 대부분의 국가계획이 예산과는 별개로 구상과 희망을 담아내는 문서상의 계획(paper plan)으로 끝나는 경우가 대부분이었다. 모든 사업을 망라하여 겉으로 그럴듯하게 포장하는 관행이 일상적으로 반복되었는데, 이러한 문제를 예방하기 위해서는 지역발전에 반드시 필요하고 자치단체가 자유롭게 지역실정에 맞는 사업을 발굴하여 추진할 수 있어야 한다. 이런 관점에서 광특회계는 지역계정과 균형발전계정으로 정비하며 중앙정부가 직접 간여하는 광역계정은 폐지할 필요가 있다. 지역계정에서 농축산업 진흥과 관련된 각종 클러스터사업, 전략산업 등 미래성장동력 확보와 관련된 산업경제적 사업은 시·도 자율편성으로 운용하되 막대한 예산이 투입되고 주체가 중앙정부인 SOC사업은 국고보조사업으로 전

그림 4. 광특회계 재정사업 구조 개편 방안

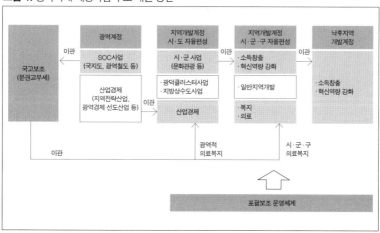

환하는 편이 바람직하다. 반대로 시·군·구가 주체인 문화관광사업 등
은 시·군·구 자율편성으로 이관하도록 한다. 아울러 균형발전계정을 별
도로 설치하여 낙후된 읍·면·동·마을의 소득창출, 역량강화, 환경정비
등을 전담 지원하는 재원으로 활용한다. 지역발전과 밀접한 관련을 맺는
의료, 복지, 교육 진흥을 목적으로 관련 국고보조사업을 이관하는 방안
도 적극 검토할 수 있다.

셋째, 포괄보조금 운용체계의 개편이다. 원론적으로 포괄보조금
(block grants)은 ① 법정 공식에 입각하여 산정, 배분하며, ② 블록 내
에서 용도의 자율성을 인정하고, ③ 지방비부담 없는 정액보조방식을 취
하도록 하여, ④ 자치단체 주도하에 사업추진이 가능하도록 운용하는 재
원이다. 다만, 지방비부담은 최소한의 수준에서 부과하여 자치단체의 책
임성을 확보하도록 한다.

넷째, 추진체계의 정비이다. 국가정책으로 낙후지역사업이 체계적
으로 추진되기 위해서는 지역발전위원회를 정점으로 총괄부처와 자치단
체의 일원화된 질서가 구축되어야 한다. 지역발전위원회는 낙후지역에
5개년 발전계획을 수립하며 사업의 선정과 예산배분, 평가 전반에 대한
지휘부 역할을 수행하여야 한다. 이 경우 낙후지역정책을 실무적으로 지
원하는 전담 부처를 지정하여야 한다. 이때 전담 부처는 특정 영역이 아
닌 통합적 시각에서 혁신역량 강화, 교육·복지·의료·지역개발·기반시
설 등 다양한 영역을 총괄할 수 있어야 한다. 아울러 시·도에도 (가칭)지
역균형발전특별회계를 설치하여 광특회계와 수직적 일관성을 유지하는
전략이 바람직하다.

그림 5. 광특회계 운용체계 정비방안

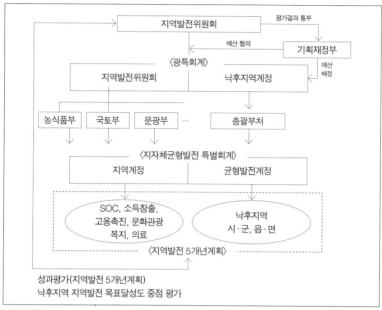

4. 맺음말

이 글에서는 지역 균형발전과 관련하여 역대 정부에서 추진한 재정지원
제도의 성과와 한계를 진단하고 향후 발전방안을 제안하였다. 기술한바
와 같이 역대 정부의 부단한 노력에도 불구하고 지역 간 불균형은 여전
할 뿐만 아니라 세계화의 대응 과정에서 오히려 심화되는 경향을 보이기
도 한다. 수도권과 비수도권, 도시와 농촌의 불균형은 물론이고 최근에
는 급속한 고령화와 인구이동에 따라 대도시와 중소도시, 구도심과 신도
시의 불균형이 더해지는 형국이다.

　막대한 물량을 투입하였지만 지역 간 균형발전이 후퇴하거나 그 속

도가 더딘 이유는 저발전 지역에 대한 재원지원 전략이 없었기 때문이다. 지역발전의 중장기 목표를 설정하고, 이를 실현하기 위하여 동원하여야 할 연차별 예산이나 정책수단 등의 마스터플랜 없이 개별 부처의 시혜성 예산사업만이 운용되었을 뿐이다. 부처이기주의의 발호, 유사 중복사업의 남발, 추진체계의 혼선 등 이 글에서 지적한 문제들은 본질적으로 지역정책에 대한 국가전략의 부재에서 비롯된 측면이 강하다.

따라서 앞으로 지역정책은 낙후지역을 포함한 국가 차원의 비전과 전략, 계획이 재정지원제도와 연계하에 통합적으로 수립되어야 한다. 지역정책의 국가전략이 수립되면 정책도구에 불과한 재정지원체계는 쉽게 정리할 수 있다고 생각된다. 다만, 재정지원체계는 지역 주도의 발전양식이 정착되도록 개편되어야 한다. 이를 위해서는 먼저 지방세입의 확충이 매우 중요하다. 지방소비세를 확대하며 지방에 이양된 복지사무는 중앙정부 책임으로 환원하여야 한다. 다만, 소요재원은 불요불급 국고보조사업의 개혁으로 조달하여 국가재정의 건전성을 유지하여야 할 것이다. 광특회계 역시 구조개편을 단행하여야 한다. 중앙정부가 주도하는 대규모 개발사업은 국고보조사업으로 이관하고 광특회계는 지역산업 진흥, 소득과 고용창출, 혁신역량 강화, 기반시설 정비와 같이 자치단체가 주도할 수 있는 사업으로 재편되어야 한다. 특히 낙후지역 발전을 전담 지원할 수 있는 별도의 예산을 확보하고, 이를 총괄 수행할 수 있는 부처를 지정함으로써 추진체계의 혼선이 반복되지 않도록 하여야 한다. 아울러 이들 재원은 포괄보조 방식으로 운용하되, 연차별 성과평가를 강화시켜 책임성을 확보하도록 한다.

참고문헌

김선기 외, 2007, 「균형발전 로드맵 연구」, 행정자치부.

김재훈, 2007, 「참여정부의 재정분권 평가」, 『한국지방자치학회보』, 19(4).

김현호, 2007, 「참여정부 국가균형발전정책의 평가」, 균형발전국제세미나, 중국 청화대학.

성경륭, 2007, 「참여정부의 국가균형발전정책: 이론과 전략」, 『국가균형발전정책의 이론과 실천』, 국가균형발전위원회.

이재원, 2010, 「재정관리와 분권 관점에서의 지방재정법 변천과정 분석과 자치재정을 위한 개편과제」, 『한국지방재정논집』 15(1), 한국지방재정학회.

조기현, 2006, 「분권교부세와 복지재정」, 『KRILA Focus』 제3호, 한국지방행정연구원.

_____, 2011, 「지방재정 건전성 제고를 위한 포괄보조금제도 발전방안: 광역지역발전특별회계를 중심으로」, 임성일 편, 『지방자치 선진화를 위한 지방재정 건성 강화방안』, 한국지방행정연구원 연구보고서.

_____, 2012, 「포괄보조금제도의 운용실태와 발전방향: 광역지역발전특별회계를 중심으로」, 『한국지방재정논집』 제17권 제1호.

ACIR, 1977a, *Block Grants: A Comparative Analysis.*

Chernick, Howard, 1982, "Block Grants fot the Needy," *Journal of Policy Analysis and Management* 1(2).

Fisher, R., 1982, "Income and grant effect on local expenditure: The flypaper effect and other difficulties," *Journal of Urban Economics* 12.

GAO, 1982, *Lessons Learned from Past Block Grants: Implications for Congressional Oversight*, GAO/IPE-82-8.

14

지역균형발전 추진체계 및 거버넌스의 형성

김현호(한국지방행정연구원)

1. 머리말

정책의 추진체계는 정책을 달성할 수 있는 수단이며, 정책의 추진체계를 구축한다는 것은 정책을 가장 효율적으로 달성하기 위한 수단을 구비하는 것을 말한다. 그래서 정책의 추진체계는 정책이 지향하는 바의 가치나 철학, 목표는 물론이고 이것을 구성하는 내용과도 상당히 밀접한 연계성을 지닐 수밖에 없다. 이런 의미에서 어느 정책이든지 정책의 추진체계를 제대로 구축한다는 것은 정책의 철학이나 가치, 내용의 설계만큼이나 중요한 의미를 지닐 수밖에 없다.

정책 추진체계의 구성요소에 대해서 합치된 견해가 있는 건 아니지만, 정책의 철학이나 목표, 비전을 달성하기 위한 주체, 조직이나 기구, 주체간의 관계 및 거버넌스, 재원, 법률 및 제도 등이 여기에 포함된다고 할 수 있다. 그리고 어떤 경우에는 계획을 추진체계에 포함시키기도 한다.

추진체계의 구성요소가 어떠하든 간에, 정책의 추진체계가 제대로 구성되어 있을 때의 이점은 상당히 많다. 특히, 주먹구구식의 정책추진을 사전에 방지하여 정책추진의 목표를 보다 합리적으로 달성할 수 있으며, 조직 및 기구, 예산, 법제 상호간의 정합성 확보와 동시에 이를 증가시킴으로써 시책이 지향하는 목표를 보다 효율적으로 달성할 수 있는 장점이 있다.

이런 의미에서 지역균형발전 추진체계는 앞에서 언급한 제반 내용이 제시한 향후의 지역발전정책이 지향하거나 설계하고 있는 바를 가장 효율적으로 달성할 수 있는 수단을 구비하는 것인 셈이다. 그러나 아직 향후의 지역발전정책의 철학과 기조 등이 명확해지지 않은 상황에서 지역균형발전 정책의 추진체계와 거버넌스의 구축은 상당한 정도 구상이나 밑그림의 의미를 지닐 수밖에 없는 한계가 있다. 정책의 지원 파트에 해당하는 추진체계가 역으로 정책의 철학이나 비전, 내용을 규정할 수는 없기 때문이다.

이러한 전제 아래, 여기서는 계획이나 추진기구 및 조직, 법제 등에 초점을 맞추어 지역균형발전을 최대한 효율적으로 달성할 수 있는 추진체계 및 거버넌스 구축방안을 제시하고자 한다.

2. 지역발전정책의 추진체계 변화

1) 최근의 지역발전정책 추진체계

1960년대, 1970년대를 지나 2000년대 초까지 우리나라 지역발전정책은 하나의 독립된 주된 정책이라기보다는 부차적인 지위를 지니고 있었다. 대부분의 시책이 정부의 재원지원과 연계되지 않는 이른바 도상(圖

上)의 계획수준에 불과했을 뿐 아니라 특히, 인구의 지방분산시책의 성격을 띠고 있었다. 그러다 보니 지역개발이 '국정과제'의 반열에 오르지도 못했으며, 국토부, 지식경제부, 문화부, 농식품부, 행정안전부 등 중앙부처가 설계해서 하향적으로 추진하는 부문(sector) 정책의 위치에 머무는 수준에 불과했다. 물론 이때의 지역발전도 그 나름의 체계를 지니고 있었지만, 지역발전에 대한 특별법을 제정하거나 특별회계를 구비하는 등의 본격적인 정책 체계구비까지 나가지도 못했다.

특히, 참여정부 이전까지는 우리나라의 지역발전정책이 없었다고 해도 과언이 아니다. 참여정부 때 비로소 '국가균형발전'을 지역발전정책의 핵심적인 가치로 설정하고 이를 달성하기 위한 정책을 추진했기 때문이다. 참여정부의 지역발전정책 추진체계는 균형발전이라는 지역발전의 철학과 비전, 기조를 달성하기 위한 집행체계였던 셈이다.

그래서 여기서는 최근 지역발전정책의 추진체계 가운데서도, 참여정부 지역발전정책의 추진체계부터 살펴보기로 하겠다.

참여정부는 우선 형평성에 바탕한 지역균형발전을 추진하기 위해 「국가균형발전특별법」을 제정했다. 「국가균형발전특별법」은 수도권과 비수도권을 포함하여 지역 간 불균형을 시정하기 위한 제도적 사항을 규정함으로써 참여정부 지역발전정책 추진체계의 기반이 되었다. 이 법의 토대 위에서 지역혁신발전계획, 부처혁신발전계획 등을 수립했으며 주된 발전 단위공간이나 주체를 16개 시·도로 설정했다. 시·도 지역혁신발전계획의 내용은 '혁신'(innovation) 창출을 토대로 한 지역발전을 도모하는 것으로 설계했다.

지역균형발전을 달성하기 위한 총괄 추진기구로는 대통령 자문기구인 '국가균형발전위원회'를 설치했다. 또, 국가균형발전위원회 소속으로 위원회의 실무를 지원하기 위해 '국가균형발전기획단'을 설치하고, 중앙부처 차원에서는 지역산업 부문과 지역개발 부문으로 나누어 지경부와 행안부(당시의 산자부와 행자부)가 각각 이를 지원하는 이원적인 체계를 구성했다. 특히, 지역단위의 자생적인 지역발전의 주체를 구성하기 위해, 지자체 단위의 거버넌스 조직으로 시도 및 시군구 '지역혁신발전협의회'를 구성했다. 대표적인 낙후지역 정책에 속하는 신활력 사업의 경우에는 부처 단위의 통합적인 거버넌스 조직으로 '신활력사업 공동추진단'을 설치했으며, 지역 단위에서는 70개 지역에 '신활력사업 자문단'을 구성, 운영했다.

또 지역균형발전을 보다 효율적으로 지원하기 위해 '국가균형발전특별회계'를 새롭게 만들었다. 국가균형발전특별회계는 지역의 산업발전을 지원하는 '지역혁신계정'과, 생활여건개선 등을 지원하는 '지역개발계정'으로 구성되었다. 참여정부의 후기에는 전국을 지역의 발전도에 따라 예산을 차등적으로 지원하기 위한 정책을 구상했지만, 수도권뿐 아니라 인접 지역과의 유·불리를 따지는 비수도권 지역의 반발로 무산되기도 했다.

참여정부가 "형평성", 즉 지역 간의 균형발전을 기조로 하는 지역발전정책 추진체계를 구축했다면, 이명박 정부는 "효율성", 즉 지역의 경쟁력 강화를 목표로 하는 '신지역 발전정책'의 추진체계를 구축했다. 지역 경쟁력 강화의 철학을 달성하기 위해 우선 기존의 국가균형발전특별법을 개정했다. 개정의 방향은 광역경제권을 골자로 하는 지역의 글로벌 경쟁력을 강화하는 것이었으며, 이를 위한 추진기구로 "국가균형" 대신 "지역"이라는 수식어가 들어간 '지역발전위원회'를 대통령 자문기구로 설치했다. 국가균형발전위원회를 지역발전위원회로 개편한 것이다. 그리고 지역발전위원회의 사무를 처리하기 위해 지역발전위원회 소속으로 '지역발전기획단'을 설치하고, 지역 단위에서는 수도권, 강원권, 충청권 등 시·도로 구성되는 7개 '광역경제권발전위원회'를 설치했다. 중앙 부처의 지원체계도 종래의 산자부, 행자부의 이원적 체계에서 산업에 초점을 두는 지경부 중심의 일원적 지원체계로 전환했다. 특히 지역발전위원회의 조직을 종래의 5개 국에서 3개 국으로 축소하는 기구개편을 단행했다. 그러나 기능을 담는 그릇이 조직인 만큼, 조직이 축소된 만큼 과거의 국가균형발전위원회와 비교해 볼 때, 지역발전위원회의 위상과 권한이 상당히 축소되는 결과를 가져왔다.

이명박 정부의 공간계획은 5+2 광역경제권, 4+α의 초광역개발권, 기초생활권의 3차원적이고 중복적인 체계로 구성되었다. 그러나 이 가운데서 광역경제권 계획만이 균특법이 규정하는 법정, 강제계획의 지위를 지니고 있었다. 그러다 보니 지방자치의 주체인 시·도가 제대로 된 공간계획의 단위가 되지 못했으며, 시·도 계획도 임의계획으로 광역경제권 계획 속에 포함되어 수립되었다. 자치구를 제외한 163개 시·군이 포함된 기초생활권 발전계획도 사정은 마찬가지여서 이것 역시 임의계획의 지위를 지니게 되었다.[1]

---

1   추진체계의 중요한 또 하나의 축인 재원은 이 부문은 앞의 별도의 파트에서 다루고 있는데, 특히 이명박 정부는 광역경제권 발전정책을 지원하기 위해 '국가균형발전특별회계'를 '광역·지역발전특별회계'로 개편했다.

그림 1. 이명박 정부 신지역 발전정책의 추진체계

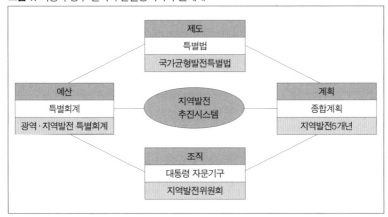

출처: 김선기 외, 2012, 「고령화·저성장시대의 지역발전투자전략」, 한국지방행정연구원

2) 추진체계 변화의 특징과 문제

지역발전정책 추진체계의 특징과 문제점을 정확하게 파악하기가 쉽지
않다. 판단기준의 설정이 어렵고, 또 설령 그것이 가능하다고 하더라도
논란의 소지가 적지 않기 때문이다. 정책이 설정한 철학이나 목표를 달
성하기 위한 효율적인 체계의 작동여부를 판단하는 경우나 여기에 철학
이나 목표설정의 타당성 등 가치판단의 문제가 들어가고, 수단의 적정성
등을 종합적으로 판단해야 하는 경우는 더욱 그러하다. 이런 한계를 고
려하여 여기서는 상당히 포괄적인 부문 몇 가지에 대해 한정해서 언급하
겠다.

　참여정부와 이명박 정부의 지역발전정책 추진체계의 가장 큰 차이
는 정책의 기조와 철학에서 유래한다. 참여정부는 지역발전의 가장 큰
문제점을 지역 간 불균형으로 보고, 이를 해결하기 위해 형평에 의한 지
역균형발전을 실현하기 위한 체계를 구축했다. 지역발전 정책목표를 이

렇게 설정한 이유는 정치, 경제, 사회 등 우리사회의 문제점의 상당한 부분이 지역불균형 발전이 파생시킨 지역감정 등과 무관하지 않다는 판단도 있었다. 반면 이명박 정부는 우리나라 지역발전의 가장 큰 문제점이 지역 경쟁력의 약화에 있다고 보고, 이를 해소하기 위한 방안으로 광역화 발전, 즉 여러 개의 지역을 묶어 지역 경쟁력을 강화하기 위한 추진체계를 구축했다.

참여정부 지역발전정책 추진체계구축의 성과는 무엇보다 지역발전정책을 국가의 핵심적인 국정과제 중의 하나로 만들었다는 점이다. 그동안 경제정책의 파생적인 정책쯤으로 간주했던 지역발전정책을 국정과제 가운데 하나로 진입시켜, 국가 전반에서 지역발전정책에 대해 관심을 가지게 만들었기 때문이다. 조직 및 기구 측면에서는 우리나라에서 처음으로 지역발전정책에 대한 대통령 자문기구를 만들었고, 시도 및 시군구 지역혁신협의회, 신활력사업 지역협의회, 중앙단위 신활력 공동추진단 등 중앙 및 지역 차원의 지역발전 거버넌스 조직을 작동시킨 점이라고 할 수 있다. 물론 거버넌스 활성화가 주체 간 상호작용에 의한 '지역혁신' 창출에 바탕한 지역발전 추구 때문인 측면이 많지만, 이를 고려하더라도 다양한 차원에서 지역발전의 거버넌스 조직이 형성, 운영되는 성과가 있었다. 아울러 그동안 재원과 별개였던 공간계획을 재원지원을 지닌 계획체계로 만들었으며, 이것이 국가균형발전특별회계로 나타났다. 그러나 소규모 지역을 대상으로 국가재원을 지원하다 보니 지역발전을 두고 지역이나 주체간에 불필요한 갈등을 야기하는 문제가 발생했으며, 공공기관 등의 물리적 이전을 통해 지역균형발전을 달성하려는 기계공학적 접근의 추진체계에 대한 비판도 있었다(지역위 2008).

이명박 정부는 소기의 목적을 달성하는 데는 한계가 있었지만 지역발전에 대한 지자체의 자율성을 보다 강화하기 위한 조치로 포괄보조를 도입했다. 그리고 성장동력이 부족한 지역이 상호협력해서 발전의 시너지 효과를 창출하기 위한 '지역 간 연계협력사업'을 도입, 시행하는 성과가 있었다.

이명박 정부의 신지역 발전정책의 핵심은 공간의 규모를 키운 지역의 발전, 즉 광역화 지역발전 체계의 구축이라고 할 수 있다. 그러나 이 시스템은 제대로 작동되지 못하는 한계를 지니고 있다. 중앙권한의 지방이전인 분권화와 병행해서 광역지역의 발전을 추구하고 있는 외국과 달리, 우리나라는 지방 분권화가 동반되지 않는 광역화 발전을 추구한 '반쪽짜리' 정책이었기 때문이다. 즉, 독일이나 프랑스, 일본 등의 광역화 발전은 재원이나 조직, 사무 등의 분권적 관점에서 지역 주도로 추진되고 있음에 비해, 우리는 지경부나 국토부, 기재부 등 중앙부처 중심의 집권적 방식으로 정책을 추진했다. 지역발전 정책의 중앙집권이 이전보다 오히려 강화되었다는 비판이 제기되고 있는 이유가 바로 여기에 있다. 광역·지역발전특별회계에 바탕한 재원지원 시스템도 이전의 산업 및 개발 등 '기능' 중심에서 3차원적인 공간을 대상으로 한 '지역' 중심으로 변화되었는데, 그 결과 재원지원과 사용의 주체인 시·도 지자체와 공간발전의 단위인 광역경제권 계획의 불일치로 인해, 계획이 제대로 작동되지 못하는 문제가 발생했다.

추진조직에서도 지역발전위원회의 위상이 이전보다 약화되어 지역발전 총괄 및 조정기능을 제대로 수행하는 데 상당한 한계를 노출시켰다. 이전에 비해 부처 합동의 국정과제 보고 횟수가 현저히 줄어들었을 뿐 아니라 지역위 주관의 계획수립에 더해 부처가 중복해서 계획을 수립한 것이 이를 보여주고 있다. 또, 거버넌스 차원에서도 지역발전에 대한 자생적인 조직은 물론이고 지자체 차원의 거버넌스를 구축하는 데도 한계가 많았다. 그 이면에는 이전 정부의 정책과 과도한 차별화에 집착하다 보니 정책 스스로 입지를 위축시킨 측면이 많았다. 지역발전 분야에서 세계적으로 통용되는 학술용어인 '혁신'(innovation)이라는 용어조차 사용을 기피했던 것이 가장 대표적인 경우에 해당된다.

표 1. 참여정부와 이명박 정부의 지역발전정책 추진체계의 비교

구 분	참여정부	이명박 정부
정책기조	형평성에 의한 지역균형발전	효율성에 의한 지역경쟁력 강화
발전공간	16개 시·도	5+2 광역경제권
계획	국가지역혁신발전계획, 부문별혁신발전계획, 16개 시도혁신발전계획 * 지역계획주체: 시도 광역지자체	지역발전계획, 7개 광역경제권 발전계획, 부문별발전계획 * 지역계획주체: 7개 광역경제권
조직·기구	국가균형발전위원회, 시도 및 시군구 혁신협의회	지역발전위원회, 광역경제권발전위원회
법률	국가균형발전특별법	국가균형발전특별법 개정
재원	국가균형발전특별회계 산업, 지역개발 등 기능중심	광역·지역발전특별회계 광역, 초광역, 기초생활권 등 지역중심

3. 향후 추진체계 및 거버넌스 구축의 방향

지역균형발전정책의 추진체계는 지금까지 살펴본 현재의 지역발전정책 추진체계의 문제점을 반면교사로 삼고 향후에 증가하게 될 지역발전 가치를 제대로 구현할 수 있는 방향으로 구축하는 것이 바람직하다. 특히, 그 가운데서도 현재 우리사회에서 급격히 상승하고 있는 지역균형발전, 일자리 창출, 지역주민의 행복 뿐 아니라 보다 심화될 고령화·저성장 시대에 대응할 수 있는 방식의 대응이 필요하다.

첫째, 중앙 권한의 지방이양을 포함해서 지방이 주도하는 분권화된 지역발전에 무게를 두는 체계를 정비할 필요가 있다. 특히 향후의 지역

발전정책이 종래의 양적인 발전 대신 주민의 체감적 행복에 초점을 두는 질적인 발전으로 변화될 것임에 비추어, 이를 효율적으로 지원할 수 있는 지역이 주도하는 '상향적' 추진체계를 구축해야 한다. 종래와 같은 중앙중심의 체계로는 지역현장에서 멀리 떨어져 있는 중앙정부가 지역에 적합한 정책을 제대로 지원해 줄 수 없기 때문이다. 아울러 상향적인 정책추진에서 한걸음 더 나아가 정책의 지방화를 지원하는 체계를 구축할 필요가 있다.

둘째, 협력적 방식의 추진체계를 구축해야 한다. 이는 다양한 측면에서 접근할 필요가 있는데, 우선, 중앙과 지방의 역할분담에 바탕한 정부간 협력을 보다 강화시켜야 한다. 이를 위해서는 중앙은 정책기획, 재원지원, 정보 및 지식 제공 등을 통해 지역발전의 조력자 역할을 수행하고, 지역은 해당지역에 적합한 특색있는 발전을 기획, 추진해야 한다. 현재 중앙은 지역을 보고 '역량'이 없다고 하고, 지역은 '재원'이 없다고 하면서 서로 불신하고 있는 상태이다(홍철 2012). 상호협력을 통해서 수직적인 체계 대신, 수평적인 지역발전 체계를 형성하여 중앙정부와 지방정부 각각의 역량을 극대화해야 한다. 다음으로 중앙부처나 지역 차원에서도 현재의 고질적인 병폐를 개선하기 위해 부처나 부서간의 칸막이를 배제하여 협력하는 추진체계를 형성할 필요가 있다. 종래와 같은 방식으로는 생산, 가공, 축제개최 등 영역을 가로질러 융·복합적인 형태로 상품화, 개발되는 지역 및 향토자원을 제대로 지원, 추진할 수 없기 때문이다. 특히, 중앙단위의 협력기구로는 내각부 산하에 설치된 일본의 "지역활성화통합추진본부"를 참고할 필요가 있다. 2003년에 설치된 지역활성화통합추진본부는 부처 이기주의를 떠나 범 부처 차원에서 지역발전을 협력적으로 지원해 주고 있다. 우리도 이런 시스템을 통해 부처간, 지역간, 사업내용 간의 '칸막이'를 배제한 지자체 간 협력사업을 활성화시켜야 한다.

셋째, 점점 심화하고 있는 저성장, 고령화, 인구감소에 대응한 지역발전을 실현할 수 있는 추진체계를 구축해야 한다. 향후는 과거와 같이 개발이 곧 성장인 시대를 지나, 개발이 어떤 면에서는 오히려 부담이 되는 축소시대가 될 것이라는 전망이 많다. 이런 징후들은 신도시 개발이나 산업단지 개발 등에서 나타나고 있다. 일본은 이미 신도시가 경제력이 떨어지는 고령자의 집단주거지가 될 뿐 아니라, 산업단지 미분양 등으로 인해, 지역발전과 주민행복은 고사하고 오히려 골칫거리가 되고 있다. 여기에 대응하기 위해서는 이제는 '지역개발' 자체 보다는 '사람의 행복'에 초점을 맞춘 지역발전정책의 추진이 필요하고 이를 구현할 수 있는 추진체계를 구축해야 한다. 그래서 향후의 지역개발의 기어는 고도성장기에 통했던 성장보다는 분배, 건설보다는 정비, 공급보다는 참여, 생산보다는 복지, 양보다는 질, 하드웨어 보다는 소프트웨어를 고려하는 쪽으로 이동시켜야 한다.

그림 2. 지역균형발전 추진체계 구축의 방향

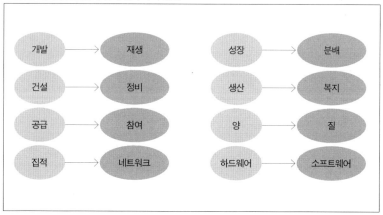

4. 추진체계 정비 및 거버넌스 구축의 과제

1) 지역발전의 공간 및 계획

현재는 7개의 광역경제권이 지역발전의 대표적인 공간에 해당되며, 광역경제권 발전계획이 핵심적인 공간계획의 위치를 차지하고 있다. 그러나 광역경제권 발전이 제대로 작동되고 있지 못하고 있다는 것이 다수의 견해이다. 제주도와 강원도는 단수의 지자체가 하나의 발전공간을 형성하고 있어 이들 지역에는 광역 경제권의 의미 자체가 없으며, 복수의 지자체로 구성되는 호남권 광역경제권의 경우도 거의 2년 동안 광역경제발전위원회의 사무총장이 선임되지 못하고 있다. 서울과 인천, 경기로 구성된 수도권을 포함하여 동남권, 충청권, 대경권도 광역경제권 발전계획이 제대로 추진된다고 볼 수 없다. 이러한 결과를 초래한 요인 중의 하나는 광역 경제권 발전이 주로 부처편성으로 추진되고 있기 때문이기도 하다. 그래서 제대로 작동되고 있지 못하는 발전 및 계획의 공간단위 구획에 대한 재검토가 필요하다.

지역발전의 공간은 두 가지 조건을 만족시켜야 한다. 하나는 발전비전을 보유하는 공간으로서 합당해야 하며, 다른 하나는 설정한 발전의 단위가 현재의 지방행정체제와 지방자치와 부합되게 행정 및 재원 측면에서 작동이 되어야 한다. 계획권으로서는 이상적이지만 재원사용이나 행정 측면에서 추진될 수 없다면 현실성이 떨어지기 때문이다.

이런 기준을 충족하고, 향후의 지배적인 지역발전의 가치로 부각될 지역균형발전과 지역행복을 실현하기 위해서는 우리나라 지방자치의 주체인 시·도를 공간발전의 핵심적인 위치로 자리매김할 필요가 있다. 그래야 재원지원과 발전의 공간, 계획의 공간이 일치되어 정책집행이 가능하고, 광역 지자체가 중심이 되어 정책을 효율적으로 추진할 수 있기 때문이다. 대신 시도를 뛰어넘는 광역적인 발전을 도모할 필요가 있는 기간 교통망, 기간산업 등에 대해서는 국가가 사업을 직접 추진하거나 시도간의 자율적인 협력을 통해 사업을 추진함으로써 광역화 발전에 효과적으로 대응하는 것이 바람직하다. 여기서 더 나아가 지역 간 협력의 공간 범위를 현재보다 더 확대하여 이른바 남부경제권, 중부경제권 등으로 확대하는 것도 가능할 것이다. 이것 역시 시·도가 자율적인 협력을 통해 광역발전을 추구하는 것이 보다 합리적일 것이다.

발전의 공간 및 계획단위를 이렇게 설계함으로써 지역이 중심이 되는 분권적인 지역발전을 보다 효율적으로 추진하고, 지원해 줄 수 있다. 특히, 현재 일부에서 논의되고 있는 7개 광역경제권 프레임을 그대로 두고 도시권 등을 보완하자는 방향의 접근은 추진체계의 작동을 현재보다 더 어렵게 만들 소지가 있다. 안 그래도 제대로 작동이 되지 않은 광역경제권에 추가해서, 도시권 등을 설정함으로써 지역발전 체제를 더욱 복잡한 거버넌스로 만들고 지역 간의 새로운 갈등을 불러일으킬 수 있기 때문이다.

그래서 주민의 체감적 행복과 풀뿌리 지역개발을 위해서는 시·도와 시·군·구를 지역발전의 핵심적 공간으로 하고, 지역 간 협력을 강화시키면서 지역공동체 차원의 발전을 보다 활성화시키는 방안이 중요할 것이다.

2) 지역발전정책의 컨트롤 타워

현재, 지역발전정책은 대통령 자문기구인 지역발전위원회가 컨트롤 타워의 역할을 하고 있다. 지역발전위원회가 지역발전정책에 대한 국가 및 지역의 중요한 사항을 심의할 뿐 아니라(균특법 제22조) 지역발전 정책을 조정, 기획하고 있기 때문이다. 그런데 문제는 지역발전위원회가 우리나라의 지역발전정책을 총괄하는 데 상당한 한계가 있다는 점이다. 각 부처가 시행하고 있는 지역개발 사업에 대해 오케스트라 지휘자가 지휘봉이 없이 지휘를 하는 격이라고 할 정도이다(홍철 2013).

물론 지역발전정책의 총괄적인 기구의 위상은 근본적으로는 향후 지역균형발전에 대한 국가적 관심과 비중의 부여정도에 종속될 수밖에 없다. 그러나 향후에도 지역발전의 총괄, 조정 등의 기능을 수행할 수 있는 조직이 여전히 필요할 것이다. 지역발전의 사무가 중앙의 여러 부처에 분산되어 있기 때문이다. 이런 관점에서 볼 때, 여러 가지 대안이 가능하다.

그중에서 장점이 많은 대안 중의 하나는 현재의 지역발전위원회를 대통령 자문 위원회에서 행정위원회로 개편하는 방안이다. 이때는 이 조직이 현재와 달리 지역발전에 대한 예산의 편성 및 집행권을 보유하게 됨으로써 지역균형발전정책을 보다 강력하게 기획, 집행할 수 있는 장점이 있다. 예산에 대한 부처의 꼬리들도 뗼 수 있다. 단점은 예산권과 집행권은 강화되었지만, 과연 지역발전에 관계하는 부처가 지역개발에 대한 사무를 행정위원회가 된 지역발전위원회로 선뜻 이관시켜 줄 것이냐와 행정위원회가 됨으로써 부처간의 이해관계를 어떻게 원하는 방향으로 조정, 총괄할 수 있겠느냐는 점이라고 할 수 있다.

그밖에 검토할 수 있는 대안은 국무총리실에서 지역균형발전을 총괄하는 권한을 부여하는 것인데, 이 경우 부처간 업무조정에는 장점이 있으나 국무총리 소속이기 때문에 정책의 강력한 시행에는 한계를 보유할 수밖에 없다. 여기에 더해 지역균형발전을 총괄하는 별도의 부서를 설치하는 방안도 있다. 이때는 지역발전 사무의 부처간 중복을 해소하고 지역발전을 단일한 부서에서 총괄적으로 추진할 수 있는 장점은 있으나,

지역개발과 관련된 업무의 이양에 대해 관련 부처의 협조가 만만치 않을 거라는 단점이 있다. 중앙부처 가운데 재정부서가 지역발전정책을 총괄하는 대안도 있다. 그러나 이는 재정부서가 지역발전에 대한 전문성을 보유하고 있지 못하기 때문에 실현 가능성이 상당히 떨어지는 대안이라고 할 수 있다.

한걸음 더 나아가 지역발전을 총괄하는 부서를 신설하는 방안도 가능하다. 이는 지역발전 관련 학계 및 전문가 등에서 끊임없이 제시되어 온 방안으로 청이나 부로 만드는 방안이 있는데, 이때는 지역발전에 대한 부처 이기주의를 해소하고 총괄적 관점에서 정책추진이 용이한 장점은 있으나, 각 부처에 흩어져 있는 지역개발 사무를 부처가 과연 쉽게 내놓을 수 있을 것인가의 문제가 있다.

하지만 지역발전정책의 총괄기구가 어떤 방식으로 귀결되든 간에 특별회계의 사업을 총괄하고, 부처간의 이해를 조정해서 통합적인 정책을 추진할 수 있는 현재보다 권한이 대폭 강화된 조직이 되어야 함은 분명하다. 그리고 부처 간의 협력이 대폭 강화되어야 한다.

또, 지역균형발전 관련 중앙부처뿐 아니라 지자체 차원에서도 통합

표 2. 지역발전정책 컨트롤 타워의 대안비교

대안	장점	단점
행정위원회의 지역발전위원회	- 독립적인 예산 집행권 - 정책시행의 집행력 강화	- 부처의 지역개발 이관 애로 - 강력한 총괄조정 미흡
국무총리실	- 정책의 총괄 및 기획 - 부처간 협조 확보 용이	- 지역발전 고유업무의 희석 - 총리실의 고유업무와 혼합
기획재정부	- 지역발전재원의 지원강화 - 예산을 통한 정책조정	- 지역발전 전문성 결여 - 주관부처 대국민 이해 애로
지역발전부(혹은 청) 신설	- 지역발전사무 독립부서 - 지역발전 통합적 정책시행	- 지역개발 부처 사무이관 애로 - 강력한 총괄 기능 수행 미흡
자문위원회 지역발전위원회*	- 정책의 총괄, 기획 - 특정부처와 초연한 총괄	- 독립적인 예산편성 집행권 부재 - 자문위원회의 한계

조직을 구성, 운영할 필요가 있다. 지역 차원에서 정책의 기획 뿐 아니라 융·복합적인 사업의 추진이 증가할 것이기 때문이다. 아울러 정책에 대한 주민의 참여와 협조를 확보하기 위해 지역단위에서 주민, NGO, 전문가 등의 범 주체로 구성되는 지역발전협의회 등 다양한 거버넌스 조직을 보다 활성화시킬 필요가 있다.

3) 지역균형발전 및 협력 계정의 설치

지역발전특별회계는 부처가 각기 운영하는 일반회계 국고보조금과 달리 지역발전의 총괄적인 수단이라는 점에서 의의가 있다. 지역 전체를 두고 접근을 하는 측면이 많기 때문이다. 그러나 이 회계는 크게 두 가지 문제점을 지니고 있다. 하나는 특별회계가 일반회계 국고보조금처럼 운영되어 특별회계의 본래적 취지인 '특별한 목적'이 실종되었다는 점이며, 다른 하나는 중앙부처가 편성하는 광역발전계정을 굳이 특별회계로 편성할 이유가 있느냐는 점이다.

　이 같은 특별회계 편성의 목적 상실 문제를 해소하기 위해서는 특별한 목적을 재설정할 필요가 있다. 그렇지 않고는 굳이 특별회계를 편성할 필요가 없기 때문이다. 이런 점을 고려할 때, 향후의 지역발전특별회계는 우리사회에서 점점 더 높아지고 있는 지역의 균형과 일자리 창출을 통한 지역주민의 행복 등과 같은 가치를 반영하는 것이어야 한다. 특별회계의 특별한 목표를 달성하기 위한 편성 방향전환도 필요하다. 그것은 향후 지역이 정책을 주도할 수 있도록 분권적 관점의 특별회계가 되어야 할 것이다. 특히, 중앙부처가 직접 편성, 추진하는 광역계정은 사업의 성격을 고려하여 일반회계 국고보조금으로 전환하든지, 지방자치단체 교부세 등으로 이양하고, 주민의 복지, 교육 등을 지원해 줄 수 있는 사업

을 새롭게 포함시켜야 하며, 특별회계 사용 시 지역의 자율성을 최대한
으로 보장하기 위해 포괄보조를 대폭 강화시켜야 한다.

이와 동시에 특별회계에 사회통합적인 관점에서 낙후지역 등에 대
한 배려, 지역 간 협력발전, 주민에게 주어지는 일자리와 직결된 고려가
필요하다. 특히, 낙후지역에 대한 특별한 지원은 특별한 목적과 가장 부
합하는 내용 중의 하나에 속한다. 낙후지역에 대해서는 현재의 소액, 지
방비 대응자금(matching) 지원방식 대신, 대규모의 금액을 100% 국고
보조 방식으로 지원해야 할 것이다. 그리고 과거와 같이 도로 등 물리적
하드웨어 중심의 투자에서 벗어나 일본, EU와 같이 세계적 일자리 창출,
생활여건 개선, 복지 등 주민의 행복과 삶의 질을 향상시킬 수 있는 방향
으로 전환시켜야 한다.

아울러 중앙부처의 칸막이, 사업내용의 칸막이, 지자체 간의 칸막이
를 배제한 지역 간의 협력을 강화시킬 수 있는 방향의 개편도 필요하다.

4) 국가균형발전특별법 개정

앞서 언급한 것처럼 현재의 국가균형발전특별법은 지역의 경쟁력 강화
에 초점이 맞춰져 있다. 지역의 발전과 쇠퇴가 상당히 가변적이고 예측
할 수 없는 점에서는 이러한 목표설정이 합당한 측면도 없지 않으나, 사
회 양극화와 지역 간 불균형 발전뿐 아니라, 빠르게 변화하고 있는 우리
사회의 '시대적인 가치'를 제대로 반영하고 있지 못하는 한계가 있다. 특
히 향후에는 저발전 지역에 대한 포용적이고 상생적인 발전, 환경과 자
연이 인간과 공존하는 발전, 발전지역과 저발전 지역이 협력하는 발전,
모든 지역의 삶이 질과 행복지수가 높은 발전을 효율적으로 설계, 추진
할 수 없는 한계를 보유하고 있다.

이러한 문제를 해결하기 위해서는 새롭게 설계되는 지역균형발전 정책과 연계해서 현재의 국가균형발전특별법의 전면적인 개정이 필요하다. 새롭게 개정되는 균특법에는 지역균형발전에 대한 철학과 비전은 물론이고, 지역균형발전의 목적, 시도가 중심이 되는 계획의 공간, 지역 자체의 개발에서 나아가 사람중심의 발전, 강화된 컨트롤 타워, 지역 간 협력을 보다 효율적으로 지원하기 위한 체계, 특수한 목적에 따라 재편된 지역발전특별회계 등이 포함되어야 할 것이다.

5. 맺음말

지역균형발전 추진체계의 구축은 결국 정책목표 달성을 위한 효율적인 수단을 구비하는 것을 의미한다. 이렇게 볼 때, 추진체계 구축을 위해서는 지역발전 정책의 철학이나 비전, 가치나 목표가 먼저 설정되어야 한다. 그래야만 이들을 효율적으로 달성할 수 있는 수단을 구비할 수 있기 때문이다.

우리나라는 지역발전정책을 위한 추진체계 구축의 경험이 그렇게 많지 않다. 국가 차원의 지역발전정책이 참여정부에 들어서 비로소 만들어졌기 때문이다. 그 이전에는 국가총괄적인 지역발전정책이라기 보다는 중앙부처의 필요에 따른 '부문정책' 혹은 기껏해야 수도권의 인구집중을 방지하기 위한 인구분산 차원의 정책이 있었다.

참여정부는 '국가균형발전'을 구현하기 위한 추진체계를 구축했다. 우리나라 국가발전의 폐해 중의 하나를 '지역주의'로 보고 이를 해소하기 위한 지역발전정책의 기조를 '국가균형발전'으로 설정하고 이를 가장 효율적으로 달성하기 위한 지역발전 체계와 거버넌스 시스템을 구축했던 것이다.

그러나 이는 이명박 정부에 들어와 개편되었다. 지역 경쟁력을 강화하기 위해 광특회계의 규모는 이전보다 확대되었으나 지역발전정책의 총괄에 대한 지역발전위원회의 위상은 오히려 약화되었고, 중앙과 지역의 지역발전 거버넌스도 이전보다 약화되었다. 광역경제권의 토대가 되는 지역 간 협력이나 시책의 통합적 추진은 이전보다 강한 추진체계가 형성되어야 함에도 불구하고 그러지 못했다.

향후 지역발전정책의 추진체계는 증가하고 있는 지역발전의 가치를 담는 방향에서 만들어져야 할 것이다. 현재보다 증가할 지역발전의 가치는 지역균형발전과 지역주민의 삶의 질과 체감적인 행복증진 등이 될 것이다. 특히 발전의 귀착을 따지지 않은 총량적인 발전 보다는 주민 귀속적이고 질적인 가치가 될 것이 분명하다. 지역의 총량적 성장이 바로 주민의 삶의 질과 행복과 직결되지 않는 상황이 벌어지고 있음을 고려할 때, 이전처럼 지역 자체의 개발을 위한 계획이나 공간, 추진기구나 조직, 재원이나 예산, 법률이 아니라 개인의 행복과 지역의 성장을 동시에 고려하는 추진체계가 구축되어야 한다. 특히 주민 개개인의 행복은 이들과 가장 가까운 거리에 있는 지자체의 현장성 있는 정책을 통해 가능하다는 점을 고려할 때 지금과 같은 중앙집권적인 추진체계가 아니라, 지방 분권적인 추진체계가 구축되어야 할 것이다.

참고문헌

국가균형발전위원회, 2007, 『국가균형발전정책의 이론과 실제』.
기획재정부, 2011, 『낙후지역 발전모델 개발연구』.
_____, 2010, 2011, 『광역·지역발전특별회계 예산편성 관련 설명자료』.
김현호, 2011, 「미래환경변화에 대응한 지역발전전략」, 2020 지방자치 중장기 발전전략,
    국회헌정기념관 발표자료.
김선기·박진경, 2012, 『고령화·저성장시대의 지역발전투자전략』, 한국지방행정연구원.
장재홍, 2012, 「지역정책 환경변화와 광역경제권 산업발전방향」, 광역경제권의 성공과 발전방향
    모색 합동워크샵, 지역발전위원회 주관, 2012. 9. 13 제주.
지역발전위원회, 2009, 『지역발전과 광역경제권 전략』.
홍철, 2012, 「지역정책: 어떻게 해야하나?」 국회지방살리기 포럼 강연자료.

EU Regional Policy 홈페이지
http://ec.europa.eu/regional_policy/index_en.cfm

저자 약력

강현수(중부대학교 교수) hskang@joongbu.ac.kr
　　서울대학교 행정학 박사

김석현(과학기술정책연구원 부연구위원) skim@stepi.re.kr
　　노트르담대학교 경제학 박사

김현호(한국지방행정연구원 연구위원) hhkim@krila.re.kr
　　서울대학교 행정학 박사

변창흠(세종대학교 교수) changbyeon@sejong.ac.kr
　　서울대학교 행정학 박사

여형범(충남발전연구원 책임연구원) hbyeo@cdi.re.kr
　　서울대학교 도시계획학 박사

이정협(과학기술정책연구원 연구위원) jhlee@stepi.re.kr
　　서울대학교 지리학 박사

정준호(강원대학교 교수) jhj33@hotmail.com
　　옥스퍼드대학교 지리학 박사

조기현(한국지방행정연구원 연구위원) ckh@krila.re.kr
　　한양대학교 경제학 박사